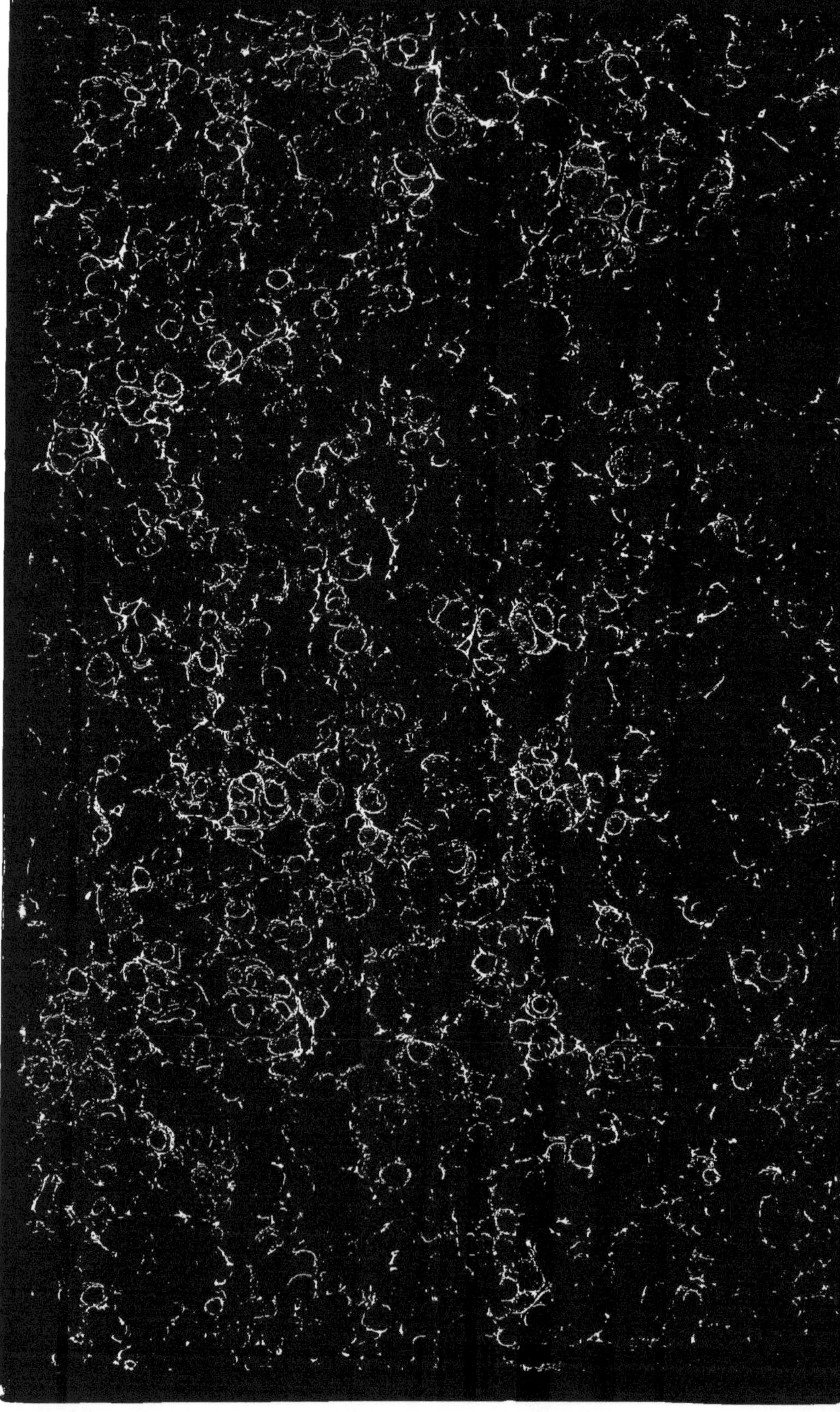

HISTOIRE

DE

NAPOLÉON Ier

EMPEREUR DES FRANÇAIS

POISSY. — TYPOGRAPHIE ARBIEU.

NAPOLÉON Ier

HISTOIRE

DE

NAPOLÉON IER

EMPEREUR DES FRANÇAIS

Son enfance. — Sa famille. — Sa vie privée. — Ses débuts militaires. —
Ses campagnes d'Italie et d'Égypte.
Le 18 brumaire. — Le consulat. — Proclamation et grandeur de l'Empire. —
Les aigles françaises sur toutes les capitales. —
L'Europe coalisée contre l'Empereur. —
Fontainebleau. — L'île d'Elbe. — Les Cent Jours. —
Waterloo. — Malheurs de la France. — Martyre de Napoléon sur le rocher de Sainte-Hélène.
— Retour des cendres du Grand-Homme.

PAR B. RENAULT

PRÉCÉDÉE DE

CONSIDÉRATIONS GÉNÉRALES SUR NAPOLÉON

PAR M. L'ABBÉ ORSINI

Chevalier de la Légion d'honneur

ORNÉE DU PORTRAIT DE L'EMPEREUR

PARIS
RUEL AINÉ, LIBRAIRE-ÉDITEUR
RUE LARREY, 8.

CONSIDÉRATIONS GÉNÉRALES

SUR

LE RÈGNE DE NAPOLÉON.

L'histoire de France, qui a transmis à la postérité les noms d'une foule de rois plus ou moins illustres, n'a que deux monarques complets : Charlemagne et Napoléon.

Tous les deux furent de grands guerriers et de grands politiques; tous deux voulurent porter haut la gloire de leurs peuples. L'un eut à lutter contre les épaisses ténèbres de la barbarie, l'autre contre les passions anarchiques. Le premier, fils d'un roi qui avait une foule de princes et de grands hommes pour aïeux; le second, simple fils de ses œuvres. Tous deux eurent de grands obstacles à surmonter. Mais le descendant des princes d'Austrasie, le petit-fils de Charles-Martel, se trouva porté tout naturellement au pouvoir, tandis que Napoléon s'éleva peu à peu comme le soleil qui commence sa course au niveau des vallées.

La France, à la rigueur, pouvait se passer de Charlemagne; mais elle ne pouvait se passer de Napoléon.

L'un brilla et s'éteignit comme un météore; l'autre laissa après lui une immense traînée de lumière. L'un fit retentir ses armes dans toute l'Europe barbare; l'autre remplit le monde du bruit de son nom. Et si jamais le peuple de France disparaissait comme tant de peuples fameux, si le pâtre du Nord venait garder ses troupeaux au milieu des ruines de nos édifices, un nom survivrait à ce vaillant peuple ; et ce nom, qui serait à lui seul une magnifique épitaphe, serait celui de Napoléon.

L'enfance des grands hommes est en général peu connue ; celle de Napoléon n'eut de remarquable que son goût passionné pour les armes. Il lui fallait des canons, des épées, et il préludait à ses grandes batailles du consulat et de l'empire par des combats d'enfants livrés sous les orageux de la Corse.

Il était toujours vainqueur alors comme il le fut depuis.

Adolescent, il étudia l'histoire ancienne avec délices. Son livre de prédilection était un vieux Plutarque ; et son héros favori, le vainqueur des Gaules : César.

Après avoir révélé brillamment son génie aux écoles militaires, Napoléon revint en Corse où, tout jeune qu'il était, il parvint à se mettre à la tête du parti français. Ses opinions, hautement exprimées, le brouillèrent avec Paoli qui n'aimait pas la France, et qui eût préféré la domination anglaise.

Tout en faisant des prosélytes à son parti, Napoléon ne négligeait point ses études favorites. Il visitait les anciens champs de bataille de la Corse, examinait les configurations du terrain, replaçait en idée les troupes nationales ou ennemies sur l'emplacement qu'elles avaient occupé et se rendait compte des causes de la défaite ou de la victoire. C'est là qu'il acquit cette sûreté de coup d'œil stratégique qui ne lui fit jamais défaut. A Sainte-Hélène, il aimait à reporter sa pensée sur ces courses scientifiques et aventureuses au milieu de ses montagnes natales. Lui qui avait habité tant de palais où il était entré en vainqueur ou en maître, il aimait à se rappeler la franche hospitalité des chaumières. « La Corse, observe M. de Las Cases, avait

« mille charmes pour lui. *Tout y était meilleur qu'autre part,* « disait-il. Il s'y voyait dans sa jeunesse au milieu des pré- « cipices, franchissant les sommets élevés, les vallées pro- « fondes, les gorges étroites, recevant les honneurs et goû- « tant les plaisirs de l'hospitalité. Il se rappelait avec orgueil « que, n'ayant que vingt ans, il avait fait partie d'une grande « excursion de Paoli à Pontenovo. Le cortége du général « était nombreux : plus de 500 des siens l'accompagnaient à « cheval. Napoléon marchait à ses côtés. Paoli lui expliquait « chemin faisant les positions, les lieux de résistance ou de « triomphe de la guerre de la liberté. »

La Corse était alors déchirée par les factions. Napoléon organisait son parti avec une science précoce de l'art militaire et une connaissance des hommes que l'on peut regarder comme les premières lueurs de sa grandeur future. Peu s'en fallut qu'il ne fût tué dans des embuscades de rue. Sa famille, devenue solidaire de sa jeune popularité, fut chassée de sa demeure, au milieu de la nuit, et forcée de gagner la côte à travers les makis, avec toutes les précautions employées par les bandits corses. Napoléon pleura en offrant l'abri d'un navire à sa mère et à ses sœurs, car il aimait tendrement sa famille, et cette fuite nocturne, ces dangers courus par de pauvres femmes exaspéra sa haine contre les Anglais.

Napoléon, nourri de la lecture de Plutarque, salua la révolution française avec un enthousiasme de jeune écolier; mais il s'aperçut bientôt qu'il y avait loin de Paris à Sparte. S'il aimait la liberté, il détestait la licence; la cruauté lui répugnait, et le sang qu'il voyait couler sur l'échafaud lui donnait la fièvre. La mort de Louis XVI lui fit horreur.

La première expédition du futur Empereur fut une entreprise contre la Sardaigne. Dans cette entreprise, qui échoua par l'impéritie ou le mauvais vouloir des chefs, Napoléon fit preuve de talent militaire. A la reprise de Toulon, il se distingua de manière à être remarqué; on lui tint compte aussi de ses services en Italie. Mais, après la journée du 9 thermidor, il fut destitué comme suspect de jacobinisme. Il était alors général d'artillerie; mais sa gloire, toute frêle et toute jeune encore, n'avait pas le sou!

Quelles pensées durent rouler comme des orages dans ce caractère trempé à l'antique, dans cette tête forte et ardente! Destitué! et par qui? Par des intrigants sans honneur, sans patriotisme, sans génie. Se voir étouffé tout vif par des mains méprisées ; sentir que l'on a mission de la Providence pour être le sauveur d'une société en délire, te voir cette mission méconnue! Oh! il y avait de quoi se désespérer; et pourtant ce nuage sombre qui dérobait à ses yeux, comme aux yeux de tous, l'étoile brillante de sa fortune, était nécessaire à l'accomplissement de sa merveilleuse et haute destinée. S'il n'eût pas été là le 13 vendémiaire, qui sait ce qu'il fût devenu!

Ce service rendu à la Convention pouvait être oublié par elle, les Assemblées législatives ayant la mémoire aussi courte que les princes. Mais la Providence qui veillait sur le jeune général corse le maintint en évidence par son mariage avec Joséphine, qui lui valut le commandement de l'armée d'Italie.

Voyez-vous descendre du haut des Alpes ces vieux lions de la République, ces soldats mal nourris et mal équipés qui vont bientôt inscrire sur leurs trophées d'armes les noms d'Arcole, de Montenotte et de Rivoli! Ce jeune homme qui les commande a un nom étranger qu'ils estropient en causant au feu du bivouac; c'est à peine s'ils le connaissent; mais patience, il va bientôt voir l'ennemi, et en sa présence une foule de qualités extraordinaires vont se révéler.

Jeune, il aimait à composer et à parler aux masses; mais ses compositions étaient lourdes, sa phrase s'embarrassait dans ses replis divers, et il hérissait son style de citations trop rapprochées. Mais sous le soleil d'Italie, sa pensée se dégage avec une précision algébrique et un éclat oriental. Ses inspirations magnifiques échauffent le cœur du soldat comme le son de la trompette; il est audacieux, rapide; il sait vaincre et tirer tout le parti possible de la victoire.

A vingt-six ans, Napoléon n'est pas seulement le général le plus célèbre de son époque, il possède la science de l'administration, l'art profond de la politique. Il sait fonder, organiser, constituer des Etats habilement pondérés. L'Italie qui se vantait d'avoir donné ce grand homme aux barbares, comme elle qualifiait encore tout bas les Français, l'Italie, ivre du vin nouveau de la liberté, l'appelait son sauveur. Le premier acte de la tragédie impériale était joué aux applaudissements unanimes de la France.

Après avoir levé sur l'ennemi plus de 120 millions de contributions extraordinaires, après avoir enrichi le Muséum national des chefs-d'œuvre artistiques de l'Italie, après avoir grossi la marine française des navires conquis à Gênes, à Livourne, à Venise, et rempli le monde du bruit de son nom, le général Bonaparte revint en France aussi pauvre qu'il en était parti.

Rome ancienne lui eût décerné le titre d'italique; elle l'eût fait monter au Capitole sur un char de triomphe, et l'on eût vu à sa suite les prisonniers et les drapeaux des ennemis vaincus; on eût porté devant lui les images des fleuves qu'il avait franchis, des villes qu'il avait soumises, des duchés et des royaumes qu'il avait ajoutés à la France. Rien de tout cela n'eut lieu pour lui, et la nation, qui l'applaudit sur son passage, n'eut pas même l'idée de lui élever un arc-de-triomphe de roseaux. Il est vrai que le gouvernement eut la velléité de lui donner pour récompense le château royal de Chambord; mais, toutes réflexions faites, on ne lui donna rien, et le jeune vainqueur de l'Italie, avec une simplicité antique, alla cacher sa gloire dans l'ombre d'une maison modeste.

Oh! qu'il était grand dans cette petite maison!

La France aime la gloire, et Napoléon devint populaire au point d'inquiéter le Directoire qui avait le sentiment de sa nullité.

Ce jeune homme au front penseur, au regard profond, au maintien austère ne pouvait sympathiser avec des hommes indolents qui gouvernaient entre deux orgies. Les soldats chantaient sa gloire; il était la terreur des Autrichiens et l'orgueil de la France; il fallait s'en débarrasser de manière ou d'autre, et c'est ce qui fit adopter avec empressement le projet gigantesque de l'expédition d'Egypte.

Cette idée n'était pas absolument nouvelle; elle avait occupé le gouvernement de Louis XV pendant la guerre de sept ans. Quand nos colonies françaises étaient en péril, M. de Choiseul avait pensé à s'emparer de l'Egypte, et différents mémoires lui avaient été présentés pour lui en indiquer les moyens.

En 1696, M. Magalon, consul de France au Caire, avait pressé le ministre Lacroix de reprendre ce projet. L'Egypte soumise donnait à la France une partie du commerce anglais, et lui fournissait le moyen de l'attaquer avec succès dans l'Inde, ce pays plein d'or et de diamants, que quelques marchands de Londres gouvernaient despotiquement du fond de leurs comptoirs, à l'aide d'une armée de baïonnettes mercenaires. Si quelqu'un, en effet, était propre à renouveler les conquêtes d'Alexandre, c'était bien ce génie de la guerre, de l'organisation et de la politique, qui s'appelait Napoléon.

Le difficile est son élément, disait-on alors, et il se joue de l'impossible. Les soldats français, sous les ordres de ce chef adoré, eussent porté la guerre aux dernières limites du monde; en le voyant, ils oubliaient la fatigue et la faim; ils étaient assez récompensés quand ils l'avaient vu sourire. Et ils ne l'ont pas seulement aimé au jour de sa gloire; fidèles à son infortune, rien n'a pu les détacher de cette affection profonde et sincère. S'ils ont chanté ses succès sous la tente, ils ont pleuré ses revers sous le chaume, et le nom magique de Napoléon agit encore sur leurs enfants comme un charme que la mort elle-même n'a pu rompre.

Mais l'ère des revers était bien loin encore à l'époque où l'armée se disposait à partir pour l'Egypte; l'étoile du futur Empereur poursuivait sa marche ascendante, et tout semblait sourire à son audace. Par un bonheur presque miraculeux, la flotte qui portait César et sa fortune échappa à la flotte anglaise et prit Malte en passant.

Après cette traversée miraculeuse, on jeta l'ancre devant le port d'Alexandrie, dont les minarets aux flèches légères et hardies parlaient de la conquête des Arabes, tandis que la colonne de Sévère rappelait la domination romaine. Les savants de l'expédition saluèrent la terre antique de Mesraïm et s'applaudirent de pouvoir visiter les ouvrages fameux de ce peuple des Pharaons, qui semblait travailler pour l'éternité. Napoléon, lui, ne vit dans l'Egypte que sa première étape en Orient. La victoire lui fut fidèle en Afrique comme en Europe. Bientôt il fut maître du Caire, et le Nil, qui avait vu passer, chargés de chaînes, les braves chevaliers de Saint-Louis, porta les soldats vainqueurs de Napoléon.

Un nuage passa sur toute cette gloire : la flotte française fut attaquée et détruite par les Anglais.

Ce qui eût étonné un homme vulgaire ne fit qu'accroître l'ardeur de Napoléon. Résistant aux frayeurs de ses chefs les plus intrépides, au découragement d'une armée emprisonnée dans sa conquête, le jeune général continua son œuvre de conquérant civilisateur avec une si profonde entente du génie d'un peuple à demi barbare qu'il connaissait depuis si peu de temps, qu'on eût dit qu'il l'avait étudié toute sa vie. Les armes françaises triomphèrent jusqu'à l'expédition de Syrie. Après les victoires de Jaffa, de Nazareth, du Mont-Thabor, il fallut revenir de Saint-Jean-d'Acre à travers le désert, avec une armée que décimaient également la soif et la peste. Les soldats échangeaient des lingots d'or pour quelques gouttes d'eau saumâtre ; les officiers, l'œil triste et baissé, songeaient à la France ; tandis que Napoléon jetait en arrière son regard profond, plein d'amers regrets.

Adieu les projets de batailles livrées sur les rives de de l'Indus ; une barrière d'airain lui fermait l'Orient. « Si « j'eusse pris Saint-Jean-d'Acre, disait-il un jour, j'aurais « atteint Constantinople et les Indes ; j'eusse changé la « face du monde. » Dès lors, il résolut de quitter l'Egypte.

De retour en France, où il avait été reçu comme un sauveur, il trouva la nation humiliée et malheureuse. Tout tendait à une révolution nouvelle ; la guerre intestine se préparait ; la ruine des finances allait rendre les revers inévitables dans la guerre étrangère ; le pouvoir était méprisé; les grands caractères disparaissaient, et pas un général ne réunissait les talents, l'ascendant et les qualités nécessaires au chef de la France.

Le peuple, dont l'instinct merveilleux laisse bien loin derrière lui les froids calculs des hommes politiques, parce que ces hommes n'ont guère d'autre culte que celui de leurs intérêts, et que le peuple sent le besoin général, le peuple, habile dans toutes les situations extrêmes à découvrir lui-même son sauveur, n'avait qu'un nom sur les lèvres : celui du général qui s'était couvert de gloire en Orient et que la Providence elle-même semblait lui ramener par la main du fond de l'Egypte.

Mais il n'était pas trop facile de venir en aide à cette nation haletante qui se précipitait dans ses bras en lui criant : Je péris! sauvez-moi!

Napoléon avait affaire à un gouvernement immoral et usé qui n'allait pas reculer, pour se maintenir, devant les moyens les plus vils et les plus dangereux. Un gouvernement, si méprisé qu'il soit, a tant de moyens de défense! D'ailleurs, la vie de l'homme n'est qu'un souffle, et il faut bien peu de chose pour l'éteindre.

Napoléon vit le péril qu'offraient les longueurs; il joua sa tête sur un coup hardi et gagna la partie.

Les deux consuls et le gouvernement disparurent comme de vains fantômes, et Napoléon, vainqueur et devenu l'arbitre suprême des destinées de la nation la plus célèbre de l'Occident, justifia son heureuse audace en éteignant la guerre civile en Bretagne, en rétablissant le crédit sur les vrais principes de l'économie politique; enfin, en donnant la paix à l'Europe après une guerre glorieuse. Les partis qui supportent patiemment les gouvernements détestables dans l'espoir que de l'excès du mal naîtra le changement, et que ce changement s'opérera à leur profit, virent avec une rage concentrée que le gouvernement consulaire de Napoléon avait les titres les plus légitimes à la reconnaissance des peuples. Le faire descendre du pouvoir était impossible : l'amour du peuple le gardait, et il était le dieu de la guerre pour ses armées ; mais, après tout, ce glorieux consul n'était qu'un homme mortel qu'une balle pouvait atteindre. La machine infernale fut inventée, et, honte des hontes ! des gentilshommes français se familiarisèrent avec l'idée de faire sauter un quartier de Paris pour atteindre l'objet de leur haine.

Napoléon fut magnifique de sang-froid en face de ce danger terrible et se montra clément pour ces conspirateurs blasonnés, qui n'en ont jamais témoigné la moindre reconnaissance.

Cette tentative contre la vie de Napoléon prouve que le parti royaliste avait alors conscience du danger qui menaçait la dynastie capétienne. Tant que la république avait épouvanté le monde par ses audacieuses fureurs, les émigrés de Londres avaient compté sur une contre-révolution prochaine. M. de Chateaubriand, qui *jeûnait alors au-dessus d'un cimetière anglais pour péché de fidélité*, à quatre pas de *Monsieur* (Louis XVIII), qui ne manquait de rien, rapporte dans ses Mémoires des choses plaisantes sur les illusions royalistes des émigrés. « Toutes les victoires de la république étaient métamorphosées en défaites, dit le malin « grand génie, et si par hasard on doutait d'une restauration immédiate, on était déclaré jacobin. Deux vieux « évêques, qui avaient un faux air de la mort, se promenaient au printemps dans le parc Saint-James : Monseigneur, disait l'un, croyez-vous que nous soyons en « France au mois de juin ? — Mais, Monseigneur, pér on-

« dait l'autre après avoir mûrement réfléchi, je n'y vois pas « d'inconvénient! »

La création de l'empire acheva de dissiper ces illusions obstinées, et ces gentilshommes, qui comptaient ramener si facilement la France sous le joug de l'ancien régime, furent tout heureux et tout aises de rentrer silencieusement en France et d'accepter de hauts emplois dans le palais impérial. Napoléon put se vanter d'avoir les plus beaux noms de la vieille noblesse dans ses antichambres; mais il oublia que si le peuple l'avait porté sur le pavois impérial, il n'était pas au fond le roi des nobles; leurs désertions et leurs dédains au jour de l'infortune l'en firent amèrement souvenir.

Cromwell, qui ne pactisa jamais avec la noblesse anglaise et qui ne s'entoura que d'amis dévoués, fut, sur ce point, plus clairvoyant et plus logique que Napoléon.

Les fêtes du couronnement étaient à peine terminées que l'Empereur se rendit au camp de Boulogne, où il s'occupa tout entier de la descente en Angleterre. Les détails de cette gigantesque entreprise étonnent l'imagination. Si l'Empereur eût touché la terre anglaise, il l'eût aussi bien subjuguée que Guillaume-le-Conquérant; mais cette gloire, qui eût assuré son trône, ne lui était pas réservée par la Providence, et, après une lutte à mort contre cette nation riche et redoutable, il fut vaincu par les guinées anglaises.

Forcé d'abandonner ce projet grandiose, l'Empereur tourna ses armes contre les puissances du continent; les victoires qu'il remporta furent suivies de la paix de Presbourg, si glorieuse pour la France que Pitt en mourut de dépit.

La Russie, qui n'avait point ratifié cette paix, entraînée par les conseils et surtout par les subsides de l'Angleterre, poussa la Prusse, qu'elle avait juré de défendre, à se soulever contre nous. Six semaines suffirent à Napoléon pour détruire l'armée de Frédéric et conquérir son royaume. Mais bientôt l'armée russe pénétra dans les plaines sablonneuses de la Pologne. Napoléon courut au secours de son alliée. Mais là une lutte acharnée, qui coûta beaucoup de sang à la France, se termina par la bataille d'Eylau, plus sanglante encore ; la victoire de Friedland vint consoler la France, et cette victoire fut suivie de la paix de Tilsitt, qui porta la fortune de Napoléon à son apogée.

Tout resta grand, sage et prospère en France jusqu'à la guerre d'Espagne. Cette guerre, si féconde en déceptions fâcheuses, détruisit en grande partie le prestige de Napoléon. L'Europe en était arrivée à la croyance de ces sauvages d'Haïti, qui se figuraient les Espagnols invulnérables ; elle poussa le même cri de surprise joyeuse en s'apercevant qu'on pouvait résister aux armes françaises.

Les premiers résultats de l'insurrection espagnole furent une nouvelle guerre avec l'Autriche. Rapide comme Charlemagne, Napoléon accourut avec une armée sur les bords du Rhin, attaqua les ennemis, les battit à plusieurs reprises et entra triomphalement à Vienne.

En 1810, Napoléon Bonaparte épousait l'archiduchesse Marie-Louise ; un fatal mariage qui contribua à l'aveugler sur les mauvais desseins des puissances du Nord.

En paix avec le continent tout entier, Napoléon ruinait le commerce de l'Angleterre par son blocus continental ; la guerre de Russie sauva le gouvernement anglais. La guerre de Russie, cette guerre où la plus belle armée du monde resta couchée dans un tombeau de glace.

Napoléon, vaincu par les éléments plus que par les hommes, revint en France l'âme remplie de pressentiments funestes; la nation oublia tout en le revoyant, et lui remit entre les mains des ressources encore immenses.

Pendant les préparatifs de cette nouvelle campagne, Napoléon fut plus étonnant que jamais par l'activité, le génie et la puissance du travail. Jamais son esprit ne s'était montré plus fertile en ressources. Les désastres de la fin de la campagne, les défections des alliés, la foi douteuse de son beau-père, l'insurrection des peuples allemands, l'entrée de la Suède, infamie! dans la coalition, rien ne put le détourner des soins de la guerre et du gouvernement.

Deux victoires, dignes rivales des grandes victoires d'Italie, et une amnistie, qui eut la conséquence fatale de laisser aux ennemis le temps de rallier leurs forces, signalent la première campagne de 1813. La seconde ne vit plus que des défaites et des défections; après la grande bataille de Leipsick tout fut perdu.

Pendant l'hiver qui précéda la campagne de 1814, l'horizon politique fut constamment sombre; ce n'étaient que redditions de villes fortes, défections d'alliés, trahisons de parents, invasions de provinces, et, au milieu de dangers immenses, le Corps législatif, si nul dans les temps prospères, releva tout doucement sa tête humiliée pour conspirer avec les Bourbons; au lieu de se rallier patriotiquement à Napoléon pour sauver le pays, il ne chercha qu'à entraver ses mesures les plus utiles.

Le Corps législatif, devenu un danger, fut dissous. Il ne resta plus entre la nation et l'Empereur qu'un Sénat docile, mais peu populaire, comme tout ce qui est trop payé.

Napoléon n'avait plus sous ses ordres qu'une armée de cent mille hommes pour soutenir une lutte de plusieurs mois avec toute l'Europe, et peu s'en fallut qu'il ne triomphât. Son génie, dans cette campagne de 1814, eut quelque chose de surhumain ; mais il fallut succomber sous le nombre. Sa chute fut aussi magnifique que son élévation avait été prodigieuse.

L'Europe, campée sous les murs de Paris, déclara au peuple français qu'elle s'était armée contre un homme. Après cela il n'y a plus de comparaison possible avec Alexandre et César : l'antiquité est éclipsée.

Les Cosaques entrèrent enfin dans Paris, et il y eut alors des apostasies révoltantes. Tout ce qui avait un intérêt d'argent à conserver ses places se montra si plat sous le pied du vainqueur, que le peuple en eut honte, mais ce fut en vain qu'une femme des classes aristocratiques leur donna l'exemple de la dignité nationale. Madame la vicomtesse de Chateaubriand, qui osa dire depuis à Charles X lui-même qu'elle avait aimé l'Empereur pour son génie et pour sa gloire, refusa d'arborer ce drapeau blanc que les hauts fonctionnaires de l'empire faisaient flotter à toutes leurs fenêtres avec une émulation édifiante ; on voulut l'y forcer, ce qui amusa beaucoup le vicomte ; mais madame de Chateaubriand l'emporta *et défendit ses mousselines* (1).

Tout semblait fini. Mais Napoléon réservait au monde une surprise qui est sans analogue dans l'histoire. Il se jeta dans une barque et revint en France avec une poignée de soldats. Quand il rentra à Paris, le peuple fit éclater un enthousiasme comme on n'en a jamais revu.

Le drame impérial se dénoua à Waterloo, dont le duc de Wellington a si religieusement célébré l'anniversaire toute sa vie. Après cela vint le rocher de Sainte-Hélène, où

(1) Mémoires d'Outre-Tombe.

on l'alla chercher pour donner une fête politique. Le peuple qui n'avait plus rien à attendre de ce puissant esclave de la mort, ne l'en reçut pas moins avec des bénédictions, des larmes, des prières. Quand il lui fut permis de l'aller voir aux Invalides, il s'y porta avec un empressement qui excita presque la jalousie. Le jeune prince qui l'avait ramené avec respect de Sainte-Hélène devint populaire à dater de cette époque-là, et quand le président de la république parcourt les provinces, les habitants des chaumières qui se pressent sur son passage, n'ont encore qu'une demande à la bouche : « Ressemble-t-il à l'Empereur? »

L'abbé ORSINI.

Paris, le 1er décembre 1852.

INTRODUCTION.

L'histoire d'un grand homme ne s'enferme pas tout entière dans le simple récit d'une vie mémorable. Éclairant de plus haut l'ensemble et les rapports des faits humains, elle découvre, au milieu des temps et des peuples, l'œuvre sociale dont le grand homme fut l'instrument providentiel.

Chaque pas du monde vers l'avenir est marqué par une révolution. A chaque révolution qui commence ou s'achève, Dieu donne, selon l'époque, un guide ou un sauveur, chef d'épée, législateur ou philosophe. Le premier crée la force ; le second, la justice; devant le troisième, le progrès marche.

Napoléon seul réalise l'unité de cette triple mission.

Aux temps antiques, lorsque Rome républicaine chancelait sous les luttes civiles, l'épée de César fut son appui.

Lorsque les Francs sortirent des camps du moyen âge pour s'élever au rang de nation, Charlemagne portait, à leur tête, le glaive impérial et le principe des lois que ses successeurs devaient développer.

Lorsque la France périssait avec les conquêtes de 1789 dans le chaos des troubles anarchiques, Napoléon, unissant la valeur de César au génie de Charlemagne, restaura la France par la gloire, l'affermit par ses institutions, et lui laissa son nom pour couronne.

Napoléon conquérant, législateur, penseur, ouvre une page unique dans les annales de l'esprit humain. Héroïque dans sa chute comme au sommet du destin, il semble n'être tombé que pour montrer aux génies de la terre qu'à Dieu seul appartient la perpétuité. Puissance mystérieuse, il a vaincu la tombe pour revivre au fond de nos souvenirs. Son âme nous fait tressaillir ; sa volonté nous gouverne encore par les inspirations de l'honneur et de la patrie, et sa mémoire, populaire comme une légende, grave le nom français sur les bornes du monde.

Rien, dans cette existence, n'est au-dessous de l'histoire. L'obscurité même de ses premiers ans, voilant ses études et ses méditations ; la pauvreté qui éprouva sa jeunesse, pour que rien de la vie ne lui fût étranger ; puis la simplicité de ses mœurs privées, au milieu des triomphes de la guerre et des pompes du pouvoir absolu ; enfin la majesté du martyr, plus admirable encore que celle de l'empereur : tout saisit, tout captive en face de cette immense figure. Le souverain commandait le respect, l'homme s'est fait aimer : voilà pourquoi son image, presque adorée, est partout, sous le chaume, la compagne familière et le charme du foyer.

Avant d'ouvrir cette noble histoire de la France impériale, arrêtons-nous un moment, avec la piété du souvenir, devant les traditions, vivantes encore, qui nous retracent Napoléon avec sa nature affectueuse et ses vertus de famille, son activité calme et féconde, son esprit d'ordre et ses habitudes simples, sa supériorité sans orgueil, sa volonté loyale et résolue, son courage impassible, sa foi dans sa mission, et la majesté si touchante et si pure. De sa résignation, lorsque vinrent les suprêmes épreuves que Dieu imposait à la France en sa personne.

Un célèbre penseur écrivait : « Le style, c'est l'homme. » On peut dire de Napoléon : Le cœur, c'est l'homme. Le cœur de la patrie respire dans ses écrits, comme dans ses actes. Napoléon, aux jours de sa puissance, fut la France incarnée ; aux jours de ses malheurs, il fut la France martyre des plus grandes idées qui aient jamais fait vivre une nation.

On a fait un grand nombre de portraits de l'empereur Napoléon, et, bien qu'on se soit appliqué dans tous à retracer cet admirable profil, vrai type de la beauté antique, à rendre dans toute sa pureté le large développement de ce front intelligent, et le regard pénétrant et énergique de cet œil profondément scrutateur, nul n'a cependant reproduit aussi fidèlement les traits et la physionomie du modèle que les portraits peints par David.

On sait, du reste, que ce grand artiste était le peintre privilégié de Napoléon, et sa préférence pour lui datait de loin : on se rappelle qu'à son retour d'Italie, où il avait cueilli tant de lauriers, Bonaparte, invité à dîner chez le secrétaire du Directoire, Lagarde, n'accepta qu'à la condition que David s'y trouverait. La conversation s'étant établie entre le général et le peintre : « Je vous peindrai, dit ce dernier, l'épée à la main, sur un champ de bataille. — Non, répondit Bonaparte, ce n'est plus avec l'épée qu'on gagne des batailles ; je veux être peint calme sur un cheval fougueux. » Le peintre s'inclina, et son adhésion nous valut un chef-d'œuvre. Les paroles du général Bonaparte ne sembleraient-elles pas aussi une sorte de programme de sa vie ? Ne disaient-elles pas que sa puissance viendrait moins encore de son courage que de la force de son génie, qui lui ferait dominer les événements et le laisserait calme au milieu de la tourmente?

La taille de Napoléon était ordinaire, plu tôt petite que grande. Il avait la poitrine large, le buste un peu long, en sorte qu'en le voyant à cheval, on l'aurait jugé un peu plus grand qu'il n'était en réalité, ce qui se retrouve dans les princes de sa race, en exceptant cependant son fils. Le cou était court. Sa personne était très bien faite. Son pied et sa main eussent été un très joli pied et une très jolie main de femme. Sa tête était très grosse, et, selon Gall et Spurzheim, cette grosseur avait atteint la dernière limite de l'intelligence la plus développée. Ses cheveux, châtain-foncé, étaient fins comme de la soie et assez clair semés, surtout sur la partie supérieure de la tête (le sinciput). Sur le front et à un pouce et demi ou deux pouces au-dessus du front, il n'en avait plus du tout ; on ne lui en a pas vu un seul blanc. Il se rasait de manière à ne pas porter de favoris. Les traits de son visage avaient une pureté et une régularité antiques. Son front était remarquablement large et élevé.

Son œil d'aigle, ainsi que l'on disait pendant sa vie, et cette expression est devenue proverbiale en France, son œil d'aigle était si vif, si pénétrant, que ses regards vous remuaient jusqu'au fond de l'âme; on ne saurait, du reste, en rendre l'extrême mobilité toujours en rapport avec la pensée qui l'occupait ou la circonstance dans laquelle il se trouvait. Cette extrême mobilité semblait rappeler la description d'Homère, lorsque le dieu, en montrant son trident, produit à volonté le calme ou la tempête, tant les différentes expressions s'y succédaient alors avec rapidité. Voulait-il paraître irrité, tout en lui prenait subitement l'apparence de l'irritation et de la colère; éprouvait-il un sentiment de bienveillance, sa physionomie, son sourire, la pose de sa tête, son œil, tout devenait caressant; voulait-il ne pas se laisser pénétrer, tout devenait terne, muet et impassible. Dans la vie ordinaire, l'ensemble de sa physionomie, son œil, le mouvement de ses lèvres, le port de sa tête avaient une apparence ouverte, franche, naturelle.

Dans les habitudes ordinaires de la vie, l'Empereur était simple, naturel, ouvert; il semblait ignorer sa supériorité ; il l'imposait, mais c'était pour ainsi dire à son insu. Il était gai, quelquefois jusqu'à l'enfantillage. Cette gaieté portait toujours avec elle une teinte de bienveillance; et lorsqu'elle s'exprimait par gestes, c'était avec une certaine grâce et une certaine délicatesse de manières. Il semblait y avoir deux hommes en lui : l'homme d'imagination et l'homme d'action. Ils étaient très distincts l'un de l'autre et ne se confondaient pas. L'homme d'imagination aimait passionnément la causerie, jusqu'à devenir quelquefois loquace; il aimait la discussion, le paradoxe, les jeux d'esprit, les idéalités, le surnaturel, même les histoires d'apparitions. L'homme d'action, au contraire, était tout positif, tout net, tout logique, toujours dans la réalité.

Sa conversation était nourrie et spirituelle, les expressions en étaient toujours simples, mais choisies; l'esprit et la logique semblaient pour ainsi dire y lutter ensemble. Le pittoresque de l'expression et la vivacité des images s'y balançaient avec une justesse rigoureuse et la force du raisonnement. Dans certains moments, rien ne pouvait égaler l'abondance de ses idées; elles se succédaient avec une rapidité telle qu'elles semblaient jaillir. Il paraissait complétement maître des mouvements de son intelligence; il la mettait en activité et la ramenait au repos à volonté; il passait subitement d'un sujet à un autre, quelque différents qu'ils fussent; par exemple, des mathématiques à la littérature ou à la poésie : et aussitôt il y était tout entier, comme s'il s'en fût occupé depuis longtemps. Sa mémoire était prodigieuse. On pouvait croire qu'il n'avait rien oublié de ce qu'il avait lu.

Son imagination était parfois extrêmement brillante : évidemment il était né poëte; il lisait très bien les vers et en savait un très grand nombre par cœur. — Béranger trouve qu'il est le plus grand poëte des temps modernes; ses proclamations prouvent qu'il en était le plus éloquent. Quelle poésie noble et élevée ! quelles images ! « Du haut de ces pyramides quarante siècles vous contemplent... » et « Mon aigle victorieuse volera de clocher en clocher jusqu'aux tours de Notre-Dame. »

Le sentiment religieux était profond chez lui : il ne comprenait pas l'athéisme. Un jour on tint devant lui quelques propos irréligieux : sa désapprobation fut visible; il en parla même le lendemain. Il fut toujours ainsi à toutes les époques de sa vie.

Naturellement affable et poli avec tous, bon et facile envers le peuple et les soldats, l'Empereur était plus sévère avec ses généraux et ses ministres. Il avait tantôt la parole haute et brève, tantôt la voix douce et caressante; sa conversation variée abondait en observations fines, en traits remarquables, en pensées profondes : c'était parfois comme une tempête avec des éclairs de génie, dont les lueurs illuminaient toutes les questions.

Dans ses longues heures de travail et de méditation, il avait un *tic* particulier qui semblait être un mouvement nerveux : ce tic consistait à lever fréquemment et rapidement l'épaule droite, ce que les personnes qui ne lui connaissaient pas cette habitude interprétaient quelquefois comme un geste de mécontentement et de désapprobation, cherchant avec inquiétude en quoi et comment elles avaient pu lui déplaire.

Il se faisait généralement aimer de tous ceux qui l'approchaient. Son humeur était douce, facile. Son caractère, en un mot, n'avait rien que d'aimable, excepté pourtant dans un seul cas : c'était à l'aspect de quelque bassesse ; alors seulement il se montrait emporté et colère ; cependant il était facile, même à ses ennemis, de l'apaiser, pourvu qu'ils s'abandonnassent à sa merci : sa générosité a toujours respecté le courage d'un brave et loyal adversaire.

Si à Sainte-Hélène, aigri par une position qu'on s'étudiait à rendre odieuse, son caractère devint plus irritable, mille motifs ne doivent-ils pas le rendre excusable ? Mais il était, sans contredit, le plus facile à vivre, celui dont l'humeur était la plus égale, et un étranger qui se fût subitement trouvé au milieu des Français de Longwood, sans le connaître, n'aurait pas pu découvrir que Napoléon était le seul pour qui il n'existait déjà plus d'espérance, le seul qui habitât déjà son tombeau.

Jamais souverain ne s'est montré plus judicieusement libéral ; le mérite, la bravoure ne pouvaient sous lui demeurer obscurs et sans récompense. Il était bon époux, bon parent, et toutes les fois que la raison d'Etat n'intervenait pas, excellent frère. C'était le meilleur des maîtres, cherchant à être utile à ses amis, à ses serviteurs, toutes les fois qu'il en trouvait l'occasion ; faisant beaucoup valoir les qualités qu'ils pouvaient avoir, et leur en attribuant quelquefois qu'ils n'avaient point.

Personne ne porta jamais plus loin que lui le sentiment de la reconnaissance : les legs nombreux qu'il a faits dans son testament et dans les codiciles qui le complètent en fournissent la preuve.

Si Napoléon fût resté dans les limites obscures de la vie privée, il se serait toujours montré tel que la nature l'avait créé, un modèle d'honneur et de loyauté ; on eût dû sous tous les rapports désirer son amitié ; il eût fallu craindre sa haine.

Son âme était généreuse, son cœur sensible et bon.

Il était vivement affecté lorsqu'il parcourait à cheval les champs de bataille, et non-seulement il éprouvait le désir de secourir les victimes, donnant à cet effet des ordres qui trop souvent n'étaient pas exécutés et ne pouvaient pas l'être, mais il paraissait même être sous l'influence de cette espèce de sympathie plus vive qu'on appelle sensibilité. Il racontait lui-même une circonstance qui prouve combien son âme était susceptible d'émotions. En traversant un champ de bataille d'Italie avec quelques-uns de ses généraux, il vit un chien abandonné étendu sur le corps de son maître. Dès qu'il les aperçut, le pauvre animal s'avança vers eux, puis retourna près du cadavre en poussant des cris lamentables, comme pour implorer du secours.

« Soit disposition du moment, dit l'Empereur, soit le lieu, l'heure, le temps, l'acte en lui-même, ou je ne sais quoi, toujours est-il que jamais rien sur aucun champ de bataille ne me causa une impression pareille. Je m'arrêtai involontairement à contempler ce spectacle. Cet homme, me disais-je, a peut-être des amis, et il gît ici abandonné de tous, excepté de son chien. Ce qu'est l'homme, et quel n'est pas le mystère de ses impressions ! J'avais sans émotion ordonné des batailles qui devaient décider du sort de l'armée, j'avais vu d'un œil sec exécuter des mouvements qui amenaient la perte d'un grand nombre d'entre nous, et ici je me sentais ému, j'étais remué par les cris et la douleur d'un chien. Ce qu'il y a de bien certain, c'est qu'en ce moment j'eusse été plus traitable pour un ennemi suppliant ; je concevais mieux Achille rendant le corps d'Hector aux larmes de Priam. » Cette anecdote montre tout à nu l'âme de Napoléon. Il avait coutume de dire, dans son langage expressif, que le cœur d'un politique devait être dans sa tête. Combien alors son cœur si compatissant devait gémir de l'application de ces tristes paroles !

Il était bienveillant et pensait presque toujours aux autres avant de penser à lui-même. On pourrait en citer de bien nombreux exemples. Lorsqu'à Saint-Hélène il reçut les premiers objets que lady Holland lui adressa, il s'y trouva quelques boîtes d'eaude Cologne. Il en était privé depuis bien longtemps, et une longue habitude la lui rendait presque indispensable. Il en envoya de suite la moitié à madame la comtesse Bertrand et à madame de Montholon. Son premier mouvement était toujours un mouvement de bienveillance; mais la plupart du temps à peine ce sentiment s'était-il manifesté qu'il le réprimait, le cachait même, comme si sa fierté s'en trouvait humiliée. De même, naturellement, il aimait à donner ; mais la réflexion venait immédiatement maîtriser et souvent modifier son premier mouvement à cet égard.

Prodigue quand il s'agissait d'embellir la capitale, d'ouvrir des routes, de creuser des ports et des canaux, il réglait avec une stricte économie les dépenses particulières de sa maison, dont le luxe effaçait néanmoins celui des autres cours de l'Europe. Il voulait voir dans son palais ses officiers chamarrés et dorés ; mais lui, modeste dans ses habillements, n'était ordinairement revêtu que d'un simple uniforme de colonel de sa garde, sans aucune broderie, et qu'il recouvrait, dans les journées pluvieuses, d'une redingote dont la couleur grise est bien connue. Il portait un chapeau militaire coupé d'une façon particulière, sans galons, sans torsades, sans panache, orné seulement de la cocarde tricolore attachée par une ganse de soie noire. Au commencement de son règne, on ne lui vit longtemps d'autres décorations que la plaque de la Légion d'honneur, avec une simple croix d'argent, qu'il détachait souvent de sa boutonnière pour récompenser le mérite ou la bravoure; plus tard, il y ajouta la couronne de fer italienne.

Calculateur par nature et par habitude, Napoléon aimait l'ordre, et par conséquent les mœurs qui en sont le plus sûr garant. En vain les libelles du temps ont tenté de le calomnier en lui prêtant quelques aventures scandaleuses, rien n'autorise à croire à ces basses assertions. Napoléon se respectait trop lui-même et connaissait trop bien le prix de l'opinion publique pour compromettre obscurément sa gloire. Du règne de Louis XIV il ne voulait rappeler que le beau côté.

Tout en lui annonçait l'esprit d'ordre. Il disait souvent : « Je suis une bête d'habitude. » Il expliquait, par cette tendance à l'habitude, comment il avait conservé si longtemps des personnes qui ne paraissaient pas être tout à fait à la hauteur de leur situation. Il était méthodique : et cela se fait remarquer dans sa manière d'arranger ses papiers pour le travail. Mais, soit que ce fût chez lui défaut d'habitude ou autre chose, il manquait un peu d'adresse dans les doigts. Son esprit d'ordre et d'organisation se remarquait en tout. Chez lui, la conception en grand et l'esprit de détail semblaient exister à un égal degré et ne pas se nuire. Quand il critiquait un ouvrage, il en considérait d'abord l'ensemble et venait ensuite aux détails. Quand il commençait à dicter, on pouvait voir que son plan était tout arrêté dans son esprit; ensuite il soignait l'exécution. Dans beaucoup de ses instructions, après avoir établi l'ensemble, avec quel soin minutieux il entrait dans les détails ! Jamais il ne regardait le détail comme au-dessous de lui.

Il travaillait avec ses ministres, assistait aux séances du conseil d'État, où s'élaboraient ces codes qui honorent son règne presqu'à l'égal de ses victoires; puis il se délassait de ses travaux de cabine par des courses dans la ville, visitant, tantôt à pied, tantôt à cheval, toujours sans escorte et fréquemment sans suite, les monuments et les ateliers, se mêlant aux ouvriers, interrogeant le peuple pour connaître par lui-même et ses vœux et ses besoins : « Car, disait-il, le peuple, c'est ma famille. » Aussi la reconnaissance populaire ne lui a-t-elle jamais manqué; et quand la fortune tourna contre lui, ce ne furent pas les hommes du peuple qui abandonnèrent lâchement sa cause. Ses soldats lui demeurèrent fidèles jusqu'à la fin, exemple qu'auraient dû mieux suivre les grands officiers comblés de ses faveurs.

Napoléon avait une activité qui tenait du prodige. A l'armée, pendant le jour, il parcourait à cheval et toujours au galop les lignes occupées par ses troupes, faisant souvent plus de vingt lieues sans paraître fatigué : la nuit, il dictait ses ordres, ses bulletins, ses proclamations, ses décrets; du fond de sa tente, il gouvernait l'empire et dominait l'Europe.

Sa vie des camps était simple et sans éclat. Tout individu, quel que fût son grade à l'armée, avait le droit de l'approcher et de lui parler de ses intérêts; il écoutait, questionnait et prononçait au moment même; si c'était un refus, il était motivé et de nature à en adoucir l'amertume. Jamais on ne pouvait sans admiration, voir le simple soldat quitter son rang, lorsque son régiment défilait devant l'Empereur, s'approcher d'un pas grave, mesuré, et en présentant les armes venir jusque auprès de lui. Napoléon prenait toujours la pétition,la lisait en entier, et accordait toutes les demandes justes.

Ce noble privilége qu'il avait accordé à la bravoure et au courage donnait à chaque soldat le sentiment de sa force et de ses devoirs, en même temps qu'il servait de frein pour contenir ceux des supérieurs qui auraient été tentés d'abuser du commandement.

Lorsque une trêve ou une paix le ramenait à Paris, son séjour dans la capitale n'était pas un temps de repos et d'inaction. Avec une de ces organisations qui comportent toutes les spécialités, et dont une seule ferait distinguer un homme de la foule, le plus grand capitaine du monde, le souverain dont les ministres n'étaient que les premiers commis, l'habile administrateur qui dirigeait toutes les parties de ses États, toutes les branches du service; le colosse, aux proportions gigantesques, redescendait avec une admirable facilité aux plus petits détails de la vie privée.

Insensible aux douleurs physiques, il supportait avec indifférence l'intempérie des saisons, les privations et même la faim. Un morceau de pain et un flacon de vin suspendu à l'arçon de sa selle suffisaient, dans ses premières campagnes, pour l'alimenter pendant plusieurs jours. Durant les dernières guerres, il allait plus souvent en voiture, parce qu'il commençait à ressentir quelques effets prématurés de l'âge.

Le tempérament de Napoléon était extraordinaire comme son génie. Il avait un corps de fer capable de supporter les plus grandes fatigues; il n'était sujet à aucune maladie.

Il éprouvait une répugnance invincible pour tous les médicaments, et quand il en a pris, ce qui est arrivé fort rarement, c'était de l'eau de poulet ou de chicorée, et du sel de tartre.

Son médecin lui avait recommandé de rejeter toute boisson qui aurait un goût âcre et désagréable : c'était, il faut le croire, dans la crainte qu'on ne cherchât à l'empoisonner.

Son pouls était de la régularité la plus parfaite. A Sainte-Hélène, le docteur O'Meara le lui a tâté souvent, il était presque toujours audessous de soixante pulsations. Des médecins ont dit tenir du docteur Hallé qu'à trente et trente-cinq ans son pouls était ordinairement entre cinquante et cinquante-cinq pulsations. Il pouvait dormir à volonté, et, lorsqu'il en sentait le besoin, il suspendait tout exercice de ses facultés physiques et morales et s'endormait. Alors, tout les lieux lui étaient bons, le coin d'un fossé, comme l'alcôve impériale, la planche du lit de camp, ou la terre du bivac.

Il avait aussi la faculté extrêmement rare de se réveiller à heure fixe.

M. Menneval, secrétaire intime de Napoléon, a dit à ce sujet : « A Paris ou à Saint-Cloud, il m'est constamment arrivé que le soir je présentais à signer un travail. — Je ne le signerai pas à présent, disait-il, trouvez-vous cette nuit à une heure ou à quatre heures, nous travaillerons. — Je me faisais toujours éveiller avant l'heure. Comme en descendant je passais devant la porte de son petit appartement, j'y entrais pour demander si l'Empereur était éveillé. On me répondait toujours : Il vient de sonner Constant ; et au même instant je le voyais paraître en robe de chambre et coiffé de son madras. »

A son lever, l'Empereur prenait habituellement une tasse de thé ou de feuilles d'oranger ; s'il prenait un bain, il y entrait immédiatement au sortir du lit, et là se faisait lire, par un secrétaire, ses dépêches et les journaux. Quand il ne prenait pas de bain, il s'asseyait au coin du feu et se faisait lui-même cette lecture. Il dictait au secrétaire ses réponses et les observations que lui suggérait la lecture de ses papiers. Au fur et à mesure qu'il les avait parcourus, il les jetait sur le parquet sans aucun ordre. Le secrétaire ensuite les ramassait pour les emporter dans le cabinet particulier.

Sa vie était frugale, son appétit modéré, ses goûts faciles à contenter ; il mangeait sobrement et vite, trop vite même, car cela lui occasionnait de violents maux d'estomac, qui se terminaient presque toujours par des vomissements. Il supportait ce genre de mal avec moins de force que mille accidents plus graves que la vie des camps entraîne après elle.

Il ne restait à table que douze minutes, à peine un quart d'heure. Presque tous les jours il déjeunait seul sur un guéridon d'acajou, et sans assiette ; ce repas, plus court encore que le dîner, durait de huit à dix minutes. Il buvait peu de vin, il ne l'aimait guère et ne s'y connaissait pas ; on lui servait généralement du chambertin. Il buvait peu de café, et ne prenait pas de tabac, comme on le croit communément ; mais il aimait à en respirer constamment l'odeur.

L'Empereur affectionnait particulièrement les enfants de la reine Hortense ; comme il ne donnait à sa famille que les heures de repas, il se faisait amener ses deux neveux pendant son déjeuner, les interrogeait sur leurs études, et leur faisait réciter des fables qu'il avait choisies lui-même, et dont il leur expliquait le sens.

Arrêtons-nous ici dans ce rapid exposé, et jetons un coup d'œil sur l'homme politique, guerrier et législateur, nous terminerons par quelques considérations sur les causes qui ont produit et amené les événements extraordinaires qui pendant vingt ans excitèrent la surprise et l'admiration de l'univers.

En général, lorsqu'un homme est arrivé à un certain degré de gloire et que son génie et ses actions attirent sur lui l'attention, on se plaît à étudier les premières années de son enfance, dans l'espoir d'y découvrir quelques présages de sa grandeur future, quelques éclairs de cette intelligence qui s'est développée plus tard. Or, ces augures éclatants nous manquent ici; l'avenir de l'Empereur n'eut pas d'apparitions précoces et anticipées, comme celles de l'avenir de César ou d'Alexandre; on ne commence à entrevoir sa destinée que dans les écoles militaires, dont l'un des maîtres disait des compositions de son jeune disciple : « C'est du granit chauffé dans un volcan. »

De l'aveu de Napoléon lui-même, son enfance n'aurait rien eu de remarquable que la curiosité jointe à l'obstination; mais, avec un esprit à la fois si pénétrant, si prompt et pourtant réfléchi, la première de ses dispositions renfermait le germe de cet insatiable désir de connaître, de cette aptitude à apprendre, de cette facilité à retenir qui furent les éléments de son immense supériorité. Quant à l'obstination, ce fait, insupportable dans le premier âge pour les parents et les maîtres qu'il rebute ou qu'il irrite, nous l'avons vue former avec le temps et la raison cette puissance de volonté qui maintint l'Empereur pendant quatorze ans à la tête de l'Europe.

Les instituteurs de Brienne prédirent que Napoléon irait loin, mais sans avoir eux-mêmes aucun moyen de mesurer la portée de leurs prédictions. Et, en effet, qui aurait donc pu, à cette époque, lever le voile derrière lequel se cachait la révolution, et prévoir que Napoléon devait en sortir, comme la Minerve de la Fable s'élança tout armée du cerveau de Jupiter? Napoléon lui-même ne pouvait avoir eu, à cette époque, aucun de ces pressentiments qui, lancés comme des traits de lumière au milieu d'une obscurité profonde, élèvent si haut les secrètes espérances des âmes privilégiées qu'ils illuminent un moment Il faut de grandes commotions, des renversements d'Etat, pour ouvrir un champ illustre aux êtres d'une trempe supérieure. Sans la révolution, le grand homme restait à jamais inconnu à l'histoire. Elle s'empara du jeune officier d'artillerie avec une puissance irrésistible; plusieurs de ses camarades commirent la faute d'émigrer; mais il avait embrassé la noble cause et ne voulut jamais abandonner le drapeau national qu'il devait faire triompher dans toute l'Europe.

Sorti du rang du peuple, Napoléon a élevé la patrie à un degré inouï jusqu'alors de gloire et de prospérité; ne cessant jamais de s'appuyer sur le peuple, il a grandi le peuple, comme le peuple l'avait grandi; et on peut dire aussi que son histoire est aussi celle du peuple. Il consolida toutes les conquêtes de la révolution, mit un terme aux dissentions intestines et ouvrit à la France une large voie pour marcher à tous les genres de gloire et de progrès. Son puissant génie organisa tout autour de lui les lois, l'industrie, la guerre; il prépara la paix universelle par ses victoires; son but fut de faire à jamais de la France la tête de la civilisation, le flambeau du monde. Sous lui, le principe de l'égalité existait, en ce qu'on pouvait s'élever de tous les rangs, de toutes les conditions. Le fils du laboureur ou celui de l'artisan pouvait devenir maréchal, préfet, conseiller d'État, sénateur. C'est au créateur de l'Empire que nous devons, nous, hommes nés depuis la révolution, nos lois, nos monuments et notre gloire. C'est par lui qu'a pénétré dans nos esprits ce vaste désir d'une amélioration progressive, but véritable et continu de son gouvernement qui sera désormais celui de toute société.

On va peut-être nous arrêter ici, et nous parler de ce que l'on a appelé l'ambition démesurée de l'Empereur et son amour pour la guerre; mais on oublie donc que le conquérant de l'Italie, après avoir détruit six armées autrichiennes, après avoir vaincu Wurmser et le prince Charles, a demandé lui même, le premier, à l'Autriche abattue, la cessation des hostilités. C'est à lui, c'est à sa volonté pacifique, que la France a dû le traité de Campo-Formio. On veut oublier aussi que, vainqueur à Iéna et à Friedland, il a lui-même offert une paix honorable à la Russie humiliée. C'est d'ailleurs une chose reconnue qu'il n'a jamais été le provocateur dans les guerres qui ont ensanglanté l'Europe.

Du reste, Napoléon lui-même, dans son Mémorial de Sainte-Hélène, prévoyant les calomnies dont on chercherait à flétrir son glorieux règne, a pris sur lui-même de les combattre en les attaquant de front.

« Ils auront beau, dit-il, retrancher, supprimer, mutiler, il leur sera bien difficile de retrancher tout à fait..... Les faits parlent, ils brillent comme le soleil.

« J'ai refermé le gouffre anarchique et débrouillé le chaos. J'ai désouillé la révolution, ennobli les peuples et raffermi les rois. J'ai excité toutes les émulations, récompensé tous les mérites, et reculé les limites de la gloire. Tout cela est bien quelque chose. »

Mais nous n'aurions jamais fini, si nous voulions rapporter tous les détails de la vie intime de l'Empereur, car tout intéresse en ce qui touche un homme tel que lui.

HISTOIRE

DE NAPOLÉON.

CHAPITRE PREMIER.

La Corse. — Famille de Bonaparte. — Napoléon, né le 15 août 1769. — Son enfance. — Est envoyé à l'école militaire de Brienne. — Est admis à celle de Paris — Est nommé sous-lieutenant d'artillerie. — Ses premiers sentiments politiques.

La Corse, possédée par les Romains 273 ans avant J.-C., mais continuellement en révolte contre ses maîtres, n'était guère sous l'Empire qu'un lieu d'exil. Elle devint à peu près indépendante au VIIIe siècle, et ne fut comprise qu'un instant dans les Etats de Charlemagne. Dans la suite, les papes se déclarèrent souverains de la Corse. En 1092, Urbain II la vendit aux Pisans, moyennant une redevance. Gènes disputa cette concession, et après diverses tentatives qui échouèrent, les Génois s'emparèrent de l'île en 1481. Six ans après, leur domination despotique souleva les indigènes. En 1730, ils se donnèrent à Théodore, baron de Neuhof. Ne pouvant les réduire, les Génois eurent recours à la France, qui, par la force de ses armes, pacifia l'île, et elle lui fut cédée par eux en 1768. Les Anglais, à l'aide du célèbre Paoli, s'en rendirent maîtres en 1794, mais ils en furent expulsés en 1799.

Ainsi, ce pays que le caractère de ses habitants semblait devoir garantir de la conquête, la subit plusieurs fois dans les temps les plus reculés et les plus modernes. Deux mois et deux jours après sa soumission à la France, naquit dans son sein l'homme que son génie appelait à dominer la France et l'Europe.

Les Bonaparte sont une des plus anciennes familles d'Italie; ils avaient régné à Trévise, et dans leurs armoiries, où se trouvait un rateau, il y avait des fleurs de lis d'or. Cette famille a de tout temps produit des hommes remarquables; plusieurs se sont distingués dans les lettres, d'autres ont été podestats de Parme et de Padoue, et n'ont dû ces dignités qu'aux suffrages de leurs concitoyens. Les Bonaparte de Trévise ont fondé des établissements religieux, et ceux de Florence ont donné à l'Eglise plusieurs prélats. Toutes les vicissitudes de la fortune semblent s'être épuisées sur cette famille.

Dès 1268, une sentence de bannissement fut portée contre les Bonaparte de Florence, et en 1441, un de leurs descendants fut décapité comme Gibelin (1), A cette époque, ils furent forcés de cacher leur nom, des lois les exclurent des honneurs et ils ne recouvrèrent leurs prérogatives et leur rang qu'en 1738. Une troisième branche de Bonaparte s'était établie en Corse, au xve siècle. Ils s'attachèrent aux premières familles de l'île; y acquirent des propriétés et une grande influence. Mais cette illustration, ces propriétés, cette influence, ne contribuèrent nullement à la fortune ni à la gloire de Napoléon; aussi s'en montra-t-il toujours fort peu jaloux. Sous le consulat, un généalogiste ayant publié un ouvrage dans lequel il rattachait la famille Bonaparte à d'anciennes royautés du Nord, le premier consul fit persifler dans les journaux cet essai de flatterie, en déclarant que sa noblesse ne datait que de Montenotte et de Millesimo. Quand l'empereur François, dont il était devenu le gendre, ayant fait faire des recherches sur ses ancêtres, vint lui dire, avec un sentiment de satisfaction et d'orgueil, que les Bonaparte avaient été souverains à Trévise, Napoléon lui répondit en souriant qu'il aimait mieux être le *Rodolphe d'Habsbourg* de sa famille.

Le nom de Napoléon était porté par les cadets de cette famille depuis plusieurs générations. Il venait originairement d'un Napoléon des Ursins, célèbre dans les fastes d'Italie : ce nom signifiait *le lion du désert*. A ce sujet, l'empereur disait à Sainte-Hélène, en parlant de la campagne d'Egypte, que le désert avait toujours eu pour lui un attrait particulier, et qu'il ne l'avait jamais traversé sans une certaine émotion. Lorsqu'il lui arrivait d'énumérer les causes qui avaient favorisé son élévation : « Il n'est pas, disait-il, jusqu'au nom de Napoléon, peu connu, poétique, redondant, qui ne soit venu ajouter quelques petites choses à la grande circonstance. »

Le père des Bonaparte, dont la vie tient une si grande place dans notre histoire, Charles Bonaparte, naquit à Ajaccio en 1746; il fut l'ami de Paoli, et combattit à ses côtés pour arracher la Corse au joug des Génois. Il prit encore les armes pour la défendre contre les entreprises de la France.

En 1779, il remplit une mission près la cour de France. Plus tard,

(1) En Italie, on donnait le nom de Guelfe au parti républicain qui fut toujours en lutte avec les Gibelins, partisans des empereurs de la maison de Souabe.

il fut réduit presque à l'indigence par une entreprise de dessèchement des salines, et par un procès qu'il eut à soutenir contre les jésuites à propos d'une succession. Il avait épousé, en 1767, Lætitia Ramolino, née en 1750, à Ajaccio, d'une famille noble, originaire d'Italie; elle passait pour l'une des plus belles femmes de son temps. Non moins courageuse que son époux, elle le suivit souvent à cheval, et partagea les périls de ses expéditions. Elle était enceinte de Napoléon, à l'époque de la bataille de Ponte-Novo, gagnée par les Français, en juin 1769. Alors elle se trouvait à Corte, siége du gouvernement de Paoli, chez les Arrighi, parents de Charles Bonaparte. A la suite de cette affaire, qui décida du sort du peuple corse, elle alla chercher un asile dans les montagnes de la Ronda, d'où elle revint à Ajaccio. Le 15 août, jour de l'Assomption, elle voulut aller à la messe, à cause de la solennité de la fête : mais elle fut obligée de retourner chez elle, et, n'ayant pu atteindre sa chambre à coucher, elle déposa sur un de ses tapis représentant les héros d'Homère, un fils qu'on appela Napoléon (1).

Devenu chef du gouvernement français, Napoléon abandonna sa maison patrimoniale, son berceau, à la famille Romalino, sa plus proche du côté maternel, à condition que celle-ci la ferait passer à sa nourrice.

Cette habitation est demeurée un objet de vive curiosité et de grande vénération pour les voyageurs et surtout pour les militaires.

Napoléon Bonaparte naquit donc à Ajaccio, le 15 août 1769, deux mois après la bataille de Ponte-Novo. « Je n'étais, a-t-il dit lui-même, qu'un enfant obstiné et curieux. » A ces deux traits distinctifs, il faut ajouter une extrême vivacité d'esprit et une sensibilité précoce. Il avait acquis sur son frère aîné, Joseph, un ascendant complet : personne ne lui imposait, excepté sa mère, qui savait se faire craindre, aimer et respecter. En 1779, Charles Bonaparte, envoyé à Versailles comme député de la noblesse des États de la Corse, emmena avec lui son fils Napoléon, âgé de dix ans, et sa fille Elisa. La politique de la cour de France ouvrait les écoles royales aux enfants des familles nobles de la nouvelle conquête : Elisa fut placée à Saint-Cyr et Napoléon à Brienne.

Charles Bonaparte mourut d'un squirre à l'estomac, à l'âge de trente-neuf ans, à Montpellier, en 1785 (2). L'archidiacre Lucien, se

(1) Madame Bonaparte, après l'élévation de Napoléon au trône impérial, prit le titre d'Impératrice-Mère. C'était une excellente femme qui ne fut jamais aveuglée par l'éclat des grandeurs au milieu desquelles elle vivait ; elle avait sur l'empereur un grand ascendant dont elle n'usait que pour faire le bien. Après la chute de l'Empire, elle se retira avec une grande fortune à Rome, où elle mourut en 1839.

(2) En 1802 le conseil municipal de Montpellier vota l'érection d'un monument à

chargea de le remplacer : ses soins et ses économies rétablirent les affaires de la famille, que le luxe de Charles avaient fort dérangées. Ce second chef de la famille Bonaparte vécut encore assez longtemps : à son lit de mort, il parut avoir deviné l'avenir de Napoléon, car il dit aux jeunes Bonaparte qui l'entouraient : « Il est inutile de songer » à la fortune de Napoléon, il la fera lui-même. Joseph, tu es l'aîné » de la famille, mais Napoléon en est le chef : aie soin de t'en sou- » venir. » Joseph s'en souvint, et jamais dernière volonté d'un mourant ne fut plus fidèlement exécutée.

A l'école de Brienne, le jeune Napoléon se montra doux, tranquille, plein d'ardeur pour l'étude. Un seul trait indiquera la susceptibilité de son amour-propre. Un jour, pour un léger manque de subordination, le maître de quartier, homme brutal et inhabile à distinguer les nuances des caractères, condamna Napoléon à porter l'habit de bure, et à dîner à genoux à la porte du réfectoire. La fierté de l'enfant ne put supporter cette espèce de déshonneur : le moment de l'exécution fut celui d'une violente crise nerveuse. Heureusement le père Patrault, son professeur de mathématiques, accourut l'arracher au supplice, se plaignant qu'on dégradât ainsi son meilleur mathématicien.

Napoléon poussait jusqu'à l'excès la passion de l'étude. De tous les auteurs qu'il affectionnait le plus, c'était Plutarque, dont la lecture développait chaque jour les germes d'enthousiasme, d'héroïsme et d'amour de la gloire que la nature avait déposés en lui. En même temps qu'il se passionnait pour l'étude de l'histoire, celle de la géographie devint, pendant les heures de récréation, un de ses passe-temps favoris. Ses professeurs le vantaient comme un des meilleurs sujets de l'école. Pichegru, si célèbre depuis, était alors son maître de quartier et son répétiteur pour l'arithmétique. Il conserva toujours présent le souvenir de son ancien élève; car, lorsqu'il se fut livré au parti royaliste, et qu'on le consulta pour savoir si l'on pourrait aller jusqu'au général en chef de l'armée d'Italie : « N'y perdez pas votre » temps, répondit-il; je l'ai connu dans son enfance, ce doit être un » caractère inflexible; il a pris un parti, il n'en changera pas. » Taciturne et pensif, Napoléon s'associait rarement aux jeux de ses camarades. S'y mêlait-il par hasard ? à l'instant il en devenait le chef et le héros : il déployait toutes les ressources de l'art militaire, soit comme ingénieur, soit comme général; tantôt pour l'attaque, tantôt pour la

la mémoire de Charles Bonaparte. Napoléon remercia ses concitoyens de leurs bonnes intentions; mais considérant que l'événement de la mort de son père remontait déjà à dix-huit ans de date, qu'il était étranger au public, et que ce monument serait consacré à sa gloire personnelle plus qu'à la mémoire de son père, il crut devoir refuser cet hommage. Louis Bonaparte, qui fut roi de Hollande, a fait depuis transporter le corps de son père à Saint-Leu.

défense : il ne montrait pas moins d'aptitude à l'exécution qu'au commandement.

Il livra sa première bataille dans une des cours du collége de Brienne, où la victoire le couronna. Général à quatorze ans, il entra en vainqueur, à la tête d'une troupe d'écoliers, dans une forteresse de neige qu'il avait élevée.

Mais le vif regret que lui causait la soumission de sa patrie à la France, était l'idée dominante du jeune Napoléon, si profondément gravée dans son âme, qu'elle l'éloignait de ses camarades ; il ne prenait que rarement part à leurs jeux et à leurs exercices.

Dévoré du désir d'apprendre, et déjà pressé du désir de parvenir, Napoléon se faisait remarquer de ses maîtres par une application forte et soutenue; il était, pour ainsi dire, le solitaire de l'école.

Cependant les premières années de l'Empereur furent moins sombres et taciturnes qu'on ne le croit généralement. Au contraire, en débutant, il était fort gai. Il n'avait pas de plus grand plaisir à Sainte-Hélène que de raconter les espiégleries de son école d'artillerie; il semblait alors oublier momentanément les malheurs qui l'enchaînaient.

Un vieux commandant de plus de quatre-vingts ans, que les élèves vénéraient fort du reste, étant venu un jour leur faire faire l'exercice du canon, suivait chaque coup avec sa lorgnette, assurait qu'on devait avoir été loin du but, s'inquiétait et s'informait à ses voisins si quelqu'un avait vu porter le coup. Personne n'avait garde, les jeunes gens escamotant le boulet toutes les fois qu'ils chargeaient. Le vieux général avait de l'esprit. Au bout de cinq à six coups, il lui prit fantaisie de faire compter les boulets ; il n'y eut pas moyen de s'en dédire ; il trouva le tour fort gai, et n'en ordonna pas moins les arrêts.

Napoléon se livrait presque exclusivement à l'étude des mathématiques, et y obtenait de grands succès. La chimie, la physique et l'astronomie étaient à peu près négligées à l'école de Brienne. Napoléon n'avait de dispositions ni pour les arts d'agrément, ni pour les langues étrangères, ni pour la littérature. Il a depuis cependant sacrifié aux muses, et il reste de lui, à ce qu'on assure, quelques pièces de vers, mais courtes et qui ne sont que des essais.

Bonaparte resta à Brienne jusqu'à l'âge de quatorze ans. En 1783, le chevalier de Kéralio, inspecteur des douze écoles militaires, et qui avait conçu pour cet élève une affection toute particulière, lui accorda une dispense d'âge et même une faveur d'examen pour être admis à l'école de Paris ; car Napoléon n'avait fait de progrès que dans l'étude de l'histoire et des mathématiques, et les moines de Brienne voulaient le garder encore une année pour le perfectionner dans la langue latine. *Non*, dit M. de Kéralio, *j'aperçois dans ce jeune homme une étincelle qu'on ne saurait trop cultiver.*

L'admission de Bonaparte à l'école militaire fut ainsi décidée.

Là, comme à Brienne, la supériorité du jeune élève resta la même : ses méditations étaient profondes, ses conceptions fortes. Son professeur d'histoire, M. de l'Eguille, le désignait ainsi dans ses notes : « Corse » de nation et de caractère, il ira loin, si les circonstances le favori» sent. Domairon, qni lui enseignait les belles-lettres, appelait énergiquement ses amplifications du granit chauffé au volcan. Le seul professeur qui n'en fût pas satisfait, était un M. Bauer, lourd maître d'allemand, qui jugeait Napoléon incapable d'apprendre quelque chose, parce qu'il ne faisait aucun progrès dans cette langue.

Il y avait dans l'école un maître d'écriture, qui donna pendant quinze mois des leçons à Napoléon ; un maître d'escrime, le sieur Daboval, qui donna aussi des leçons à Napoléon (1).

Napoléon venait d'accomplir sa seizième année, lorsque le succès de son examen à l'école militaire de Paris, lui ouvrit la carrière militaire, il reçut une lieutenance en second au régiment de La Fère, qu'il quitta bientôt pour entrer lieutenant en premier dans un autre régiment en garnison à Valence. Là, ses premiers amis furent Lariboissière et Sorbier, devenus depuis inspecteurs généraux d'artillerie.

A son entrée dans le monde, le caractère de Napoléon subit un nouveau changement : de silencieux et sombre il devint enjoué. L'officier d'artillerie n'eut donc pas de peine à plaire ; et l'éclat de sa conversation contribua encore à le faire rechercher.

(1) Le premier consul venait d'être proclamé empereur. Un homme âgé et d'une mise plus que modeste, arrive à Saint-Cloud, et sollicite du grand-maréchal Duroc la faveur d'une audience particulière du souverain.

Introduit presque aussitôt dans le cabinet de Napoléon : « Qui êtes-vous, et que » me voulez-vous? demande sèchement l'empereur. — Sire, lui répond le solliciteur » fort intimidé, c'est moi qui ai eu le bonheur de donner des leçons d'écriture à » Votre Majesté, pendant quinze mois à Brienne. — Le bel élève, ma foi, que vous » avez fait là ? répond vivement l'empereur, je vous en fais mon compliment. » Puis se prenant à rire de sa vivacité, Napoléon, en le congédiant, lui adresse quelques paroles bienveillantes, et ajoute : « C'est bien, c'est bien ; je n'oublierai pas mon » maître d'écriture. »

En effet, quelques jours après, le professeur de Brienne reçut le brevet d'une pension de 1,200 francs.

En 1790, lorsque Napoléon, lieutenant d'artillerie, allait d'Auxonne à Dôle, où était alors retiré le père Charles, qui lui avait enseigné le catéchisme à l'école de Brienne, il ne manquait jamais d'aller le visiter.

Quelque temps après, Napoléon traversant Dôle pour se rendre en Italie, où il allait pour ouvrir sa plus belle campagne, voulut revoir le père Charles ; il le fit appeler auprès de sa voiture pendant qu'on relayait. Touché de cette attention, le vieux pasteur ne put que verser des larmes en abordant le héros ; mais au moment du départ il s'écria d'une voix prophétique : *Vade prosper et regna.*

Devenu premier consul, il n'oublia pas cet ecclésiastique vénérable, et lui accorda une pension de 1,000 francs.

Quels que fussent les agréments que la société de Valence procurât au jeune officier d'artillerie, ils ne lui firent jamais négliger les devoirs du service, ni des occupations plus sérieuses. Il avait adressé le commencement d'une histoire de Corse au fameux abbé Raynal, qui l'engagea fortement à continuer ce travail. En 1786, sur la demande de ce même abbé, l'académie de Lyon avait mis au concours la question suivante : « Quels sont les principes et les institutions à inculquer aux » hommes pour les rendre le plus heureux possible? » Napoléon concourut sous le voile de l'anonyme et remporta le prix. Son discours fut découvert dans les archives de l'Académie par les recherches de M. de Talleyrand, ministre des relations étrangères sous le Consulat.

Ce fut aussi alors qu'il publia sa fameuse lettre à M. Buttafuoco, maréchal de camp, député de la noblesse corse à l'Assemblée constituante; dans cette lettre il reproche à ce député avec l'expression de l'ironie la plus amère, les trahisons dont il était accusé.

« Le style, dit M. de Norvins, en est original, quelquefois brillant. » L'auteur passe avec une facilité singulière de la discussion austère » du moraliste à l'entraînement de l'âme la plus tendre pour ses sem» blables. Ce petit ouvrage est un monument bien précieux de sa jeu» nesse, et semblait peut-être annoncer une carrière non moins bril» lante que celle des armes. » A cette même époque, Napoléon tenta de faire aussi le *Voyage sentimental* au mont Cenis, dans le genre de Sterne; mais il ne tarda pas à y renoncer.

Durant son séjour à Valence, Bonaparte courut pour la première fois le danger de perdre la vie. En se baignant dans le Rhône, les forces lui manquèrent, le courant l'entraîna et il disparut. Heureusement ses camarades accoururent à son secours, le saisirent aux cheveux, et le ramenèrent sur le rivage. Rendu à lui-même par les soins qu'on s'empressa de lui prodiguer, il avoua qu'il avait senti l'existence lui échapper, et qu'il s'était cru au moment de faire ses adieux au monde.

Bonaparte touchait à sa vingtième année, et résidait encore à Valence, lorsque le cri de liberté se fit entendre dans toute la France. Un esprit de la trempe du sien ne pouvait méconnaître l'importance d'un tel événement. Tout entier à l'observation, à la méditation, il parlait peu et gardait une contenance encore plus sévère que de coutume. La manie de l'émigration se répandit bientôt parmi les officiers de la garnison de Grenoble : Bonaparte prit le parti de la révolution, et son exemple influa puissamment sur ses frères d'armes. Pendant toute la session de l'Assemblée constituante, il se montra patriote ardent et zélé.

Au commencement de 1792, Bonaparte fut nommé capitaine d'artil lerie. Voulant voir les choses de près, il vint à Paris, et fut témoin des fameuses journées du 20 juin et du 10 août.

L'homme qui, suivant sa propre expression, sentait en lui l'infini, assista donc à la journée du 10 août, et le spectacle de la vieille monarchie française s'écroulant dans la fange et dans le sang, impressionna profondément son âme et la froissa. Peut-être faut-il dater de cette journée terrible, la haine que le grand capitaine manifesta pour le désordre des rues et des esprits. Les scènes dont il fut témoin, jetèrent dans les pensées de Napoléon une étrange lumière. Après cette journée, il écrivit à son oncle Parasiani : « Ne soyez pas inquiet de vos neveux, ils sauront se faire place ! »

Vers cette époque, la situation de la Corse offrait des dangers à toutes les familles dont on connaissait l'attachement à la France. Bonaparte, inquiet pour la sienne, obtint un congé, et se rendit à Ajaccio. La terreur y régnait. Paoli, ce vieillard qui jusqu'alors avait combattu pour l'indépendance de son pays, Paoli cherchait à livrer la Corse aux Anglais, dont les troupes avaient dejà débarqué dans l'île. Les patriotes corses opposèrent de la résistance : on organisa des bataillons de gardes nationales ; Bonaparte en commanda une partie et combattit à leur tête.

Il rompit sans hésiter avec le chef qu'il appellait son ami ; mais Ajaccio était au pouvoir des ennemis, la maison des Bonaparte fut brûlée, et il dut en proscrit demander avec toute sa famille un asile à Marseille.

Depuis cet événement, jamais Napoléon n'a revu la Corse, mais général en Italie, premier Consul, Empereur, son pays a toujours conservé une place dans ses sentiments d'affection. S'il ne lui a point donné de grandes marques de prédilection, c'est que les localités se prêtaient peu à la construction d'édifices, d'ailleurs inutiles pour une population encore peu civilisée. Il a fait pour sa patrie tout ce qu'il a pu faire, et mieux qu'on a fait avant et après lui, en y introduisant une bonne police et en y encourageant l'agriculture.

Après avoir établi sa famille aux environs de Toulon qui venait d'être livré aux Anglais, Bonaparte reçut l'ordre de se rendre à Lyon afin d'obtenir des poudres pour le siége de la ville, et alla jusqu'à Paris, où il compléta sa mission. Il fit diriger avec la plus grande promptitude sur Toulon les munitions qu'il avait rassemblées, et se rendit au quartier général du corps de Cartaux, devant cette place. Les représentants du peuple Salicetti et Barras le nommèrent chef de bataillon commandant de l'artillerie du siége, en remplacement du général Dutheil, et le chargèrent de diriger les opérations du siége. Là le prendra l'histoire pour ne plus le quitter ; là commence son immortalité.

CHAPITRE II.

Révolte de Toulon. — Bonaparte commande l'artillerie du siége. — Anecdotes. — Prise de Toulon.

Toulon jusqu'alors si républicaine, entraînée par les excitations des agents de l'émigration et de l'étranger, avait suivi l'exemple de Lyon, de Marseille et des autres villes du midi de la France qui avaient rompu avec la Convention, dominée par le parti montagnard, et repoussé la fameuse constitution de 1793.

Une foule de familles provençales, tellement compromises qu'elles ne pouvaient plus transiger, s'étaient réfugiées à Toulon, lorsque Carteaux, vainqueur, avait fait son entrée dans Marseille. N'ayant plus rien à ménager, elles excitaient les Toulonnais à se compromettre autant qu'elles-mêmes, et à prendre par conséquent les mesures les plus énergiques. Elles dictèrent l'arrêté des sections, en vertu duquel le port fut livré le 29 août aux Anglais, qui se présentaient et qui furent reçus *en qualité d'alliés* de Louis XVII, événement que préparait déjà une conspiration tramée dans le corps de la marine, sous la direction de l'amiral Hood, commandant de la flotte britannique, et de l'amiral Trogoff, commandant des forces françaises. A peine le contre-amiral Saint-Julien, resté fidèle au pavillon tricolore, put-il sauver quelques vaisseaux.

Toulon n'était plus qu'une ville d'Espagnols et d'Anglais ; des troupes de ces deux nations, renforcées de quelques milliers de Piémontais et de Napolitains, formaient la garnison et préparaient une défense vigoureuse, dont les suites déplorables les inquiétaient fort peu, puisqu'à tout événement la mer leur était ouverte, et que tous les maux du siége allaient retomber sur une population et sur une ville française.

Napoléon eut à lutter successivement contre l'impéritie des généraux et l'amour-propre des représentants du peuple; mais son caractère droit, sa volonté ferme, l'utilité de ses conceptions, sa vigueur et sa rapidite dans l'exécution surmontèrent tous les obstacles. Son premier soin fut d'appeler à son aide un grand nombre d'officiers momentanément éloignés par les événements de la révolution. Au bout de six semaines, il était parvenu à réunir, à former et à approvisionner un parc d'artillerie de deux cents bouches à feu. — Les batteries avaient été avancées et placées sur les points les plus avantageux du rivage. Bientôt de gros bâtiments ennemis furent démâtés, des bâtiments légers coulés bas, et les vaisseaux anglais furent obligés de s'éloigner de cette partie de la rade.

Le général Doppet avait succédé à Carteaux, premier commandant du siége; il était Savoyard, médiocre et méchant. Ennemi déclaré de tout ce qui avait des talents, sans aucune idée de la guerre, et d'une bravoure très équivoque, il faillit cependant, par un singulier hasard, prendre Toulon quarante-huit heures après son arrivée. Un bataillon de la Côte-d'Or et un bataillon du régiment de Bourgogne étant de tranchée contre une éminence escarpée et tellement fortifiée qu'on la nommait le petit Gibraltar, eurent un homme pris par une compagnie espagnole de garde à la redoute; ils le virent maltraiter, bâtonner, et en même temps les Espagnols les insultèrent par des cris et des gestes indécents. Furieux, les Français courent aux armes; ils engagent une vive fusillade et marchent contre la redoute. Le commandant d'artillerie (Bonaparte) se rend aussitôt chez le général en chef, qui ignorait lui-même ce que c'était; ils vont au galop sur le terrain, et là, voyant ce qui se passait, Napoléon engagea le général à appuyer cette attaque, attendu qu'il n'en coûterait pas plus de marcher en avant que de se retirer. Le général ordonna donc que toutes les réserves se missent en mouvement. Tout s'ébranla: Napoléon marcha à la tête. Malheureusement, un aide de camp est tué aux côtés du général en chef. La peur s'empare de lui; il fait battre la retraite sur tous les points et rappelle ses troupes au moment où les grenadiers, après avoir repoussé les tirailleurs ennemis, parvenaient à la gorge de la redoute et allaient s'en rendre maîtres. Les soldats furent indignés. Le Comité de salut public rappela Doppet et sentit enfin la nécessité d'y envoyer un militaire. Dugommier fut désigné. Sa vieille expérience ne dédaigna pas les conseils du jeune chef de bataillon d'artillerie, et il témoigna hautement l'estime qu'il faisait de ses conceptions.

Napoléon était à tout et partout, faisant le général et le soldat; tour à tour fantassin et cavalier, mineur et artilleur. Quand l'ennemi tentait une sortie, ou, par une attaque inattendue, forçait les assaillants à une manœuvre rapide et non encore ordonnée, les chefs de colonne, les commandants de postes et de détachements, dans leur hésitation, n'avaient tous qu'une même parole : « Courez au commandant de l'artillerie; demandez-lui ce qu'il faut faire, il le sait mieux que personne.» Napoléon donnait ses instructions, on lui obéissait, non pas seulement avec le respect que commande le grade, mais encore avec cette confiance qu'inspire le génie. Du reste, il ne se ménageait point, toujours au feu , toujours attentif au mouvement des assiégés, il déployait en toute circonstance cette remarquable activité qu'aucun homme n'a eue au même degré que lui. Aussi courut-il des dangers pendant le siége. Il eut trois chevaux tués sous lui; et, lors d'une sortie qu'il repoussa, où son courage sauva les batteries françaises, il reçut d'un grenadier anglais, à la cuisse gauche, un coup de baïonnette qui lui fit une blessure tellement grave que, pendant quelques instants, il fut menacé de l'amputation.

Une maladie de peau, gagnée à cette époque, altéra longtemps son excellente constitution. Un jour qu'il était dans une batterie exposée au feu le plus violent de la place, un des chargeurs fut tué sur sa pièce; il était important que le feu de l'artillerie française ne se ralentît pas. Napoléon s'empara du refouloir et chargea lui-même plusieurs coups. Le malheureux artilleur avait une gale de la nature la plus maligne, et Napoléon en fut atteint. L'ardeur de la jeunesse, les impérieux devoirs du service firent que le commandant d'artillerie se contenta d'un léger traitement, et le mal disparut.

La connaissance de Napoléon avec un des hommes auxquels il a porté le plus d'affection date du siége de Toulon. C'est Muiron, tué près de lui à Arcole, et dont à Sainte-Hélène il conservait encore un souvenir affectueux. Muiron, déjà capitaine d'artillerie, lui servit d'adjudant pendant le siége de Toulon.

Un sous-officier a dû sa haute fortune au siége de Toulon. Napoléon faisait établir, sous le feu de l'ennemi, une des premières batteries du siége. Ayant un ordre à donner, il demanda autour de lui un sergent ou un caporal qui sût écrire. Un jeune homme sortit des rangs, et sur l'épaulement même de la batterie écrivit sous sa dictée. La lettre était à peine finie, qu'un boulet couvrit de terre le papier et l'écrivain : « Tant mieux, dit gaiement celui-ci, je n'aurai pas besoin de sable. » La plaisanterie, le calme avec lequel elle fut faite, fixèrent l'attention de Napoléon. Ce sergent, qui par la suite se montra digne de sa bienveillance, était Junot, mort depuis duc d'Abrantès, gouverneur général de l'Illyrie et colonel général des hussards.

Napoléon distingua également dans les derniers rangs de l'artillerie, un jeune officier qu'il eut d'abord beaucoup de peine à former, mais dont plus tard il a tiré les plus grands services : c'était *Duroc* qui, sous un extérieur peu brillant, possédait les qualités les plus solides et les plus utiles. Il a été depuis duc de Frioul et grand-maréchal.

Il fallut plus d'un mois de travail pour réduire les forts qui, élevés sur la chaîne des montagnes dont la ville est couverte, en défendaient les approches. Enfin, pendant la nuit du 17 décembre, une attaque générale fut dirigée contre le petit Gibraltar. Cette position, d'une importance majeure, en ce qu'elle dominait la petite rade et qu'elle était la clef du fort de l'Eguillette et de Balaguier, fut emportée après trois assauts furieux et trois fois repoussés. C'est à la prise de ce fort que Napoléon fit le premier essai dans cet art que l'on pourrait appeler la tactique morale, et que depuis il a prouvé si loin. Une batterie, parallèle à la redoute anglaise, avait été élevée. On l'avait construite à la faveur d'un rideau d'oliviers qui la dérobait à l'ennemi, mais à peine démasquée elle fut foudroyée. Les canonniers effrayés se retiraient. Napoléon qui sentait toute l'importance de cette position, dit à Junot, son officier d'ordonnance, d'écrire en gros caractères sur un écriteau qu'il fit placer en avant de la redoute : BATTERIE DES HOMMES SANS PEUR. Il avait bien jugé nos soldats : dès ce moment tous les canonniers de l'armée voulurent y servir.

Le vénérable Dugommier, qui avait pendant toute l'attaque fait preuve d'un courage héroïque et d'une activité de jeune soldat, était harassé de fatigue. Bonaparte, certain de la conquête qu'il venait de faire, lui dit : « Général, allez vous reposer ; nous venons de prendre Toulon : nous y coucherons demain. » Quant à lui, il continua à faire les dispositions nécessaires pour atteindre ce grand résultat.

Le lendemain, en effet, l'escadre ennemie qui pouvait être foudroyée par les batteries que Napoléon avait fait établir pendant la nuit, se hâta de retirer la garnison et d'évacuer le port et la rade de Toulon. Le même jour les forts et la ville furent occupés par les troupes françaises.

Les Anglais avaient, avant de mettre à la voile, incendié l'Arsenal, les chantiers et tous les vaisseaux qu'ils désespéraient d'emmener. Et cependant, c'était seulement à titre d'alliés de Louis XVII qu'ils avaient été reçus dans le port. Heureusement, les forçats échappés de leurs bagnes, brisèrent leurs chaînes et luttèrent contre les progrès de l'incendie.

Vingt mille Toulonais, Marseillais et Provençaux épouvantés, encombraient les quais et la plage, et imploraient à grands cris un asile à bord des vaisseaux des Anglais, tout à l'heure leurs compagnons d'armes, mais pas une chaloupe ne les venait chercher. Après Toulon comme après Quiberon, Shéridan aurait pu s'écrier : « Que l'honneur anglais avait coulé par tous les pores. » Quand il était trop tard et quand l'amiral espagnol l'y eut contraint par son exemple, l'amiral Hood se détermina enfin à faire mettre quelques bateaux à la mer pour recevoir les fugitifs.

Le 19 décembre, les républicains entrèrent dans Toulon : ils la trouvèrent à moitié dépeuplée, mais la ville fut cruellement punie de sa désertion. Salicetti, Fréron, Ricord, Robespierre, Lejeune et Barras, commissaires de la Convention, y publièrent et y firent exécuter les décrets les plus sanguinaires. — « Tout ce qui est étranger, écrivaient-» ils au gouvernement, est fait prisonnier, tout ce qui est français est » fusillé... »

Dugommier, généreux interprète des sentiments des troupes, s'efforça de tempérer l'effet de la vengeance des commissaires, en leur adressant ces paroles, qui dans ces circonstances ne pouvaient être entendues : « Citoyens, sans doute il y eut dans cette ville des traîtres » qui ont ouvert les portes aux Anglais, mais les plus grands coupa-» bles ont fui. S'il est des hommes criminels qui aient osé attendre » la vengeance nationale, le temps vous les fera connaître; lui seul » peut éclairer votre justice et calmer les haines qu'enfantent les » guerres civiles. Si vous punissez aujourd'hui, toutes les passions » choisiront leurs victimes. »

Le succès inespéré du siége de Toulon remplit de joie la république, et commença la fortune de Bonaparte à qui il était dû. Le général Dugommier, ainsi que les conventionnels députés à l'armée, rendirent pleine justice à son courage et à son génie militaire, et le grade de général de brigade fut la récompense des éminents services qu'il venait de rendre à la France.

Quant à Napoléon, son succès de Toulon ne l'étonna pas trop ; il en jouit, dit-il, avec une vive satisfaction, sans s'émerveiller.

CHAPITRE III.

Bonaparte à l'armée d'Italie. — Il perd son commandement. — Il sauve la Convention le 13 vendémiaire. — Se lie avec madame de Beauharnais. — Est nommé général en chef de l'armée d'Italie.

Napoléon, devenu général d'artillerie, commandant cette arme à l'armée d'Italie, y acheva la campagne de 1794 sous les ordres de Dubermion, et déjà il s'illustrait sur ce champ de bataille qui bientôt devait être son plus beau théâtre de gloire. Le général en chef écrivait au comité de la guerre : « C'est au talent du général Bonaparte que je dois les savantes combinaisons qui ont assuré notre victoire. » Cependant, qui le croirait, le général Bonaparte fut alors sur le point d'être enveloppé dans la proscription qui suivit le 9 thermidor. Lui qui avait refusé toute alliance avec Robespierre, il fut arrêté à Nice et mis en prison. Sa tête était en jeu, et cependant, impassible dans les fers comme sur un champ de bataille, Napoléon refusa de s'évader : la liberté lui fut rendue après quinze jours de détention. Mais cette circonstance a été décisive dans la vie de Napoléon : elle explique sa haine pour les assemblées délibérantes, et la conduite qu'il a tenue dans la suite à leur égard ; c'est là ce qui lui inspira, quelques années plus tard, cette phrase remarquable qui se trouve dans une de ses lettres inédites, alors qu'il était devenu l'arbitre du sort de l'Italie, mais qu'il ne l'était point encore du sort de la France : « Le temps où de lâches avocats et de misérables bavards faisaient guillotiner les soldats est passé. » Echappé à ce danger, et quoique son retour au milieu de ses compagnons d'armes eût été signalé par la prise d'Oneille, celle du col de Tende et le combat del Caro, le général Bonaparte fut cependant bientôt laissé à l'écart ; le commandement de l'artillerie lui fut retiré par l'influence du ministre de la guerre Aubry, ancien officier d'artillerie qui lui était contraire. On voulut le placer dans la ligne, mais il réclama avec beaucoup de vivacité contre cette mutation proposée; et lorsque, dans le feu de la discussion, Aubry lui objecta sa jeunesse, Bonaparte lui répliqua que le service sur le champ de bataille devait l'emporter sur le nombre des années. Le ministre, qui n'avait pas beaucoup de service actif, fut piqué de cette réponse, mais Napoléon, dédaigneux de lui en faire une autre, offrit sa démission, qui ne fut cependant point acceptée. Il resta dans le rang des officiers en expectative, mais parmi ceux dont les espérances dépendaient entièrement de leur mérite.

La position de Napoléon rentré dans la vie privée devenait de jour en jour plus critique. Bientôt il se trouva dénué de toutes ressources et de crédit, au sein de Paris, dont il allait bientôt devenir le chef suprême, et l'on assure que tel fut son désespoir qu'il songea à s'expatrier pour aller se mettre au service de la Turquie.

Un changement de ministère, qui eut lieu alors, sauva le général Bonaparte de la détresse dans laquelle il se trouvait. Doulcet de Pontécoulant remplaça Aubry au ministère de la guerre, et un des premiers actes du nouveau ministre, qui avait connu le général Bonaparte au siége de Toulon, fut de l'attacher au comité topographique de la guerre. Regardé déjà comme un officier très distingué, on le consulta à diverses reprises sur les opérations de la guerre d'Italie; mais, bientôt, son génie supérieur put se produire sur un plus vaste théâtre.

La Convention, avant de se dissoudre, avait promulgué la constitution de l'an III, qui disposait le pouvoir législatif en deux conseils, celui des *Cinq-Cents* et celui des *Anciens*, et confiait le pouvoir exécutif à cinq directeurs.

L'assemblée rendit en même temps deux décrets par lesquels elle décida qu'un tiers de ses membres serait réélu. Ces décrets provoquèrent une insurrection royaliste qui s'avança sur la Convention le 13 vendémiaire. L'assemblée prit ses mesures de défense, se déclara permanente, et chargea le général Menou, assisté de trois représentants, de désarmer les sections conspiratrices. Ce chef imprudent parlementa au lieu d'agir avec vigueur, et l'audace des insurgés s'accrut en raison de la mollesse de leur adversaire. Menou fut destitué, et Barras, le général du 7 thermidor, fut mis à la tête des troupes.

Barras n'était point homme de guerre; il eut le bon esprit de s'adjoindre, en qualité de commandant en second, le général qui venait de se faire connaître au siége de Toulon. Napoléon hésita pendant quelques instants, ne sachant s'il devait accepter cette mission qui le jetait au milieu de la guerre civile, dans les rangs qu'il n'aurait peut-être pas choisis s'il en eût été le maître; mais il avait plus d'éloignement encore pour le parti de la restauration, qui s'annonçait par ses vengeances, que pour le parti de la Convention, qui, en définitive, était le seul représentant légal de la révolution. Jusque-là, le général Bonaparte pouvait se considérer comme entièrement libre de tout engagement politique; du moment qu'il eut accepté ce commandement important, sa carrière était tracée, il se constituait l'homme aux idées nouvelles, l'homme de la révolution; depuis lors il n'a pas démenti un seul instant son caractère.

Napoléon se transporta dans un des cabinets des Tuileries où était Menou, afin d'obtenir de lui les renseignements nécessaires sur les forces et la position des troupes et celle de l'artillerie. L'armée n'était que de cinq mille hommes de toutes armes, avec quarante pièces de canon, alors aux Sablons, sous la garde de quinze hommes; il était une heure après minuit. Napoléon expédia aussitôt un chef d'escadron du 21e de chasseurs (Murat), avec trois cents chevaux, pour se rendre, en toute diligence, aux Sablons, et ramener l'artillerie au jardin des Tuileries. Un moment plus tard, il n'était plus temps. Cet officier, arrivant à deux heures aux Sablons, s'y trouva avec la tête d'une colonne de la section Lepelletier qui venait saisir le parc; mais il était à cheval, on était en plaine : la section se retira, et à six heures du matin, les quarante pièces entrèrent aux Tuileries.

Depuis six heures jusqu'à neuf, Napoléon courut tous les postes, et plaça cette artillerie à la tête du pont de Louis XVI, du pont Royal, de la rue de Rohan, au cul-de-sac Dauphin, dans la rue Saint-Honoré, au Pont-Tournant, etc., etc.; il en confia la garde à des officiers sûrs. La mèche était allumée partout, et la petite armée distribuée aux différents postes, ou en réserve au jardin et au Carrousel.

La générale battait dans tous les quartiers, et les gardes nationales se formaient à tous les débouchés, cernant ainsi le palais et les jardins; leurs tambours portaient l'audace jusqu'à venir battre la générale sur le Carrousel et sur la place Louis XV.

Le danger était imminent, quarante mille gardes nationaux bien armés, organisés depuis longtemps, se présentaient animés contre la Convention ; les troupes de ligne, chargées de la défendre, étaient peu nombreuses, et pouvaient être facilement entraînées par le sentiment de la population qui les environnait. La Convention, pour accroître ses forces, donna des armes à quinze cents individus, dits les patriotes de 89. C'étaient des hommes qui, depuis le 9 thermidor, avaient perdu leurs emplois, et quitté leurs départements où ils étaient poursuivis par l'opinion. On en forma trois bataillons, que l'on confia au général Berreyer. Ces hommes se battirent avec la plus grande valeur. Ils entraînèrent la troupe de ligne, et furent pour beaucoup dans le succès de la journée.

Un comité de quarante membres, sous la présidence de Cambacérès, et composé du Comité de salut public et de sûreté générale, dirigeait toutes les affaires. On discutait beaucoup, on ne décidait rien, et le danger devenait à chaque instant plus pressant.

Un bataillon de gardes nationaux venait occuper le jardin de l'Infante : il se disait affectionné à la Convention, et pourtant saisissait ce poste sans ordre; d'un autre côté, Saint-Roch, le théâtre Français et l'hôtel de Noailles étaient occupés en force par la garde nationale. Les postes opposés n'étaient séparés que de douze à quinze pas.

A chaque instant les affaires empiraient. A trois heures, Danican, général des sections, envoya un parlementaire sommer la Convention d'éloigner les troupes qui menaçaient le peuple, et de désarmer les terroristes. Ce parlementaire traversa les postes les yeux bandés, avec toutes les formes de la guerre; il fut introduit ainsi au milieu du comité des quarante, qu'il émut beaucoup par ses menaces : on le renvoya vers les quatre heures. La nuit approchait, et il n'était pas douteux qu'elle ne dût être favorable aux sectionnaires.

Enfin, à quatre heures un quart, des coups de fusil furent tirés de de l'hôtel de Noailles, où s'étaient introduits les sectionnaires; les balles arrivaient jusqu'au perron des Tuileries. Au même moment, la colonne Lafond déboucha par le quai Voltaire, marchant sur le pont Royal. Aussitôt on donna l'ordre aux batteries de tirer. Une pièce de huit, au cul-de-sac Dauphin, commença le feu, et servit de signal pour tous les postes. Après plusieurs décharges, l'insurrection fut écrasée sur les marches de l'église Saint-Roch, où les savantes manœuvres de Napoléon l'avaient acculée.

Le combat finit à 6 heures par la déroute générale des sections, et les troupes victorieuses de la Convention n'eurent plus qu'à compléter la dispersion et le désarmement des opposants. Il y eut quatre cents hommes tués de part et d'autre; mais les troupes n'avaient plus tiré qu'à poudre lorsque leur succès parut assuré.

Le soir, tout était rentré dans l'ordre, et Paris se trouvait parfaitement tranquille. Le général Bonaparte et son artillerie avaient sauvé le gouvernement.

La Convention usa de sa victoire avec modération. Le général Menou fut traduit à un conseil de guerre; on voulait sa mort. Bonaparte le sauva en disant aux juges que si Menou méritait la mort, les trois représentants, qui avaient dirigé les opérations et parlementé avec les sectionnaires, la méritaient aussi. L'esprit de corps devint alors plus puissant que la voix des ennemis de Menou. Deux individus seulement, furent exécutés; les condamnés contumaces ne furent point recherchés sévèrement. On infligea la peine de la déportation à plusieurs autres. La Convention se montra en même temps reconnaissante envers ceux qui l'avaient défendue. Les généraux, les officiers et les fonctionnaires qui avaient contribué à la victoire, furent comblés d'éloges et obtinrent de l'avancement : mais il était des services que l'Assemblée voulait récompenser elle-même. Lorsque, cinq jours après ce grand événement, les officiers de l'armée de l'intérieur furent présentés en corps à la Convention, celle-ci, par acclamation, nomma Napoléon général en chef de cette armée, Barras ne pouvant cumuler plus longtemps le titre de représentant avec des fonctions militaires.

Cette grande faveur qui éclatait tout à coup sur un officier général de vingt-six ans, fixa l'attention sur Napoléon et rendit dès cette époque son nom populaire. Sa qualité de général en chef de l'armée de l'intérieur lui imposait l'obligation de pourvoir à la paix et à l'ordre public. Sans cesse au milieu du peuple, il le harangua plusieurs fois aux Halles et dans les faubourgs, et prit sur lui un grand ascendant.

Enfin le nouveau général en chef de l'armée de l'intérieur acheva de se recommander par la manière dont il procéda au désarmement des sections. Tout ce qui était de rigueur dans ses ordres cessait de l'être dans l'exécution, et ce fut sans doute cette particularité qui, selon les propres expressions de Bonaparte, lui fit contracter une liaison qui devait exercer une grande influence sur sa destinée future.

Un jeune homme de dix à douze ans se présente un matin au lever du général de l'intérieur, avsc une requête des plus intéressantes. Il dit se nommer Eugène de Beauharnais, fils du général de ce nom, qui avait servi la république et était mort victime des fureurs révolutionnaires, quatre jours avant la chute de Robespierre. Ce jeune homme qui devait être un jour élevé à la dignité de vice-roi d'Italie, venait supplier Bonaparte de lui faire rendre l'épée de son père. Napoléon, touché de la nature de sa demande et des grâces de son âge, lui accorda ce qu'il demandait, et lui témoigna tant de bienveillance, que madame de Beauharnais se crut obligée de venir le lendemain lui en faire des remerciements; Napoléon s'empressa de lui rendre sa visite.

Voilà comment Bonaparte connut madame de Beauharnais, sa première, peut-être son unique passion.

Dès cette époque, le général Bonaparte fit des visites plus fréquentes, à Chaillot, chez le général Barras, qui déjà faisant en grand seigneur les honneurs de la république, recevait souvent madame de Beauharnais.

Barras, qui avait lu dans les yeux de son protégé le secret qu'il renfermait au fond du cœur, dit un soir à Joséphine :

— Madame, que pensez-vous du général Bonaparte?

— Mais..., citoyen, répondit-elle un peu embarrassée de cette brusque demande, j'en pense beaucoup de bien... Je crois même qu'il ira loin un jour.

Ce propos, rapporté à Napoléon, le décida à offrir son cœur, sa main et sa fortune à la veuve du vicomte de Beauharnais.

Barras tenait alors en sa possession le plan de campagne que Napoléon avait fait précédemment pour opérer la conquête d'Italie. Carnot l'avait emprunté à ce dernier, et lorsqu'il le lui rendit, le jeune général s'empressa de le remettre à Barras, en lui disant :

— Voilà le présage de nombreuses victoires et d'une belle conquête; quant à moi, il ne m'en faut qu'une, celle du cœur de madame de Beauharnais.

— Vous l'avez faite, général, je le sais.

Dès ce moment, le mariage de Napoléon avec Joséphine fut arrêté (1).

(1) Lorsque fut décidé son mariage avec Joséphine de Beauharnais, le général Bonaparte, conduisait, assez souvent à pied, sa jolie fiancée dans les différentes maisons qu'ils fréquentaient. Un jour, elle le pria de l'accompagner chez M. Raguideau, vieux notaire que la jeune veuve honorait de toute sa confiance, et qu'elle consultait, non seulement sur ses affaires d'intérêt, mais encore, on va le voir, sur les secrets les plus intimes que puisse renfermer un cœur de femme.

Arrivé chez le notaire, à la porte de la pièce où travaillaient les clercs, Joséphine se détacha du bras de Napoléon qui reste dans l'étude pour l'attendre, et elle entre aussitôt dans le cabinet particulier de l'homme d'affaires. Mais le hasard veut que la jeune veuve, en entrant, laisse par mégarde la porte du cabinet entr'ouverte, de sorte que le futur entend de sa place, sans en laisser échapper un seul mot, toute la conversation qu'on va rapporter :

— Monsieur Raguideau, dit Joséphine, je viens vous faire part de mon prochain mariage.

— Vous ! madame, et avec qui ?

— J'épouse, dans quelques jours le général Bonaparte.

— Comment ! veuve d'un militaire, vous allez en épouser un autre? le général Bonaparte ! dites-vous. Ah ! oui, je me le rappelle, le commandant de l'armée de l'intérieur, l'ex-chef de bataillon qui donna à Toulon une leçon d'artillerie au général Carteaux.

— Lui-même, monsieur Raguideau.

— Mais c'est un homme sans fortune, madame.

— Il ne possède guère, il est vrai, que sa maison de la rue Chantereine

— Une bicoque ! Et votre mariage est irrévocablement arrêté ?

— Sans doute, monsieur.

— Tant pis pour vous, madame.

— Pourquoi donc, s'il vous plaît, monsieur Raguideau ?

— Pourquoi ? parce que mieux vaut rester veuve que d'épouser un petit général, sans avenir et sans nom. Votre Bonaparte sera-t-il jamais un Dumourier, un Pichegru ? Sera-t-il jamais l'égal de nos grands généraux de la république ? J'ai le droit d'en douter.... Du reste, voyez-vous, madame, la carrière des armes ne vaut rien maintenant, et je préférerais moi, à tous les grades militaires possibles, une place de fournisseur à l'armée.

— Chacun son goût, monsieur, répondit sèchement Joséphine, blessée sans doute

Pour remplir les desseins du Directoire qui cherchait à créer une renommée militaire capable de devenir plus tard son appui, Barras et Carnot désignèrent le héros du 13 vendémiaire, qui s'était déjà distingué à l'armée d'Italie, et qui, d'ailleurs, paraissait si pénétré des avantages d'une marche au delà des Alpes. Bonaparte fut donc promu du commandement de l'armée de l'intérieur à celui de l'armée d'Italie, en remplacement du général Scherer dont on était mécontent.

Quand Bonaparte apprit sa nomination de Joséphine, à qui Barras avait eu la galanterie de l'annoncer, il s'écria : « J'y perdrai la tête, ou l'on me reverra plus tôt que l'on ne s'y attend. »

« Avancez-le, disait un général au Directoire, ou il s'avancera sans vous. »

de l'irrévérence avec laquelle le notaire avait parlé d'un homme qu'elle aimait : chacun son goût, vous voyez, vous, dans le mariage, une affaire d'argent ...

— Et vous, madame, interrompit alors l'obstiné Raguideau, vous y voyez une affaire de cœur et d'inclination, voilà ce que vous vouliez dire, n'est-il pas vrai ? Eh bien ! vous avez tort ; les épaulettes d'or du général Bonaparte vous ont trop éblouie, songez-y bien, et n'allez pas vous préparer un repentir inévitable en épousant, je le répète, un homme sans fortune, un homme qui n'a que la *cape et l'épée.*

En entendant cette conversation, le général, qui redoutait peut-être un peu pour ses projets de mariage le résultat des conseils de Raguideau, bouillonnait sur sa chaise d'impatience et de colère ; ses brusques mouvements trahissaient, pendant cet entretien, son dépit et son mécontentement : enfin, il fut vingt fois sur le point d'ouvrir tout à fait la porte du cabinet et de dire au notaire de s'occuper de ses contrats de vente et de ses inventaires, au lieu de s'immiscer dans les affaires des autres ; au moment surtout où les mots de cape et d'épée frappèrent son oreille, il se leva vivement, ses yeux étincelaient, il fit un pas vers la porte. Heureusement la crainte de se couvrir de ridicule le retint et il alla se rasseoir sur sa chaise un peu honteux de ce mouvement irréfléchi.

Peu d'instants après, Joséphine sortit, d'un air boudeur, du cabinet du notaire qui l'accompagna jusqu'à la porte de l'étude, et Bonaparte, en prenant le bras de sa future épouse pour la reconduire chez elle, fit à l'homme d'affaires, sans rien lui dire, le salut le plus froid et le plus dédaigneux.

Pendant le trajet, Joséphine put remarquer, peut-être, que Napoléon la regardait et lui pressait le bras encore plus tendrement qu'à l'ordinaire ; cependant il garda avec elle le plus profond silence sur ce qu'il venait d'entendre. Mais huit ans plus tard, le jour de la solennité de son couronnement, au moment où il allait partir pour l'archevêché, Napoléon sembla se rappeler pour la première fois le notaire Raguideau. Il l'envoya chercher par un de ses chambellans, et lorsque l'homme d'affaires, surpris de cette brusque convocation, fut arrivé aux Tuileries, Napoléon lui répéta le panégyrique personnel dont il avait été l'objet de sa part. Stupéfait de cette apostrophe, mais se rappelant alors ses malencontreux pronostics, Raguideau ne put que balbutier quelques paroles sans suites. « Allons, rassurez-vous, lui dit Napoléon : ma punition sera paternelle ; je vous condamne à aller aujourd'hui à Notre-Dame assister à la cérémonie de mon sacre...., et que je vous voie ! entendez-vous ? » Raguideau n'eut garde d'y manquer, et lorsque l'Empereur passa devant lui, il lui fit une salutation si profonde, qu'on eût dit que son front allait toucher la terre.

Ce fut le 1er janvier 1796, que le général Bonaparte prit pour aide de camp le chef de brigade Murat; et le 19 mars suivant que, se disant encore général en chef de l'intérieur, il passa acte de mariage avec Marie-Rose-Joséphine de Tascher de la Pagerie.

Napoléon se dit âgé de vingt-huit ans et être né le 5 février 1768.

Sa femme se donna le même âge et exhiba un acte de naissance du 23 juin 1767.

Il n'y eut point de cérémonie religieuse.

L'abbé Fesch, Joseph, Louis et Jérôme assistèrent au mariage de Napoléon.

Ou il n'y a pas eu de contrat, ou probablement il n'a pas été passé par Me Raguideau.

Le mariage civil n'eut lieu qu'à dix heures du soir, parce que Napoléon s'était fait attendre longtemps à la municipalité. Là, le maire, n'ayant pu vaincre le sommeil qui l'accablait, s'était enfin assoupi. En entrant dans la salle, le général Bonaparte lui frappe vivement sur l'épaule, et lui dit avec impatience : « Allons donc, monsieur le maire, réveillez-vous, et venez vite nous marier. »

Joséphine, disait-on, avait tiré un favorable augure de cet empressement, qui n'était, en dernière analyse, que le signal de la volonté d'un homme qui voulait être obéi de suite.

En sortant de la municipalité, les époux allèrent habiter un hôtel de la Chaussée-d'Antin, rue Chantereine, n° 6.

Napoléon ne goûta pas tout entière la douceur de la lune de miel, car la situation des affaires politiques commandait impérieusement son départ; il employa le peu d'instants qu'il passa encore dans la capitale à régler ses affaires personnelles, à visiter les ministres, à prendre aux archives de la guerre tous les documents dont il avait besoin.

Il ne rentrait chez lui que pour travailler sur la carte des Alpes, méditer sur les états de sa nouvelle armée et de celle des ennemis, et préparer son plan de campagne.

Le 11 mars 1796, le général Bonaparte partit en poste de Paris avec son aide de camp Junot et l'ordonnateur en chef Chauvet pour le quartier général de l'armée d'Italie.

Il emporta avec lui, à Nice, 14,000 francs en or et 100,000 francs en traites, qui furent en partie protestées; c'est avec ce faible secours, qui mit à sec le trésor, que le général en chef d'une armée manquant de tout depuis longtemps, devait la conduire, au pas de charge, dans les plaines fertiles de l'Italie.

Le plan de campagne dressé par Carnot d'après les idées du général Bonaparte consistait à porter la guerre au delà des Alpes, à forcer, par des victoires, le roi de Sardaigne de se détacher de la coalition ou lui enlever ses Etats ; puis, en attaquant directement l'Autriche dans ses Etats de Lombardie, de la contraindre à quitter la Péninsule italique et à faire la paix avec la république française. Pendant ce temps, nos armées d'Allemagne, réorganisées et reprenant l'offensive sous les ordres de Jourdan et de Moreau, devaient marcher sur la Souabe et la Franconie et se réunir au cœur de la Bavière pour détacher les princes de l'Empire et menacer les Etats héréditaires.

Bonaparte arriva à Nice, quartier général de l'armée d'Italie, le 27 mars 1796. Au lieu d'une armée de 60,000 hommes qu'on lui avait annoncée, il trouva 31,000 combattants disponibles, mais dépourvus de tout, sans argent, sans vivres, sans souliers, sans habits, d'ailleurs indisciplinés et abandonnés au pillage. Cette armée, à la vérité, était jeune, enthousiaste et intrépide; sous les ordres de Masséna, Augereau, Laharpe, Serrurier, Joubert, elle gardait la défensive sur les rochers arides de la rivière de Gènes, depuis Nice jusqu'aux environs de Final; le quartier général était à Albenga.

L'armée autrichienne, forte de plus de 80,000 hommes, commandée par Beaulieu, général de talent, mais âgé de soixante-quinze ans, occupait les hauteurs de Savone, Sassello, la Bochetta et les vallées de la Trebia et de la Scrivia; elle était renforcée de troupes piémontaises sous les ordres du général Colli, et qui occupaient les revers des Alpes, depuis le col de Tende jusqu'à Cairo, dans la province d'Acqui. L'intention du général autrichien était de chasser les Français du territoire de Gènes et d'attaquer Bonaparte sur les hauteurs qui dominent la ville et le port de Savone.

Le général français sentit qu'il fallait suppléer au nombre par la rapidité des marches; à l'artillerie et à la cavalerie par la nature des positions. Il n'entrait point dans son plan de franchir les Alpes; il voulait les tourner, pénétrer en Italie par les sources de la Bormida, surprendre et séparer les deux armées ennemies par des manœuvres inattendues, et étourdir les généraux autrichiens par des succès éclatants. Bonaparte passe en revue ses troupes et leur dit : « Soldats, vous êtes nus, mal nourris ; on vous doit beaucoup, on ne peut rien vous donner. Votre patience, le courage que vous montrez dans les rochers sont admirables ; mais ils ne vous procurent aucune gloire. Je vais vous conduire dans les plus belles plaines du monde. De riches provinces, de grandes villes seront en notre pouvoir, et là vous aurez richesses, honneur et gloire. Soldats d'Italie, manquerez-vous de courage ? » Cette proclamation est accueillie avec transport. L'armée s'ébranle et court se ranger sur son extrême droite.

Les Autrichiens attaquent vivement le poste de Toltri, défendu par le général Cervoni, et l'emportent. Ils éprouvent la plus vigoureuse résistance à l'assaut de la redoute de Montenotte, défendue par

1,500 hommes sous les ordres du brave Rampon; cette résistance donne le temps aux divisions Laharpe et Masséna de se porter sur les derrières de l'ennemi, qui est culbuté et forcé de battre en retraite. Bonaparte porte son quartier général à Carcare, dans le Montferrat. Masséna gravit les hauteurs de Dego; les généraux Ménard et Joubert occupent, le premier, les sommités de Bietro, le second, la forte position de Sainte-Marguerite. Le centre ennemi enfoncé, l'armée entière franchit les Apennins, tandis que Beaulieu, s'attendant à la voir filer le long de la mer sur Gènes, se présentait à Voltri, où il ne trouvait plus personne. Ce général n'apprit que le lendemain le désastre de Montenotte et l'entrée des Français en Piémont. Il dut alors se hâter de replier ses troupes; mais les mauvais chemins dans lesquels il s'était engagé en retardèrent une partie qui ne put arriver à Millesimo que trois jours après. Le 13 avril, la division Augereau, formant la gauche de l'armée française, poussa la droite de l'ennemi et lui enleva les gorges de Millésimo. Le lendemain, les deux armées en vinrent aux mains. Les généraux Masséna et Laharpe enlevèrent Dego; Ménard et Joubert s'emparèrent des hauteurs de Biestro, et firent capituler le général autrichien Provera, qui s'était retranché dans un vieux château avec 1,500 hommes. L'ennemi, vivement poursuivi dans les gorges de Spigno, y laissa une partie de son artillerie, beaucoup de drapeaux et de prisonniers. La séparation des deux armées autrichienne et sarde fut dès lors complète. Le général Beaulieu se porta à Acqui, pour couvrir le Milanais, et le général Colli se retira sur Céra pour garantir Turin.

Cependant, le 15, la victoire faillit être arrachée aux mains des vainqueurs. Une division d'Autrichiens, qui avait tardivement évacué Voltri, et qui avait manœuvré pour se réunir au corps principal de Beaulieu, arriva à Dego. Ces Autrichiens, surpris d'y rencontrer l'ennemi, n'hésitèrent cependant point à prendre l'offensive, et, par une brusque attaque, ils se rendirent maîtres de la position. A la nouvelle de cette apparition soudaine, Bonaparte se porta promptement sur le village, le reprit après deux heures d'un très vif combat, et la division ennemie resta presque toute prisonnière. C'est au village de Dego que Bonaparte distingua Lannes, alors chef de bataillon et qu'il l'éleva sur le champ de bataille au grade de colonel. Pendant que le général Beaulieu, très affaibli, ne s'occupait qu'à rallier et à réorganiser son armée, Bonaparte poursuivit les Piémontais sans relâche. La bataille de Mondovi, livrée le 22 avril, la prise de Fossano par Serrurier, de Chivasso par Augereau, ajoutèrent de nouveaux trophées à la gloire de l'armée française. Déjà de grands préparatifs se faisaient pour le siége de Turin, lorsque le roi de Sardaigne, pour sauver sa capitale, se résigna aux plus durs sacrifices. Il demanda un armistice et livra, pour sûreté du traité, les forteresses de Tortone, de Coni, de Ceva, d'Exiles, de Suze, de la Brunette, de Demonte et d'Alexandrie.

Cette suspension d'armes, qui précéda le traité de paix définitif, signé le 15 mai 1796, procura aux Français l'avantage de pouvoir tourner toutes leurs forces contre les Autrichiens.

Bonaparte adressa à l'armée une proclamation dans laquelle il louait son courage, l'excitait à de nouveaux triomphes, et lui promettait la conquête de l'Italie.

En moins d'un mois, l'armée française avait tourné les Alpes, gagné trois batailles et livré plusieurs combats à des troupes infiniment supérieures par leur nombre et par leur matériel, fait 15,000 prisonniers, tué ou blessé 10,000 ennemis, pris 55 pièces de canon, 21 drapeaux, et obtenu le libre passage des Alpes. Tous ces résultats n'étaient que l'accomplissement de la première partie du plan de campagne de Bonaparte. Ses victoires avaient retenti dans toute la France; le Corps législatif avait décrété trois fois que l'armée d'italie avait bien mérité de la patrie, lorsque l'arrivée du colonel Murat, chargé de présenter au Directoire les drapeaux pris sur l'ennemi dans cette courte et brillante campagne, vint mettre le comble à l'enthousiasme. Les talents que Bonaparte avait déployés comme général étaient de premier ordre. Il y eut un ensemble parfait dans tous ses projets; ils réussirent tous par les moyens qu'il proposa, et il tira de ses succès tout l'avantage possible. On frappa une médaille caractéristique du vainqueur de Montenotte, représentant au revers la Victoire qui vole sur les Alpes, portant une branche de palmier, une couronne de laurier et une épée nue. Cette médaille fut la première de cette série magnifique dessinée par Denon pour rappeler les victoires et la gloire de Napoléon.

Bonaparte, en entrant en Italie, avait le projet et l'ordre d'en chasser les Autrichiens. Le but du Directoire était le rétablissement de la paix, et la possession de la Lombardie devenait pour lui un moyen facile d'obtenir de l'Autriche les Pays-Bas en échange. Le caractère ardent du jeune général concevait même un projet plus gigantesque : il voulait, après avoir anéanti Beaulieu, s'enfoncer dans le Tyrol, repasser les Alpes une seconde fois et se jeter dans la vallée du Danube, pour s'y réunir aux armées parties des bords du Rhin.

Au moment où Bonaparte quittait lePiémont pour s'élancer à la poursuite des Autrichiens, le duc de Parme, voyant ses Etats sur le point d'être envahis, fit demander un armistice qui lui fut accordée moyennant une contribution de deux millions, de provisions de guerre et de bouche et la cession de vingt tableaux de son cabinet, parmi lesquels se trouva celui de la *Communion de saint Jerôme*, chef-d'œuvre de Zampieri dit *Le Dominiquin*.

Le 6 mai, Bonaparte, donnant le change à Beaulieu, qui lui supposait l'intention de passer le Pô à Valence, se porta rapidement sur Plaisance, où le passage fut effectué le 8 à l'aide de radeaux et de ponts volants construits à la hâte. Le passage du Pô fut suivi de la défaite d'un corps de huit mille Autrichiens, retranchés au village de Fombio; ils sont culbutés dans l'Adda par le général Dallemagne. Un autre corps de cinq mille hommes est défait près de Codogno par la division du général La Harpe, qui y fut tué par ses soldats au milieu de l'obscurité de la nuit. Le général Beaulieu, informé du succès de l'armée française, après avoir mis une forte garnison dans Milan, s'était porté du côté de Lodi; il rangea son armée en bataille sur la rive gauche de l'Adda, dans l'intention de défendre le passage du pont qu'il n'avait pas eu le temps de couper, mais qu'il couvrit du rempart d'une nombreuse ar tillerie.

Lodi est placée sur la rive droite par laquelle arrivait l'armée française. qui pénètre dans la ville malgré la résistance de quelques troupes que Beaulieu y avait laissées pour en disputer l'accès et qui vont se réunir sur l'autre rive au gros de leur armée. Bonaparte se porte aussitôt aux bords de la rivière, et, sous le feu même d'une nuée de tirailleurs et de trente pièces de canon placées sur la rive opposée, il s'occupe avec calme des dispositions nécessaires pour un coup d'audace, et, après avoir arrêté son plan, rentre dans la ville pour le faire exécuter.

Il ordonne à sa cavalerie de tenter de passer à gué, au-dessus du du pont, et de menacer le flanc droit de l'ennemi. Puis il fait former une colonne serrée de six mille grenadiers, parcourt leurs rangs, les encourage, et leur communique, par sa présence et par ses paroles, un courage extraordinaire; alors il donne l'ordre de déboucher par la porte principale qui donne sur le pont. La colonne redoutable serre ses rangs, et, le deuxième de carabiniers en tête, marche au pas de charge et se présente au débouché du pont, aux cris de *vive la république!* Le feu de l'ennemi redouble; la mort plane de toutes parts. Arrivée au milieu du pont, la colonne paraît hésiter, mais les généraux Berthier, Masséna, Dallemagne, Cervoni, Lannes, s'élancent à la tête des soldats, et les entraînent par leur exemple. Ils se précipitent avec fureur sur les batteries autrichiennes et les enlèvent à la baïonnette. Les Autrichiens, rompus de toutes parts, fuyent en désordre. Augereau arrive avec sa division et achève la déroute de l'ennemi, qui laisse le champ de bataille jonché de morts, de mourants et de blessés. L'impétuosité des Français empêcha l'artillerie de faire tout le mal dont elle les menaçait. Mille hommes seulement furent mis hors de combat; deux cents périrent. Indépendamment de leur artillerie, les Autrichiens perdirent deux ou trois mille soldats.

Des traits innombrables de valeur particulière se perdirent dans la gloire générale à Lodi. Bonaparte sut en récompenser plusieurs en les publiant. Personne n'avait plus de droit que lui aux éloges. Son intrépidité tranquille ou emportée selon le besoin, détermina surtout le succès par des actions de la nature la plus opposée. Avant l'arrivée des colonnes, ainsi qu'on l'a dit, il avait été établir lui-même, sous la grêle meurtrière de l'artillerie ennemie, les deux premières pièces qui protégèrent le pont. Quand il vit l'hésitation de ses colonnes, au flegme qu'il avait montré jusqu'alors, succéda la plus bouillante exaltation. Saisissant le drapeau d'un régiment qui ne marchait pas, il se présente en l'agitant à la troupe incertaine, et rallie à ce signal sur le chemin de l'honneur et de la victoire ces soldats auxquels s'est communiquée son héroïque énergie. Ce genre d'improvisation caractérise surtout Bonaparte. Nul capitaine n'a su trouver avec autant de promptitude les ressources que la circonstance fournissait et les expédients qu'elle exigeait, comme nul n'a su changer plus habilement de méthode suivant les localités (1).

Le général Beaulieu s'enfuit avec les débris de son armée, passa l'Oglio et se réfugia sous la protection du canon de Mantoue, abandonnant au Français Crémone, Pizzighitone et tout le Milanais.

Rien ne mettait obstacle à la marche des Français sur Milan, que les Autrichiens avaient évacué. Le général Bonaparte, après avoir donné quelques jours de repos à ses troupes, y entra à la tête de ses grenadiers, au milieu d'une garde civique et aux acclamations d'un nombre immense de citoyens, parmi lesquels la révolution française comptait beaucoup de partisans. Avant de continuer sa marche, il s'occupa d'organiser un nouveau gouvernement dans la Lombardie. La ville de Milan fut taxée à une contribution de vingt millions, et les chefs-d'œuvre des Raphaël, des Vinci, des Titien, prirent le chemin des rives de la Seine. Le duc de Modène, pour s'exempter de réquisitions, fut également obligé de composer avec le général en chef, moyennant sept millions cinq cent mille livres, vingt tableaux de sa galerie et deux millions et demi en denrées et munitions de guerre. Le même jour de l'entrée des Français à Milan, on célébrait à Paris la *fête des Victoires* décorée de vingt et un drapeaux envoyés déjà par l'armée d'Italie.

De Milan, Bonaparte, qui avait vu l'élan qu'une parole de lui im-

(1) Une circonstance particulière mérite d'être citée. Les soldats français s'amusaient à cette époque à donner un grade imaginaire à leurs généraux lors qu'ils avaient fait quelque action d'éclat. Ils rendirent témoignage à la bravoure que Bonaparte déploya à la bataille de Lodi, en le créant caporal; et c'est par le nom de *Petit-Caporal* qu'il fut désigné par la suite dans les complots tramés contre lui, aussi bien que dans ceux qui étaient en sa faveur.

primait à ses soldats, mit à l'ordre du jour une proclamation qui révéla toute la grandeur de son génie.

Cependant le Directoire, enchanté des victoires de son général, mais effrayé de ses plans gigantesques, lui annonça la volonté de diviser l'armée d'Italie entre deux chefs. Bonaparte devait, suivant les plans de Carnot, passer le Pô avec 20,000 hommes et marcher sur Naples, tandis que Kellermann, à la tete d'une force égale, commanderait sur la rive gauche du Pô, et couvrirait le blocus de Mantoue. Bonaparte, en recevant l'avis de ce nouveau plan conçu par l'ombrageuse inquiétude des directeurs, leur envoya sa démission, se refusant à un partage qui pouvait faire perdre à la république le fruit de tant de courage et de travaux. « Un mauvais général, disait-il, vaut mieux que deux bons. » Le Directoire insista de nouveau; mais, d'après la résistance de Bonaparte parlant le langage de la raison, il sentit enfin que l'ouvrage de la conquête de l'Italie ne pouvait être achevé que par celui qui l'avait commencé avec tant d'éclat et auquel on devait laisser le commandement de toutes les forces françaises dans la Péninsule; et dès lors Bonaparte put se disposer à partir de Milan, pour courir à l'Adige et faire le siége de Mantoue. Le 22 mai, il leva les cantonnements de l'armée française, en laissant une brigade pour investir la citadelle; mais tandis qu'il poursuit sa marche, un événement imprévu le força bientôt à revenir sur ses pas.

Malgré les témoignages d'affection que les Français avaient reçus des habitants de la Lombardie, on ne fut pas longtemps à s'apercevoir que l'esprit de ces derniers avait été perverti par des hommes intéressés au maintien de l'ancien gouvernement. Plusieurs mouvements d'insurrection combinés avaient eu lieu simultanément à Pavie, à Lodi, à Varèse et à Bagnasco. Le tocsin sonnait dans les campagnes; les paysans assassinaient sur les routes les soldats français qui marchaient isolément. Pavie avait desarmé la garnison française qu'on y avait mise; Milan même n'était pas exempt de troubles intérieurs qui annonçaient des desseins hostiles contre les Français. Le général Despinois, qui commandait, avait éteint le feu de la révolte; ceux des révoltés qui avaient été pris les armes à la main furent fusillés. Il était urgent de faire un exemple pour effrayer les rebelles et rassurer l'armée française, qui voyait sa sûreté compromise par des assassinats partiels. Le village de Bagnasco, où sept à huit cents révoltés faisaient mine de se défendre, fut détruit par le fer et par le feu; Pavie, en punition de sa révolte, fut emportée d'assaut et pillée; la municipalité de cette ville fut fusillée.

A la suite de ces sanglantes exécutions, de grandes mesures furent prises pour assurer la tranquillité de la Lombardie et la sûreté des vainqueurs dans Milan : on exigea des otages pour garantie de l'ordre et bientôt, par l'influence de la révolution française, et à l'aide d'institutions populaires dans la capitale du Milanais, la Lombardie secoua le joug de la maison d'Autriche : à l'exemple de la nation française, le peuple s'empara du gouvernement, abolit la noblesse héréditaire et organisa une armée qui devait seconder les projets du gouvernement français.

Ayant ainsi assuré la sécurité de ses soldats et la liberté de ses opérations ultérieures, Bonaparte rejoignit son armée qui avait continué de marcher sur l'Oglio. Il entra avec elle à Brescia, l'une des plus grandes villes de la terre ferme vénitienne : il y fit afficher une proclamation dans laquelle il disait que nous combattions pour affranchir l'Italie, et que les peuples devaient demeurer sans inquiétude. Le sénat de Venise envoya au conquérant des provéditeurs pour protester de la neutralité de la république. Bonaparte demanda aussitôt qu'on lui fournît des subsistances qu'il payerait plus tard. De son côté, Beaulieu, sans avoir égard aux protestations des Vénitiens, força les portes de la forteresse de Peschiera. Ce général trouvant que la rivière de l'Oglio n'était point une barrière assez forte à opposer aux Français, s'était retiré derrière le Mincio, appuyant sa droite au lac de Guarda et à la forteresse de Peschiera, et sa gauche sur la ville de Mantoue. Bonaparte, profitant de l'enthousiasme de ses soldats, fit toutes ses dispositions pour attaquer l'ennemi et le chasser de sa position. La division Augereau vint camper devant Peschiera dont elle s'empara, pendant que les autres, marchant de nuit derrière les hauteurs de Capriona et de Volta, se dirigeaient sur le poste important de Borghetta, défendu par quatre mille hommes d'infanterie et dix-huit cents chevaux. Les Autrichiens, forcés dans leurs derniers retranchements, passent le Mincio, après avoir coupé le pont construit sur cette rivière ; l'armée française rétablit le pont, traverse le fleuve et s'empare de Vellagio (1), où Beaulieu avait auparavant établi son quartier-général. Les Autrichiens se trouvaient entièrement chassés de l'Italie, à l'exception de Mantoue, abandonnée à ses propres forces, et dont la défense était confiée au général baron de Stein.

L'Italie était tout entière conquise ; il ne s'agissait plus que de s'y maintenir, mais cette seconde tâche ne paraissait pas moins difficile

(1) Bonaparte qui avait suivi la division Augereau à la poursuite des Autrichiens, rentra ensuite à Villagio, où se trouvait la division Masséna qui commençait à faire la soupe. Tout à coup la charge sonne ; les coureurs de Sebattendorf arrivent jusqu'au logis de Bonaparte sans rencontrer un seul poste. Le piquet d'escorte n'eut que le temps de fermer la porte et de crier aux faisceaux ! Bonaparte s'élança sur un cheval et s'éloigna par les jardins. La division Masséna avertie, courut aux armes et donna la chasse aux Autrichiens. Le corps des guides furent institués à la suite de ces incidents militaires et leur commandement confié au chef d'escadron Bessières, officier brave, calme dans le péril et rempli d'affection pour le général en chef.

que la première. En effet, que d'intérêts à concilier, de passions à ménager, que d'obstacles à vaincre! Naples ennemie; Rome disposée à seconder les vues ambitieuses de l'Autriche; Parme, Modène et Florence qui saisiraient avec joie une occasion de rompre une paix imposée par la terreur; Venise, au fond presque aussi hostile que l'Autriche elle-même; le Piémont, qu'un revers de nos armes jetterait dans les rangs ennemis; Gènes, que cet exemple ne tarderait pas à entraîner. Voilà ce qui occupait profondément la pensée de Bonaparte. Il se préparait à agir, lorsqu'il reçut de Naples une proposition pour négocier la paix. Ne pouvant traiter définitivement, il accorda seulement un armistice, à condition que les ports napolitains seraient ouverts au pavillon français, et que les troupes de Caroline quitteraient les rangs autrichiens pour passer sous ses ordres. Après cette convention, il y avait une autre mesure à prendre: c'était de faire cesser le brigandage que les Génois soudoyaient. Bonaparte, appuyant par des effets ses réclamations à la république, ordonna à Lannes d'aller punir tous les nobles génois qui avaient encouragé les assassins de nos soldats. Le sénat de Gènes effrayé se soumit et promit de faire veiller à la sûreté des routes.

Le 3 juin 1796, la division aux ordres du général Masséna s'était emparée de Vérone, où le comte de Lille, depuis Louis XVIII, avait fixé sa résidence. Les victoires remportées par les Français, et la terreur qu'inspirait leur voisinage, avaient fait une telle impression sur l'esprit du gouvernement vénitien, qu'il fut notifié à ce personnage qu'il eût à sortir des Etats de la république dans le plus bref délai. Il partit en conséquence de cette signification et se rendit à l'armée de Condé dans le plus sévère incognito.

Après le combat de Borghetto, le passage du Mincio et la retraite des Autrichiens dans le Tyrol, les Français purent aisément investir la ville de Mantoue. L'alarme était extrême à Rome, qui n'avait point encore traité avec la république française. L'armée s'était emparée de Bologne, de Reggio, du fort d'Urbin et du château de Ferrare dans les Etats du pape: le pontife fut obligé de composer et de livrer des contributions, notamment pour le meurtre de Basseville. Le château de Milan fut réduit à capituler; la garnison, prisonnière de guerre, fut envoyée à Lodi.

Depuis longtemps, le pavillon français était insulté à Livourne, où les Anglais dominaient. Le Directoire demanda au grand-duc de Toscane la prompte répression de ces outrages; la réponse du prince fut qu'il était impossible de conserver la neutralité dans ce port. Alors une division de l'armée française marcha sur Livourne, et s'en empara le 28 juin 1796. Tout ce que possédaient les Anglais fut confisqué. Pour atténuer cette perte, les Anglais s'emparèrent de l'île d'Elbe, qui capitula le 10 juillet. Pendant ce temps, le général Augereau étouffait une insurrection dangereuse qui s'organisait dans la Romagne.

Constamment battu depuis l'ouverture de la mémorable campagne qui annonça au monde un grand homme de plus, le vieux général Beaulieu mandait à son gouvernement : « Je fuirai encore demain, après demain, tous les jours, jusqu'en Sibérie, s'il prend envie à ces diables (les Français) *de m'y poursuivre.* » Pour réparer ces terribles échecs, craignant d'ailleurs que l'armée française ne pénétrât par le Tyrol dans les Etats héréditaires, l'Autriche fit choix du feld-maréchal Wurmser, et lui confia le commandement d'une armée de soixante mille hommes. Wurmser, qui ne devait être ni plus heureux, ni plus habile que Beaulieu, conçut le projet d'envelopper l'armée française, forte de quarante mille hommes, mais dont le siége de Mantoue occupait une fraction considérable. Pour exécuter ce plan, il fallait se livrer à des mouvements excentriques très étendus, c'est-à-dire diviser ses forces. Suivant sa tactique ordinaire, Bonaparte se hâta de réunir les siennes. Dès qu'il eut appris le mouvement offensif du général autrichien, il quitta brusquement le siége de Mantoue, abandonnant devant cette place toute son artillerie. Il concentra toute son armée sur Roverbella, repoussa le général Quasnodowich dans les brillants combats de Salo et de Lonato (1), et le chassa dans les montagnes du Tyrol. Alors, fondant sur Wurmser avec la rapidité de la foudre (2), il l'écrasa près de Castiglione et le rejeta dans le pays de Trente. L'effet moral de cette suite d'actions rapides, que l'armée française appela la *Campagne des cinq jours* (du 1er au 5 août) exerça une influence décisive sur le reste de la guerre. Trente et quelque mille hommes en avaient

(1) Dans la journée de Lonato, instruits de nos mouvements par les paysans, 4 à 5,000 Autrichiens espérèrent se faire jour par ce village où se trouvait Bonaparte avec 1,200 Français. Il était cinq heures du soir. Un parlementaire vint sommer nos troupes de mettre bas les armes. Rien ne convenait moins à Bonaparte que d'être forcé d'engager un combat inégal qui pouvait déranger tous ses plans. Aussitôt il fait monter à cheval tout ce qu'il avait d'officiers autour de lui, ordonne qu'on lui amène le parlementaire et qu'on lui débande les yeux. Celui-ci, saisi de surprise en voyant ce nombreux état major. « Malheureux, lui dit Bonaparte, vous ne savez donc pas que vous êtes en présence du général en chef, et qu'il est ici avec toute son armée. Allez dire à ceux qui vous envoient que je leur donne cinq minutes pour se rendre, ou que je les ferai passer au fil de l'épée pour les punir de l'outrage qu'ils osent me faire ! » En même temps, notre artillerie s'approchant menace de faire feu. Convaincus qu'ils ont été trompés par les paysans, les 4,000 Autrichiens posèrent les armes devant l'audacieux général.

(2) « Bonaparte fut sept jours sans quitter ses habits. En quelques jours il creva cinq chevaux. Il ne s'en fiait à personne de l'exécution de ses ordres ; il voulait tout voir, tout vérifier de ses yeux, tout animer de sa présence. C'est ainsi qu'une grande âme se communique à une vaste masse et la remplit de son feu. » THIERS.

mis soixante mille hors de combat, et coûté à l'ennemi une perte de vingt-mille tués, blessés ou prisonniers.

Napoléon reprit sa position devant Mantoue, en se bornant toutefois à un simple blocus assez rigoureux pour enfermer la garnison dans les murs de la place.

L'Autriche, dont l'inflexibilité ne se démentit jamais dans cette guerre, quoique réduite à une détresse extrême, se tint pourtant sur la défensive sur tous les points, et, par un nouvel effort extraordinaire, envoya un renfort de vingt-mille hommes à Wurmser qui, réduit à l'inaction depuis la bataille de Castiglione, voulut alors tenter de venger sa défaite. Bonaparte, reconnaissant d'un coup d'œil que le général autrichien commettait encore la faute de trop disséminer ses forces, résolut de marcher sur Davidowich et de l'écraser avant que Wurmser pût lui porter secours. Le 4 septembre, à la pointe du jour, Français et Autrichiens sont en présence. Ces derniers, maîtres de positions presque inexpugnables, opposent longtemps une résistance opiniâtre; après deux heures de combat, ils plient de toutes parts, et, dans leur retraite précipitée, ils laissent six mille prisonniers, sept drapeaux, et cinquante canons au pouvoir du vainqueur. Le lendemain, le général Masséna entra dans la ville de Trente. Wurmser, vivement harcelé par Bonaparte, depuis le combat de Roveredo, et voyant que le général français cherchait à marcher sur Inspruck, envoya une forte colonne sur Véronne. Mais, tandis qu'il se flattait de couper l'armée française, une manœuvre pareille réussissait pleinement contre lui, grâce à une marche forcée de vingt lieues en deux jours, qui porta tout à coup les soldats français devant les avant-postes autrichiens.

L'effet de la surprise et l'impétuosité de notre attaque triomphèrent de tous les avantages de la position de l'ennemi dont la déroute fut accélérée par la cavalerie de Murat. Lannes, qui avait pris deux drapeaux de sa main, fut fait général de brigade après l'action. Après avoir ainsi livré plusieurs combats sans aucun succès, voyant que toute autre retraite était coupée, Wurmser parvint à se jeter dans Mantoue avec ce qui lui restait de troupes.

Mais il n'entrait pas dans les projets de Bonaparte de le laisser dans une position si commode sans l'y troubler. Il résolut de pénétrer encore une fois dans la petite île de Seraglio, sur laquelle est située Mantoue, et de resserrer les assiégés dans les murs de la place. A la suite d'une action très chaude et très meurtrière, les troupes françaises prirent possession, le 15 septembre, du faubourg Saint-Georges et de la citadelle nommée la Favorite, et, malgré une longue série d'attaques et de sorties qui, bien que poussées avec vigueur par les Autrichiens, tournèrent toujours à leur désavantage, ils furent définitivement bloqués dans les murs de la ville et du château. Cette garnison s'élevait alors à 26,000 hommes, mais un mois après il n'y en avait plus guère que la moitié sous les armes, le reste était malade ou moissonné par les privations et l'insalubrité de l'air et des marais environnants.

« Ainsi, aux armées de Colli et de Beaulieu, détruites en deux fois, il fallait ajouter celle de Wurmser. Aux trophées de Montenotte, de Lodi, de Lonato, de Castiglione, il fallait donc joindre ceux de Roveredo, de Bassano et de Saint-Georges. A quelle époque de l'histoire avait-on vu de si grands résultats, tant d'ennemis tués, tant de prisonniers, de drapeaux, de canons enlevés ! Ces nouvelles répandirent de nouveau la joie dans la Lombardie et la terreur dans le fond de la Péninsule. La France fut transportée d'admiration pour le général de l'armée d'Italie. »

Cependant des victoires toujours remportées sur des ennemis supérieurs en nombre, des marches d'une rapidité mortelle et les exhalaisons des marais de Mantoue avaient épuisé l'armée française, et les renforts arrivés de l'intérieur de la France suffisaient à peine pour réparer les pertes, tandis qu'au moyen de nouvelles levées de troupes faites dans les provinces guerrières de l'Illyrie et de plusieurs corps détachés de l'armée du Rhin, les impériaux se trouvaient en état de rouvrir la campagne avec une nouvelle armée destinée à recouvrer les provinces italiennes et à ravitailler Mantoue. Le feld-maréchal Alvinzi, officier d'une grande réputation, rassemblant les corps autrichiens épars, en forma bientôt une armée forte de 40,000 hommes. Il avait pris possession du village d'Arcole, que sa situation rendait formidable, et l'avait fortifié. Les divisions Masséna et Augereau passèrent l'Adige et s'avancèrent sur les deux longues chaussées qui traversent un marais impraticable pendant plusieurs milles. La division Masséna culbuta quelques avant-postes ennemis. La division Augereau cheminait sur une chaussée que le feu des Autrichiens prenait en flanc, et traversait un petit pont défendu par plusieurs maisons crénelées d'où partait un feu terrible de mousqueterie. Un canal large et profond, qui bordait la chaussée, empêchait de tourner le village. Les Français s'avancèrent au pas de charge pour enlever le pont ; ils furent repoussés. Le général Augereau, un drapeau à la main, courut se placer à l'extrémité du pont ; la colonne n'osa suivre l'exemple de son chef. Bonaparte, sentant toute l'importance de franchir ce redoutable passage, ordonna au général Guieux de tourner Arcole avec 2,000 hommes : pour lui, il se jette au fort de la fusillade, prend un drapeau, l'agite aux yeux de ses soldats et s'avance jusqu'au milieu du pont ; son exemple entraîne les moins résolus; on le suit tête baissée, on touche au terme de tant d'efforts, quand une forte colonne d'impériaux se rue en masse sur les assaillants. Bonaparte lui-même est entraîné;

déjà l'ennemi va l'entourer, lorsqu'on s'écrie : « Sauvons notre général ! » La troupe furieuse revient à la charge, et le relève tout meurtri d'un terrain fangeux où il avait été précipité. Augereau et Masséna culbutent l'ennemi de tous côtés, mais ne peuvent parvenir à forcer Arcole. Bonaparte fit toutes ses dispositions pour engager, d'une manière plus décisive, un troisième combat. Après une lutte sanglante de part et d'autre, le général Masséna, ayant placé son chapeau au bout de son épée en guise de drapeau, se mit à la tête de ses troupes et fondit sur la division qui lui était opposée; ses soldats en firent un horrible carnage. Bonaparte sortit alors des marais et attaqua l'ennemi en plaine : la ligne des Autrichiens fut rompue, Alvinzi fit des pertes immenses et se retira pendant la nuit sur Vicence, où il fut poursuivi. Ces trois journées coûtèrent aux Autrichiens 18,000 hommes, dont 6,000 prisonniers, 4 drapeaux et 18 pièces de canon. Les deux partis y combattirent avec une gloire presque égale ; mais Bonaparte y donna des preuves bien remarquables de la supériorité de son génie militaire, les généraux en fournirent de leur haute valeur et de leur dévouement, et les soldats français de leur intrépidité. Instruit qu'Alvinzi était dans la plus grande déroute, Bonaparte rentra dans Vérone. L'armée ne s'arrêta pas là ; elle passa l'Adige et se porta sur Davidowich, qui était à Castel-Novo, après avoir remporté un avantage sur Vaubois. Le corps d'armée de ce général autrichien fut battu ; Masséna et Augereau lui firent des prisonniers, lui prirent 9 canons, beaucoup de bagages, et le repoussèrent jusqu'aux montagnes du Tyrol. A la suite de ces victoires, Bonaparte cessa toute opération, et mit ses soins à renforcer ses bataillons, afin d'être en mesure de se porter contre l'ennemi au premier mouvement offensif qu'il ferait.

L'armée française et son général s'étaient couverts de gloire dans ces mémorables journées, où les combinaisons du génie, la valeur et la rapidité des marches triomphèrent de la supériorité numérique. Le gouvernement, alors en butte aux violentes attaques des partis, avait besoin des victoires de Bonaparte pour résister à la double opposition des conseils et du mécontentement populaire. Il se hâta donc, aussitôt que le triomphe d'Arcole lui fut connu, de l'annoncer au conseil des Cinq-Cents et à celui des Anciens. Peu de jours après, la remise publique des drapeaux autrichiens faite au gouvernement par le chef de bataillon Lemarrois, aide de camp du général en chef, devint un moyen d'influence sur l'opinion publique. On admirait de toutes parts les récents exploits de l'armée d'Italie et le génie opiniâtre de son général. On célébrait surtout l'héroïsme déployé au pont d'Arcole, et partout on représentait Bonaparte, un drapeau à la main, au milieu du feu et de la fumée. Les deux conseils, en déclarant, suivant l'usage, que l'armée d'Italie avait encore bien mérité de la patrie, décidèrent de plus que les drapeaux pris par les généraux Bonaparte et Augereau sur le pont d'Arcole leur seraient donnés pour être conservés dans leurs familles.

Cependant, malgré les victoires de l'armée d'Italie, le Directoire voulait sincèrement la paix avec l'Autriche. La paix était nécessaire à la république, qui avait à faire consacrer par l'assentiment général de l'Europe ses accroissements de territoire, à s'habituer à l'exercice d'une nouvelle constitution, à réformer et à compléter son administration et sa législation, à cicatriser les plaies de la guerre civile, à relever son crédit expirant sous le poids des quarante milliards d'assignats mis en circulation, à faire renaître successivement l'agriculture, le commerce et l'industrie. La France avait assez de gloire, il lui fallait du bonheur et du repos.

Le général Clarke avait été chargé par le Directoire de s'aboucher à Vicence avec le baron de Saint-Vincent, pour entamer des négociations qui missent un terme à la guerre. Déja, avant ces conférences diplomatiques, l'Autriche avait fait proposer un armistice auquel Bonaparte s'opposa. Il fit comprendre à Clarke que la suspension d'armes serait tout à l'avantage des armées qui venaient d'être vaincues, surtout si, comme cela était demandé, on leur permettait la moindre communication avec Mantoue, dont la famine toujours croissante assurait la prompte reddition. L'entrevue des deux négociateurs n'amena aucun résultat; la cour de Vienne éluda cette négociation, qui n'eut d'autre résultat que de traîner les affaires en longueur et de donner à Alvinzi, qui, après la bataille d'Arcole, s'était retiré sur la Brenta, le temps de réparer ses pertes.

A des préparatifs et à des manœuvres diplomatiques, l'Autriche ajoutait de moins honorables manœuvres, elle cherchait par tous les moyens possibles à déterminer les différents Etats italiens, surtout Venise, Rome et Naples, à se prononcer hostilement contre les Français. Venise faisait de nouvelles levées d'Esclavons, il arrivait tous les jours de nouveaux bataillons dans les lagunes; les partis étaient en présence dans toutes les villes du pays vénitien. Les citadelles de Vérone et de Brescia étaient dans les mains des troupes françaises.

Les négociations avec Rome continuaient, mais *elles ne marchaient pas*: on ne pouvait rien obtenir de cette cour que par les menaces et la présence de la force.

Le général en chef annonça à Milan son départ pour Rome, y dirigea une colonne de 3,000 Français, et fit prévenir le grand-duc de Toscane que ses troupes traverseraient ses Etats pour se rendre à Perrugia. Il partit effectivement lui-même et se rendit à Bologne. Manfredi vint l'y trouver pour ménager les intérêts de son maître, et s'en retourna convaincu que le général français marchait sur Rome. Néanmoins la cour de Rome ne fut point émue de toutes ces apparences ; elle resta immobile. Elle était au fait des plans adoptés à Vienne et en espérait le succès. Cependant, lorsqu'elle apprit que le général français était à Bologne, le secrétaire d'Etat fut étonné; mais le ministre d'Autriche soutint son courage en lui faisant comprendre que rien n'était plus heureux pour leurs vues que d'attirer le général français dans le fond de l'Italie, et que, fallût-il quitter Rome, ce serait encore un bonheur, puisque la défaite des Français sur l'Adige en serait d'autant plus efficace.

L'armée française reçut vers la fin de décembre de légers renforts, qui portèrent à peine son effectif à 43,000 hommes, dont 31,000 seulement étaient à l'armée d'observation sur l'Adige. L'armée autrichienne se proposait d'opérer sur deux points distincts : le premier était celui de Vérone; l'autre, le bas Adige. Le quartier général d'Alvinzi était à Roveredo; ce général avait 45,000 soldats : Provera commandait à Padoue une autre armée de 20,000 hommes.

Le gouvernement romain, après avoir rompu les négociations entamées, dirigea contre nos troupes un corps de 5,000 hommes appuyés par toute cette immense population des Etats romains qui n'attendait qu'un avantage des forces autrichiennes pour voler au meurtre et au pillage, sous le prétexte de venger la religion.

Bonaparte est ainsi dans une situation des plus critiques. Il lui faut vaincre ou périr. De la chaîne du Tyrol à la ville des Sept-Collines, le champ de bataille est immense; cependant il devient pour lui indispensable de balayer cet espace, et il n'a que 30,000 soldats; 30,000 contre 100,000 hommes de troupes aguerries! Malheur à lui s'il succombe! L'Italie, maudite depuis les revers de François Ier à Marignan, sera encore le tombeau des Français!

Le 12 janvier, une nouvelle campagne s'ouvrit. Masséna, attaqué à Saint-Michel par une division de Provera, la culbuta et lui fit 900 prisonniers : Bonaparte, au premier bruit du canon, s'était mis en route; il arriva sur la fin de l'action.

Par une habile politique, il avait organisé plusieurs bataillons d'Italiens; il les fit camper sur les frontières de la Transpadane avec 3,000 Français tirés de Bologne, et les opposa ainsi à l'armée pontificale.

Dans la nuit du 13, Bonaparte fit concentrer toutes ses troupes sur Rivoli : la division Augereau seule fut dirigée sur le bas Adige pour disputer le passage de ce fleuve au général Provera.

A deux heures du matin, Bonaparte était sur le plateau de Rivoli : il fit engager par Joubert la fusillade avec une des colonnes ennemies; au point du jour, celle-ci était repoussée. Une seconde colonne pressa sa marche vers le plateau; en moins d'une heure Masséna la rompit;

une troisième courut au secours de celle engagée ; mais l'artillerie française la mitrailla , et la cavalerie, chargeant au même instant, culbuta tout ce qui s'opposait à son attaque dans le ravin. Infanterie, artillerie, cavalerie, tout fut pris. La quatrième colonne autrichienne se déployait en ce moment sur les hauteurs de Pipolo, croyant avoir tourné l'armée française. Il n'était plus temps , elle n'arriva que pour être témoin des désastres des trois colonnes qui l'avaient précédée. Mitraillée, débordée, elle fut dispersée et détruite à son tour. Le reste de l'armée d'Alvinzi devint inutile ; il opéra sa retraite par l'Escalier, et perdit beaucoup de monde. La bataille de Rivoli fut une des plus terribles de la campagne ; Bonaparte, entouré plusieurs fois, eut deux chevaux tués sous lui. Il prit à l'ennemi 7,000 prisonniers, 12 pièces de canon et 8 drapeaux.

Cependant, le même jour, le général Provera, avec ses 20,000 hommes, avait passé l'Adige près de Legnano : il croyait arriver à Mantoue, battre les 7,000 hommes de Serrurier, et échapper à Bonaparte qu'il savait occupé à Rivoli. A deux heures seulement, au fort de la bataille, Bonaparte apprend, par une dépêche d'Augereau, la marche de Provera. Son parti est arrêté aussitôt : il laisse à Masséna, à Murat, à Joubert, le soin de poursuivre Alvinzi, et, prenant avec lui quatre demi-brigades, se met en marche sur Mantoue. De Rivoli à cette ville, on compte treize lieues. Provera a vingt-quatre heures d'avance : Bonaparte force en vain sa marche , il est probable que Provera va lui faire perdre tout le fruit de sa victoire en se joignant aux 20,000 hommes de Wurmser. En effet, au moment où les Français arrivent à Roverbella, Provera vient se présenter devant Saint-George. Bonaparte frémit : il sait que Saint-George, ce faubourg de Mantoue, n'a qu'une très faible garnison, et qu'un fossé seul le défend : le brave Miollis, d'ailleurs, qui occupe Saint-George avec 1,500 hommes, est bien loin de craindre une attaque du côté de l'Adige, où se trouvait Augereau ; il n'observait que le côté de Mantoue.

Provera s'avance avec précaution : il se fait éclairer par des hussards couverts de manteaux semblables à ceux de nos hussards Berchini. Déjà ceux-ci vont franchir la barrière, Miollis et ses soldats sont perdus : le coup d'œil d'un sergent les sauve. Il voit approcher ces hussards ; il remarque que leurs manteaux sont neufs : ceux de Berchini ont fait la campagne. Il pousse la barrière, saisit un tambour et donne l'alarme. Miollis accourt, et, quoique Provera attaque le faubourg de tous les côtés à la fois, ses 1,500 braves se défendent toute la journée, et donnent le temps au général en chef d'arriver à leur secours.

Provera cependant tes parvenu à communiquer avec le maréchal Wurmser, et ils ont concerté leurs opérations du lendemain.

Le 16 janvier, dès que le jour paraît, Wurmser sort de Mantoue à la tête de la garnison, et prend position à la Favorite. Bonaparte avait, dans la nuit, placé sa division de manière à empêcher la jonction de cette garnison avec le corps de Provera. Serrurier, avec les troupes du blocus, attaque Wurmser, et le général en chef marche contre l'armée de secours. C'est à cette bataille que la 55e demi-brigade acquit le nom de *la Terrible*, en abordant dans la ligne autrichienne et en renversant tout ce qui tenta de lui résister.

Au bout de quelques heures, la garnison était rejetée dans la place, et Provera, forcé de poser les armes, signait une capitulation. 2,000 hommes seulement parvinrent à s'échapper, mais les jeunes volontaires de Vienne étaient prisonniers et livraient leur drapeau brodé par les mains de l'Impératrice. Joubert, le même jour, battait Alvinzi près de Tivoli et lui prenait 7,000 hommes. Les troupes françaises occupèrent Tarente, Bassano et Trévise. Les débris de l'armée autrichienne ne trouvèrent d'abri que derrière la Piave, dans la neige du Tyrol.

En vingt jours, l'Autriche venait de perdre 35,000 hommes, dont 25,000 prisonniers, 60 pièces de canon et 24 drapeaux.

Mantoue, le constant objet des efforts des Français, le boulevard de l'Italie, ne pouvait tenir longtemps, abandonnée à ses propres ressources. On savait que la garnison était réduite à demi-ration. Wurmser tint pourtant encore tout le mois de janvier. Bonaparte lui fit en vain connaître le résultat de cette campagne de huit jours et le somma de se rendre. Ce ne fut que lorsqu'il ne lui restait plus que trois jours de vivres qu'il envoya le général Kléman au quartier général pour connaître les conditions qu'on lui ferait. Bonaparte respecta l'âge, la bravoure et les malheurs de Wurmser ; il lui accorda au delà de tout ce qu'il pouvait espérer. 20,000 hommes, dont 12,000 combattants, 34 généraux, ainsi que tout l'état-major du général, défilèrent devant le général Serrurier. Bonaparte n'avait pas voulu assister à ce spectacle si flatteur. Après avoir dicté la capitulation, il avait écrit à Wurmser : « Voilà les conditions que je vous accorde, si vous ouvrez » vos portes demain ; si vous tardez quinze jours, un mois, deux » mois, vous aurez toujours les mêmes conditions. Vous pouvez » attendre jusqu'à votre dernier morceau de pain. Je pars à l'instant » pour passer le Pô, et je marche sur Rome. »

Wurmser, vivement touché des procédés de son vainqueur, lui écrivit pour lui exprimer toute sa reconnaissance. Il lui fit même offrir de passer le Pô à Mantoue ; mais Bonaparte refusa et partit, voulant épargner au vieux maréchal la douleur de remettre son épée aux mains d'un vainqueur de vingt-sept ans. Peu de temps après, Wurmser lui fit donner avis d'un projets d'empoisonnement tramé contre lui dans les Etats du pape; Bonaparte prit ses précautions, et la trame ourdie fut heureusement déjouée.

Mantoue étant rendue, Bonaparte envoya au Directoire les drapeaux pris à l'ennemi dans ces mémorables campagnes.

Le 2 février, Napoléon porta son quartier général à Imola, dans le palais de l'évêque Chiaramonte, qui fut depuis le pape Pie VII. Le lendemain, les Français attaquèrent l'armée papale et la mirent en déroute. Ils entrèrent ensuite dans Faenza, après en avoir enfoncé les portes, s'emparèrent de Forli, d'Ancône et de sa citadelle, ainsi que de Notre-Dame-de-Lorette, et se portèrent, après ces conquêtes, sur Foligno, pour se réunir au corps d'armée que Bonaparte avait dirigé sur Rome, par Sienne et Tortone, et qui s'était rendu maître de l'Ombrie, du Pérugin et de la province de Camerino. Il ne restait plus au pape que la Sabine, le patrimoine de Saint-Pierre proprement dit et la campagne de Rome. La terreur s'était répandue dans l'Etat papal à l'approche des Français. Bonaparte écrivit au cardinal Mathei que l'unique moyen qui restait au pape de sauver ses Etats était de se confier à la générosité de la république française. Cette démarche détermina Sa Sainteté à envoyer des plénipotentiaires au quartier général de l'armée, qui se trouvait à Tolentino. Le paiement de fortes contributions, la stipulation d'un traité de commerce avec la France, la liberté de la Romagne et l'introduction d'une garnison française dans Ancône, furent le résultat d'un traité signé définitivement le 19 février 1797.

Au milieu de ces épisodes de la guerre, Bonaparte poursuivait toujours avec succès sa conquête morale sur les peuples de l'Italie et sur l'opinion de l'Europe. Sa générosité et sa grandeur d'âme servaient merveilleusement sa politique. Infatigable dans la guerre, aussitôt qu'il est vainqueur, il donne la paix aux vaincus. Il ne voulut point entrer à Rome et triompher auprès du pape, de même qu'à Mantoue il n'avait pas voulu non plus triompher de Wurmser.

Bonaparte, n'ayant plus rien à craindre du côté de Rome, fit marcher son armée, renforcée de plusieurs divisions de l'armée du Rhin, dans les Etats vénitiens pour y porter un coup décisif à l'ennemi. Il passa la Piave et le Tagliamento, malgré les efforts des Autrichiens, qui furent mis en pleine déroute, et s'empara de Gradisca et de Goritz. Après sa défaite, l'ennemi se retira sur l'Adige. Les Français, poursuivant leurs avantages, entrèrent dans Botzen et dans Brixen, et attaquèrent la gorge d'Inspruck, qu'ils forcèrent.

Ce fut alors que Bernadotte, qui commandait deux divisions de Sambre-et-Meuse, dit pour toute harangue à ses troupes: « Soldats! l'armée d'Italie nous regarde!... » L'empereur d'Autriche, voyant sa capitale menacée, fit lever en masse la Hongrie et le Tyrol.

Masséna battit les ennemis à Klagenfurth et entra dans cette ville. d'où Bonaparte écrivit, le 11 germinal, au prince Charles pour l'inviter à traiter de la paix si désirée par les peuples belligérants. Ce prince répondit qu'il n'était muni d'aucun pouvoir de l'empereur pour en traiter, et qu'il allait en informer sa cour. Bonaparte n'oubliait rien de ce qui pouvait forcer le cabinet de Vienne à la paix. Il adressa aux habitants de la Carinthie une proclamation, par laquelle il leur promettait sûreté et protection ; puis il donna ordre à l'armée de se mettre en marche. A Judenbourg, où Bonaparte avait porté son quartier général, les généraux autrichiens de Bellegarde et de Merveldt lui remirent une note de l'empereur, par laquelle ce prince consentait à terminer cette guerre désastreuse et à traiter de la paix. Les préliminaires en furent signés, le 18 avril 1797, au château d'Eckenwald, près de Léoben, en Styrie.

L'armée du Rhin, n'étant pas encore informée de cet heureux événement, venait de traverser pour la seconde fois ce fleuve à Diersheim. Il lui fallut soutenir six combats opiniâtres contre les meilleures troupes autrichiennes, qui firent des efforts incroyables pour la culbuter dans le Rhin. L'habileté du général Moreau triompha de tous les obstacles; l'ennemi éprouva les plus grandes pertes. Un début aussi brillant fut arrêté par la signature de la paix. L'armée de Sambre-et-Meuse avait également passé le Rhin, le 18 avril 1797, à Neuwied. Une bataille rangée et trois combats sanglants avaient affermi sa position sur la rive droite de ce fleuve.

A peine les préliminaires de paix venaient-ils d'être signés, qu'une insurrection que le sénat de Venise voulut réprimer par la force, des crimes et des attentats commis par les ordres du gouvernement contre des Français malades ou blessés dans les hôpitaux, et enfin un soulèvement populaire qui nous fit appeler comme des libérateurs dans Venise par les patriciens effrayés, précipitèrent l'heure fatale de cette république. Bonaparte avait été informé que le doge, ainsi que le sénat, entretenaient des intelligences avec la cour d'Autriche. Afin de déjouer ses intrigues, il avait organisé une police secrète, presque entièrement composée d'Italiens qui, en paraissant entrer dans les vues des conspirateurs, l'instruisaient de tout ce qui se tramait; aussi quand, oubliant ses promesses d'attachement à la république française, et comptant sur l'appui des troupes autrichiennes que lui amenait le général London, le gouvernement de Venise fit donner dans les campagnes le signal de nouvelles vêpres siciliennes, Bonaparte put prendre vis-à-vis des insurgés le ton d'un maître qui tient le châtiment dans ses mains. Il commença par adresser au doge ses remontrances et ses menaces. Junot, porteur du message, confondit par la fermeté de son attitude les oligarches, jusqu'alors si fiers d'une puissance qu'on était habitué à respecter. Ils descendirent aux excuses, et rejetèrent les désordres et les assassinats sur une instigation étrangère. Mais une enquête rigoureuse vint mettre au grand jour l'infâme conduite du gouvernement vénitien. Bonaparte n'hésita plus à fulminer une déclaration de guerre, dans laquelle la nature des griefs articulés ne permettait plus de concevoir le moindre doute sur le sort qu'il réservait au sénat vénitien ; l'arrêt fut irrévocable, et, dans le traité de paix de Léoben, la république vénitienne fut rayée du nombre des puissances.

Peu après, Gênes subit le même sort, et son anéantissement amena la formation de la république ligurienne, de même que les victoires d'Italie avaient amené celle de la république cisalpine.

Le grand œuvre de la paix avec l'Autriche, dont les vainqueurs et les vaincus désiraient depuis si longtemps l'achèvement, était interminable, bien que les préliminaires de Léoben eussent été signés depuis cinq mois. L'espoir en eût été anéanti, si le Directoire ne se fût vu forcé de revêtir de ses pleins pouvoirs un négociateur placé à la tête d'une armée victorieuse à laquelle on avait promis la paix. Le congrès qui devait en régler les conditions était rassemblé à Udine. Le général Berthier, dans la nuit du 26 au 27 octobre 1797, apporta à Paris le traité de la paix définitive conclue à Campo-Formio, le 15 décembre 1797, par le général Bonaparte, par le marquis de Gallo et le comte de Merveldt, plénipotentiaires de l'empereur.

C'est dans ce fameux traité que, le rédacteur ayant mis : « L'empereur d'Allemagne reconnaît la république française ! » — « Effacez cela, dit Bonaparte : la république française est comme le soleil, elle aveugle celui qui ne la voit pas. Le peuple français est maître chez lui ; il a fait une république, il peut le lendemain faire une aristocratie, après-demain une monarchie, c'est son droit. »

Le traité de Campo-Formio commença pour la révolution française une ère de gloire et de puissance durable, en lui donnant la consistance et la considération nécessaires aux peuples comme aux individus, en la plaçant d'un seul bond au premier rang des grandes puissances européennes. A cette époque fut découverte la conspiration de Pichegru ; le Directoire, mécontent de Moreau, qui eût pu la dévoiler plus tôt, le punit de sa tiédeur et de son silence en le laissant sans emploi à Paris.

D'un autre côté, le gouvernement réunissait, sous le titre d'armée d'Allemagne, les deux armées de Sambre-et-Meuse et du Rhin, et en donnait le commandement au général Hoche; mais il en jouit peu : il était atteint d'une affection de poitrine et mourut bien jeune encore, pleuré des soldats qui l'idolâtraient et sincèrement regretté de ses émules. On attribua à un empoisonnement cette mort prématurée. Le Directoire ordonna des obsèques magnifiques qui eurent lieu au Champ de Mars.

Immédiatement après la signature du traité, Bonaparte retourna à Milan pour mettre la dernière main à l'organisation de la république cisalpine. Il prit alors congé du peuple italien et de ses soldats en leur adressant une proclamation ; puis, regardant sa mission comme remplie, il se rendit à Paris, où il arriva incognito le 5 décembre.

De Milan à Rastadt, et de Rastadt à Paris, le voyage du jeune général devint une marche triomphale. Il avait traversé les populations au milieu des cris unanimes de *Vive Bonaparte! vive le pacificateur!* A Paris, il fut accueilli avec un enthousiasme et une joie qui effrayaient le Directoire autant que la supériorité du génie dont Bonaparte avait fait preuve en Italie, soit comme guerrier, soit comme homme politique et négociateur. Il était descendu à sa petite maison de la rue Chantereine. Une délibération de la municipalité de Paris donna, quelques jours après à cette rue le nom de la rue de la Victoire. Le corps municipal, l'administration du département, les conseils cherchèrent à l'envi les moyens de lui témoigner la reconnaissance nationale. On proposa au conseil des Anciens de lui donner la terre de Chambord et un grand hôtel à Paris ; car le général de l'armée d'Italie qui, pendant deux ans, avait nourri son armée, créé et entretenu son matériel, soldé plusieurs années de solde arriérée, fait passer 30 à 40 millions aux caisses de France et plusieurs centaines de millions en chefs-d'œuvre des arts, avait négligé sa propre fortune. Il ne possédait pas cent mille écus en argenterie, bijoux, argent, meubles, etc. Mais le Directoire s'alarma de cette proposition, et ses affidés l'écartèrent, en répondant que les services du général n'étaient point de ceux qu'on récompense avec de l'argent. Néanmoins, et malgré sa jalousie mal déguisée, le Directoire pensa qu'il ne pourrait pas éviter de donner au conquérant de la paix une marque publique de la satisfaction du gouvernement. — La cour du Luxembourg, palais des directeurs, fut disposée et ornée avec magnificence pour une audience solennelle. Bonaparte y fut conduit par le ministre de la guerre, Scheres, et par celui des relations extérieures, Talleyrand. Le général était accompagné de Joubert, portant le drapeau de l'armée d'Italie, monument glorieux où étaient rappelées toutes les grandes choses que cette armée avait faites. Talleyrand, en présentant le général aux membres du Directoire, fit un discours qui n'offrait d'intérêt qu'autant qu'il concernait un grand homme. Scherer parla après lui ; puis Joubert prononça une courte harangue, et se jeta ensuite avec abandon dans les bras de son général. Bonaparte était debout ; sa contenance simple et modeste contrastait avec sa grande réputation : tous les yeux étaient fixés sur lui. Il remit au président du Directoire la ratification donnée par l'empereur au traité de Campo-Formio, et d'une voix ferme et fortement accentuée il prononça un discours dont la substance fut que, quand la république aurait les meilleures lois organiques, son bonheur et celui de l'Europe seraient assurés. Barras, alors président du Directoire, répondit longuement au général, et dès qu'il eut cessé de parler, il tendit les bras à Bonaparte, et lui donna ce que l'on appelait encore l'accolade fraternelle. Les autres membres du Directoire imitèrent l'exemple du président, et embrassèrent comme lui l'illustre général.

Ainsi finit cette cérémonie, qui n'eut d'éclat que par la présence et par les paroles de Bonaparte. — Quelques jours après, les conseils législatifs donnèrent une fête au général, dans la grande galerie du musée. Un dîner de 800 couverts et une harangue en plein air furent la seule récompense nationale que les membres du gouvernement crurent devoir offrir au sauveur de la république. Mais à la même époque l'Institut l'appelait dans son sein et se glorifiait de le compter parmi ses membres.

CHAPITRE IV.

EXPÉDITION D'ÉGYPTE.

Du 9 mai 1798 au 9 octobre 1799.

Bonaparte va inspecter l'armée d'Angleterre. — Il prépare l'expédition d'Égypte. — Départ de la flotte française. — Prise de Malte. — L'armée française débarque à Alexandrie. — Episodes de l'expédition d'Egypte et de Syrie. — Retour de Bonaparte en France.

« Les grandes réputations ne se font qu'en Orient ; l'Europe est trop petite. » Ces paroles, que Bonaparte répétait souvent durant les négociations de Campo-Formio, prouvent que dès lors il pensait à la campagne d'Egypte ; ses proclamations aux soldats, où il parle de l'Orient et de campagnes au delà des mers, en font foi. — Il écrivait au gouvernement, le 16 avril 1797 : « Les jours ne sont pas éloignés où nous sentirons que, pour détruire véritablement l'Angleterre, *il faut nous emparer de l'Egypte.* »

Le grand capitaine pressentait qu'avec lui nos soldats trouveraient la route de toutes les capitales de l'Europe; mais, pour accabler l'Angleterre, une marine formidable était nécessaire, et la république n'avait qu'un petit nombre de bâtiments de guerre. Des victoires s'improvisent, comme le prouvent les mémorables campagnes d'Italie ; il faut des terres, des ouvriers et de l'argent pour créer des vaisseaux, mais que sont des vaisseaux sans des équipages expérimentés? Et pour former des matelots, il faut de longues navigations sous le soleil ardent de l'équateur et à travers les glaces éternelles du pôle, une lutte de plusieurs années avec les fatigues de la vie de bord et avec les orages de la mer. Bonaparte pensait donc qu'il n'était possible d'obliger l'Angleterre à respecter le repos de l'Europe et à traiter elle-même avec la république qu'en l'attaquant dans ses possessions de l'Inde, si importantes pour son commerce, sa richesse et sa prospérité.

Bonaparte, en s'emparant de l'Egypte, avait le projet d'y établir une colonie française, qui aurait remplacé les colonies américaines perdues par la république. Cette colonie aurait, en outre, servi de base à ses opérations contre l'Inde anglaise ; de là serait partie l'armée qui, réunie dans le Bengale aux soldats du sultan de Missore, Tippoo-Saëb, ennemi acharné de la puissance britannique, devait abattre le colossal empire édifié par les marchands de Londres. La réussite de l'expédition d'Egypte devait être pour la France une source immense de bonheur, de richesse et de puissance.

Au commencement de 1798, le Directoire avait nommé Bonaparte commandant de l'armée d'Angleterre, ce qui servit à couvrir, aux yeux de l'ennemi, l'intention et les apprêts de l'expédition d'Egypte. Les troupes qui composaient cette armée d'Angleterre couvraient la Normandie, la Picardie, la Belgique. Son nouveau général en chef fut inspecter tous les points ; mais il voulut les parcourir incognito : ces courses mystérieuses inquiétaient d'autant plus l'ennemi, et masquaient davantage les préparatifs du midi. Bonaparte discuta son projet avec les membres du gouvernement. On les accusa d'avoir voulu se débarrasser de Bonaparte ; mais ils opposèrent au contraire des objections très fortes contre l'expédition. Bonaparte, répondant alors comme un homme qui a tout prévu et qui compte entièrement sur son étoile, emporta les suffrages des directeurs, qui se décidèrent à tenter ce que voulait l'aventureux général. Bonaparte promettait d'être de retour à l'entrée de l'hiver, pour essayer alors la descente dans les îles Britanniques. Le secret fut convenu et religieusement gardé entre lui et les directeurs, seuls admis à le connaître, en voilant toujours le dessein véritable par celui d'une descente en Angleterre, pour laquelle on semblait armer dans tous les ports de l'Océan et de la Méditerranée. — Du milieu de Paris, d'où son génie s'étendait sur tous les points de la France, Bonaparte déploya dans les préparatifs de l'expédition une vigilance, une précision, une activité, un ensemble de précaution, une fécondité de ressources et une autorité dans le commandement qui étonnent encore la pensée aujourd'hui, et qu'il devait surpasser un jour. — Aux ordres de Bonaparte, les troupes se dirigèrent vers Toulon et Gênes, Ajaccio, Civita-Vecchia, où se trouvèrent bientôt rassemblés 400 navires du commerce nolisés par l'Etat. En même temps une nombreuse artillerie se réunissait dans les ports de la Méditerranée. Des ouvriers habiles étaient appelés aussi dans les villes d'où devaient sortir nos flottes, et destinés à partir avec elles. A Rome, Bonaparte avait fait enlever les imprimeries grecques et arabes de la propagande. Il formait une collection complète d'instruments de physique et de mathématiques. Enrôlée sous son drapeau sans connaître son secret et le but de l'entreprise, une colonie de savants illustres, Monge, Bertholet, Fourier, Dolomieu, Desgenettes, Larrey, Dubois, se disposait à le suivre. Comment des préparatifs aussi considérables auraient-ils pu se faire sans éveiller l'attention de l'Europe? On les savait, et on ne parlait que de l'expédition. Suivant les uns, nos drapeaux allaient bientôt flotter à côté des étendards de Tippoo-Saëb; suivant d'autres, nos voiles se dirigeaient contre Constantinople. Quelques-uns disaient avec assurance : « Bonaparte va dégager la flotte espagnole, bloquée dans Cadix par les Anglais, et la conduire à Brest, où la jonction des forces maritimes des deux puissances nous mettra en état de jeter une armée sur les côtes de la Grande-Bretagne. » On ne s'explique pas pourquoi ce fut cette dernière supposition qu'adopta le cabinet de Saint-James. L'Angleterre avait conçu un tel effroi que l'opposition se rallia aux torys. Shéridan lui-même tonna contre nous. Pitt fit armer en toute diligence plusieurs escadres.

Lorsque tout fut prêt, Bonaparte se rendit à Toulon. L'armée l'attendait; un discours brusque et énergique salua les braves d'Italie. « Je promets à chaque soldat, avait-il dit, qu'au retour de cette expédition, il aura de quoi acheter six arpents de terre. » Au moment de lever l'ancre, il dit : « Soldats, vous êtes une des ailes de l'armée d'Angleterre; vous avez fait la guerre de montagnes, de plaines et de siéges, il vous reste à faire la guerre maritime. » Après les avoir exhortés à l'union et à la confiance, il terminait ainsi : « Le génie de la liberté, qui a rendu, dès sa naissance, la république l'arbitre de l'Europe, veut qu'elle le soit des mers et des nations les plus lointaines. » Ces paroles électrisèrent l'armée; elles furent accueillies avec enthousiasme. Tous ignoraient encore vers quels parages devait se tourner la proue; nul ne s'en inquiétait, c'était assez pour eux de suivre Bonaparte. « Il est avec nous, s'écriaient-ils, nous allons à la victoire ! »

Le 19 mai 1798, la flotte appareilla au bruit répété du canon des batteries de Toulon et de tous les vaisseaux de ligne. Bonaparte, avec une partie de l'état-major général, se trouvait sur le vaisseau *l'Orient*, monté par le vice-amiral Brueys.

L'armée naviguait depuis plusieurs jours; on s'attendait à chaque instant à être rencontré par les Anglais. Chaque voile qu'on apercevait dans le lointain était un sujet d'inquiétude; plusieurs bâtiments, sortis des ports de l'Italie pour se rallier à la flotte, ne se joignirent à elle qu'après l'avoir jetée dans les plus vives alarmes. On vit successivement arriver les convois de Gênes, d'Ajaccio, de Civita-Vecchia, et chaque fois leur approche fut le signal d'une alerte. Un combat naval pouvait faire échouer l'expédition. Mais la fortune de la France la protégea, et nos vaisseaux échappèrent à la vigilance de la croisière anglaise. Le 9 juin, on découvrit enfin l'île de Malte et ses fortifications. Toute la côte était hérissée de batteries; on voyait de distance en distance des fortins situés sur des éminences escarpées. A gauche, se présentaient l'entrée du grand port et le fort Saint-André avec le terrible appareil de ses fossés, de ses canons et de ses hautes murailles.

L'île de Malte, située entre Toulon et Alexandrie, offrait un point intermédiaire dont il était important de s'assurer pour le succès de l'expédition. Mais une longue résistance eût donné aux Anglais le temps d'arriver. La voie des négociations parut moins chanceuse; le général en chef fit demander au grand-maître l'entrée du port pour notre armée navale.

La réponse fut que les statuts de l'ordre s'opposaient à ce qu'il entrât plus de quatre bâtiments à la fois. Peu accoutumé à un refus, Bonaparte se décide à user de violence. Il répliqua cependant au grand-maître et s'efforça de justifier son agression. L'ordre avait longtemps favorisé les ennemis de la république, en fournissant des matelots aux Anglais, en ravitaillant leurs vaisseaux et en violant en leur faveur des statuts invoqués contre nous; il avait, au mépris des décrets du gouvernement français, nommé aux commanderies qui étaient devenues vacantes en France, bien que ces commanderies fussent abolies. Bonaparte récapitula ces griefs et déclara qu'il venait demander réparation. Ses menaces, ses fières paroles aux chevaliers, le développement rapide de ses démonstrations hostiles, répandirent la confusion dans la ville de Lavalette, où d'ailleurs les Français avaient un parti. Le 10 juin, au point du jour, les troupes opérèrent leur descente. A neuf heures, le général Vaubois prit possession de la cité vieille, qui ouvrit ses portes sans attendre que les Français eussent tiré un coup de fusil. A dix heures, la campagne et tous les forts de la côte étaient en notre pouvoir.

Durant la nuit, à la clarté des feux allumés dans la ville, on put voir, du haut des vaisseaux, l'agitation qui régnait parmi les assiégés. La populace mutinée s'assemblait en tumulte autour du lieu où se tenait le conseil; des cris menaçants se faisaient entendre; le grand-maître, sommé par les habitants de capituler, dut se résigner pour éviter de plus grands malheurs. En conséquence le feu des forts cessa le lendemain, et des négociateurs furent envoyés à Bonaparte pour traiter de la reddition de la place.

A la tête de cette députation se trouvait le commandeur Boisredon-Ranségat, Français qui, la veille, avait été jeté dans un cachot pour avoir refusé d'armer son bras contre ses compatriotes. Cet exemple honorable n'avait point été imité par les autres chevaliers de la langue de France; plusieurs furent pris dans les forts, les armes à la main. Bonaparte ne leur épargna point les témoignages de son indignation : « Puisque vous avez pu prendre les armes contre votre patrie, leur dit-il, il fallait savoir mourir. Allez, retournez dans la place, tandis qu'elle ne m'appartient pas encore; je ne veux point de vous pour mes prisonniers. »

La convention fut conclue et signée le 12 juin. Le général en chef fit son entrée dans la ville à la tête d'une partie de l'armée. Bonaparte admirait la beauté des fortifications taillées dans le roc qui défendent la place, et s'étonnait lui-même de la facilité avec laquelle il s'en était emparé. « Oui, dit Cafarelli, à qui il communiquait ses réflexions, il faut avouer que nous sommes bien heureux qu'il se soit trouvé du monde dans cette ville pour nous en ouvrir les portes. » Le premier soin du général fut de briser les fers des esclaves turcs et arabes : il voulait se faire précéder en Egypte par une renommée de générosité et de clémence.

Bonaparte chercha aussi à s'assurer un point dans l'Albanie et l'Epire; avant de continuer sa route, il dépêcha un de ses aides de camp vers le fameux Ali, pacha de Janina; mais ce pacha était alors hors de son gouvernement, occupé à combattre Passavan-Oglow. L'absence d'Ali contraria les projets de Bonaparte; les négociations ne purent être entamées.

Le 1er juillet, les minarets d'Alexandrie montrèrent à l'armée le but de son voyage : un immense cri d'allégresse retentit sur la flotte, et chaque soldat, regardant avec joie cette terre d'Egypte, si féconde en souvenirs, appela de ses vœux le moment du débarquement. Bonaparte voulut, le premier de tous, quitter le vaisseau amiral et mettre le pied sur cette terre qu'il allait conquérir. A peine débarqué, il vit venir à lui le consul de France, qui lui apprit que, trois jours auparavant, la flotte anglaise, commandée par Nelson, s'étant présentée devant Alexandrie, avait prévenu les habitants de l'attaque dont ils étaient menacés et s'était remise en route pour chercher la flotte française. La ville était donc sur ses gardes, et tout annonçait une vigoureuse résistance. Bonaparte juge que les moments sont précieux, il ordonne le débarquement. A peine quelques troupes sont-elles à terre, il se met à leur tête, il vole à de nouveaux exploits; mais, avant d'entrer dans cette autre carrière de gloire, il a besoin de rappeler à ses guerriers quels sont leurs devoirs sur cette terre étrangère : « Les peuples, leur dit-il, avec lesquels nous allons vivre sont mahométans; leur premier article de foi est celui-ci : *Il n'y a d'autre Dieu que Dieu, et Mahomet est son prophète.* Ne les contredites pas; agissez avec eux comme vous avez agi avec les Juifs et les Italiens. Ayez des égards pour leurs muphtis et pour leurs imans, comme vous en avez eu pour les rabbins et les évêques... Les légions romaines protégeaient toutes les religions. Vous trouverez ici des usages différents de ceux de l'Europe ; il faut vous y accoutumer. Les peuples chez lesquels nous allons traitent leurs femmes différemment que nous; mais, dans tous les pays, celui qui viole est un monstre; le pillage n'enrichit qu'un petit nombre d'hommes, il nous déshonore, il détruit nos ressources, il nous rend ennemis des peuples, qu'il est de notre intérêt d'avoir pour amis. »

Bonaparte, selon sa coutume, compte parmi ses moyens de succès l'influence qu'un général habile peut exercer sur l'esprit des peuples : il sait vaincre, mais il attache encore plus de prix aux triomphes que donne la persuasion. Ainsi, partout où il paraît à la tête d'une armée, il s'annonce avec des pensées de régénération, prophète comme Mahomet, guerrier comme lui, et doué de cette éloquence qui s'adapte à tous les degrés de civilisation. Bonaparte paraît, et déjà les habitants sont avertis qu'il y aura pour eux d'immenses avantages à l'accueillir: il vient avec l'intention de respecter leurs croyances ; il se propose de les délivrer de l'oppression sous laquelle ils gémissent : c'est en ami, c'est en protecteur qu'il vient; mais en même temps, prêt à faire face à toutes les résistances, il déploie l'appareil des combats.

A peu de distance de la place, Bonaparte fit faire halte. Il se disposait à parlementer, quand tout à coup des cris horribles et le bruit du canon lui firent connaître la réception à laquelle il devait s'attendre. On manquait d'artillerie pour pouvoir répondre. L'ordre d'escalader les murs est donné ; la charge est battue; généraux et soldats rivalisent de courage. Kléber, sous un feu meurtrier, montre à ses grenadiers l'endroit où ils doivent monter; une balle le frappe à la tête et le renverse : sa chute double l'ardeur de ses soldats; brûlant de le venger, ils s'élancent sur les échelles, et bientôt on voit flotter les drapeaux de la république au sommet des remparts. Sur ces entrefaites, le général Bon enfonçait à gauche la porte de Rosette, tandis que le général Menou forçait à droite un pont, et entrait le premier dans la ville après avoir reçu dix blessures. Epouvantés de tant d'audace, les assiégés fuient en désordre dans toutes les directions.

Bonaparte alors envoie un parlementaire au gouverneur et aux principaux habitants d'Alexandrie. Le général leur promet que leurs biens, leur religion, leur liberté, seront respectés. Il leur assure que les Français sont les meilleurs amis de la Sublime-Porte, et qu'ils n'ont mis le pied en Egypte que pour délivrer les Egyptiens du joug des mameluks. Ces raisons, et plus encore sans doute la crainte des dangers où les eût exposés une trop longue résistance, décidèrent les habitants à se rendre. Une proclamation acheva de calmer les esprits et d'établir la confiance entre les habitants et les Français. La prise d'Alexandrie n'avait coûté que 40 soldats ou officiers français. Bonaparte les fit inhumer, avec tous les honneurs militaires, au pied de la colonne de Pompée, et ordonna que leurs noms fussent gravés sur le fût de ce monument.

Bonaparte ne négligea rien de ce qui était propre à captiver la bienveillance des habitants. Il conserva le commandant turc en le mettant sous les ordres de Kléber, qui était hors d'état de continuer la campagne. L'un de ses premiers soins fut de pourvoir à la sûreté de sa flotte; mais les pilotes turcs déclarèrent que les vaisseaux de 74 ne pourraient pas entrer dans le port, et à plus forte raison ceux de 80 et 120 canons. La flotte aurait dû se rendre à Corfou. Brueys se contenta d'embosser à Aboukir, où il croyait être inattaquable.

L'organisation du gouvernement provisoire d'Alexandrie était à peine terminée que Bonaparte se dirigea sur le Caire. D'après une ancienne tradition répandue parmi les musulmans, la prise de cette capitale assurait au vainqueur la possession de toute l'Egypte, et c'était là que les beys avaient établi le centre de leur domination. Le succès de l'expédition devait donc avoir le double résultat de prévenir les préparatifs de l'ennemi et de frapper l'imagination d'un peuple superstitieux. Aussi Bonaparte, appréciateur du temps et des causes morales, préféra-t-il prendre le chemin le plus court, malgré les difficultés qu'il présentait; et, laissant la route de Rosette, il fit suivre à l'armée celle qui passe par Dumanhour.

Au milieu de ce pays nouveau, sous ce ciel d'airain et de feu, dans ces sables mouvants, nos soldats regrettaient la belle et féconde Italie, cette terre de verdure et de fleurs.

Une marche de quinze lieues sur un sable stérile et brûlant leur apprit que cette contrée leur offrirait des obstacles et des périls plus redoutables que ceux auxquels ils s'étaient attendus. Dans l'espoir de trouver, comme dans leurs campagnes d'Europe, des villages et des habitations pourvus de vivre et de rafraîchissements, ils s'étaient débarrassés, dès la première journée, du biscuit et de l'eau dont on les avait chargés pour quatre jours. « Nous couchons ce soir à Béda, à Birket, etc., » se disaient-ils entre eux pour s'encourager à la marche; leur étonnement était grand de trouver deux ou trois huttes sans habitants. Bientôt ils eurent à endurer les tourments de l faim et ceux de la soif, plus terribles encore. Plusieurs y succom bèrent.

Le singulier et décevant phénomène du mirage réalisait pour l'armée les tortures auxquelles la Fable a condamné Tantale. Comme c'était principalement dans la matinée que ce phénomène avait lieu, nos soldats, épuisés de fatigue, faisaient de nouveaux efforts, pressaient leur marche, et ne la ralentissaient enfin que quand le soleil, dans toute sa force, avait fait disparaître les eaux imaginaires dans lesquelles ils avaient cru éteindre la soif qui les dévorait. Le sable était comme enflammé ; c'était un égal supplice de s'arrêter ou de se mouvoir sur ce brasier ardent ; les pieds des soldats étaient ensanglantés. La nuit n'apportait pour eux qu'un changement de tourments : le sol se couvrait d'une rosée froide qui glaçait leurs membres et semblait pénétrer jusque dans les os. Ces variations extrêmes de la température ne pouvaient manquer d'engendrer des maladies ; bientôt se déclara l'ophthalmie, ce fléau permanent de l'Égypte.

Au milieu de tant de souffrances et de fatigues, nos guerriers conservèrent néanmoins l'insouciance et la gaieté qui les a toujours caractérisés.

Pendant la marche, les flancs de l'armée furent couverts d'une nuée de cavaliers arabes qui pillaient et assassinaient les Français. Ceux-ci, privés de cavalerie, ne pouvaient les poursuivre. Le général en chef lui-même faillit être enlevé par les Bédouins : un pli de terrain le cacha heureusement à leur vue. En reconnaissant le péril auquel il venait d'échapper, Bonaparte s'écria gaiement : « Il n'est point écrit là-haut que je doive être pris par les Arabes. »

Lorsqu'au sortir du désert les troupes aperçurent les bords du fleuve bienfaiteur de l'Égypte, un cri de joie s'éleva : il est impossible de décrire les sensations qu'elles éprouvèrent à l'aspect d'une nature pleine de force et de vie. L'inondation avait engraissé le sol, et de riches moissons, bordant les deux rives du Nil, semblaient une broderie d'or. Le premier mouvement des soldats fut de se précipiter dans le fleuve, sans même se déshabiller ; ils s'enivrèrent à longs traits d'une eau délicieuse.

Les soldats, délivrés du tourment de la soif, éprouvèrent ensuite un autre malheur. On leur avait distribué du pain pour plusieurs jours ; mais, avec leur imprévoyance naturelle, ils le gaspillèrent et se trouvèrent réduits à se nourrir de *pastèques* (melons d'eau), aliment aqueux, malsain et affaiblissant. « Néanmoins, dit Bonaparte, ce fruit rafraîchissant est si agréable aux soldats accablés par la chaleur, qu'à l'exemple des anciens Egyptiens qui l'avaient divinisé, ils finirent par le nommer *Sainte-Pastèque.* »

L'armée prit deux jours de repos à Ramanieh, (1) Bonaparte apprit que la flottille était entrée dans le Nil, mais qu'à cause des basses eaux elle remontait le fleuve avec difficulté. Cependant elle arriva dans la nuit du 11 au 12 juillet. Le 12, l'armée, longtemps avant le lever du soleil, continua sa marche sur le Caire et coucha à Minsch-Salameh, village au delà duquel elle devait rencontrer les mameluks.

Les souverains réels de l'Egypte, les chefs principaux des mame-

(1) C'était le nom d'un village où l'on venait d'arriver après tant de fatigues.

luks étaient, à l'époque de l'expédition française, deux beys qui, longtemps ennemis, avaient fini par faire la paix et par se partager le pouvoir. Ibrahim, sous le titre de *Cheik-el-Beled*, dirigeait l'administration, et Mourad, en qualité d'*Emir-Hadjy*, était à la tête de l'armée. Unis par l'intérêt, mais toujours rivaux, ces dominateurs de l'Egypte avaient, depuis douze ans qu'ils possédaient le pouvoir, déjoué un grand nombre de trames ourdies contre eux par les anciens beys, et battu les armées que la Porte-Ottomane avait envoyées pour ressaisir son autorité.

Le 14 au soir, l'armée arriva en vue du village de Chrébreis, où l'attendaient quatre mille mameluks et une multitude d'Arabes. Le 15, les ennemis furent en présence. L'engagement commença au Nil entre la flottille française et celle des beys. Des deux côtés on combattit avec une extrême opiniâtreté; plus de quinze cents coups de canons furent échangés en peu de temps.

Pendant que cette action se passait sur le Nil, les mameluks s'étendaient dans la plaine, débordaient les ailes et cherchaient un point faible pour pénétrer dans les rangs de l'infanterie française. Partout les bataillons, habilement disposés et flanqués les uns par les autres, leur présentent un front impénétrable. Ils reviennent à la charge à plusieurs reprises et toujours avec une nouvelle fureur : on leur oppose une immobilité meurtrière; un mur de baïonnettes les arrête. On vit des mameluks, désespérés d'une résistance inattendue, pousser leurs chevaux à reculons, pour renverser la barrière contre laquelle ils venaient échouer. Après avoir consumé la journée en efforts impuissants, ils disparurent. Quatre cents des leurs restèrent sur le champ de bataille.

Avant cette affaire, les mameluks avaient un souverain mépris pour l'infanterie européenne, qu'ils jugeaient d'après celle du pays. Aussi furent-ils tellement surpris de la précision avec laquelle les bataillons manœuvraient, que les blessés prisonniers demandaient si leurs adversaires n'étaient pas *liés* ensemble.

L'armée continua sa marche au milieu de toutes sortes de privations, à travers des villages déserts et sur un sol dépourvu de toute végétation. Enfin, le 23 juillet, au moment où le soleil paraissait sur l'horizon, l'armée aperçut les Pyramides. A l'aspect de ces masses antiques qui se dessinaient au loin sur un ciel bleuâtre, elle s'arrêta saisie de respect et d'admiration. « Soldats, s'écria Bonaparte, vous allez combattre les dominateurs de l'Egypte; songez que du haut de ces Pyramides quarante siècles vous contemplent ! » Et le plus noble enthousiasme animait sa figure. L'armée s'apprêta à lui répondre par la victoire.

Mourad, le plus puissant des princes de l'Egypte, a appelé tous les beys à la défense de la ville sacrée; il veut les remplir de son courage, ou du moins de sa colère.

Dès que Bonaparte eut reconnu la position de l'ennemi, il rangea ses troupes de la même manière qu'à Chébreis, par divisions en carrés qui se flanquaient mutuellement.

Mourad-Bey sentit les conséquences de ce mouvement, et fit aussitôt avancer un groupe d'élite, qui fondit impétueusement sur les deux divisions. Les soldats l'attendirent en silence, et, lorsqu'ils furent à cinquante pas, ils le foudroyèrent par une grêle de balles et de mitraille, qui dans un instant joncha le champ de bataille d'hommes et de chevaux. Les mameluks, qui s'étaient séparés pour charger les deux divisions à la fois, se réunirent alors contre le carré de Desaix, l'entourèrent et le pressèrent avec une nouvelle fureur; ils voltigeaient sans ordre autour de ce trapèze, dont les décharges terribles les étendaient par centaines. Tous leurs efforts échouèrent contre un rempart de fer et de flammes. L'artillerie et la mousqueterie en firent un carnage horrible. Quoique leur désordre fût au comble, ils recommencèrent à charger avec autant d'acharnement : un grand nombre vint expirer sur les baïonnettes. Au milieu des balles et de la mitraille, les mameluks n'ont plus de salut que dans la fuite; ils dirigent leurs agiles chevaux vers leur gauche. Bonaparte l'avait prévu. Sur le passage se trouve la division Vial. Ils sont forcés de passer à cinq pas d'un bataillon de carabiniers, qui en font une effroyable boucherie. Ceux qui échappent au fer se jettent dans le Nil et s'y noient. En même temps les retranchements étaient enlevés; le général Bon s'établissait dans le village d'Embabeh, et privait les mameluks de leur point d'appui principal.

Il fallut céder. Mourad-Bey, trop sûr de l'impuissance de ses efforts, s'éloigna précipitamment, et, longeant le fleuve, prit le chemin de la Haute-Egypte, sans même oser s'arrêter à Gizeh, lieu de sa résidence habituelle. Son collègue, Ibrahim-Bey, avait eu la prudence de rester sur la rive droite du Nil avec les mameluks de sa maison; de là il activait le feu de quelques chebecs placés vers le milieu du fleuve. Quand la bataille fut perdue, il brûla les bâtiments de la flottille.

Cette journée coûta aux ennemis plus de trois mille cavaliers d'élite, quarante pièces de canon, quatre cents chameaux chargés des bagages de cette noble milice d'esclaves et enfin la possession du Caire. La presque totalité de la troupe à pied, acculée au Nil, s'était précipitée dans le fleuve et y avait trouvé la mort. Plusieurs des beys, et Mourad lui-même, furent blessés en combattant vaillamment.

Les troupes bivaquèrent à Embabeh. Le lendemain de cette bataille, moins remarquable par le grand déploiement des forces que par l'habileté des manœuvres, Bonaparte reçut une députation des négociants du Caire. Cette ville, abandonnée des mameluks, était livrée aux excès de la populace; les maisons des beys avaient été pillées, et le quartier des Européens courut risque d'être incendié. Bonaparte, voulant promptement mettre un terme à de tels désordres, ordonna au général Dupuy de partir sur-le-champ avec deux compagnies de grenadiers et d'aller prendre possession du Caire.

La marche de ce général fut éclairée par l'incendie de soixante bâtiments chargés de richesses, que les mameluks avaient livrés aux flammes avant d'abandonner les bords du Nil.

A une heure du matin il arriva, sans avoir rencontré d'obstacles, sous les murs de la capitale de l'Égypte. L'effroi régnait dans l'enceinte de la cité sacrée : toutes les portes étaient fermées, toutes les lumières éteintes. Les chiens, dont cette ville immense est remplie, répondaient seuls par de longs hurlements au tambour des Français.

Le premier soin de Bonaparte fut d'organiser l'administration du pays. Il forma un divan composé de sept personnes des plus notables de la ville, chargées de maintenir la tranquillité publique et de veiller à la police de la capitale. Il annonça cette mesure aux habitants par une proclamation dans laquelle il louait leur prudence de n'avoir pas pris les armes contre les Français.

Dès que le jour parut, il prit avec les négociants européens les mesures nécessaires pour dissiper la frayeur des habitants; il n'eut pas de peine à réussir. Vers le milieu de la journée, l'armée fit son entrée dans la ville, au milieu de la foule du peuple, accourue pour contempler les vainqueurs des mameluks. Bonaparte s'occupa ensuite d'assurer les subsistances de l'armée et de lever quelques impôts; les biens des mameluks furent séquestrés, quelques-uns même vendus. Le général Dupuy fut investi du commandement militaire de la place. Le général Desaix eut la mission de poursuivre Mourad-Bey, qui s'était retiré dans la Haute-Égypte. Bonaparte marcha sur Belbeïs, où Ibrahim avait établi son quartier général. Il trouva la ville évacuée; alors il se porta en avant avec 300 hommes qui composaient toute sa cavalerie, et ayant atteint l'ennemi au delà du bois de Salahieh, il le fit immédiatement charger. L'ennemi ne put résister au choc de cette poignée de braves; il tourna bride précipitamment, et Ibrahim-Bey ne songea plus désormais qu'à gagner la Syrie. Mais au moment où tout semblait répondre à la prévoyance et sourire au génie du nouvel Alexandre, les côtes d'Egypte allaient être pour nous le théâtre d'un affreux désastre.

Des nuées d'Arabes interceptaient les communications de notre armée avec la flotte; Bonaparte, depuis plus d'un mois, n'en avait reçu aucune nouvelle, lorsque, le 24 juillet, il apprit avec la plus grande inquiétude que la flotte était encore dans la rade d'Aboukir. Aussitôt il expédia un aide de camp, avec ordre de ne pas quitter Aboukir qu'il n'eût vu la flotte s'en éloigner pour se rendre à Corfou. Cet officier fut massacré en route par les Arabes; au surplus, sa mission était déjà tardive.

Les causes qui portèrent Brueys à rester dans la rade d'Aboukir, au lieu d'emmener la flotte à Corfou, comme Bonaparte le lui avait prescrit avant de quitter Alexandrie, ne sont pas bien connues; il paraît qu'il voulut attendre quelques jours pour recevoir des nouvelles directes. A peine mouillé dans la rade, il avait convoqué en conseil les contre-amiraux et les capitaines de l'escadre, pour leur soumettre la question de savoir si, dans le cas où les ennemis se présenteraient, il convenait de recevoir le combat étant à l'ancre, et comme il avait laissé voir son opinion, l'affirmative avait prévalu. Le contre-amiral Blanques-Duchayla insista seul pour qu'on levât l'ancre dès qu'on serait instruit de l'approche de Nelson, et pour qu'on s'avançât à sa rencontre, afin de combattre à la voile. Cet officier soutenait avec raison qu'une escadre ne peut s'embosser avec quelque avantage qu'appuyée sur des forts bien armés et dont les feux se croisent. Néanmoins, lorsqu'il vit que la majorité était d'un avis contraire, il pria noblement Brueys de le mettre à même de concourir le plus immédiatement possible à la défense du pavillon amiral, en choisissant son vaisseau *le Franklin* pour l'un des matelots de *l'Orient*. Cette offre était celle d'un digne militaire qui sait se dévouer pour l'exécution des ordres de son chef, lors même qu'il ne les approuve pas. Brueys l'accepta.

La flotte française, embossée à Aboukir, était composée de treize vaisseaux de ligne et de quatre frégates formant une escadre légère. Il y avait en outre trois bombardes, quelques bricks et chaloupes canonnières; mais, pendant le combat, ces bâtiments se réfugièrent sous le fort d'Aboukir.

L'escadre anglaise avait été signalée le 1er août à deux heures après midi. Poussée par un vent favorable, elle se trouvait à trois heures si rapprochée de la flotte française que l'on pouvait, à la simple vue, distinguer les quatorze vaisseaux et les deux bricks qui la composaient. A six heures on fut en présence, et le feu commença de part et d'autre. Dès le commencement de l'action, une manœuvre hardie donna aux Anglais l'immense avantage de n'avoir qu'une partie des vaisseaux français à combattre. L'escadre française, embossée sur une seule ligne beaucoup trop étendue, laissait un vide de quatre-vingts brasses entre chacun des bâtiments. Chacun des vaisseaux de l'avant-garde et du centre eut à combattre un nombre double de vaisseaux ennemis. Le reste de la flotte ne prit et ne put prendre aucune part au combat, qui fut des plus acharnés.

La *Sérieuse*, attaquée par le *Goliath*, d'une force double, opposa la plus vigoureuse résistance. Percée de part en part par les boulets, elle coula; mais son arrière se trouvait sur un haut fond, il ne fut point submergé, et servit de refuge à l'équipage, qui continua de se défendre dans cette position jusqu'à ce qu'il eût obtenu une capitulation. Le capitaine Martin, aussi généreux qu'intrépide, se dévoua pour ses compagnons, en offrant de rester prisonnier, pourvu qu'on leur laissât la liberté, et qu'on les transportât à terre, ce qui fut accepté et exécuté.

La nuit arriva sur ces entrefaites, et rendit plus épouvantable le feu de douze cents pièces de canon qui tiraient sans relâche. Les commotions qu'elles produisaient agitaient la mer comme dans une tempête.

Brueys avait été blessé. Vers les huit heures du soir, il fut frappé d'un boulet qui lui brisa les reins. Il ne voulut pas quitter le commandement, et s'écria : « Un amiral français doit mourir sur son banc. » Il expira un quart d'heure après. Cette belle mort honore sa mémoire; mais il dut emporter le regret de la faute qu'il avait faite en ne se conformant pas aux ordres de Bonaparte, dont l'exécution aurait prévenu la perte de notre flotte.

Au moment où Brueys succombait, près de lui tomba grièvement blessé le capitaine Casa-Bianca. Exaspéré plutôt qu'abattu par la double perte qu'il venait de faire, l'équipage de l'*Orient* redoubla d'efforts et d'intrépidité. Déjà plusieurs vaisseaux ennemis, fortement endommagés, s'étaient vus forcés d'éviter ce terrible adversaire. Le *Bellérophon* vint à son tour tenter la fortune. En peu d'instants les boulets de l'*Orient* eurent abattu ses trois mâts et tué plus de la moitié de son équipage. Ce terrible combat continuait avec un acharnement sans exemple dans l'histoire; il semblait que la haine nationale animât chaque soldat; les cris : *Vive la liberté! vive la république!* poussés même par les mourants, réveillaient l'enthousiasme et ranimaient les forces épuisées des marins.

A neuf heures du soir, le feu se manifesta sur l'*Orient* et eut bientôt fait tant de progrès qu'il devint impossible de l'éteindre. Les artilleurs ne continuèrent pas moins de tirer sur l'ennemi; ce ne fut que lorsqu'ils se virent entourés de flammes qu'ils se décidèrent à abandonner leur vaisseau en se jetant à la mer. Les uns périrent, d'autres furent assez heureux pour gagner la terre à la nage; d'autres encore, recueillis par les vaisseaux français, recommencèrent à se battre avec fureur. Le fils de Casa-Bianca, âgé de dix ans, voyant le vaisseau embrasé, lie son père à un tronçon de mât et se jette avec lui dans la mer; peut-être cet enfant l'aurait-il sauvé; mais tout à coup, le feu prenant à la sainte-barbe, l'*Orient* saute avec un fracas épouvantable : l'effet de cette terrible explosion est tel que Français, Anglais, sont jetés dans une stupeur qui suspend le combat pendant quelques instants : mais bientôt il recommence de part et d'autre avec une nouvelle rage.

Au point du jour, les couleurs nationales brillaient encore sur quelques bâtiments français. Le contre-amiral Villeneuve, s'empressant d'appareiller pendant que l'escadre anglaise réparait ses avaries, fit voile pour Malte. Les vaisseaux anglais avaient été si maltraités qu'il ne s'en trouva aucun en état de poursuivre les nôtres. Le contre-amiral Duchayla et le capitaine Petit-Thouars poussèrent le courage et la présence d'esprit jusqu'au sublime de la vertu militaire. Les équipages se montrèrent dignes d'avoir de semblables chefs, et, suivant les apparences, ils auraient vaincu, si l'amiral ne les eût pas placés dans une position qui donnait tous les avantages à l'ennemi.

Bonaparte voyait l'Asie lui échapper et tous ses grands desseins tomber par terre. Désormais captif dans sa conquête, à peine s'il pouvait conserver l'espérance de s'y maintenir. Cependant aucune marque de surprise ou de trouble ne parut en lui. « Nous n'avons plus de flotte, dit-il, eh bien ! il faudra rester dans ces contrées, ou en sortir grands comme les anciens. » Il répondit à Kléber : « Les Anglais nous obligeront peut-être à faire de plus grandes choses que nous n'en voulions faire. » Kléber était digne d'entendre ce langage ; il lui écrivait : « Oui, nous les ferons ces grandes choses, et je prépare déjà toutes mes facultés. » — Dans cette terrible épreuve, Bonaparte ne cessa pas un moment de se montrer maître de lui-même. La sérénité de son front, sa constance sans effort, rendirent le courage et même la sécurité à presque tous. A son retour au Caire, il rassembla les débris de l'armée navale, qu'il plaça sous les ordres du vigilant Gantheaume, sauvé par miracle de l'explosion du vaisseau amiral. L'organisation de l'Egypte, les travaux de la haute administration, les vivres, l'habillement et l'équipement des troupes, la correspondance avec les généraux, la direction suprême de la guerre, des rapports assidus avec les chefs des autorités du pays, surtout avec les ministres de la religion, remplissaient les journées et souvent les nuits de Bonaparte.

Le climat de l'Egypte est généralement sain; néanmoins une des premières sollicitudes du général en chef fut la formation d'hôpitaux militaires, en même temps qu'il ordonnait la création d'un bureau de santé et de salubrité, et dans la suite, lorsque la peste parut, on mit en vigueur tout le système des lois sanitaires de Marseille.

Les dispositions du général en chef, relatives à l'armée, étaient multipliées, comme les besoins, et tendaient à assurer tous les services, ainsi qu'à établir la discipline.

Les provinces furent divisées en arrondissements, afin de subvenir aux approvisionnements des places, des villes et des corps de troupes.

L'esprit reste étonné devant la magique promptitude avec laquelle toutes les créations civiles et militaires de la civilisation européenne surgirent tout à coup dans la vieille Egypte. Le Caire, vivifié par l'abondance des choses nécessaires, même par la fabrication des choses de luxe, offrait une image de Paris. En même temps, une flottille équipée sur le Nil servait à tous les transports comme à toutes les communications.

On était à l'époque où le retour de la grande opération de la nature, qui, chaque année, épanche sur le sol égyptien les eaux qui le fécondent, ramène l'antique solennité des actions de grâces que les peuples rendent pour un tel bienfait. Bonaparte saisit l'occasion de fêter par un hommage éclatant cet usage consacré par la politique et la religion : le 18 août, revêtu du costume oriental, entouré de son état-major, des autorités turques et d'un concours immense d'Egyptiens, il fit procéder en sa présence à la rupture de la digue qui retient les eaux du Nil. Le hasard voulut que les eaux montassent au degré le plus favorable pour la navigation et l'arrosement. Les habitants du Caire adressèrent au ciel les plus vives acclamations ; ils disaient dans leurs chansons : « Nous voyons bien que tu es l'envoyé » de Dieu, car tu as pour toi la victoire et le plus beau Nil qu'il y ait » eu depuis un siècle. » Cette brillante cérémonie eut lieu quinze jours après le désastre d'Aboukir ; le surlendemain était l'anniversaire de la naissance de Mahomet. Les Français, étonnés que la veille on n'eût fait encore aucun préparatif, se virent obligés d'employer la menace pour déterminer le muphti à la célébrer. Ce prêtre, cachant sous ses formes adulatrices une profonde haine, cherchait à rejeter sur la présence de l'étranger l'oubli de cet acte religieux. Les dispositions furent bientôt prises ; jamais le fondateur du Koran ne fut honoré avec plus de pompe et de magnificence.

Le jour anniversaire de la fondation de la république française arriva à cette époque ; Bonaparte résolut de le célébrer par des solennités publiques.

Les troupes donnent ensuite aux musulmans le spectacle nouveau pour eux d'une petite guerre à l'européenne ; Bonaparte lui-même en commande les évolutions, tandis qu'un détachement se dirige sur Gizeh, et va planter le drapeau tricolore au sommet de la plus haute pyramide.

Déjà deux mois s'étaient écoulés depuis l'entrée des Français au Caire, et jusqu'alors l'immense population de cette capitale avait montré des sentiments pacifiques envers les vainqueurs. Mais l'argent manquait aux Français, et Bonaparte établit un droit d'enregistrement sur tous les actes du gouvernement qui concédaient aux particuliers la jouissance temporaire des propriétés. Ce moyen fiscal, inconnu dans tout l'Orient, excita le mécontentement général des grands propriétaires de l'Egypte, résidant presque tous au Caire, ne tarda pas à être partagé par toutes les classes d'habitants ; et les prédications de certains ministres des mosquées eurent bientôt pour effet de réunir sous l'étendard de la foi musulmane le peuple entier de la capitale, tandis que Mourad-Bey et Ibrahim-Bey organisaient une insurrection formidable dans plusieurs contrées.

Après la catastrophe d'Aboukir, à mesure que le gros de l'armée pénétrait dans l'intérieur, les courriers étaient massacrés, et les convois de vivres exposés à de grands dangers. Kléber résolut de mettre un terme au brigandage des Arabes et des Bédouins. Le pays conquis redevint le théâtre d'une guerre qui, pour être irrégulière, n'était pas moins dangereuse : il fallut faire de terribles exemples, brûler des maisons, saccager des villages ; ce qui n'empêcha pas les tribus du désert de harceler l'armée dans sa marche et dans ses cantonnements.

Un manifeste du Grand-Seigneur, répandu avec profusion par les Anglais, annonçait la marche d'une forte armée, et appelait le peuple fanatisé à la destruction des infidèles ; les mollahs, les imans, prêchaient le massacre ; des agitations partielles, des insurrections de villages annonçaient une commotion prochaine ; elle éclata au Caire le 21 octobre, en l'absence du général en chef.

Bientôt la ville entière est soulevée : les habitants parcourent les rues avec des fusils, et massacrent tous les Français qu'ils rencontrent ; en même temps une autre troupe de révoltés courait assaillir la maison de Cassim-Bey, où les savants et les artistes français se défendirent toute la journée avec une opiniâtreté et une présence d'esprit admirables.

Emporté par son bouillant courage, le général Dupuy, commandant de la place, sort de son hôtel à la tête de quelques dragons qui s'y trouvaient de piquet ; il arrive dans une rue obstruée de mutins, et les engage à se retirer. Ils ne répondent que par des hurlements et des menaces. Dupuy se décide alors à les charger ; il s'élance au milieu de cette populace et s'ouvre un passage sanglant. Mais, au moment où il lève le bras pour secourir un des siens, il reçoit sous l'aisselle un coup de lance qui lui coupe l'artère. Les dragons parviennent à l'enlever, et il expire quelques minutes après.

Le canon d'alarme gronde ; la générale bat ; les Français se rassemblent au château. A mesure qu'ils arrivent, le géneral Bon, qui a pris le commandement, les dirige par détachements nombreux sur les principaux points occupés par les révoltés. Plus de quinze mille de ces insensés, poursuivis la baïonnette dans les reins, se réfugient dans la grande mosquée d'El-Héaza, où ils s'entourent de barricades.

Au point du jour, toutes les troupes de la garnison s'ébranlent, leurs efforts triomphent d'une puissance opiniâtre. A huit heures du matin, il ne reste plus que la grande mosquée à emporter.

Bonaparte fait sommer ceux qui l'occupent de mettre bas les armes. Cette démarche est regardée comme un signe d'impuissance, et la révolte lève un front insolent. Alors le signal terrible est donné. La citadelle et les batteries du général Dommartin font pleuvoir sur la grande mosquée une grêle de bombes, d'obus et de boulets, qui portent la mort au milieu des révoltés. Une circonstance extraordinaire vient seconder les Français et jeter dans l'esprit des Egyptiens une terreur superstitieuse : l'air s'obscurcit de nuages ; le tonnerre mêle ses détonations lointaines au bruit du canon. Les rebelles frémissent à cette voix céleste, leur courage chancelle. Voyant la foudre de Dieu et des hommes sur leurs têtes, consternés, éperdus, ils poussent des cris lamentables et implorent leur pardon.

« Vous avez refusé ma clémence quand je vous l'offrais, répond le général en chef ; l'heure de la vengeance est sonnée : vous avez commencé, c'est à moi de finir. »

Réduits au désespoir, ces malheureux tentent une sortie ; de tous côtés leurs poitrines rencontrent les baïonnettes des grenadiers. Enfin ils jettent leurs armes, et se rendent à discrétion, demandant miséricorde, et poussant leur cri de détresse : *Amman*.

Bonaparte se laisse fléchir ; les principaux meneurs suffisent à la justice : onze d'entre eux sont condamnés à mort ; mais six seulement subirent le dernier supplice.

Trois mille cadavres attestent le pouvoir et la vengeance des Français. Bonaparte abolit le divan, et assujettit la province au régime militaire.

La terreur que jeta dans l'Egypte l'issue de la révolte du Caire étouffa pour longtemps l'esprit de rébellion.

Ce changement permit aux Français de s'occuper des moyens de rendre leur séjour dans la capitale aussi agréable et aussi utile que possible. Un Tivoli fut élevé, où se trouvaient réunis des salles de jeu, de billard, un cabinet de lecture, des orchestres pour les danses, une promenade variée, des divertissements de tous genres, un café, un restaurant, des feux d'artifice, qui rappelaient aux Français les délices du Tivoli de Paris. Des fonderies, des usines, des manufactures de tous genres furent établies par les soins de l'infatigable Conté, chef du corps des aérostiers; des moulins à vent s'offrirent pour la première fois à l'œil étonné des Egyptiens sur la hauteur de Makatam ; des ateliers fabriquèrent de la poudre à canon bien supérieure à celle d'Egypte. Enfin, toute l'armée, qui peut-être n'estimait pas assez la colonie de savants et d'artistes amenés par le général en chef, apprit par des bienfaits et des plaisirs à connaître le prix des sciences et des arts, et à mettre leurs conquêtes au même rang que les exploits militaires. Deux journaux, la *Décade égyptienne* et le *Courrier d'Egypte*, furent même imprimés au Caire. Le divan avait été dissous lors de l'insurrection; Bonaparte forma une nouvelle assemblée des principaux fonctionnaires du Caire et des autres provinces, au nombre de soixante; ils devaient discuter avec lui les intérêts de la nation: une commission tirée de leur sein était chargée de l'administration de la justice dans toute l'Egypte. Pendant que le général en chef s'occupait du gouvernement des provinces conquises, il donnait également ses soins à la fortification du Caire et des autres villes, afin de prévoir de nouveaux soulèvements du peuple. Le général Caffarelli fut chargé de faire construire différents ouvrages capables de mettre la capitale à l'abri d'un coup de main. Marmont, qui succéda à Kléber, fortifia de même Alexandrie; Rosette et Damiette furent aussi réparées et mises en état de défense. Quelques opérations militaires eurent lieu dans les provinces après la pacification du Caire.

Desaix fut un des premiers à avancer, à la tête d'une colonne d'avant-garde, sur la route de la Haute-Egypte; il disperse dans le désert huit cents mameluks qui lui disputent le passage, puis établit son camp en avant de Gibé, sur la rive droite du Nil. Bientôt après, pour aller combattre Mourad-Bey, il s'embarque sur le fleuve. Les vents et la saison favorisent les Français: l'arrière-garde de l'ennemi est attaquée, et douze barques tombent en notre pouvoir, malgré le feu des Arabes et des mameluks, qui les défendent avec le plus grand acharnement; et, le 7 octobre 1798, est livrée la sanglante bataille de Sédiman. L'intrépide chef des mameluks, avec trois mille des siens et dix mille Arabes, se battit avec le courage du désespoir.

Pour ouvrir nos rangs, les mameluks précipitaient à reculons leurs chevaux contre nos baïonnettes. Cependant les Français sont inébranlables; unis pour une résistance invincible, ils se présentent sans désordre et gagnent du terrain sans s'engager : le carnage est partout et il n'y a point de mêlée; l'impuissance des mameluks excite en eux une espèce de fureur, comme si ce jour eût été le dernier combat; les uns lancent contre les Français les armes qui n'ont pu les atteindre; les autres se traînent sous les baïonnettes pour couper, avec leurs sabres, les jambes de nos soldats. On peut juger à quel excès la rage des combattants était montée : baignés dans leur sang, les blessés et les mourants trouvaient encore la force de s'entr'égorger. Un grenadier français, dont les jambes étaient coupées, s'était traîné avec ses deux mains vers un mameluk expirant; il le frappait à coups de baïonnette. Un officier lui dit : « Comment, dans l'état où tu es, peux-tu commettre une pareille horreur? — Vous en parlez bien à votre aise, vous qui n'êtes pas même blessé! lui répond le grenadier; mais moi,

» qui n'ai plus qu'un instant à vivre, il faut bien que je venge ma mort. »

La journée de Sédiman fut glorieuse pour nos armes, mais elle fut terrible; jamais il n'y eut de victoire plus éclatante ni de résultat moins prévu; jamais nos soldats ne montrèrent plus de sang-froid ni plus de courage. A l'approche des mameluks, Desaix avait commandé aux grenadiers de la 21e légère de faire feu : « A vingt pas, général, répondent ces braves, nous ne tirerons pas plus tôt. » Le capitaine Vallette, qui commandait un des petits carrés, ordonna à ses chasseurs de ne tirer qu'à dix pas et de croiser la baïonnette. Officiers, sous-officiers, soldats, tous firent des prodiges d'audace et de contenance.

Le boulet emportait des files entières; Desaix, voyant à chaque instant augmenter le nombre des blessés que l'on était obligé d'abandonner sur le champ de bataille, où ils étaient impitoyablement massacrés par les mameluks, hésita s'il ne devait pas se rapprocher du canal Joseph, pour rejoindre la flottille; mais le général Friant, bien persuadé qu'un mouvement rétrograde aurait les plus funestes conséquences, dit au général Desaix, en lui montrant une batterie de gros calibre dont le feu était des plus meurtriers : « Général, c'est là-
» haut qu'il faut aller, la victoire ou la mort nous attend : songez bien
» qu'en battant en retraite nous courons les risques d'une destruction
» totale. — C'est aussi mon avis, répondit Desaix; mais ces malheu-
» reux blessés?... — Si je suis blessé, réplique le général Friant,
» qu'on me laisse sur le champ de bataille. — En avant donc! s'écrie
» Desaix en l'embrassant. — En avant! » commande aussitôt d'une voix de tonnerre le général Friant. La batterie fut prise et la victoire remportée.

Malgré ses défaites précédentes, Mourad songeait à renouveler ses tentatives: il était parvenu à rallier à son parti toutes les tribus arabes du Saïd. Il correspondait avec les Anglais en croisière devant Alexandrie et avec les insurrections partielles du Delta et des provinces de la Basse-Egypte. Les Arabes d'Yambo et de la Mecque, des Maugrabins et des Nubiens, venaient se joindre à son armée. Avec des forces aussi imposantes, il se croyait sûr de la victoire. Son dessein était d'attirer nos troupes dans le désert, où elles auraient péri lentement de soif et de fatigue. Desaix marche à lui et l'enfonce dans un premier combat près du village de Samamboud. A la tête de cinq mille hommes, le fier Mourad fut deux fois repoussé, et poursuivi jusqu'à plus de huit lieues de Girgé, au village de Farchou, où la lassitude seule engagea les Français à s'arrêter. Ce succès, auquel concoururent puissamment les généraux Davoust, Belliard et Friant, fit encore briller l'intrépidité de l'aide de camp Rapp: il n'eut de rival de sa valeur que dans le capitaine Clément, qui, à la tête des carabiniers, fit des prodiges.

Cette course triomphale se termina sous le tropique, à l'île de Philé, qui servait autrefois de limite au vaste empire romain. Après avoir donné aux conquêtes des Français républicains les mêmes bornes que les légions de Rome avaient assignées aux leurs, Desaix redescend vers Esneh. Mourad revient furieux : mais il force ce barbare à se cacher dans les oasis, et s'empare du port de Kosseïr sur la mer Rouge.

Maître de Kosseïr, Desaix gagna le cœur des habitants par sa douceur, son amour de la justice, sa loyauté, et par l'inviolable générosité de son caractère, qui, plus encore que la force des armes, opéra d'heureux changements dans la disposition des esprits. Toutes les tribus arabes éparses dans le désert entre le Nil et la mer Rouge, s'étant successivement détachées du parti des mameluks, se rapprochèrent des Français, et parurent les servir avec le même zèle qu'elles avaient manifesté envers les anciens maîtres de l'Egypte. Desaix fut bientôt aimé, craint et respecté de tous ces peuples; il reçut de leur gratitude le titre du *plus juste des sultans.*

La gloire militaire était la passion dominante de Desaix; mais il chérissait les arts, et son séjour sur une terre où les Pharaons et les Sésostris ont laissé des monuments attestant la splendeur de leur règne ne pouvait manquer d'émouvoir son cœur. Il fut fouiller les ruines de Thèbes et les débris du temple de Tentira; il trouva à Antinoë la statue pédestre d'Antinoüs. Il visita tous les lieux féconds en grands souvenirs. Un jour que, suivi de son armée, il faisait une de ces savantes excursions, une vaste enceinte, où des colonnes et des temples renversés dans la poussière semblaient faire un dernier effort pour se dérober au néant et percer le sable du désert, s'offrit à ses regards. Le nom de Thèbes aux cent portes retentit : « Ici fut une « vaste cité, la capitale d'un grand empire et le séjour des rois. » Cette idée frappe tous les esprits; l'armée s'arrête, les soldats admirent dans un silence respectueux le pouvoir et la vieillesse du temps.

Une tradition rapportait que la jonction de la mer Rouge à la Méditerranée avait été pratiquée dans les temps de prospérité et de grandeur de l'Egypte ancienne. Bonaparte voulait s'assurer si cette communication était possible par un canal creusé dans l'isthme de Suez. En conséquence il se rendit à Suez. Après avoir visité le port et donné des ordres pour des ouvrages de fortification et de marine, il alla visiter la fontaine de Moïse; en revenant, on arriva le soir au bord de la mer; la nuit était profonde, la marée montait, on se trouva au milieu de l'eau; on ne se voyait plus, mais on criait, on s'appelait. Bonaparte courut le plus grand danger, et faillit périr de la même manière que Pharaon poursuivant les Hébreux à la sortie de l'Egypte.

Il donna ensuite des ordres pour compléter les ouvrages de fortifications nécessaires à la résistance d'attaques nouvelles. Ses prévisions lui indiquaient que les intrigues anglaises ne tarderaient pas de ressusciter les ennemis de la France, ce qui arriva en effet. Ce fut à Suez qu'il reçut l'avis qu'une armée turque projetait d'entrer en Egypte, et que Djezzar, pacha de Saint-Jean-d'Acre, réunissait des troupes pour la renforcer. Pour déconcerter ces projets, Bonaparte se décide à marcher sur la Syrie.

De retour au Caire, il s'empressa de réunir et de mettre en mouvement les troupes qu'il destinait à faire la conquête de cette contrée, et partit à la tête de 13,000 hommes; c'était presque la moitié de l'armée.

La division Reynier formait l'avant-garde. Le 6 février, elle quitta Catieh, et trois jours après elle se trouvait devant El-Arich. Pendant une longue marche sur un sable brûlant, les Français avaient enduré avec une courageuse patience le supplice de la chaleur et de la soif; en arrivant, ils n'éprouvèrent plus que le besoin de combattre.

Le village d'El-Arich est défendu par un fort. Mais c'était au village même que le danger était le plus grand; toutes les maisons étaient crénelées; il en sortait un feu des plus meurtriers; et de là, sur les Français engagés dans les rues étroites, les Syriens faisaient pleuvoir un déluge de pierres et de matières enflammées. Tant d'obstacles ne font qu'accroître le courage des assaillants.

Le village est pris et subit la vengeance du soldat irrité. Pendant ce temps, Ibrahim-Bey accourait au secours de la garnison, qui tenait encore; sûr de sa nombreuse cavalerie, il s'approche jusqu'à une demi-lieue du fort. Reynier, réuni à Kléber, punit le bey de sa témérité.

Le 19 février, Bonaparte parut devant le fort d'El-Arich avec le parc et le reste de l'armée; une batterie qu'il fit élever eut bientôt ouvert une brèche praticable. La garnison se rendit à discrétion.

Bonaparte, en arrivant à Kan-Younes, trouva dans ce village les débris des mameluks battus à El-Arich. Seul avec ses guides et un faible détachement du corps des dromadaires, il pouvait être facilement pris par les mameluks; l'audace le tira de ce mauvais pas. Il marcha en avant, et les ennemis, le croyant suivi de son armée, se dispersèrent. Dans cette marche, Gaza, abondamment approvisionnée, se rendit sans coup férir. La ville de Jaffa, l'antique Joppé, après un siége de quelques jours, fut emportée de vive force et saccagée par les soldats, indignés de ce que le commandant turc avait fait trancher la tête à un parlementaire envoyé la veille par le général en chef. 2,000 hommes, reste de la garnison massacrée dans la ville, y furent faits prisonniers. L'impossibilité de les conduire en Egypte, le manque de vivres, et la certitude que ces hommes, renvoyés sur parole, iraient aussitôt renforcer les troupes du pacha de Saint-Jean-d'Acre, inspirèrent au conseil des généraux, assemblés pour décider ce qu'il en fallait faire, la pénible obligation de déclarer que le salut de l'armée exigeait leur mort. Le général en chef laissa exécuter cette condamnation avec la plus vive douleur, mais c'était son devoir : la nécessité est impérieuse et impitoyable. La peste, dont quelques bataillons avaient apporté le germe d'Egypte, se déclara pendant le séjour à Jaffa et fit de grands ravages dans l'armée. La stupeur était universelle : c'est alors que Bonaparte, pour combattre le découragement qui se manifestait parmi les soldats, entreprit de leur persuader que la maladie qui régnait n'était point la peste, et nullement contagieuse. Il entra dans toutes les salles des pestiférés, et toucha les plaies des malades, en leur disant : « Vous voyez bien que ce n'est rien. »

Quand il eut quitté l'hôpital, on lui reprocha son imprudence; il répondit avec calme : « C'est mon devoir, je suis général en chef. » Bonaparte marcha sans délai sur Saint-Jean-d'Acre, dont la garnison devenait tous les jours plus formidable par les renforts continuels qu'elle recevait des Turcs et des Anglais, qui croisaient sur les côtes de Syrie, sous les ordres de Sydney-Smith. Un Français, ancien officier d'artillerie de Besançon, fort instruit dans cette arme, émigré par suite de son opposition aux principes de la révolution, le colonel Philippeaux, dirigeait la défense des fortifications de Saint-Jean-d'Acre. La perte d'une partie de notre artillerie, enlevée par l'amiral anglais, augmenta les forces de l'ennemi sans diminuer la confiance de Bonaparte. Le 18, il parut avec son armée devant Saint-Jean-d'Acre, et dès lors la tranchée fut ouverte. Les batteries firent en peu d'heures une brèche au rempart. Les grenadiers, qui croyaient monter à l'assaut comme à Jaffa, demandèrent à tenter cette entreprise; mais, arrêtés par une contrescarpe et par un fossé profond et large, écrasés par la mitraille et par la fusillade, ils furent contraints de se retirer en laissant le terrain couvert de leurs morts.

Il fallut recourir à la mine pour détruire les obstacles; mais cet expédient de guerre fut employé sans succès.

Un second assaut ne fut pas plus heureux que le premier; les grenadiers trouvèrent la brèche trop haute de plusieurs pieds. Néanmoins les Turcs avaient été tellement effrayés de l'audace des grenadiers français, qu'ils s'étaient enfuis au port, et que Djezzar-Pacha lui-même s'était embarqué. Lorsqu'ils les virent monter dans la tranchée, le courage leur revint. Depuis cette époque, ils ne cessèrent de recevoir des renforts. On s'occupa alors de creuser un puits de mine, afin de faire sauter toute une tour : il n'y avait plus moyen de s'introduire par la brèche; l'ennemi l'avait remplie de toute espèce d'artifices. Durant ces travaux, l'armée turque fit une sortie générale; mais les colonnes de Djezzar furent bientôt repoussées dans les murs de la place, après avoir éprouvé de grandes pertes.

Malgré l'avantage qu'il venait de remporter, malgré les plus grands efforts de la part des assiégeants, le siége de Saint-Jean-d'Acre traînait en longueur. Les munitions manquaient; le général en chef proposa aux soldats une prime pour chaque boulet de canon ennemi qu'ils apporteraient au parc. Sur ces entrefaites, Bonaparte apprit que les Syriens formaient des rassemblements considérables, dans l'intention de délivrer la place de Saint-Jean-d'Acre. Il fallait détruire ces corps de partisans. Junot et Kléber eurent avec eux plusieurs engagements sérieux. Enfin l'arrivée de Bonaparte décida la victoire. Poursuivis, attaqués de toutes parts, les Syriens ne savent où fuir; la terreur est si grande que, s'entassant au passage du pont, ils se jettent à la nage dans le Jourdain et s'y noient pour la plupart. L'armée française, fatiguée de vaincre, s'arrêta au pied du mont Thabor, le 16 avril 1799.

Cette victoire ranima le courage des Français. Les immenses magasins des ennemis ramenèrent l'abondance dans le camp, et les travaux recommencèrent. Le jour même du retour des troupes devant Saint-Jean-d'Acre, Bonaparte apprit l'arrivée du contre-amiral Perré devant Jaffa, avec de l'artillerie et des munitions. Alors les opérations du siége furent reprises avec vigueur. Le 23, on mit le feu à une mine qui devait faire sauter une tour; mais un souterrain qui était sous cet édifice trompa encore tous les calculs : la partie de la tour qui était du côté des Français sauta seule, et tout l'effet de la mine se borna à enterrer deux ou trois cents Turcs et quelques pièces de canon. On fit alors usage des batteries contre cette tour ébranlée; malheureusement le général du génie Caffarelli-Dufalga, qui dirigeait les travaux, fut frappé par un boulet. C'était un officier de premier mérite, qu'il fut impossible de remplacer; l'armée entière sentit vivement sa perte. Bonaparte le regretta comme un de ses plus braves frères d'armes.

L'ennemi était perdu s'il restait sur la défensive. Il fit plusieurs sorties, dans lesquelles il éprouva toujours des pertes considérables; mais il ne cessait de recevoir des renforts pour les réparer aussitôt.

Tout à coup on signala un flotte portant douze mille hommes de renfort aux Turcs. Le général en chef, calculant le temps qui était nécessaire au débarquement de cette troupe, crut qu'il fallait ordonner immédiatement l'assaut. Lannes fut blessé : mais les Français eurent d'abord l'avantage, car la perte de l'ennemi fut énorme ; toutes les batteries tirèrent à mitraille sur lui. Le lendemain, Bonaparte commanda un nouvel assaut. Il y avait vingt mille hommes dans la place, et toutes les maisons étaient tellement remplies de monde que les troupes françaises ne purent dépasser la brèche. Des prodiges d'héroïsme, de constance et d'habileté éclatèrent devant cette place, défendue par deux hommes habiles, par des soldats animés du fanatisme religieux, par un chef d'une valeur indomptable et féroce, et ravitaillée par une flotte qui leur apportait sans cesse des vivres et des renforts. On ne vit jamais rien de pareil à l'acharnement des deux partis ; jamais nos soldats, trahis par la fortune, ne furent plus dignes du nom français. Les assauts succédaient aux assauts ; les obstacles se multipliaient devant nous ; nos pertes, irréparables dans un pays privé de toute communication avec le continent, étaient considérables. Déjà plus de 500 soldats étaient morts ; un plus grand nombre était blessé ; le général Bon avait été frappé à mort, ainsi que le chef de brigade Venoux, le chef de bataillon Croisier et l'intrépide général Chambaud. Outre ces pertes, la peste commençait ses ravages dans l'armée, et remplissait les esprits d'une sombre terreur. D'un autre côté, les nouvelles de l'Egypte n'étaient pas rassurantes : les côtes étaient menacées, la Basse-Egypte s'insurgeait, une armée turque se rassemblait à Rhodes pour débarquer en Egypte. Ces considérations déterminèrent Bonaparte à lever le siége de Saint-Jean-d'Acre, le 17 mai, après soixante jours de tranchée ouverte ; il annonça cette résolution par un ordre du jour, dans lequel, après avoir cherché à retremper le moral des soldats dans le souvenir de leurs exploits, il présentait la prise d'Acre comme une chose de peu d'importance. Mais les efforts inouïs qu'il avait faits attestaient le contraire, et depuis, sur son rocher de Sainte-Hélène, il disait : « Si j'avais enlevé Saint-Jean-d'Acre, j'opérais une révolution dans l'Orient. Les plus petites circonstances conduisent les plus grands événements. J'aurais atteint Constantinople et les Indes ; j'eusse changé la face du monde. » On sait que 60,000 Druses n'attendaient que la réduction de cette place pour se réunir à l'armée républicaine.

Le 20, l'armée française se mit en marche pour retourner en Egypte. Dans le trajet, le général en chef faillit être assassiné. Un Arabe de Naplouse, embusqué dans un buisson, lui tira, presque à bout portant, un coup de fusil qui ne l'atteignit point ; ce misérable s'enfuit, et réussit à gagner, au milieu de la mer, un rocher où il espérait être à l'abri de toute vengeance ; mais les balles de nos soldats en firent justice. La peste n'avait pas cessé de faire des victimes. Bonaparte fit une nouvelle visite à l'hôpital, et donna l'ordre d'évacuer sur l'Egypte tous ceux qui pourraient supporter le transport. Cet ordre fut exécuté. Ainsi tombe d'elle-même l'infâme accusation dont ses ennemis osèrent tenter de souiller sa mémoire, celle d'avoir ordonné l'empoisonnement des soldats malades.

L'armée rentra au Caire le 14 juin : on la croyait détruite ; aussi Bonaparte ou le sultan *Kébir* (le père du feu), comme l'appelaient les Arabes, jugea-t-il à propos de faire une sorte d'entrée triomphale dans la cité sainte : il voulait, au moyen de cet appareil, effacer les funestes impressions que le bruit de sa mort et la défaite de ses troupes avait produites sur la population. Il y réussit pleinement. A peine de retour au Caire, Bonaparte acquit la certitude qu'une armée turque se disposait à débarquer sur les côtes de la Méditerranée; il s'occupa aussitôt et avec ardeur de réorganiser son armée, considérablement affaiblie par des pertes durant l'expédition de Syrie ; en peu de temps les troupes, bien reposées, bien habillées, furent en état d'entreprendre de nouveaux travaux ; des ordres furent donnés pour mettre en état de défense les forts entre Alexandrie et Rosette, la plage qui s'étend de l'une à l'autre de ces deux villes étant, selon toutes les probabilités, le point où les Turcs effectueraient leur descente.

Bonaparte ne tarda pas à s'applaudir de cette prévoyance. Il apprit en même temps la réapparition de Mourad-Bey vers les Pyramides, et la descente d'une armée anglo-turque considérable, avec laquelle l'infatigable Mourad devait concerter ses mouvements. L'armée des Ottomans avait pris terre aux rivages d'Alexandrie.

Mustapha-Pacha commandait en chef cette armée, qui était forte de 18,000 hommes. Son premier mouvement fut de s'emparer du fort d'Aboukir et de s'y fortifier : il était tombé au pouvoir de l'ennemi par la faute de Marmont ; Bonaparte, arrivé à Alexandrie, marcha sur Aboukir, et le 25 il ordonna l'attaque; elle fut terrible et sanglante. Les Turcs n'avaient pour retraite que la mer ; cette position désespérée rendait leur défense plus opiniâtre. Les Français, après avoir battu les postes avancés et les avoir rejetés dans les retranchements, attaquèrent la redoute ; mais, écrasés par la mitraille et les boulets, ils se replièrent sur le centre de leur petite armée : dans cette attaque ils perdirent le général du génie Crétin, et plusieurs officiers distingués.

Cependant les Turcs, suivant un usage barbare des troupes orientales, sortaient pêle-mêle de leur camp pour couper la tête à leurs ennemis, et la rapporter, afin d'en avoir le prix ordinaire. Lannes, Murat profitent de cette circonstance pour poursuivre les Turcs et les acculer entre la mer et la cavalerie : ils furent tous égorgés ou noyés dans la mer. Le village tenait encore : Lannes s'en empara, et massacra tous les ennemis qui l'occupaient. Il ne restait plus dans le camp, de cette nombreuse armée, que 200 janissaires, sous les ordres de Seid-Mustapha-Pacha ; ils se rendirent avec leur chef et furent les seuls prisonniers que l'on put faire dans cette journée. Près de 5,000 Turcs se défendaient encore dans le fort d'Aboukir, et refusaient de se rendre. Lannes, secondé par le chef de bataillon du génie Bertrand, les assiégea ; le manque de vivres les contraignit à déposer les armes. Ainsi se termina cette menaçante expédition des Turcs, dont la ruine fut si glorieuse pour les Français.

Il semblait que le ciel eût voulu offrir à Bonaparte l'occasion, sinon de réparer, du moins de venger sur ce champ de bataille le déplorable désastre d'Aboukir ; jamais son génie, sa présence d'esprit et l'admirable précision de son coup d'œil n'avaient apparu à un plus haut degré que dans cette action, qui présenta tant de vicissitudes. Aussi, après la victoire, le brave et loyal Kléber dit-il à Bonaparte en le serrant dans ses bras : « Général, vous êtes grand comme le monde ! » Bonaparte reçut les félicitations de tous ses lieutenants, et il n'eut de son côté que des éloges à leur donner pour le zèle et le dévouement avec lequel ils l'avaient secondé. Murat, dont le sabre avait tant fait au milieu de ces scènes de carnage, Murat, dont les prouesses surpassaient déjà tous les exploits de la chevalerie, reçut le premier ses remerciements. Marmont seul eut à essuyer de sanglants reproches : « Avec vos 1,200 hommes, s'écria Bonaparte, je serais allé jusqu'à Constantinople. »

De retour à Alexandrie, le 31 juillet, Bonaparte adressa à toute l'armée un ordre du jour dont l'étendue ne nous permet que d'en donner un extrait rapide ; il produisit sur elle une impression d'autant plus profonde qu'il lui présageait comme prochain le retour dans sa patrie.

« Soldats ! y disait le général, la journée du 7 thermidor a rendu le » nom d'Aboukir glorieux à tous les Français ; la victoire que l'armée » vient de remporter accélère son retour en France, etc., etc. »

Après la bataille d'Aboukir, venue si à propos pour relever le moral de notre armée que le regret de la patrie et l'ennui de l'exil occupaient d'une manière alarmante, le vainqueur était sans nouvelle du Directoire; pressé d'en obtenir, il avait envoyé vers la flotte anglaise un parlementaire, qui, introduit sous le prétexte d'un échange de prisonniers, devait s'informer des événements survenus en Europe. Sidney-Smith retint le parlementaire ; mais, sans doute avec un malin plaisir, il fit passer au général les journaux anglais et allemands, remplis du tableau de nos revers. A ces tristes nouvelles, Bonaparte prit la résolution de s'ouvrir une route qui semblait fermée à son audace par les vaisseaux anglais, et de venir au secours de sa malheureuse patrie. On a dit qu'il avait reçu des lettres de ses frères et de Joséphine sur le véritable état des choses ; on a prétendu que le directeur Merlin lui avait expédié un officier porteur d'un ordre de rappel ; les historiens se sont accordés à répéter qu'il avait emporté en partant la permission officielle de revenir quand il le jugerait à propos. Quoi qu'il en soit de ces diverses assertions, Bonaparte voulut exécuter au moment même le projet qu'il avait conçu, par une des plus heureuses inspirations du génie qui lui promettait encore de grandes choses.

La résolution du retour avait été prise dans les premiers jours du mois d'août, et, le 23, deux frégates, la *Carrère* et la *Muiron*, préparées par les soins de l'amiral Gantheaume, quittaient le port d'Alexandrie.

Par un hasard étrange (Bonaparte disait par l'influence de son étoile), le 23 août, la croisière anglaise s'était éloignée d'Alexandrie; une seule corvette semblait se tenir en observation; par un hasard non moins merveilleux, les deux frégates entrèrent dans le port d'Ajaccio le 1er octobre, après une traversée d'une quarantaine de jours, sans avoir rencontré un seul des innombrables vaisseaux anglais qui sillonnaient la Méditerranée.

L'île entière accourut au devant du célèbre compatriote, qui, en apprenant en détail l'état de la France et celui de l'Europe, se vit, avec impatience, retenu pendant sept jours par les vents contraires. Enfin, le 7 octobre, la flottille appareilla pour la France; mais à la vue des côtes parurent trente voiles ennemies. Le contre-amiral proposa de mettre un canot à la mer pour ramener Bonaparte en Corse: « Non, répondit-il, je veux arriver en France. » Cette volonté le sauva, car, la nuit étant arrivée, les Anglais firent fausse route pendant l'obscurité et l'attérissage de France fut libre. Les frégates entrèrent dans le port de Fréjus, le 9 octobre 1799, à la pointe du jour. A peine eurent-elles été reconnues et la nouvelle se fut-elle répandue que l'une d'elles portait Bonaparte, qu'une foule innombrable assiégea les deux bâtiments.

Quelques écrivains, dont les déclamations sont restées sans écho, ont blâmé le départ du général français, ne l'imputant qu'à la crainte d'être obligé de mettre bas les armes. Il y a plus que de l'injustice dans un pareil reproche, il y a de la mauvaise foi. Dans des temps ordinaires et sous un gouvernement stable, nul doute qu'un départ arbitraire ne lui eût attiré une disgrâce méritée. Mais dans la situation actuelle il en était tout autrement: l'intérêt de la chose publique semblait étroitement lié au sien, et la crainte ne dut entrer pour rien dans sa résolution; car, si l'avenir offrait quelque danger, c'était encore dans le lointain. Les Anglais, occupés de leur expédition en Hollande, ne songeaient pas encore à menacer l'Égypte: les seuls ennemis que pût redouter l'armée étaient les Turcs; mais, quelque nombreux que fût le corps que le grand-vizir rassemblait en Syrie, pouvait-il épouvanter le chef de 20,000 Français aguerris, fiers de leurs victoires, et, qui dans les batailles récentes du mont Thabor et d'Aboukir avaient eu la mesure du courage et de la science militaire des Ottomans? La journée postérieure d'Héliopolis ne répond-elle pas victorieusement à cette accusation? — La publication de la correspondance inédite de Bonaparte a d'ailleurs prouvé que son départ avait été, sinon ordonné, du moins autorisé. On y lit cette lettre d'un Directeur, que nous avons citée, et qui l'engageait à rentrer en France, en le prévenant que les opérations des flottes combinées, française et espagnole, n'avaient d'autre but que de gagner l'Égypte pour en ramener l'armée.

Dans tous les cas, au moment où il débarqua, le besoin d'un changement était si universel, si profond, on avait une telle impatience de voir se produire une situation et un homme, que sa présence inattendue parut au plus grand nombre un fait providentiel, et que le seul bruit de cette nouvelle causa partout et chez tous une sorte de commotion électrique.

Placé au premier rang des généraux de la république par ses campagnes d'Italie, vainqueur en Orient, lorsque les chefs de nos armées d'Europe étaient partout repoussés ou battus, Bonaparte avait un nom célèbre et qui était pour la France un symbole de victoire. Quand on le croyait encore sur le Nil, rejetant sur leurs vaisseaux ou dans leurs déserts les Anglais, les Arabes et les Turcs, alors que ses bulletins, datés du Caire et des Pyramides, étaient dans toutes les imaginations, son arrivée soudaine ajoutait au merveilleux qui s'attachait à sa personne.

Le 6 octobre, à six heures du soir, Bonaparte se mit en route pour Paris avec Berthier, son chef d'état-major. A Toulon, la nouvelle de son retour fut solennellement proclamée. Le peuple fit éclater des transports de joie, le vaisseau amiral et les batteries tirèrent vingt et un coups de canon. Les Lyonnais portèrent l'allégresse jusqu'au délire. Partout sur son passage les mêmes acclamations; ce fut comme une marche triomphale. La première connaissance du retour du général se répandit à Paris, dans les spectacles, le 15 octobre; le public l'accueillit par des acclamations tumultueuses plusieurs fois répétées. Le Directoire parut partager l'ivresse générale et ses orateurs décernèrent au guerrier le titre de sauveur, rendu à la France par une faveur spéciale de la fortune. En effet, à son arrivée, il semblait que son étoile fît briller d'un nouvel éclat celle de la France qui avait pâli. Masséna défit les Austro-Russes à Zurich; Brune, le duc de York à Bergham. Les royalistes du midi, qui se proposaient de réveiller l'insurrection contre-révolutionnaire, dont le foyer était à Lyon, furent déconcertés dans leurs projets par ce réveil de la victoire.

Bonaparte arriva à Paris, le 16 octobre, résolu de s'emparer de l'autorité, de rendre à la France ses jours de gloire, en donnant une direction forte aux affaires publiques : c'était pour l'exécution de ce projet qu'il était parti d'Égypte, et tout ce qu'il venait de voir dans l'intérieur de la France avait accru ce sentiment et fortifié sa résolution.

CHAPITRE V.

Préparatifs et journée du 18 et 19 Brumaire. — Renversement du directoire. — Bonaparte premier Consul. — Bonaparte cherche à conclure la paix avec l'Angleterre. — Situation des armées. — Préparatifs secrets. — Armée de réserve. — Constitution de l'an VIII.

Nous l'avons dit, à la place du gouvernement nul et méprisé, dont la ruine prochaine était manifeste pour tous, il fallait au pays une autorité imposante. Il n'y a de vraiment imposant que la gloire militaire. Le Directoire ne pouvait donc être remplacé que par Bonaparte ou par l'anarchie.

Après avoir écouté les chefs des divers partis qui tiraillaient la France dans tous les sens, Bonaparte n'eut pas de peine à reconnaître que lui-même était un parti, et qu'au lieu de les aider, il lui était facile de les faire servir à son élévation.

Ayant concerté avec ses partisans la marche à suivre pour l'exécution de ses projets, il fit jouer tous les ressorts qui devaient amener une espèce de révolution dans le gouvernement, et les 18 et 19 brumaire an VIII virent s'accomplir ses desseins.

Le 17, sous le prétexte d'un voyage qu'il allait entreprendre, il fit dire à tous les officiers et aux généraux dont il connaissait le dévouement qu'il les recevrait le lendemain, et aux régiments qu'il les passerait en revue le même jour. Moreau se mit à sa disposition. Murat, Leclerc et Sébastiani se chargèrent de disposer favorablement les troupes. La révolution qui se préparait fut faite moitié législativement et moitié militairement. Le conseil des Anciens, pour mettre les conseils à l'abri des attaques des démagogues et des partisans du Directoire, si les uns et les autres cherchaient à soulever la populace de la capitale, avait ordonné, le 9 novembre, la translation du corps législatif à Saint-Cloud, et investi Bonaparte du commandement des troupes.

La majorité du Directoire connaissait vaguement la révolution qui se préparait ; la minorité l'approuvait. Bonaparte, après avoir passé en revue les troupes, au nombre de 8,000 hommes, envoya à Barras, à Moulins et à Gohier l'invitation de donner leur démission. Moulins la donna, Gohier la refusa, Barras hésita et finit par céder. Le Directoire ainsi dissous, Bonaparte se trouvait seul chargé du pouvoir exécutif de la république.

Le conseil des Cinq-Cents, obligé d'obéir au décret du conseil des Anciens, s'était ajourné au lendemain à Saint-Cloud.

Le jour suivant, Bonaparte s'était rendu, avec ses aides de camp, dans la grande galerie où siégeait le conseil des Anciens. « Représentants du peuple, dit-il, vous êtes sur un volcan ! Mes intentions sont pures ! La patrie n'a pas de plus zélé défenseur que moi ; je veux lui conserver la liberté et l'égalité... — Et la constitution ! s'écria Linglet. — La constitution ! reprit Bonaparte, vous l'avez violée au 18 fructidor ; vous l'avez violée au 22 floréal ; vous l'avez violée au 30 prairial. La constitution ! elle est invoquée par toutes les factions et toutes les factions la méprisent. On conspire. Barras et Moulins m'ont proposé de me mettre à la tête d'un parti pour renverser tous les hommes à idées libérales ; mais j'ai dédaigné ces propositions. Mon bras, armé par vous de pouvoirs extraordinaires, ne frappera que les factieux ; et si quelque orateur payé par l'étranger parlait de me mettre hors la loi, j'en appellerais à vous, mes braves compagnons d'armes, à vous, braves défenseurs de la république ; j'en appellerais à votre courage, et nous triompherions, car je marche accompagné du dieu de la fortune et du dieu de la guerre. »

Bonaparte, pour porter le dernier coup, se présenta au conseil des Cinq-Cents, suivi de quelques grenadiers et de plusieurs officiers généraux qui restèrent sur le seuil de la porte. A son aspect, toute l'assemblée, par un mouvement électrique, se lève comme un seul homme. — « Qu'est-ce que cela? s'écrie-t-on de toutes parts, des sabres, des baïonnettes, des soldats ! »

Bonaparte s'avance ; et comme le président siégeait sur un des côtés latéraux de l'Orangerie, il fallait, pour arriver à la barre, traverser la moitié de la salle. A peine a-t-il fait quelques pas que plusieurs députés lui adressent avec vivacité des interpellations.

Mais on ne se borne pas à des remontrances. — Les cris de « hors la loi ! » se font entendre sur tous les bancs : les députés quittent leurs places en tumulte, ils entourent, ils apostrophent Bonaparte. Le général Lefebvre, qui a vu le danger, crie aux grenadiers : « Sauvez votre général ! » et les grenadiers emportent plutôt qu'ils n'emmènent Bonaparte, qui disparaît avec sa garde.

« On se trompe, » répond avec émotion Lucien, mon frère n'a que des desseins généreux et favorables à la liberté ; mais lorsqu'il rappelle ses lauriers, une voix s'écrie : « Il les a flétris ! » lorsqu'il parle de son amour pour la liberté, une autre voix réplique : « Il a profané le sanctuaire des lois : à bas les dictateurs ! à bas les tyrans ! » et Delbred et Aréna demandent au président de mettre Bonaparte hors la loi. « Misérables, s'écrie avec indignation Lucien qui s'élance à la tribune, mettre hors la loi mon frère, le sauveur de la patrie ! » Sa voix est étouffée par de nouvelles clameurs. Accablé de douleur et de colère, il dépose son écharpe et les insignes de la présidence, et descend de la tribune. Un peloton de grenadiers entre dans la salle. — « Est-ce encore Bonaparte ? que vient-il faire ? » — L'assemblée était dans la plus grande agitation.

Bonaparte avait rassemblé ses grenadiers dans la cour du château ; il les avait harangués en ces termes : « Soldats, j'allais leur faire connaître les moyens de sauver la république, et de nous rendre notre gloire ; *ils* m'ont répondu à coups de poignards ! Soldats, puis-je compter sur vous ? — Oui, oui. » Et il avait ordonné à un détachement de pénétrer dans l'Orangerie et d'enlever le président. Ce qui fut exécuté, malgré les réclamations et les cris de l'assemblée.

Lucien Bonaparte, général improvisé, monte à cheval au milieu des troupes, dans la cour du château, où, d'une voix forte et animée, il fait retentir ces énergiques paroles : « Citoyens et soldats, le président du conseil des Cinq-Cents vous déclare que l'immense majorité de ce conseil est dans le moment sous la terreur de quelques représentants à stylets qui assiégent la tribune, présentent la mort à leurs collègues, et enlèvent les délibérations les plus affreuses.

» Je vous déclare que ces audacieux brigands se sont mis en rébellion contre le conseil des Anciens, et ont osé parler de mettre hors la loi le général chargé de l'exécution de son décret.

» Je vous déclare que ce petit nombre de furieux se sont mis eux-mêmes *hors la loi* par leurs attentats contre la liberté. Au nom de ce peuple qui depuis tant d'années est le jouet de ces misérables enfants de la terreur, je confie aux guerriers le soin de délivrer la majorité de leurs représentants.

» Général, et vous, soldats, et vous tous, citoyens, vous ne reconnaîtrez pour législateurs de la France que ceux qui vont se rendre auprès de moi. Quant à ceux qui resteraient dans l'Orangerie, que la force les expulse !...

» Vive la république ! »

Cet energique langage électrise les troupes ; et, profitant de leur enthousiasme, Bonaparte s'écrie : « Président, vos ordres seront remplis. » Et il ordonne à Murat de faire évacuer par la force la salle des Cinq-Cents. Les soldats s'élancent au pas de charge et au cri de vive Bonaparte ! L'assemblée répond par des cris de vive la constitution !

vive la république ! Le général Leclerc, suivi de cinquante grenadiers, entre dans la salle : « Au nom du général Bonaparte, dit-il, le corps législatif est dissous; que les bons citoyens se retirent. » Les députés demeurent à leurs places. Un officier monte à la tribune et répète : « Représentants, retirez-vous, c'est l'ordre du général. » Même immobilité. Alors Murat s'écrie : « Grenadiers, en avant ! » Le tambour bat la charge; les grenadiers, s'avançant l'arme au bras, refoulent lentement les députés, les invitent à se retirer et occupent la salle dans toute sa longueur. Il ni eut n'y violence ni tumulte. Les députés, sortis de la salle, se dépouillèrent tranquillement de leur costume. Le plus grand nombre prit en fuite la route de Paris. Une cinquantaine environ restèrent à Saint-Cloud, et, de concert avec le conseil des Anciens, rédigèrent, sous l'influence des vainqueurs, une nouvelle constitution, et remirent le pouvoir exécutif aux mains de trois consuls : Bonaparte, Siéyès et Roger-Ducos. Bonaparte venait de s'emparer du gouvernement de la France.

Si l'on veut considérer la journée du 18 brumaire comme un attentat, il faut convenir qu'il fut dirigé contre les formes de la liberté, bien plus que contre la liberté même. Hormis quelques jours du règne de l'Assemblée constituante, la France n'avait jamais été libre et commençait à ne plus trop se soucier de l'être. Avant tout elle voulait de l'ordre, parce que l'ordre c'est le repos, et elle sentait que Bonaparte seul était de taille à lui en donner. Le 18 brumaire eut donc une popularité égale à la gloire de celui qui l'avait fait et qui en profitait. Cet événement sauva la France du plus affreux déchirement. Un chef était absolument nécessaire; mais, si Moreau ou Bernadote eussent été investis du pouvoir à la place de Bonaparte, la république n'eût été autre chose qu'une monarchie militaire. Ni l'un ni l'autre de ces deux généraux, le premier surtout, ne réunissaient les qualités nécessaires pour une si haute entreprise. Tout le monde était d'accord, même avant l'arrivée de Bonaparte, sur l'impossibilité de faire marcher la pentarchie du Luxembourg. La question n'était pas là, elle était tout entière dans le choix du chef qu'on donnerait au gouvernement. Il s'agissait de savoir s'il serait designé par le parti républicain exalté ou par celui qui, républicain aussi, comptait cependant dans ses rangs beaucoup de monarchiens attirés par la modération des chefs de ce parti. Il ne faut pas oublier que la masse de la nation était désabusée des utopies républicaines et, de plus, singulièrement refroidie par les revers de nos armées. Un seul sentiment ne s'était pas affaibli, et il a toujours subsisté dans toute sa force, alors comme pendant le règne de Napoléon et comme aujourd'hui : c'était la passion de l'égalité ; ce sentiment était encore en 1800 un obstacle invincible au retour des Bourbons, qu'on ne supposait pas disposés à admettre une égalité parfaite devant la loi et dans les droits de tous à arriver au sommet de toutes les carrières. Si Bonaparte eût échoué le 18 brumaire, il est probable que le parti qui fut vaincu ce jour-là aurait proclamé de nouveau les grandes maximes de la révolution et aurait immédiatement fait l'application de leurs conséquences les plus rigoureuses. Ce parti effrayait, et tout porte à croire que son triomphe aurait été de peu de durée. Peut-être même une guerre civile n'eût pas tardé à éclater. L'état des choses étant tel que nous venons de le peindre, nous n'hésitons pas à établir que la journée du 18 brumaire était légitime et qu'elle ne fit que prévenir d'autres événements dont les résultats auraient été bien moins avantageux pour la France.

Revenus à Paris le 20, les trois consuls s'installèrent dans le palais du Directoire. « Qui nous présidera dit Sieyès? avec inquiétude. —Vous voyez bien, répondit Ducos, que c'est le général qui préside. » Le général continua de présider. Dès cette première séance, Sieyès, qui croyait gouverner, tandis que Bonaparte se contenterait de diriger les armées, reconnut la supériorité du génie, et subit l'irrésistible ascendant du chef qu'il venait de se donner. En sortant du conseil, il dit à Boulay de la Meurthe, à Rœdérer, à Cabanis, à Talleyrand : « A présent, messieurs, nous avons un maître; il sait tout, il fait tout, il peut tout. » En effet, un mois s'était à peine écoulé que Sieyès et Roger-Ducos étaient obligés de donner leur démission. Ils furent remplacés par Cambacérès et Lebrun. Une constitution parut sous le nom de constitution de l'an VIII (1): Un sénat, un tribunat, un corps législatif furent organisés, et Bonaparte placé pour dix ans à la tête des affaires sous le nom de premier Consul rééligible.

Le premier Consul montra bien vite qu'il n'était pas au-dessous de l'œuvre immense dont il s'était chargé. Son génie pourvut à tous les besoins de l'époque, et la France semblait renaître de ses ruines. En même temps qu'il développait d'une main habile les ressources créées par la révolution, la sagesse de son gouvernement ouvrait un refuge

(1) Le relevé général des votes sur la constitution, comparés avec les votes émis sur les précédents, présenta le résultat suivant :

E 1793.	
Acceptants.	1,801,918.
Refusants.	11,600.
DE L'AN III.	
Acceptants.	1.057,390.
Refusants.	49,776.
DE L'AN VIII.	
Acceptants.	3,011,007.
Refusants.	1,562.

Aucune intrigue ne fut employée pour obtenir ce chiffre élevé d'approbations, dont Bonaparte, avec raison, se montra toujours si fier. En effet, l'acceptation était pour lui une véritable adoption nationale

à toutes les opinions et à tous les partis (1). En vain quelques-uns des idéologues de l'époque, ayant Benjamin Constant à leur tête, essayèrent-ils d'une opposition inopportune dans le Tribunat, le gouvernement conserva la majorité dans toutes les questions vitales, et de judicieux articles du *Moniteur* firent justice de ces premières attaques. Non content de ces représailles, Bonaparte ne manquait aucune occasion de se plaindre aux membres du Tribunat qui allaient lui rendre visite. « A peine le gouvernement est-il établi, leur disait-il, et déjà vous voulez le renverser ! Vous avez donc oublié l'état affreux dont nous sortons ?

Mais la tâche la plus difficile que Bonaparte eût à remplir était le rétablissement des finances. Le 20 brumaire le trésor public ne contenait que 107,000 francs : par le seul fait de la révolution nouvelle, le tiers consolidé, tombé au-dessous de 12 francs, monta sur-le-champ à 18 francs, et, grâces à des lois et des mesures combinées avec sagesse et exécutées avec vigueur, autant qu'à l'ordre admirable introduit dans le système financier, l'Etat eut bientôt à sa disposition des sommes considérables. Ce fut à cette époque que des banquiers réunis établirent la banque de France, au moyen d'un fonds de 3,000,000 en monnaie métallique divisés en trente mille actions. Cette entreprise prouvait le retour de la confiance et prédisait celui du crédit. L'opinion soutenait Bonaparte et approuvait avec raison le nouveau gouvernement, car on n'avait jamais vu une telle application aux affaires, tant de vigilance et d'activité, une impulsion si forte donnée à l'administration. Tout marchait rapidement au but et par la seule influence d'une volonté puissante sans être tyrannique. Toutes ces vues d'ordre et ces pensées d'améliorations, tous ces travaux si utiles pour la France n'empêchaient pas le magistrat suprême de la république de veiller sur la conduite des événements du dehors. Un de ses premiers soins fut de tenter de conclure la paix avec notre constante ennemie, l'Angleterre.

Accoutumé à traiter toutes les affaires militairement, la lettre de Bonaparte était dégagée de toutes les formules de l'étiquette et commençait en ses termes :

« Appelé par le vœu de la nation française à occuper la première magistrature de la république, je crois convenable, en entrant en charge, d'en faire directement part à Votre Majesté. La guerre, qui, depuis dix-huit ans, ravage la quatre parties du monde, doit-elle être éternelle ? N'est-il aucun moyen de s'entendre ? Comment les deux

(1) De 80,000 émigrés non rentrés, 1,000 seulement furent exclus de la liberté à revenir dans leur patrie, comme particulièrement dévoués à la maison de Bourbon. Les proscrits du 18 fructidor assimilés aux émigrés furent ainsi qu'eux autorisés à revenir.

nations les plus éclairée de l'Europe, puissantes et fortes plus que ne l'exigent leur sûreté et leur indépendance, peuvent-elles sacrifier à des idées de vaine grandeur le bien du commerce, la prospérité intérieure, le bonheur des familles? Comment ne sentent-elles pas que la paix est le premier des besoins, comme la première des gloires? etc. »

Cette lettre provoqua une réponse dans laquelle le ministre anglais déclarait au citoyen Talleyrand que le roi n'avait pas jugé à propos de se départir des formalités depuis si longtemps usitées. L'un des passages le plus remarquables de cette réponse était celui où l'on disait que la meilleure garantie de la réalité d'un retour du gouvernement français *à de meilleurs principes* serait le rétablissement des Bourbons. « Un événement semblable, ajoutait-on, eût levé et lèvera toujours tout obstacle aux négociations et à la paix. » C'était dire que la paix était impossible.

Le genre de vie adopté par le premier Consul excitait dans Paris un vif étonnement; ses journées étaient remplies par le travail, et il dérobait encore des heures au sommeil pour que rien d'important ne se fit sans lui. Sa pensée n'enfantait que des inspirations généreuses. Ainsi, en même temps qu'il faisait placer dans la grande galerie des Tuileries les bustes des grands hommes de l'antiquité auprès de ceux de Gustave-Adolphe, de Turenne, de Condé, du maréchal de Saxe, de Frédéric II, de Mirabeau, de Dugommier, de Marceau, de Joubert, de Hoche et de Washington, il faisait porter par les autorités civiles et militaires le deuil de ce célèbre fondateur de l'indépendance des États-Unis, avec lesquels nous commencions à renouer les relations d'une intime amitié. Bonaparte gagnait aussi les États neutres; il levait l'embargo mis sur leurs bâtiments dans nos ports, et reconnaissait la neutralité des cargaisons sous pavillon neutre. En même temps pour faire honte à la barbarie anglaise envers les Français que le sort des armes avait mis entre ses mains, il fit assurer par tous les moyens la subsistance et l'habillement des prisonniers de guerre. Fidèle à la reconnaissance envers ceux de nos défenseurs qui n'étaient plus, il n'oubliait pas de récompenser les braves qui restaient à la république. Enfin il s'occupa de la pacification de la Vendée, qui avait recommencé la guerre avec une nouvelle ardeur; les royalistes manquant de chefs habiles, furent promptement soumis par les généraux Brune et Hédouville. La guerre de l'Ouest ainsi terminée, une amnistie fut proclamée, nos soldats n'eurent plus à accomplir cette tâche cruelle de combattre des Français, et, libre des inquiétudes que donnaient précédemment les prétentions des partis, le nouveau gouvernement appliqua toutes ses ressources à la guerre extérieure.

CHAPITRE VI.

Situation des armées françaises. — Formation d'une armée de réserve. — Passage du mont Saint-Bernard. — Capitulation de Gênes. — Bataille de Montebello. — Victoire de Marengo. — Entrée triomphante à Milan. — Retour de Bonaparte à Paris. — Conjurations et machine infernale. — Prolongation et rupture de l'armistice. — Bataille de Hohenlinden. — Paix de Luneville. — Concordat avec le pape. — Paix d'Amiens.

Au moment même de l'acceptation de la constitution, Bonaparte avait adressé aux armées une proclamation qui finissait par ces mots : « Soldats, lorsqu'il en sera temps, je serai au milieu de vous, et l'Europe étonnée se souviendra que vous êtes de la race des braves. »

L'armée du nord, qui avait forcé le duc d'York à se rembarquer, restait simplement en observation devant les tentatives que l'Angleterre pourrait faire encore pour jeter des troupes en Hollande. L'armée du Danube, battue à Stockach, avait été obligée de repasser le Rhin. L'armée d'Helvétie avait d'abord évacué une partie de la Suisse ; mais Masséna y avait ramené la victoire, et après avoir battu les Russes à Zurich, il avait de nouveau conquis toute cette république. Enfin, l'armée d'Italie, battue à Génola, se ralliait en désordre sur les cols des Apennins. Ces débris étaient acculés sur un pays pauvre, bloqués depuis longtemps par mer, et sans communication avec la vallée du Pô. La cavalerie, les charrois périssaient de misère ; les maladies contagieuses et les désertions désorganisaient l'armée. Le mal était arrivé au point que des corps entiers, tambour battant, drapeaux déployés, avaient abandonné leurs positions et repassé le Var. Masséna fut alors envoyé à Gènes pour prendre le commandement de cette armée. Le premier Consul arrêta le mal par des ordres du jour d'un effet magique sur les soldats ; l'armée se réorganisa ; les subsistances furent assurées ; les déserteurs rejoignirent leurs corps. L'armée d'Italie vit avec enthousiasme à sa tête le général qui marchait toujours à l'avant-garde et sous qui elle s'était couverte d'une gloire immortelle.

Le cabinet de Vienne, d'abord disposé à écouter des propositions pacifiques telles que celles adressées par le premier Consul à l'Angleterre, avait été entraîné par l'or de cette dernière à continuer la guerre. L'empereur de Russie se retira de la coalition; Bonaparte réunit tous les prisonniers faits sur cette nation, en Suisse et en Hollande, et les renvoya sans rançon, habillés à neuf et équipés; cette générosité toucha de reconnaissance Paul Ier, qui ordonna à toutes ses troupes de rentrer en Russie. L'abandon de l'armée russe ne découragea pas l'Autriche; elle déploya tous ses moyens et mit deux grandes armées sur pied, l'une en Italie, forte de 140,000 hommes, sous les ordres du feld-maréchal Mélas, et l'autre en Allemagne, commandée par le feld-maréchal Kray, composée de 100,000 hommes.

En même temps qu'il envoya Masséna à Gènes, le premier Consul avait ordonné la réunion des armées du Rhin et d'Helvétie en une seule armée du Rhin; cette armée réunie est une des plus belles qu'ait eues la république: elle comptait 150,000 hommes et était formée de toutes les vieilles troupes. Bonaparte en avait donné le commandement à Moreau, qui lui avait montré le dévouement le plus absolu dans la journée du 18 brumaire. Tout l'hiver avait été employé à recruter, habiller et solder cette armée, naguère dans un dénûment extrême, et elle se préparait à passer le Rhin pour la quatrième fois depuis l'ouverture de la campagne.

Le général Moreau dut prendre l'offensive et rentrer en Allemagne, afin d'arrêter le mouvement de l'armée autrichienne d'Italie, qui déjà était arrivée sur Gènes. Mais, soit que Moreau ne comprît pas bien les ordres qu'il reçut du premier Consul, soit qu'il ne fût pas capable de les exécuter, il mit quarante jours à se traîner devant Ulm et à exécuter un mouvement qui aurait dû l'être en dix jours. Du côté de l'Italie se trouvaient les plus grandes forces de l'Autriche, et Gênes fut bientôt étroitement bloquée.

Cependant, dès le mois de janvier, Bonaparte avait ordonné la formation d'une armée de réserve, afin de laisser plus d'incertitude sur les opérations auxquelles on la destinait; et tandis que l'Europe croit le premier Consul occupé à Paris des soins du gouvernement, il arrive à Genève, et, le 8 mai, prend le commandement de l'armée, composée de 36,000 combattants, presque tous hommes d'élite. Dès son arrivée, rival audacieux de César et d'Annibal, il avait décidé le passage de toute l'armée et le transport des 40 bouches à feu formant son parc par la crête des montagnes, à douze cents toises au-dessus du niveau de la mer. Le général du génie Marescot, qu'il avait chargé de la reconnaissance du Saint-Bernard, arriva à l'issue de la revue. Il avait eu beaucoup de peine à gravir l'escarpement jusqu'à l'hospice; Bonaparte se contenta de cette question :

« Peut-on passer? — Oui, répondit le général. — Eh bien! partons! » Léonidas n'était ni plus résolu ni plus laconique.

Le prompt transport de l'artillerie paraissait une chose impossible; mais on avait tout prévu. Les munitions furent portées à dos de mulet; les canons étaient placés dans des troncs d'arbres creusés; 100 soldats devaient s'atteler à chaque bouche à feu ainsi disposée. Toutes ces dispositions furent faites avec tant d'intelligence par les généraux d'artillerie Gassendi et Marmont, que la marche de l'artillerie ne put causer aucun retard.

A la vue des hauteurs inaccessibles qu'elle allait franchir, l'armée hésita un moment : le général Lannes s'élance le premier; tout le suit. Borné d'un côté par un torrent rapide et profond, de l'autre par des rochers coupés à pic, l'étroit sentier, le seul par où l'on pût gravir, sur un espace d'environ six milles, était encombré de neige : à peine était-il frayé que la moindre tourmente, agitant la neige supérieure, en effaçait les traces. Il fallait, sous peine de se précipiter dans le torrent, chercher d'autres points d'indication et former des traces nouvelles. Au sein de ces rochers, au milieu de ces glaces éternelles, les Français montrèrent un invincible courage. Gravissant péniblement, n'osant prendre le temps de respirer, de peur d'arrêter la colonne, affaissés presque sous le poids des armes et des bagages, ils s'excitaient les uns les autres : la musique des régiments se faisait entendre, et la charge que l'on battait par intervalles donnait une nouvelle vigueur aux soldats dans les endroits difficiles.

Le 16 mai, le premier Consul alla coucher au couvent de Saint-Maurice, et toute l'armée passa le Saint-Bernard les 17, 18, 19 et 20. Napoléon passa lui-même le 20 et s'arrêta une heure au couvent des Hospitaliers. Ce couvent, bien approvisionné, fournit d'excellentes rations à chaque soldat. La descente fut plus difficile pour les chevaux que ne l'avait été la montée : Napoléon l'opéra à la ramasse sur un glacier presque perpendiculaire.

Bonaparte avait conduit avec tant d'adresse son plan d'opérations, que ni généraux ni soldats n'avaient su, lorsqu'ils se rendaient isolément et par des routes diverses vers Genève, quel but on se proposait d'accomplir. Mélas, plein de sécurité, pressait le blocus de Gênes, et combattait sur le Var contre Suchet, qui, séparé de Masséna, s'immortalisait par une résistance surhumaine. Ses soldats, modèles d'héroïsme et de constance, fermaient à l'Autriche l'entrée de la Provence et les défilés du Piémont. Gênes était en proie à la famine, à la contagion; mais, défendue par Masséna, elle demeurait imprenable. Mélas se trouvait tourné avant d'avoir appris la marche du Consul.

L'avant-garde arriva bientôt à Aoste. Cette ville, prise avec une vive résistance, fut pour l'armée d'une grande ressource. Le lendemain,

Lannes attaqua à Châtillon quatre à cinq mille Croates qui y étaient en position, et que l'on avait crus suffisants pour garder la vallée.

L'armée française croyait avoir franchi tous les obstacles; elle suivait une vallée assez belle, où l'on trouvait de la verdure et des maisons, lorsque tout à coup elle fut arrêtée par le canon du fort de Bard. Ce fort, bâti sur une roche de forme pyramidale, à la rive gauche de la Doire, ferme absolument la vallée et présente un obstacle redoutable. La route passe dans les fortifications de la ville, et l'on reconnut qu'il n'existait point d'autre passage. L'alarme se communiqua rapidement dans toute l'armée, et reflua sur les derrières. Le premier Consul, qui était déjà arrivé à Aoste, se porta aussitôt devant Bard, et reconnut qu'on pouvait s'emparer de la ville. Il était de la dernière importance d'enlever cette position avant que Mélas n'eût connaissance de la marche de l'armée; une demi-brigade, conduite par l'adjudant général Dufour, escalada donc l'enceinte, et se logea dans la ville, malgré une grêle de mitraille que l'ennemi fit pleuvoir toute la nuit; enfin, le fort cessa de tirer, par considération pour les habitants. L'infanterie et la cavalerie passèrent un à un par un sentier de la montagne de gauche, qu'avait gravi le premier Consul, et où jamais n'avait passé aucun cheval. Marescot et Berthier avaient eu l'heureuse idée d'y tailler dans les rochers une sorte d'escalier, qu'à force de travail on avait rendu praticable. Les nuits suivantes, les troupes d'artillerie firent passer leurs pièces par la ville, dans le plus grand silence, le chemin avait été couvert de matelas et de fumier, les roues avaient été enveloppées avec de la paille; la garnison du fort ne se douta de rien. L'obstacle du fort de Bard fut plus considérable que celui du grand Saint-Bernard; et cependant ni l'un ni l'autre ne retardèrent la marche de l'armée. Une batterie, que l'on était parvenu à monter sur l'Albando, resta en arrière, avec un corps de troupes pour réduire le fort, qui tomba au bout de dix jours.

Après les prodiges qui venaient de s'accomplir, l'armée devait se croire invincible, et elle le fut en effet. Bonaparte marcha à grandes journées sur Milan, qu'il fallait traverser pour aller combattre Mélas. Ce dernier, à la nouvelle de l'approche des Français, fit refluer des troupes sur Turin. Lannes remporta plusieurs victoires partielles, s'empara de barques chargées de vivres et de blessés, et enfin toute l'armée de réserve arriva à Ivrée les 26 et 27 mai pour faire sa jonction avec les 15,000 hommes que Moncey amenait de l'armée du Rhin par le Saint-Gothard; le premier Consul se porta rapidement sur le Tésin, le passa malgré les corps d'observation de Mélas, et entra en libérateur le 2 juin dans Milan, où on venait seulement d'apprendre l'invasion française.

Pendant huit jours, le premier Consul reçut des députations de tous les points de la Lombardie; son premier soin fut de réorganiser le gouvernement de la république cisalpine, qu'il eut promptement rétablie, à la grande satisfaction des Italiens, que l'Autriche n'avait pu soumettre qu'imparfaitement à son joug pesant. Il se porta sur la rive droite du Pô. L'alarme fut dans Mantoue, désapprovisionnée et sans garnison.

C'est à ce moment que par contre-coup l'on apprit que Gènes avait capitulé le 4 juin. La capitulation de Masséna, après une résistance sans exemple, ne pouvait être plus honorable; mais ce général venait de s'embarquer pour se rendre à Antibes. Bonaparte était doublement affligé de cet événement qui d'une part le privait de la coopération d'un de ses meilleurs généraux, et de l'autre lui enlevait des troupes qui, réunies à celles de Suchet, lui eussent été sans doute utiles pour s'opposer aux efforts de l'armée autrichienne, renforcée du corps qui, n'étant plus nécessaire au blocus de Gènes, accourait à marche forcée. Mais le général Ott avait fait la faute de ne quitter ce blocus qu'après la capitulation de Masséna; Bonaparte, profitant de son imprévoyance, vint occuper le point important qu'il eût dû couvrir, et se plaça vers Stradella et le Pô.

Le 8 juin, à Montebello, Lannes se trouve en face de 20,000 soldats, n'ayant à leur en opposer que 8,000. L'intrépide général ne balança point à engager la bataille. La victoire fut disputée avec une sorte de rage par les Français adossés au fleuve, et par les Autrichiens qui voulaient à tout prix s'ouvrir un passage. L'arrivée du corps de Victor et une charge à la baïonnette par la 96e demi-brigade, détermina notre triomphe: 3,000 morts et 6,000 prisonniers furent les trophées de cette première victoire.

A la première nouvelle de l'attaque, Bonaparte était accouru à Montebello; il y trouva l'armée dans l'enthousiasme du succès. Pendant qu'elle continuait sa marche sur Alexandrie, il fit passer à Suchet, qui venait de faire des efforts héroïques, mais infructueux, pour secourir à temps les Français bloqués dans Gènes, l'ordre de descendre la vallée de la Bormida pour manœuvrer sur le flanc droit de Mélas.

Le 11 juin, Desaix, arrivant d'Egypte et sorti enfin des mains de l'amiral Keith, qui, non content de l'avoir retenu prisonnier contre la foi de traités, avait insulté à son malheur, reçut le commandement de deux divisions avec le titre de lieutenant général. Quels entretiens durent avoir ensemble ces deux hommes qui avaient à parler de si grandes choses et à la veille d'une bataille dont dépendaient les destinées de l'Italie!

Mélas, instruit de la défaite du général Ott et voyant sa ligne d'opérations coupée sur tous les points, résolut de tenter un engagement général pour se frayer un chemin à travers l'armée française, passer de là à Turin pour se rendre à Milan ou se replier sur Novi. En conséquence, il réunit ses troupes dans les environs de Marengo, près d'Alexandrie. Bonaparte, poursuivant le cours de ses succès, passa la Scrivia et se porta sur San-Giulano, au milieu de la plaine de Marengo. Ne voyant aucun adversaire devant lui, Bonaparte se persuada que Mélas opérait une marche de flanc et dispersa ses colonnes, détermination qui faillit lui coûter cher. Mais rien ne pouvait faire soupçonner au général français qu'il se trouvait tout près de Mélas, résolu à nous attaquer le lendemain. Il avait cependant fait battre par la cavalerie légère toute la plaine; lui-même l'avait parcourue avec ses escortes, mais cette exploration n'était pas suffisante, puisqu'il ignorait la présence de l'armée qu'il s'était flatté de surprendre, d'affamer et de réduire aussi presque sans coup férir. Trompé dans ses espérances par des avis arrivés de toutes parts, le premier Consul ne s'occupa plus qu'à faire les dispositions précipitées qu'exigeait l'imminence du danger.

Toutes les chances de succès étaient en faveur des Autrichiens, qui comptaient près de 40,000 combattants, dont 8,000 d'excellente cavalerie et 200 pièces de campagne. L'armée française en ligne n'était que de 20,000 hommes. Ainsi, tant de génie dépensé à surprendre Milan, le passage miraculeux des montagnes, les merveilleux succès qui avaient trompé l'ennemi et dérangé tous les plans, pouvaient être perdus, et nous courions le risque d'être écrasés par la supériorité du nombre, sans que les 29,000 hommes restés sur la rive gauche du Pô, sous les ordres de Moncey, eussent le temps de venir au secours de notre armée principale au moment opportun.

L'ennemi avait hâte de combattre avant que Suchet eût opéré sa jonction avec le premier Consul. Le 13 juin, les deux armées se trouvèrent en présence sur la rive droite du Pô; le 14, à huit heures du matin, les Autrichiens attaquèrent le village de Marengo dont dépendait le destin de la bataille et qui fut pris et repris plusieurs fois; à mesure qu'ils avançaient dans la plaine, leurs divisions nombreuses, en se développant, inquiétaient les flancs de l'armée française; quatre de nos divisions furent repoussées. Bonaparte les fit soutenir, en attendant les deux autres aux ordres de Desaix, par cette garde d'élite, longtemps la terreur de l'Europe et qui, jeune alors, date si heureusement sa gloire de la journée de Marengo; les assauts les plus terribles de l'ennemi se brisèrent contre la résistance héroïque de ces 900 braves commandés par Eugène de Beauharnais, le futur vice-roi d'Italie. Ils arrêtèrent le mouvement de Mélas, qui commit une faute énorme en cessant de nous poursuivre.

Alors, Bonaparte lui-même, dans un costume apparent, afin d'être mieux vu de tous, se plaçant avec son état-major à la tête de deux bataillons de grenadiers à cheval, conduisit une charge impétueuse et rompit les rangs des Autrichiens. Cette manœuvre obligea Mélas, comme on l'avait prévu, à engager sa réserve composée de 6,000 grenadiers hongrois qui rétablirent les affaires en attaquant à leur tour. Les chefs des deux armées se trouvèrent alors en présence et purent apprendre à se connaître ; Mélas eut deux chevaux tués sous lui ; un boulet de canon effleura la jambe gauche du premier Consul. Assailli par des forces supérieures il fut contraint de se retirer sur le centre, mais la colonne de grenadiers de la garde consulaire resta immobile. La cavalerie allemande multiplia les attaques contre cette phalange semblable à *une redoute de granit*, et ne parvint à l'ébranler qu'après des efforts inouïs ; enfin, accablés par le nombre et entamés sur plusieurs points, ces braves, sans cesser de combattre se retirèrent sur Poggi.

Cependant, voyant la plaine couverte de tous nos corps en retraite, l'armée autrichienne s'avança lentement. A cette heure, Mélas accablé de fatigue, souffrant des suites d'une chute grave et croyant d'ailleurs la bataille gagnée, laissa le commandement des troupes au chef d'état-major Zach. Celui-ci, persuadé que les Français étaient en pleine retraite, se mit en marche de route. A trois heures et demie le corps de Desaix parut enfin sur le champ de bataille. Le général en chef prit au moment même les dispositions de la nouvelle bataille qui allait renverser les rêves de gloire du vieux Mélas, occupé à chanter victoire pendant que sa ruine se préparait. Toute l'armée était reformée en ligne; Desaix qui n'avait point combattu, se trouvait en tête ; en arrière on apercevait le corps du général Victor, qui avait tant souffert. La cavalerie, aux ordres de Murat se tenait prête à s'élancer au premier signal. Bonaparte après avoir disposé lui-même l'attaque confiée à Desaix, parcourut rapidement tout le front de l'armée, et, ranimant les soldats par ces paroles de flammes qui sortaient de lui dans les grandes circonstances ; « Soldats, s'écria-t-il, c'est assez reculer ! marchons en avant ! souvenez-vous que mon habitude est de coucher sur le champ de bataille ! » Les cris de *Vive Bonaparte !* accueillirent cette courte harangue.

Un choc terrible se préparait ; Zach marchait avec confiance sur San-Guiliano qu'il croyait enlever sans coup férir. Tout à coup, Desaix mit en mouvement sa colonne d'attaque. Il était précédé par une batterie de 15 pièces que Marmont ne fit démasquer qu'en touchant presque aux rangs autrichiens. Aussitôt les 6,000 hommes de Desaix, suivis du corps de Victor et flanqués à droite par la cavalerie de Kellermann, s'élancèrent au pas de charge et abordèrent l'ennemi avec impétuosité. La mêlée devint terrible et plusieurs de nos braves y trouvèrent la mort. Ce fut alors que Desaix, qui avait été saisi d'un pressentiment funeste en revoyant la terre d'Europe, frappé d'une balle dans la poitrine, tomba entre les bras de Le Brun, l'un de ses aides de camp, et n'eut que le temps de prononcer ces mots : « Allez dire au premier Consul que je meurs avec le regret de n'avoir point assez fait pour la postérité. » — « Pourquoi ne m'est-il pas permis de pleurer ! » furent les seules paroles prononcées par Bonaparte en apprenant la perte de son illustre lieutenant.

L'élan était donné. En moins d'une demi-heure, les 6,000 grenadiers autrichiens furent enfoncés, culbutés, dispersés et disparurent. Le général Zach et tout son état-major furent faits prisonniers. Dans cet instant qui vengea Desaix et suspendit le deuil de sa perte, notre ligne se précipita en avant, et eut bientôt conquis le terrain disputé depuis le point du jour.

Le général Lannes marchait en avant au pas de charge ; Carra-Saint-Cyr se trouvait en potence sur le flanc gauche de l'ennemi et beaucoup plus près des ponts sur la Bormida que lui-même. Tout le reste de l'armée autrichienne fut dans la plus épouvantable confusion. 8 à 10,000 hommes de cavalerie, qui couvraient la plaine, craignant que l'infanterie de Carra-Saint-Cyr ne se trouvât au pont avant eux, se mirent en retraite au galop, en culbutant tout ce qui était sur leur passage. Chacun ne pensait qu'à fuir : l'encombrement devint extrême sur les ponts de la Bormida, et à la nuit, tout ce qui était resté sur la rive gauche tomba au pouvoir des troupes de la république.

Il serait difficile de peindre le désordre et le désespoir de l'armée autrichienne. Mélas, voulant sauver d'une perte inévitable ce qui lui restait de troupes, envoya un parlementaire proposer une suspension d'armes, ce qui donna lieu le lendemain, 15 juin, à une convention. On fixa la ligne de neutralité des deux armées entre la Chieza et le Mincio. Mélas accepta les conditions les plus rigoureuses, quoiqu'il eût des forces aussi nombreuses que les nôtres, et que le Piémont lui ouvrît la carrière d'une longue campagne de siége et de positions. La place de Gènes, toutes les forteresses du Piémont, de la Lombardie et des légations furent remises à l'armée française ; l'armée autrichienne obtint à ce prix la permission de retourner derrière Mantoue, et toute l'Italie se trouva conquise. La joie des Piémontais, des Génois, des Italiens ne peut s'exprimer : ils se voyaient rendus à la liberté sans passer par les horreurs d'une longue guerre.

Tels furent les résultats presque incroyables de la bataille de Marengo. En hommes, la perte fut à peu près égale des deux côtés. Les premiers fruits de la victoire furent 6,000 prisonniers, 1 général, 8 drapeaux, 20 bouches à feu et 12 places fortes. En France, cette nouvelle parut d'abord incroyable, mais la joie n'en fut que plus grande quand on apprit officiellement le triomphe remporté par le premier Consul, et tout ce que ses suites avaient d'avantageux pour la république dont il assurait autant la stabilité et la considération au dedans qu'il lui obtenait un ascendant marqué sur ses voisins. Si le vainqueur de Rivoli avait été regardé comme un des premiers généraux de son siècle, celui de Marengo, devenu chef d'un vaste empire, fut placé, dans l'opinion publique, à côté des plus grands hommes d'Etat et des princes les plus puissants. Les Français se firent un devoir de lui obéir ; leurs alliés, de redoubler d'attachement pour la cause qu'ils avaient embrassée ; les ennemis, de le craindre et de le respecter ; enfin, à l'exemple de Mélas, chacun reconnut en lui l'*homme du destin.*

Le vainqueur de Mélas quitta Marengo après la ratification du traité d'Alexandrie, et se rendit à Milan où il fut reçu avec enthousiasme par les habitants. Il y resta peu de jours occupé de la consolidation de la république cisalpine ; puis, ayant réuni l'armée de réserve à l'ancienne armée d'Italie, sous la dénomination commune d'armée d'Italie, sous le commandement de Masséna, il partit le 28 juin pour se rendre à Paris. A son passage à Lyon il posa la première pierre de la réédification des magnifiques façades de la place Bellecourt, détruite après le siége par une vengeance insensée.

Ce fut sous des arcs de triomphe élevés sur toute sa route que Bonaparte parvint jusqu'à Paris. A la nouvelle de son arrivée, la ville entière fut debout. Tout le monde voulait le voir, l'admirer, le féliciter. Bonaparte fut si profondément touché de cet accueil unanime que vingt ans après il en parlait avec émotion sur le rocher de Sainte-Hélène où il croyait encore entendre le bruit des acclamations populaires de la capitale du grand empire.

La maison d'Autriche, humiliée en Italie, n'avait pas été plus heureuse sur le Danube ; Moreau avait répondu à la bataille de Marengo par la victoire d'Hochstedt et le combat de Neubourg, où notre succès fut attristé par la perte du brave La Tour d'Auvergne, celui que, deux mois auparavant, Bonaparte avait proclamé *le premier grenadier de l'armée.*

En même temps, dans une autre partie du monde, tombait sous le fer d'un musulman fanatique un des généraux que Bonaparte estimait le plus, l'illustre Kléber, couronné des récents lauriers d'Héliopolis. Bonaparte n'était pas là ; l'Egypte fut perdue pour les Français.

Kléber, comme on sait, avait été chargé par Napoléon du commandement de l'armée d'Egypte ; il détruisit un corps de 7,000 janissaires, et remporta plusieurs avantages sur les forces combinées des Anglais et du sultan. L'amiral Sydney-Smith proposa au général français, pour l'évacuation de l'Egypte, une convention qui fut conclue à El-Arich. Déjà les préparatifs du départ étaient faits, lorsque Kléber reçut de l'amiral Keith que son gouvernement refusait tout arrangement avec les Français, à moins qu'ils ne se constituassent prisonniers de guerre. — Kléber, indigné, rassembla toutes ses divisions, qui ne présentaient que 10,000 hommes à opposer à près de 80,000 soldats turcs; et le 20 mars 1800, il gagna sa fameuse bataille d'Héliopolis.

Après cette victoire, Kléber se hâta de retourner au Caire, dont toute la population avait pris les armes et massacré tous les partisans des Français. Près de 100,000 hommes armés s'étaient retirés dans la ville. Pendant trente jours ils combattirent avec acharnement; ils demandèrent à capituler et à se retirer dans les déserts de la Syrie. Ainsi l'Egypte fut de nouveau soumise.

La victoire d'Héliopolis offrait un grand caractère qui plut à Bonaparte; il s'empressa d'applaudir à l'héroïsme de son lieutenant, et lui écrivit une lettre flatteuse, dans laquelle on remarquait cette phrase: « La république compte sur l'armée d'Orient, comme l'armée d'Orient peut compter sur la république. » Kléber, hélas! ne reçut point la lettre du premier Consul; il était déjà tombé sous le fer assassin. Après lui, personne pour prendre en main l'autorité suprême, et l'Egypte nous fut bientôt enlevée, parce que son successeur fut un homme médiocre, élevé au commandement seulement par droit d'ancienneté, quand le péril demandait un homme qui devînt le chef de l'armée par droit de talent, de génie.

Après la révolution du 18 brumaire et les merveilles de Marengo, le gouvernement français présentait des conditions de stabilité, et il ne semblait plus pouvoir être renversé ni par des commotions intestines, ni par des guerres extérieures. Cette situation n'étant pas le résultat de la force des choses, mais le fait du génie d'un homme, il devenait probable qu'on agirait contre cet homme, qu'on attaquerait la France dans sa personne, et qu'on tramerait contre lui des attentats, dernières hostilités des partis vaincus et réduits à l'impuissance. Deux fractions minimes, à cette époque, de la population française, les républicains et les royalistes, ou mieux les jacobins et les chouans, divisés d'opinions, s'unissaient cependant sur un point, leur haine contre le premier Consul. Ces deux classes fournirent chacune leur contingent d'assassins.

Le 10 octobre 1800, plusieurs républicains extrêmes, furent arrêtés et renvoyés par devant le tribunal de la Seine, comme prévenus d'avoir formé le complot d'assassiner le premier Consul à l'Opéra, le jour de la première représentation des *Horaces*. Peu après un nouvel attentat eut lieu.

L'explosion d'une machine infernale fut préparée ; le 24 décembre, vers sept heures du soir, elle éclata au moment où le premier Consul allait à l'Opéra : sa voiture fut manquée de deux secondes. 56 personnes furent blessées et 22 tuées. Cet attentat était une transformation nouvelle des efforts de l'émigration. Après les soulèvements, étaient venues les conspirations ; ces dernières tentatives n'ayant pas eu un meilleur sort que l'insurrection, l'élément royaliste, d'ailleurs, perdant chaque jour de son importance et de son énergie, les partisans de la maison de Bourbon en étaient arrivés aux complots, aux efforts individuels, qui attestent l'impuissance de tous les partis qui s'éteignent. La police découvrit les auteurs du complot ; on les arrêta, mais avant qu'ils fussent mis en jugement, Demerville, Aréna, Caracchi et Topino-Lebrun, condamnés à mort pour attentat contre la vie du premier Consul, furent exécutés après le rejet du pourvoi en cassation.

Au milieu de ces événements on s'attendait à la paix : Bonaparte la proposa sur la base du traité de Campo-Formio. Mais l'Angleterre l'avait devancé. Le jour même, et quelques heures avant l'arrivée des courriers qui apportaient la nouvelle de la bataille de Marengo et de la convention d'Alexandrie, le baron de Thugut et lord Minto avaient signé un nouveau traité de subsides, par lequel l'empereur et le roi d'Angleterre s'engageaient à poursuivre la guerre contre la France avec vigueur et persévérance, à ne faire aucune paix séparée, et sans le consentement des deux parties.

Le bruit de ces événements obligea la république française à reprendre une attitude offensive. Les généraux des armées du Rhin et d'Italie, reçurent l'ordre de dénoncer l'armistice et de recommencer sur-le-champ les hostilités. L'Autriche fut d'autant plus étourdie de cette détermination, qu'elle n'avait pu penser que nous reprissions les hostilités au milieu d'un hiver rigoureux ; aussi s'empressa-t-elle d'implorer une nouvelle trève de quarante-cinq jours, qui lui fut accordée. Quelques courriers furent échangés entre Paris et Vienne, et aussitôt que l'on eut la preuve que l'Autriche s'était mise à la solde du cabinet de Londres, les généraux en chef des armées de la république reçurent de nouveau l'ordre de dénoncer l'armistice, et de poursuivre les hostilités. L'Autriche alors appela toute sa population aux armes ; elle proclama nationale cette guerre, et mit en mouvement toutes ses forces.

Au moment où cette campagne allait s'ouvrir pour la France sous les auspices de son bon droit et de sa loyauté, l'empereur des Russies, Paul Ier, dont Bonaparte cherchait à captiver l'amitié, parut vouloir sérieusement se détacher de la ligue européenne. Mécontent déjà de ses anciens alliés, il se montra si indigné de la mauvaise foi de l'Angleterre, relativement à l'île de Malte, que dès lors une rupture devint inévitable. Dès ce moment, la correspondance entre Paul Ier et Bonaparte devint journalière et des plus intimes : bientôt la guerre se trouva déclarée entre l'Angleterre, d'une part, la Russie, la Suède et le Danemark de l'autre. L'Angleterre, prévit le coup terrible qui allait lui être porté : dans la nuit du 23 au 24 mars, Paul Ier fut assassiné : l'escadre anglaise sortit de la Baltique deux jours après cet horrible attentat.

Les hostilités s'ouvrirent le 17 novembre à l'armée d'Italie, et, le 27, à l'armée du Rhin. Le premier Consul était résolu de marcher sur Vienne; l'armée de Moreau devait passer l'Inn et se porter sur cette capitale par la vallée du Danube, tandis que l'armée d'Italie, sous les ordres de Brune, passerait le Mincio, l'Adige, et se porterait sur les Alpes Noriques. Ainsi, deux grandes armées et deux autres petites commandées par Macdonald et Murat, qui, par une haute combinaison stratégique, doivent lier nos forces et leur imprimer à la fois un terrible concert, allaient se diriger sur Vienne, formant une masse de 250,000 combattants. Les troupes françaises étaient bien habillées, bien armées, munies d'une nombreuse artillerie et dans la plus grande abondance; jamais la république n'avait eu un état militaire aussi formidable; nos armées avaient été plus nombreuses en 1793, mais alors la plupart des troupes étaient des recrues, mal habillées, non aguerries, et une partie était employée dans la Vendée et à l'intérieur.

Les opérations du général Moreau, commandant la grande armée du Rhin, commencèrent le 28. En vain l'archiduc Jean tenta d'envelopper l'armée française, il fut forcé d'accepter le combat auprès du village et de la forêt de Hohenlinden, où Moreau secondé par le général Drouet et colonel Richepanse le battit complétement. Ce dernier s'élança dans la forêt avec le 48e régiment, et porta le désordre sur les derrières des Autrichiens, tandis que le général Walter contenait leur cavalerie. Trois bataillons de grenadiers hongrois s'avançaient en colonne serrée. A cette vue, Richepanse, se tournant vers les braves qui le suivaient, s'écria : « Grenadiers de la 48e, que dites-vous de ces hommes-là? — Général, ils sont morts, » répondirent les grenadiers français. Et les grenadiers, croisant la baïonnette, enfoncèrent au pas de course les Hongrois pendant que l'intrépide Ney rompait la ligne ennemie dans Hohenlinden. A deux heures de l'après-midi, les Français étaient vainqueurs sur trois champs de bataille différents. Ainsi, dès le début d'une campagne à laquelle la maison d'Autriche attachait l'honneur et peut-être la sûreté de sa couronne, notre armée avait d'un seul coup détruit le centre et une partie de l'aile gauche de sa grande armée. 25,000 hommes, sans compter les déserteurs, 7,000 prisonniers,

100 pièces de canon, une immense quantité de voitures, furent les trophées de cette journée. L'armée française ne cessa de poursuivre les débris des Autrichiens, et, le 25 décembre, un armistice fut signé à Steyer. Il était temps pour l'empereur que cet armistice se conclût, les avant-postes de Moreau n'étaient plus qu'à deux marches de Vienne. La paix définitive ne pouvait être éloignée; il fut convenu que nous resterions dans nos positions jusqu'à sa ratification. L'armée autrichienne, découragée par les nouvelles qu'elle recevait du Rhin, abandonna tous les points qu'elle pouvait disputer, et, aussitôt que nos troupes furent au delà de la Brenta, le feld-maréchal Bellegarde renouvela la demande d'un armistice général. Contrairement aux ordres du premier Consul, le général Brune, qui commadait l'armée d'Italie eut le tort d'accorder cet armistice et de renoncer de lui-même à demander Mantoue.

Le premier Consul, irrité d'une telle conduite, déclara à M. de Cobentzelle, qui se trouvait aux conférences de Lunéville, qu'il désavouait la convention de Trévise, et ce ministre, qui commençait à sentir la nécessité de traiter de bonne foi, signa lui-même, le 26 janvier, l'ordre de livrer Mantoue à l'armée française. Sur ces entrefaites Murat, qui était opposé à l'armée napolitaine, était entré dans les Etats de l'Église, qu'il avait immédiatement replacés sous la domination du pape. Rien ne s'opposait plus à la paix de l'Europe, excepté le roi des Deux-Siciles qui, soudoyé par l'Angleterre, persistait à soutenir une guerre contraire à ses intérêts. Murat, envoyé contre ce monarque, chassa ses troupes des Etats de Rome, et allait le détrôner, lorsque, par l'intermédiaire de l'empereur de Russie, on conclut un armistice, portant que les Deux-Siciles seraient comprises dans le traité de paix qui devait se négocier entre les puissances européennes et la France.

Le 9 février 1801, après six semaines de conférences et de difficultés de tous genres soulevées par la diplomatie autrichienne, la paix fut définitivement signée à Lunéville. L'empereur confirma de la manière la plus solennelle la cession qu'il avait déjà faite, par le traité de Campo-Formio, de la Belgique à la France. Il consentit, tant en son nom qu'en celui de l'empire germanique, à ce que la république française possédât désormais, en toute souveraineté, le pays et les domaines situés sur la rive gauche du Rhin, qui faisaient partie de l'empire germanique. Le grand-duc de Toscane renonçait pour lui et ses successeurs au grand-duché de Toscane et à l'île d'Elbe en faveur de l'infant de Parme. L'empereur renonçait pour lui et ses successeurs, en faveur de la république cisalpine, à tous les droits et titres qu'il pouvait avoir avant la guerre sur tous les pays qui, aux termes du traité de Campo-Formio, faisaient partie de cette république. De son côté, la république française consentit à ce que l'empereur possédât en toute souveraineté et propriété l'Istrie, la Dalmatie, les Iles vénitiennes, les bouches du Cataro, les villes de Venise et les pays compris entre les Etats héréditaires de Sa Majesté, la mer Adriatique et l'Adige. Cette paix garantit à la France, en outre, les comtés d'Avignon et de Nice, le duché de Savoie et la principauté de Monaco. La France eut dès lors pour frontières l'embouchure de l'Escaut, le Rhin, le Jura, les Alpes et les Pyrénées.

La nouvelle de la signature de la paix de Lunéville arriva à Paris le 12, au milieu des joies du carnaval. La population se porta alors tout entière aux Tuileries aux cris de *vive Bonaparte!* et le canon accompagna de ses sons belliqueux la fête de la Victoire et de la Paix.

Par le traité de Lunéville, la coalition se trouvait restreinte à l'Angleterre, au Portugal et à la Porte-Ottomane. Tout, au delà de l'Elbe, observait la neutralité. Les cours du Nord, la France, l'Espagne et l'Italie, fermaient leurs ports à l'Angleterre, et la république enfin était parvenue à un si haut degré de gloire et de prospérité, qu'il était facile de prévoir que le moment, tant désiré par les nations, d'une paix générale, était enfin arrivé. L'Angleterre était la seule puissance qui pût mettre obstacle à cette paix.

Le premier Consul somma le Portugal de fermer les ports aux flottes de la Grande-Bretagne, et il rassembla à Bordeaux un corps d'armée destiné à agir contre ce pays en cas de refus. Le prince de la Paix venait en Espagne de succéder à Urguijo, qui s'opposait à nos vues. L'Espagne, après nous avoir cédé le duché de Parme et la Louisiane, permit le passage des troupes françaises qui se rendaient en Portugal.

Enfin, le Portugal signa le 6 juin, la paix à Badajoz. Mais le premier Consul refusa de ratifier les conventions, en annonçant d'ailleurs au ministère anglais que le sort de Lisbonne était entre les mains du cabinet de Saint-James. L'Angleterre, abandonnée à elle seule, ne pouvait pas continuer longtemps à combattre, et le nouveau ministère anglais avait annoncé qu'il était prêt à traiter de la paix. Alexandre, qui venait de signer un traité avec l'Angleterre, chargea le comte de Markolf et le prince Dalgorowki de venir s'entendre avec le premier Consul sur les moyens de conclure la paix. Les plénipotentiaires russes obéissaient à l'influence des envoyés de la Grande-Bretagne, circonstance qui rendait ces derniers encore plus difficiles sur des prétentions qu'exagérait le sentiment de supériorité incontestable de la marine de leur pays. Cependant la flotte française venait de soutenir un admirable combat. Le contre-amiral Linnois battit dans la baie d'Algésiras l'escadre de Saumarez forte de 6 vaisseaux de ligne, d'une frégate et d'un lougre.

Malgré sa supériorité, la flotte anglaise fut cruellement maltraitée, *Le Pompée* fut désemparé; l'*Annibal* amena sonpavillon; trois autres vaisseaux anglais se virent démâtés; et enfin, avec sa flotte abîmée, Saumarez se retira sous Gibraltar. Cette affaire, dans laquelle périrent les braves capitaines Lalonde et Moncoum, fit le plus grand honneur à notre marine.

Les négociations, comme on le voit, n'empêchaient pas l'Angleterre de continuer les hostilités. De son côté, le premier Consul se préparait à la guerre pour obtenir la paix. Tous les chantiers en activité, l'équipement de tous nos vaisseaux, l'armement de toutes nos côtes, annonçaient le projet d'une descente en Angleterre, que d'ailleurs il proclamait lui-même comme une résolution sérieusement arrêtée. C'est une suite de prodiges que l'ensemble des préparatifs de Bonaparte à cette époque. En effet, on vit, comme par enchantement, outre toutes les escadres armées en si peu de temps, apparaître devant Boulogne une flottille considérable de bâtiments de transport, qui étonna l'Angleterre, au point qu'elle envoya Nelson lui-même pour combattre cet armement, dont elle s'était d'abord moquée. Par deux fois, le plus célèbre des amiraux anglais tenta vainement de détruire notre flottille; mais, bien loin de lui causer de graves dommages, lui-même, dans la dernière attaque, perdit huit bâtiments coulés bas; quatre autres tombèrent entre nos mains. Le contre-amiral Latouche n'évalua notre perte qu'à 10 hommes tués et trente blessés.

L'évacuation de l'Egypte, la prise de Malte, qui avait capitulé après une défense héroïque, n'étaient pas capables de compenser les pertes que causait l'état de guerre à la Grande-Bretagne; il fallait bien que cette superbe puissance finît par céder à l'ascendant de la fortune qui nous favorisait. Le Portugal nous céda la Guianne portugaise, et consentit à fermer tous ses ports aux vaisseaux anglais, en accordant au commerce français tous les avantages dont la France jouissait autrefois. La cour de Lisbonne s'engagea de plus à nous payer la somme de 25 millions. Tels sont les événements qui amenèrent la conclusion de la paix entre la république et le cabinet de Saint-James. Cette puissance envoya lord Cornwalis à Amiens: mais les diplomates anglais ne semblaient se douter ni du temps, ni des hommes, ni des choses. La manière de Napoléon les déconcerta tout à fait. On n'avait prétendu qu'amuser les Français à Amiens, on traita sérieusement. L'affaire convenue, lord Cornwalis avait promis de signer le lendemain; quelque empêchement majeur le retint chez lui, mais il envoya sa parole. Le soir même, un courrier de Londres vint lui interdire certains articles: il répondit qu'il avait signé, et vint apposer sa signature. Ainsi fut conclue, le 25 mars 1802, entre la république française, l'Espagne, la république batave et l'Angleterre, cette paix qui devait rendre le repos à l'Europe. L'Angleterre reconnaissait Bonaparte en qualité de premier Consul, et rendait à la république et à ses alliés tout ce qu'elle avait conquis dans les deux hémisphères.

En Angleterre, le peuple, fatigué d'une lutte si longue, salua par des acclamations de joie la nouvelle de la pacification. La famille royale, revenant de Weymoth à Windsor, fut fêtée avec transport. Une illumination générale eut lieu. Le lord Camelsfort, ayant refusé d'imiter cet exemple donné par toute une ville, eut sa maison démolie. Lauriston, aide de camp du premier Consul, envoyé à Londres pour échanger les ratifications, vit le peuple dételer ses chevaux, et sa voiture traînée par la foule. Le soir la ville illuminée retentit du bruit du canon qui annonçait la grande nouvelle. « Ceci n'est pas une paix ordinaire, dit le ministre Addington ; c'est une réconciliation entre les deux premières nations du monde. »

Mais la chambre des communes déplora la triste nécessité à laquelle on avait été réduit, et considéra la paix comme déshonorante pour la Grande-Bretagne.

Dans les premiers moments de repos que lui donna la paix, le Consul s'occupa de la constitution définitive des républiques batave et génoise, et de modifier les lois.

Les choses ne pouvaient s'arranger aussi facilement en Suisse qu'à Gênes, en Hollande et dans la Lombardie. Mais bientôt la Suisse, envahie et bloquée, dut accepter une constitution dictée par le premier Consul.

Le 18 avril, la proclamation du concordat donna lieu à une grande solennité religieuse qui, ordonnée et présidée par le premier Consul, vit célébrer à Notre-Dame le rétablissement du culte catholique et la paix d'Amiens, dont les ratifications furent échangées ce jour même. Ces heureux événements excitaient un enthousiasme universel pour le grand homme dont la renommée remplissait le monde entier. Les bienfaits de son administration le rendaient encore plus cher à la France que les victoires ne l'avaient rendu grand.

Déjà, par sa gloire militaire les Français, étaient devenus le premier peuple du monde ; il voulut que ce peuple fût aussi le premier par sa gloire civile.

Il poursuivait avec une rare activité de grands et utiles travaux, qui assuraient l'existence de la classe ouvrière ; il facilitait le commerce, faisait fleurir l'instruction, les arts, les sciences, l'industrie, et donnait ainsi à la France un haut degré de gloire et de prospérité.

Ce fut alors qu'il s'occupa de jeter les premiers plans du Code civil, cet immortel travail qui le montre aussi grand penseur qu'il était grand capitaine. On le savait guerrier, orateur, administrateur, il prouvait qu'il était aussi législateur. Rien ne manquait à ce vaste génie qui jetait de si éblouissantes clartés dès le début de sa carrière.

Ce fut vers cette époque, 4 mars 1801, que fut décrétée la première exposition des produits manufacturiers et industriels de la France. La science modeste, laborieuse et féconde eut aussi ses triomphes et ses trophées. Cette institution élevait ainsi la gloire des arts utiles à la hauteur de celle des armes à laquelle elle doit survivre à jamais.

La reconnaissance nationale pour l'homme qui avait si bien usé du pouvoir que le peuple avait remis entre ses mains, lui décerna le titre de *Consul à vie*. 3,568,898 votes, sur 3,577,259 votants, confirmèrent la décision des conseils.

En attendant le résultat des votes sur la prolongation de sa puissance, Napoléon avait fait présenter un projet de loi relatif à la création de la légion d'honneur. Ce nouvel ordre de chevalerie, l'une des plus belles institutions de la France, devait être le mobile et la récompense des belles actions civiles et militaires. Le premier Consul laissait surtout éclater la sagesse de son gouvernement par de nombreuses créations dans l'intérieur. Il établissait des écoles de pharmacie, à Paris, à Montpellier, à Strasbourg; il réglait par une loi le régime des Invalides, la retraite des militaires, les pensions et secours dus aux veuves et aux enfants de ceux qui étaient morts sur le champ de bataille, il s'occupait du système monétaire; il autorisait Paris à remplacer la contribution foncière par des droits d'enchère; la plupart des villes de France suivirent à cet égard l'exemple donné par la capitale. La levée de la conscription se faisait d'une manière régulière et préparait ainsi au pays des forces capables de suffire à tous les besoins de sa défense.

Des escadres espagnoles et hollandaises se rangèrent sous notre pavillon, l'amiral Villaret de Joyeuse commandait en chef une flotte de 84 bâtiments de guerre, sans compter les navires armés en flûte ou servant de transport. Plus de 60,000 hommes allaient, sous divers généraux, prendre possession de nos colonies des Indes et de l'Afrique; notamment du Sénégal, de Cayenne, de la Martinique, de la Guadeloupe, de l'Ile-de-France, de Pondichéry, etc. L'Ile de Saint-Domingue fut placée dans une catégorie différente. On craignait une vive résistance des nègres. Le général Leclerc, beau-frère du premier Consul, en fut nommé *capitaine général;* il commandait une armée de plus de 40,000 hommes qui devait occuper cette grande et belle colonie, augmentée de la partie espagnole, soit par une remise volontaire, ou par la force de nos armes, si le noir Toussaint Louverture, qui s'en était fait nommer gouverneur, entreprenait de résister (1).

La flotte appareilla le 14 septembre 1804, et se présenta devant le cap Français le 29 janvier 1805. Sommé de se soumettre aux conditions les plus avantageuses, Toussaint, loin d'accéder à ces propositions, se résolut à la guerre, qu'il conduisit avec beaucoup d'habileté; et comme il savait se ménager pour reprendre des forces, il consentit à une espèce de pacification qui ne fut qu'une trève. Un allié terrible vint au secours de ce redoutable ennemi ; la fièvre jaune se déclara dans l'armée française. Toussaint, saluant avec joie ce fléau, écrivit de sa demeure de Sancey : *La Providence vient enfin à mon secours.* Il demandait combien on faisait par nuit de voyages à la Fossette (lieu où l'on portait les morts). Ces mots et une lettre à double sens, qui révélait des intentions perfides et de dangereux projets, déterminèrent Leclerc à faire arrêter le chef noir. Malgré son caractère défiant et sa prévoyance extrême, Toussaint tomba dans un piége qu'on lui tendit. Pris par le général Brunet, il fut embarqué sur le vaisseau le *Héros*. Toussaint connaissait bien le peuple indompté auquel nous allions avoir affaire : « En me renversant, dit-il au capitaine de ce navire, on n'a abattu à Saint-Domingue que le tronc de l'arbre de la liberté des noirs; il repoussera par les racines, parce qu'elles sont nombreuses et profondes ! » L'aide de camp de Toussaint, Fontaine, fut jugé comme espion et passé par les armes.

La prédiction de Toussaint ne tarda pas à s'accomplir. Tandis que le malheureux captif faisait voile vers la prison où il devait mourir, les mulâtres se joignirent aux noirs, et bientôt l'île fut en feu comme un volcan.

(1) Des derniers rangs de l'esclavage, cet homme extraordinaire s'éleva au faîte de la domination despotique. Noir d'origine africaine, né en 1743, à Saint-Domingue, d'un père et d'une mère esclaves, il s'appela d'abord *Toussaint Breda*, du nom de l'habitation dans laquelle il vint au monde. L'instruction grossière qu'il reçut d'un autre noir le tira de l'emploi de pâtre qu'il remplissait : il devint cocher, puis surveillant de ses compagnons d'esclavage. Tel fut l'état où le trouva la révolution. Etranger à ses premières scènes, il ne s'en mêla que lorsqu'elle prit un caractère politique. Circonstance bizarre, Toussaint et ses compagnons s'armaient alors aux cri de *vive le roi et l'ancien régime*, contre les blancs qui arboraient l'étendard de la liberté. La publication du décret de la Convention, qui proclamait l'affranchissement des noirs, changea les idées de Toussaint. Elu chef par les nègres révoltés, il sut tromper à la fois les Anglais, les Français et les Espagnols, et les força d'évacuer les places qu'ils occupaient. Il se fit déférer, en 1800, le titre de président à vie; et sans rompre ouvertement avec la Métropole, il ne se montra pas disposé à l'obéissance. Il disait alors : « J'ai mon vol dans la région des aigles. » Dans ses lettres à Bonaparte, il s'intitulait ainsi : *Le premier des noirs au premier des blancs.* Justement irrité du parallèle et de l'audace avec laquelle un esclave semblait braver le chef de trente millions d'hommes, le premier Consul, pour toute réponse, résolut de châtier ce singulier antagoniste qui se déguisait en imitateur.

La Guadeloupe avait tenté de s'insurger sous les ordres d'un mulâtre nommé Pélage. Le contre-amiral Lacrosse, surpris par une insurrection, fut expulsé de l'île. Mais bientôt une expédition, dirigée par Richepanse, rétablit le calme et la paix. Malheureusement pour la république, l'illustre général paya de sa vie cette dernière palme. Le gouvernement français victorieux n'abolit pas l'esclavage, et quand cette nouvelle parvint à Saint-Domingue, elle accrut l'irritation des noirs, qu'une affreuse barbarie porta bientôt au plus haut degré. Le 31 fructidor, ils avaient attaqué le Cap et failli enlever la place. Pendant l'action, les chefs de la marine, craignant pour nos équipages, firent jeter vivants à la mer 1,200 noirs détenus sur la flotte. Il y eut encore d'autres excès qui, quoiqu'ils ne fussent que des représailles contre les noirs, n'en font pas moins frémir l'humanité. Tout fut terrible des deux côtés ; mais la lutte était inégale ; nous avions à combattre le climat, la maladie, les privations et la rage sans cesse renaissante, la valeur désespérée d'un ennemi cent fois supérieur en nombre ; nous devions succomber. De 20,000 hommes débarqués avec lui, le général Leclerc n'avait plus que 2,500 combattants. Le reste était mort dans les batailles ou périssait dans les hôpitaux. Leclerc, à son tour, tomba malade et mourut le 10 brumaire an XI. Les Français en furent bientôt réduits à la plus cruelle situation, et Rochambeau, qui avait succédé à Leclerc, ne put sauver quelques débris de leur armée qu'en capitulant le 1er décembre 1803.

La ville devait être remise aux noirs dans dix jours, c'est-à-dire le 30 novembre. Rochambeau, pendant ce temps, espérait, à l'aide d'un temps favorable, échapper à la croisière anglaise (1). Tout était prêt vers le 25 ; mais le vent fut constamment contraire, et lorsque l'escadre où s'était embarquée la garnison put sortir, après l'expiration de la trêve, elle fut obligée de se rendre aux Anglais, qui la conduisirent à la Jamaïque, après avoir dépouillé les malheureux prisonniers.

De Noailles commandait au môle Saint-Nicolas. Pour échapper à l'ennemi, dans la nuit même qui suivit l'évacuation du Cap, il fit embarquer sa troupe et une partie des habitants sur sept navires qui se trouvaient dans le port, et, se mêlant, pendant la nuit, à la flotte anglaise qui escortait les vaisseaux sortis du Cap, il fit voile quelque temps sans être reconnu, et parvint à gagner Cuba avec sept bâtiments. Poursuivant seul ensuite sa route pour se réunir au général Lavalette le brick qu'il montait fut rencontré par une corvette anglaise qui le héla. Il se donna comme Anglais, sortant de la Jamaïque, et apprit que le bâtiment avec lequel il se trouvait en communication était à sa poursuite. Noailles avait résolu de profiter de la nuit pour l'enlever à

(1) A cette époque, la guerre avec l'Angleterre avait recommencé.

l'abordage. Quand les ténèbres les eurent enveloppés, le brick aborda la corvette dans un moment favorable; une quarantaine de grenadiers, conduits par Noailles, furent mortellement blessés, mais le vaisseau anglais fut obligé de se rendre, et le général français, triomphant, rejoignit avec sa prise le général Lavalette à la Havane; il y mourut quelques jours après. Plus malheureux que lui, Lavalette s'étant rembarqué avec son état-major et le gros de ses troupes, pour rejoindre Ferraud à Santo-Domingo, le navire qui le portait sombra au large et se perdit corps et biens.

Pour Ferraud, il conserva plusieurs années encore la partie espagnole de Saint-Domingue, soutenu par les milices du pays, qui haïssaient les noirs.

CHAPITRE VII.

Rupture du traité d'Amiens. — Érection du trône impérial. — Camp de Boulogne. — Troisième coalition contre la France. — Campagne d'Austerlitz. — Paix et traité de Presbourg. — Retour de Napoléon.

La paix conquise à Marengo, à Hohenlinden, ne fut pas de longue durée. Le cabinet anglais manifestait hautement l'intention de rompre le traité d'Amiens qu'il avait exécuté avec tant de peine, en rendant Alexandrie et le cap de Bonne-Espérance. En effet, son ambassadeur déclara au ministère français que le gouvernement britannique se refusait à évacuer Malte. Le premier Consul répondit à l'envoyé d'Angleterre qu'il aimerait mieux voir les forces de ce pays occuper le faubourg Saint-Antoine que Malte. Il se plaignit en outre des menées du cabinet de Saint-James, de la protection qu'il accordait à des faussaires et à des assassins. De nouvelles difficultés, toutes soulevées par l'Angleterre, amenèrent de nouvelles conférences, dans lesquelles Bonaparte montra beaucoup de retenue et de modération. « Ils croient que je crains la guerre, dit-il alors, que je la redoute pour mon autorité : ils ont tort ! J'aurai deux millions d'hommes, s'il le faut. » L'ambassadeur anglais, après avoir présenté un ultimatum aussi extraordinaire dans ses demandes qu'insolent dans ses formes, sollicita ses passeports. Le premier Consul tenta un dernier effort, et annonça qu'il était près de consentir à ce que l'île de Malte fût remise dans les mains de l'Autriche, de la Prusse et de la Russie. Rien ne put décider le cabinet britannique à essayer des moyens de conserver la paix. Les deux gouvernements publièrent leur apologie dans deux manifestes. Cependant la rupture n'était pas officiellement déclarée, lorsque deux bâtiments français furent capturés dans la baie d'Audierne. En représailles, Napoléon déclara prisonniers tous les Anglais, de dix-huit à soixante ans, qui se trouvaient en France, comme otage des Français pris contre le droit des gens. En même temps, le Hanovre fut occupé par nos troupes, qui firent prisonnière l'armée anglaise, dont le général en chef, le duc de Cambrige, n'évita le même sort que par la fuite.

A Lisbonne, Lannes exigea que le gouvernement portugais fermât ses ports au pavillon britannique. Nous frappions nos implacables ennemis partout où ils étaient vulnérables en Europe ; mais aux Antilles, notre rupture achevait de nous ôter tout espoir de conserver Saint-Domingue, que nous perdions pièce à pièce. La rentrée des noirs dans la possession de la colonie fut partout signalée par des cruautés affreuses. Plus heureux sur le continent, et d'accord avec la nation sur le projet d'abaisser notre rivale, Bonaparte, aidé des forces de la Hollande, et après avoir pris encore la précaution de s'attacher l'Helvétie, en faisant une capitulation pour quatre régiments de ce pays, partit de Paris, afin de visiter toutes nos places maritimes du Nord. Partout il ordonna des travaux immenses qui avaient pour objet la grande et nationale entreprise; partout il reçut les expressions d'amour des peuples enthousiasmés, qui mettaient à sa disposition leurs bras, leur courage et les tributs de leur patriotisme.

Tandis que les populations secondaient avec tant de dévouement le premier Consul, l'Angleterre, en se servant habilement des prétentions de la maison de Bourbon, s'adressait encore une fois aux passions mal éteintes qu'elle avait soldées pendant la révolution pour déchirer la France. Des navires de l'État jettent sur nos côtes, pendant la nuit, un grand nombre de chouans, ayant Georges Cadoudal à leur tête; des royalistes se joignent à eux : le vainqueur de la Hollande, Pichegru, doit diriger le mouvement préparé. Moreau, qui naguère a recueilli une moisson de lauriers en Allemagne, le *Turenne* de l'époque, est compromis dans cette ténébreuse conspiration (1). Il est arrêté le 15 février, Pichegru est *livré* le 23, et *Georges Cadoudal*, malgré sa résistance, est saisi le 9 mars. Tous les autres complices sont entre les mains de la police qui, dans le mois de juillet, est rendue à *Fouché de Nantes*. La justice criminelle prononcée, Joséphine sauve la vie par ses prières à plusieurs condamnés, d'autres subissent courageusement leur sort. Moreau échange sa prison contre un exil en Amérique, mais il en sort en 1813 pour périr d'un coup de canon devant Dresde, le 27 août, dans les rangs des ennemis de la patrie. Pichegru ne figura pas

(1) La culpabilité de Moreau était aussi claire que le jour : il avait su le complot tramé contre la vie de Bonaparte, et avait prononcé ces mots si fâcheusement caractéristiques : « Je ne puis me charger de l'arrêter moi-même, mais arrêtez-le, et je le conduirai au tribunal. » Enfin, pour parler sans détour, il avait voulu et accepté la mort du premier Consul. Dans une lettre qu'il écrivit à Bonaparte, et qui trahissait ses inquiétudes de l'avenir, il s'avoua coupable, au moins, d'actions imprudentes. Ce n'était pas de ce ton que devait parler un homme sûr de son innocence, et un général encore couvert de gloire.

au nombre des condamnés ; désespérant de la clémence de Bonaparte, il s'était soustrait à son sort par un suicide. Pichegru n'avait pas osé braver l'éclat d'un procès où sa complicité permanente, avec l'ennemi et avec l'émigration depuis 1796, avait été mise au grand jour, et dont l'issue, d'ailleurs, était une condamnation inévitable. L'esprit de parti accusa le premier Consul de cette mort (1). L'accusation est absurde. Quel intérêt pouvait avoir Bonaparte à ce que Pichegru ne fût pas publiquement écrasé sous le poids de toutes ses trahisons, à devancer de quelques semaines l'œuvre du bourreau ? Un autre événement, qui précéda de quelques jours le suicide du général, prouve que Bonaparte n'avait pas besoin de la complicité des ténèbres pour les coups qu'il avait à porter, et qu'il pouvait punir au grand jour ceux qui l'avaient mérité. Le dernier rejeton des Condé, le duc d'Enghien, resté sur le territoire allemand, soldait, encourageait, de la frontière, une bande de chouans restés à Paris, où ils épiaient à leur tour l'occasion d'accomplir l'assassinat que Georges n'avait pu commettre. Dans la guerre acharnée, implacable que, depuis quatre ans, l'émigration faisait au premier Consul, les Bourbons n'avaient reculé devant aucun moyen : machines infernales, complots, calomnies, on avait employé toutes les armes. Placé sous le coup de ces attaques incessantes, persuadé qu'il n'exerçait qu'un moyen de défense personnelle et de justes représailles, impatient, d'ailleurs, de mettre un terme aux illusions du parti royaliste, Bonaparte prit un parti décisif : le duc d'Enghien fut enlevé du château d'Estenhein, à quatre lieues de la frontière, conduit au château de Vincennes et traduit, cinq jours après son arrestation, devant un conseil de guerre, nommé le matin même. D'Enghien, victime expiatoire des intrigues maladroites ou atroces du chef de sa race, interrogé, jugé et condamné dans l'espace de quelques heures, fut immédiatement fusillé dans les fossés du château de Vincennes (2).

(1) Un ami de Pichegru l'avait livré à la police moyennant une somme de mille francs. Que l'infamie pèse à jamais sur la tête de ce traître ! Pichegru, interrogé par Real, se renferma dans un système complet de dénégation : « Revoyez Pichegru, dit Bonaparte au conseiller d'Etat ; avant de faire une faute, il a servi et honoré son pays par des victoires. Dites-lui que ceci n'est qu'une bataille perdue. Je n'ai pas besoin de son sang ; mais il ne pourrait rester en France. Demandez-lui ce qu'on pourrait faire de Cayenne (où Pichegru avait été déporté) ; je me fierais à lui, et il y serait sur un bon pied. »

(2) Personne ne peut vouloir justifier Bonaparte, qui d'ailleurs avoue hautement l'action dans ses mémoires ; mais un homme en butte à tant de projets d'assassinats, un homme échappé par miracle à la machine infernale, a pu éprouver une légitime indignation et dû céder à une impérieuse nécessité pour frapper de terreur les princes déchus, qui tenteraient de s'approcher de nos frontières, et empêcher qu'on ne supposât que lui, Bonaparte, pourrait préférer le rôle subalterne de Monck à celui de César.

L'Angleterre avait formé une nouvelle coalition continentale. Des deux côtés on se prépara vivement à la guerre. Le projet d'une descente en Angleterre fut repris par Bonaparte avec toute l'ardeur qu'il mettait aux résolutions de son audace et de sa volonté.

Dès les premiers mois de 1804, les côtes de France, et particulièrement celles de la Manche, furent couvertes de soldats, et les ports encombrés de bâtiments destinés à transporter ces troupes formidables sur le rivage ennemi. En attendant que tous les apprêts fussent terminés, Bonaparte faisait instruire ses troupes aux grandes évolutions de guerre.

Le gouvernement anglais, ému des apprêts d'une descente, se mit en défense avec une activité qui en démontrait la possibilité, et si les Anglais avaient d'abord plaisanté sur les premiers bateaux construits dans l'intérieur de la France, et qui étaient parvenus jusqu'à la mer en descendant des ruisseaux dans les rivières, et des rivières dans les fleuves, ils s'alarmèrent en voyant la flottille de Boulogne prête à profiter d'un vent favorable pour aborder leurs rivages.

Pendant la période où la création de la flottille s'effectuait, quelques engagements maritimes eurent lieu, et là, du moins, la valeur française fut moins malheureuse, qu'elle ne l'avait été généralement sur mer depuis 1793.

La position centrale du Havre sur les côtes de la Manche l'avait fait désigner comme point de rassemblement pour les bâtiments construits et armés dans les ports les plus occidentaux ou dans la Seine et ses affluents. Les Anglais firent contre cette ville plusieurs tentatives de bombardement, dont l'un causa d'assez grands dommages, sans nuire cependant à la flotille. Enfin, après des efforts soutenus, la flottille se trouva réunie à Boulogne.

Pendant ces événements divers, le cabinet britannique fit un dernier appel à l'Europe absolutiste et chercha à réveiller à l'intérieur les passions politiques que l'administration nouvelle semblait avoir assoupies. La France, à son tour, prit l'alarme. Diverses tentatives avaient menacé la vie du premier Consul. Elle sentit que le coup qui trancherait ses jours la livrerait encore à des agitations; elle réclama des garanties pour la tranquillité de l'avenir, et, dans son enthousiasme pour celui qui l'avait sauvée de l'anarchie et qui élevait à un si haut point la gloire nationale, elle porta le Consul à l'empire. Le 18 mai 1804, un senatus-consulte organique déclara Bonaparte empereur des Français sous le nom de Napoléon Ier, et lui déféra la dignité impériale héréditaire. Le décret du sénat fut sanctionné par 3,572,32 voix sur 3,574,898 votants.

A quarante-huit ans de distance un fait semblable devait se reproduire avec non moins d'éclat. Un autre Napoléon, après avoir sauvé la France d'une ruine certaine, dût recevoir des mains de la nation reconnaissante la couronne impériale. C'est que la France après avoir éprouvé de cruels moments d'épreuve, de douleurs et de misères, comprend que, dans la paix comme dans la guerre, le meilleur moyen d'assurer sa tranquillité et sa prospérité intérieure et de se faire respecter au dehors, est de se reposer sur un gouvernement ferme et durable.

Le comte de Lille (Louis XVIII) qui se regardait toujours comme propriétaire de la France et du trône, protesta hautement contre l'avénement de Napoléon. « En prenant le titre d'Empereur, disait le prince déchu, Bonaparte vient de mettre le sceau à son usurpation. Ce nouvel acte d'une révolution, *où tout*, *dès l'origine*, est *nul*, ne peut sans doute infirmer mes droits. Loin de reconnaître le titre impérial que Bonaparte vient de se faire déférer par un corps qui n'a pas même d'existence légitime; je proteste contre ce titre et contre tous les actes subséquents auxquels il pourra donner lieu. »

Le comte de Lille, qui avait participé à la révolution, s'accusait lui-même dans cette étrange déclaration; d'un autre côté, il commettait une faute grave en politique, et se montrait peu instruit du véritable esprit de la France, en osant la menacer d'une contre-révolution complète. L'Europe, déjà liée par des traités avec Bonaparte, ne fit qu'une attention médiocre aux prétentions de son impuissant compétiteur; la France ne parut pas même les remarquer. Indifférente au sort de ses anciens princes, qui s'étaient trahis eux-mêmes en laissant tomber le trône sans le défendre, elle se précipita tout entière du côte de l'homme qui avait ravi son admiration et relevé toutes ses espérances de bonheur si longtemps déçues; la France crut récompenser le consulat par l'empire; et certes le consulat avait bien mérité d'elle. Quant à Napoléon, pour toute réponse, il fit imprimer textuellement la protestation dans le *Moniteur*.

La Hollande, l'Italie furent érigées en royaumes, et les principaux généraux de la république reçurent le titre de maréchaux de l'empire.

A cette époque, la distribution solennelle de la décoration de la légion d'honneur aux membres de cet ordre eut lieu dans l'église des Invalides, et un mois après, Napoléon se rendit au camp de Boulogne. Assis sur un trône au milieu de tous ses maréchaux, de tous les généraux, et en présence de 150,000 soldats, il se fit reconnaître militairement empereur et distribua des croix d'honneur à l'armée. Les fêtes durèrent trois jours, et les feux à étoiles tirés toute la nuit par tous les régiments de l'armée furent aperçus de la côte d'Angleterre.

Le même jour, la fête de Napoléon était aussi célébrée à Cherbourg par l'inauguration de la digue, et à Anvers par celle de l'arsenal maritime. Deux corvettes y furent lancées. Ce grand port de construction comptait à peine une année d'établissement, et trois vaisseaux de ligne et une frégate allaient sortir de ses chantiers.

Avant de quitter Boulogne pour se rendre dans les départements du Rhin, l'Empereur reçut de son armée un noble témoignage d'admiration et de reconnaissance : elle lui vota une statue colossale en bronze, qui devait être placée au milieu du camp. Tous les régiments de l'armée offrirent une partie de leur solde pour l'érection de ce monument. Mais le bronze manquait. Le maréchal Soult, qui présidait à cet imposant hommage au héros de la France, lui dit : *Sire, prêtez-moi du bronze; je vous le rendrai à la première bataille.* Quelques mois plus tard, le maréchal acquitta fidèlement sa dette dans un village de la Moravie.

Fondateur d'une nouvelle dynastie, Napoléon voulut que le souverain pontife passât les monts pour lui conférer l'onction sainte. Le saint-siége, déjà préparé à la reconnaissance de l'empire par le concordat consulaire, n'hésita pas. Il se rendit en France, et le 2 décembre, la double cérémonie du sacre et du couronnement eut lieu dans l'église de Notre-Dame.

Cependant l'Empereur, dès les premiers jours de janvier 1805, veut donner à la France un gage authentique de ses dispositions pour la paix, car il sent qu'il a besoin de la victoire pour faire respecter sa couronne; il n'ignore pas que la paix avec l'Angleterre peut seule l'affermir sur sa tête. En conséquence, par un effet de cette confiance que la fortune lui donne le droit d'avoir en lui, il écrit directement, le 14 janvier, au roi d'Angleterre :

« Je n'attache pas de déshonneur à faire les premiers pas; j'ai assez, je pense, prouvé au monde que je ne redoute aucune des chances de la guerre. La paix est le vœu de mon cœur; mais la guerre n'a jamais été contraire à ma gloire. Je conjure Votre Majesté de ne pas se refuser au bonheur de donner la paix au monde. Qu'elle ne laisse pas cette douce satisfaction à ses enfants. Une coalition ne fera jamais qu'accroître la prépondérance et la grandeur de la France. »

Mais Napoléon empereur s'est trompé, comme l'avait fait Bonaparte consul, et c'est une lettre vague de lord Malgrave (du 14 janvier) à M. Talleyrand qui répond à cette importante démarche et prononce sur le sort du monde :

« Sa Majesté est persuadée, disait le ministre anglais, que le but de la paix ne peut être atteint que par des engagements qui puissent en même temps pourvoir à la sûreté et à la tranquillité à venir de l'Europe, et prévenir le renouvellement des dangers et des malheurs dans lesquels elle s'est trouvée enveloppée. Sa Majesté sent qu'il lui est impossible de répondre plus particulièrement à l'ouverture qui lui a été faite jusqu'à ce qu'elle ait eu le temps de communiquer avec les puissance du continent. »

Jamais la politique respective de l'Angleterre et de la France n'avait été réduite à une plus simple expression. Ces deux puissances étaient également convaincues que la paix générale assurait la domination de Napoléon. Aussi, l'une avait la même raison de demander sans cesse cette paix que l'autre avait de la refuser. Cependant les propositions de Napoléon avaient trouvé, sur les bancs de l'opposition anglaise, un énergique protecteur dans la personne du célèbre Fox. Aussi furent-elles, par l'ordre de l'Empereur, communiquées, ainsi que la réponse de lord Malgrave, aux trois corps de la législature. La franchise de cette communication excita au plus haut dégré l'enthousiasme public, déjà exalté par la générosité de la démarche faite auprès de Georges III. La guerre, ainsi sanctionnée par l'opinion, devint, par ce nouveau refus de l'Angleterre, depuis le traité d'Amiens, la seule politique de Napoléon. Ainsi, toutes les guerres continentales auront pour objet la paix générale. Elle sera constamment refusée par l'invincible machiavélisme d'un gouvernement, dont la splendeur ne date que de l'occupation du trône par la maison de Hanovre. Ainsi, l'Europe est destinée périodiquement à la haine qu'il porte, non à l'élévation de Napoléon, mais aux prospérités de la France. Et dix ans après, afin que la postérité ne se méprenne point sur l'auteur de ces prospérités, cette même Angleterre proclamera, dans toute l'Europe soulevée et soldée par elle, que c'est contre Napoléon que la vengeanec du monde est armée, et la perte de la France sera le but réel de la jalousie britannique.

Au milieu des immenses préparatifs de la guerre, une nouvelle couronne, la couronne de fer des rois d'Italie, vint se poser sur le front du glorieux empereur des Français. Napoléon s'étant rendu en Italie avec l'Impératrice, fit son entrée à Milan le 8 mai 1805, et le 26 eut lieu le second couronnement. Napoléon fut sacré par le cardinal Caprara, et cette cérémonie effaça en splendeur celle de Paris. Au bout de dix siècles, la couronne de fer des Lombards, placée sur la tête d'un empereur français, apprenait au monde que Charlemagne avait un successeur. Ainsi qu'à Paris, Napoléon prit la couronne sur l'autel, et la plaçant sur sa tête : *Dieu me la donne*, dit-il à haute voix, *gare à qui la touche!* L'ordre de la couronne de fer fut créé avec ces mots pour devise.

Les mouvements de l'amiral Ganthaume hors de Brest, et l'expédition aux Antilles de l'amiral Villeneuve avec les flottes de Toulon et d'Espagne, avaient pour objet d'entraîner loin de la Manche les forces navales de l'Angleterre, et de faciliter la réunion et le départ de la flottille expéditionnaire. Ce plan, dont le succès eût fait réussir l'incroyable projet de la descente en Angleterre, fut une conception de Napoléon.

Les 17 et 18 juillet, la flottille batave, sous les ordres de l'amiral Werhuel, triomphait des efforts de la croisière anglaise, et parvenait à sa destination, le port d'Ambleteuse. Cette action audacieuse, qui mit l'amiral Werhuel au rang des premiers hommes de guerre de l'Europe, fut encore remarquable par une singularité chevaleresque, conforme au génie belliqueux des grands militaires de cette époque. Le maréchal Davoust, commandant le camp de Dunkerque, d'où la flottille appareilla, voulut être volontaire sous le pavillon de l'amiral, monta à son bord, qui prit la tête de la ligne de bataille, et fut à la fois un illustre témoin et un historien fidèle de ce beau fait d'armes, dont il partagea les périls et dont la gloire devait lui rester étrangère.

Cependant l'Autriche, poussée par les efforts de l'Angleterre, se détermina à mettre ses armées en mouvement avant même l'arrivée du secours de la Russie. La Suède devait attaquer la Hollande, et le roi de Naples faire une diversion sur l'Etat romain pour inquiéter le royaume d'Italie, pendant que l'archiduc Charles descendrait sur le Tyrol.

Pour tromper les Autrichiens, Napoléon vint à Boulogne visiter les vaisseaux, comme si la descente en Angleterre était prochaine, L'Empereur s'étant embarqué, visita la flottille pour la dernière fois. Il eut le bonheur de pouvoir juger par lui-même des chances d'un combat qui fut livré sous ses yeux, comme le spectacle d'une naumachie, entre la ligne d'embossage française, composée de 146 bateaux, et la flotte anglaise, forte de 14 bâtiments de guerre, dont deux vaisseaux de ligne et deux grosses frégates. Pour la première fois de sa vie, il trouvait l'occasion de commander aussi sur mer, et il monta à bord du canot de l'amiral Brieux. Lui-même, il donna l'ordre de serrer au feu, et après deux heures d'un combat acharné, les Anglais durent battre en retraite, après avoir perdu un bâtiment. Les batteries de terre soutinrent merveilleusement les feux de la rade; plusieurs bombes tombèrent sur les ponts ennemis. Ce ne fut pas sans doute une petite satisfaction pour Napoléon d'avoir humilié lui-même le pavillon britannique à la vue de son armée de terre. Ce combat était une de ces belles fortunes qui, depuis son avénement au consulat, signalaient les circonstances importantes de sa vie publique. Mais il apprit dans ce moment que l'amiral Villeneuve s'était laissé surprendre dans un port d'Espagne, où il se trouvait bloqué. Il comprit sur-le-champ que l'expédition d'Angleterre était manquée, perdue peut-être pour toujours, et dans le premier élan de la colère, alors que tout autre eût eu peine à conserver son jugement, il dicta, tout d'un trait, sans hésiter, sans s'arrêter, le plan admirable de la campagne d'Austerlitz, le plus beau que jamais génie de grand conquérant ait pu concevoir.

Cette campagne est celle dans laquelle nous allons entrer. Napoléon apprit que l'Autriche avait envahi la Bavière, et manifestait ouvertement des intentions hostiles. Rapide comme l'éclair, l'Empereur lève le camp de Boulogne, et l'armée se précipite sur les bords du Rhin, avec celle de Hanovre et de Hollande. Le 1er octobre 1805, Napoléon avait déjà tourné les positions de l'ennemi. Les avantages partiels de Wertingen, de Gutsbourg, de Memmingen, facilitent l'élan de sa course impétueuse. Le 12, il entre dans la capitale de la Bavière, délivre les Etats de son fidèle allié, et contraint le général Mack à se renfermer dans Ulm et à se rendre, le 20 octobre, après quelques jours de blocus. Même succès à Lowers, Amstelten, Mariuzell, Prasling, Lintz et Inspruck. « Nous ne nous arrêterons plus, avait dit Napoléon en ouvrant la campagne, que nous n'ayons assuré l'indépendance du corps germanique, secouru nos alliés et confondu l'orgueil de nos injustes agresseurs. Nous ne ferons plus de paix sans garantie ; notre générosité ne trompera plus notre politique. » De si brillants résultats, dus aux savantes combinaisons de l'Empereur et à la bravoure de ses soldats, ne coûtèrent à la grande armée que 2,000 hommes tués ou mis hors de combat.

L'Autriche, en recommençant la guerre, avait l'intention de porter la plus grande partie de ses forces en Italie ; mais la rapidité de la marche de Napoléon déconcerta ses mesures. Le maréchal Masséna, qui commandait l'armée d'Italie, profita de ces circonstances pour attaquer l'ennemi. Il le battit à San-Michele, à Caldiero, fit déposer les armes à une colonne de 5,000 hommes à Cara-Albertini; passa ensuite la Brenta, la Piava, le Tagliamento, l'Isonzo, et battit de nouveau les Autrichiens à Castel-Franco. Après ces succès, c'est-à-dire vers la fin de novembre, l'armée d'Italie fit sa jonction à Klagenfurth avec le corps du maréchal Ney, qui venait de s'emparer d'Inspruck, et prit la dénomination de huitième corps de la grande armée avec laquelle elle venait de rivaliser de gloire et de bravoure.

Le lendemain de la prise d'Ulm, Napoléon ayant appris que les Russes s'avançaient à grandes journées au secours de l'Autriche, adressa l'ordre du jour suivant à ses soldats :

« Soldats de la grande armée, nous avons fait une campagne de quinze jours ; vous ne vous arrêterez pas là : cette armée russe, que l'or de l'Angleterre a transportée de l'extrémité de l'univers, nous allons l'exterminer. »

Brûlant d'en venir aux mains avec les Russes, Napoléon concentra ses forces en Bavière, les mit en mouvement vers l'Inn, passa ce fleuve le 28 octobre, s'empara de Braunau, dont il fit le dépôt du grand quartier général, força à la retraite les Russes qui venaient de se joindre aux Autrichiens, passa la Traunn et l'Ens, vainquit les alliés en plusieurs rencontres et entra dans Vienne le 13 novembre. Deux jours auparavant, Kutusow, général en chef de l'armée russe, avait été battu avec une partie de son armée à Diernstein, sur la rive gauche du Danube, par la division du maréchal Mortier. L'armée française traversa la capitale d'Autriche sans s'y arrêter, poursuivit les ennemis jusqu'à Hollabrunn, et battit les Russes à Guntersdorff. Ceux-ci, après le combat de Guntersdorff, avaient précipité leur retraite sur Brünn, où ils joignirent l'empereur Alexandre à la tête du second corps d'armée commandé par le général Buxhoëwden : ces troupes combinées formaient un effectif de 80,000 hommes, mais elles étaient tellement fatiguées des marches et des combats qu'elles avaient soutenus, qu'il fut décidé par leurs chefs qu'elles continueraient leur retraite jusqu'à Olmutz pour y attendre l'arrivée de nouveaux renforts. Napoléon vint camper à Brünn ; mais tant de succès n'en rendaient pas sa situation moins critique : il se trouvait au centre de la Moravie, opérant sur un espace de quatre-vingt-dix lieues, contre des forces numériques supérieures aux siennes, à gauche ayant à contenir la Bohême, à droite la Hongrie. Les victoires de Masséna et Gouvion-Saint-Cyr en Italie, firent disparaître les embarras de sa position.

Ces généraux, se frayant un chemin par le fer, rejoignirent, le 29 à Klangenfurt, l'armée d'Allemagne, et une victoire, rendue facile par de savantes combinaisons, signala leur jonction. Sur ces entrefaites, une seconde armée russe arrivait au secours de la première. Le général Kutuzow, après avoir reçu ce renfort, concentra ses troupes dans des positions formidables, dont le village d'Austerlitz était la clef. Là, il semblait méditer une vengeance éclatante, lorsque l'envoyé de Prusse, Haugwitz, se présenta devant Napoléon, sans doute pour lui signifier les intentions peu amicales de son souverain. L'Empereur ne lui laissa pas le temps de s'expliquer ; il lui dit, en montrant les lignes ennemies : « C'est une bataille qui s'annonce, je les battrai ; ne me dites rien aujourd'hui, je ne veux rien savoir ; allez attendre à Vienne l'issue de cette affaire. »

Napoléon ne pouvait engager que soixante-dix mille hommes dans l'action qui se préparait ; il avait en face cent mille combattants sous les ordres de Kutuzow et de l'archiduc Charles. Malgré cette disproportion numérique, en voyant les mouvements de concentration qu'ils sopéraient pour tourner la droite des Français, il s'écria d'un ton inspiré : « Avant demain au soir, cette armée est à moi ! »

La veille de la bataille d'Austerlitz était aussi la veille de l'anniversaire du couronnement de Napoléon. Il n'y avait pas de tente pour l'Empereur ; les soldats lui dressèrent, avec des branches, une espèce de baraque qui avait une ouverture dans le haut pour laisser passer la fumée. Napoléon n'avait pour lit que de la paille; mais il était si fatigué, qu'il s'endormit profondément. Le général Savary, pour lui rendre compte d'une mission dont il l'avait chargé fut obligé de toucher l'épaule de l'Empereur pour le réveiller. Alors il se leva et monta à cheval pour visiter ses avant-postes. Mais la nuit était si profonde qu'on ne voyait pas à deux pas : en ce moment le 46e régiment rentrait du bivouac très fatigué. La compagnie des grenadiers dormait seule d'un profond sommeil. « Parbleu, dit Bonaparte, voilà une compagnie qui dort paisiblement.—Je le crois f..... bien, lui répond aussitôt le grenadier Archer, qui, n'étant pas encore tout à fait endormi, avait reconnu la voix de Napoléon ; nous pouvons bien dormir quand tu veilles. » Tous ses camarades se réveillèrent aussitôt, et étaient prêts à punir ce qu'ils envisageaient comme un manque de respect, lorsque Bonaparte s'approcha du grenadier et lui donna cinq napoléons en or. — Général, lui dit alors Archer, tu n'as pas besoin de t'exposer ; je te promets, au nom des grenadiers, que tu n'auras à combattre que des yeux, et que demain nous t'amènerons les drapeaux et les canons de l'armée russe, pour fêter l'anniversaire de ton couronnement. »

Après cette promesse d'une énergie remarquable, Archer prend de la paille, qu'il allume au brasier, en criant : *Vive Napoléon!* Cet exemple est suivi par la compagnie et par tous les corps de l'armée, ce qui forme à l'instant, et comme par enchantement, une grande illumination qui cause à l'ennemi autant de surprise que d'inquiétude.

Les vivres manquaient à l'armée depuis quarante-huit heures ; on n'avait distribué dans la journée qu'un pain de munition pour huit hommes. L'Empereur, en passant de bivouac en bivouac, vit des soldats occupés à faire cuire des pommes de terre sous la cendre. Se trouvant devant le 4e régiment de ligne, dont son frère était colonel, l'Empereur dit à un grenadier du 2e bataillon, en prenant et mangeant une des pommes de terre de l'escouade : « Es-tu content de ces pigeons-là ? — Hum ! ça vaut toujours mieux que rien ; mais ces pigeons-là, c'est bien de la viande de carême. — Eh bien ! mon vieux, reprit Napoléon en montrant au soldat le feu de l'ennemi, aide-moi à débusquer ces... là, et nous ferons le mardi gras à Vienne. »

L'Empereur parcourut toute la ligne, adressant la parole aux soldats qu'il reconnaissait : « Soyez demain, mes braves, tels que vous avez toujours été, leur disait-il, et les Russes sont à nous, nous les tenons ! » L'air retentit des cris de *vive l'Empereur !*

L'Empereur revint se coucher sur la paille, et dormit jusqu'à trois heures du matin. Il attend alors, pour donner ses derniers ordres, que l'horizon soit tout à fait éclairci. Le soleil se leva radieux et dissipa les brouillards du matin; chacun se rend à son poste. « Soldats, dit Napoléon, il faut finir cette campagne par un coup de tonnerre. » L'ennemi demeura immobile dans ses positions; mais l'Empereur saura bien l'attirer au combat par les séductions de la victoire. Il fait battre en retraite pendant trois heures, comme effrayé de s'être avancé avec tant d'imprudence; les Français reculent dans un désordre apparent jusqu'à une position dont quelques jours auparavant leur chef avait calculé les avantages. Les généraux ennemis veulent profiter de ce mouvement; ils dirigent précipitamment leurs masses vers le centre de l'armée française pour l'écraser et dans l'espoir de séparer ses deux ailes. Mais c'est là que se trouve la principale force de Napoléon. Le choc est terrible; la garde impériale russe se mesure pour la première fois avec la garde impériale française. Après des efforts héroïques de part et d'autre, l'avantage se décide en faveur des Français; les Russes fléchissent, cèdent, se débandent, et bientôt notre cavalerie pousse devant elle leurs masses enfoncées. Aux ailes, la fortune ne nous était pas moins favorable : Lannes et Murat à la droite, Soult à la gauche, se signalent par des prodiges de valeur; sur tous les points l'ennemi recule. Les positions de Pratzen, de Sokolnitz et de Telnitz sont enlevées de vive force; les troupes coalisées précipitent leur fuite; leur déroute est telle, que six mille hommes se noient en traversant l'étang de Sokolnitz. Plusieurs colonnes ennemies étaient acculées à des lacs dont l'hiver avait congelé la surface : le désir d'échapper les enhardit à s'aventurer par cette voie dangereuse; mais la glace ne peut soutenir ce poids énorme d'hommes, d'artillerie, de bagages; elle rompt, et le lac d'Augezel engloutit vingt mille hommes avec le matériel qui les accompagnait; une autre colonne disparaît tout entière dans les eaux du lac Monitz.

L'armée ennemie, vaincue par de savantes manœuvres, était en pleine déroute avant la nuit; ce qui échappa ne dut son salut qu'à la protection des ténèbres. Telle fut la bataille d'Austerlitz, que la présence de Napoléon, d'Alexandre et de François sur le théâtre de l'action, fit aussi nommer *Bataillé des trois Empereurs.* Dans cette journée, les alliés comptèrent plus de 40,000 hommes tués ou mis hors de combat; 15 généraux et plus de 400 officiers russes furent faits prisonniers; l'intrépide Rapp, commandant des chasseurs et grenadiers à cheval de la garde, blessa et fit prisonnier le prince Repnin, l'un des officiers supérieurs de la garde russe. La perte des Français fut évaluée à 2,000 morts et 5,000 blessés ; 20,000 soldats formant la réserve n'avaient pas brûlé une amorce. 40 drapeaux, les étendards de la garde impériale de Russie, 120 pièces de canon furent les trophées de cette victoire mémorable. Toute l'armée française avait fait son devoir ; Bonaparte, au milieu des élans de sa reconnaissance, s'écria ;

« Il faudrait une puissance encore plus grande que la mienne pour récompenser dignement tous ces braves. « Napoléon annonça que désormais une fête solennelle consacrerait tous les ans le souvenir de la bataille d'Austerlitz : chaque corps de l'armée devait y être représenté : « Vous avez vu votre Empereur partager vos périls et vos fatigues ; je veux aussi que vous veniez le voir entouré de la grandeur et de la splendeur qui appartiennent au souverain du premier peuple de l'univers. »

La mémorable journée d'Austerlitz fut témoin d'une multitude de faits éclatants. L'ordre du jour portait de ne point dégarnir les rangs sous prétexte d'emporter les blessés. Le général Valhubert fut blessé à mort ; ses frères d'armes oubliant près de lui leur devoir, se précipitaient pour l'enlever : « Souvenez-vous de l'ordre du jour, leur dit-il, si vous revenez vainqueurs, on me relèvera après la bataille ; si vous êtes vaincus, je n'attache plus de prix à la vie. » Il mourut content, en recevant la nouvelle de la victoire. Sa main défaillante écrivit ces mots à l'Empereur : « J'aurais voulu faire plus pour la patrie ; je meurs dans une heure ; je ne regrette pas la vie, puisque j'ai participé à la victoire : quand vous penserez aux braves, pensez à moi. » Un bataillon français avait perdu son étendard ; quelques jours après, l'Empereur passant la revue, s'aperçut qu'il manquait : « Soldats, dit-il, qu'avez-vous fait de l'étendard que je vous avais donné ? Vous aviez juré qu'il vous servirait de point de ralliement, et que vous le défendriez au péril de votre vie. Comment avez-vous tenu votre promesse ? » Le major répondit que le porte-drapeau ayant été tué dans une charge au milieu de la mêlée, personne ne s'en était aperçu à cause de la fumée, et que le bataillon ne s'était aperçu que longtemps après de la perte de son étendard ; que la preuve qu'ils avaient été réunis, est qu'un moment après ils avaient pris deux drapeaux sur les Russes ; qu'ils en faisaient hommage à l'Empereur, et demandaient qu'on leur rendît leur étendard en échange.

« Officiers et soldats, dit l'Empereur, jurez qu'aucun de vous ne » s'est aperçu de la perte de son étendard, et que si vous vous en étiez » aperçus, vous vous seriez précipités pour le reprendre, ou que vous » auriez péri sur le champ de bataille ; car un soldat qui a perdu son étendard a tout perdu. » Au même instant, mille cris retentissent : *Nous le jurons !* — Leur drapeau leur fut rendu par Napoléon.

Le commandant de l'artillerie russe, ayant été fait prisonnier, rencontra l'Empereur : « Général, lui dit-il, faites-moi fusiller, je viens de perdre mes pièces. — Jeune homme, répondit celui-ci, j'apprécie vos larmes, mais on peut être battu par l'armée française, et avoir encore des titres de gloire. » Un carabinier du 10e d'infanterie légère eut le bras gauche emporté par un boulet de canon ; « Aide-moi, dit-il à son camarade, à ôter mon sac, et cours me venger ; je n'ai pas besoin d'autre secours. » Il met ensuite son sac sur son bras droit, et marcha seul vers l'ambulance. Le brave général Thiébaut, dangereusement blessé, était transporté par quatre prisonniers russes ; six Français blessés l'aperçoivent, ils chassent les Russes, et saisissent le brancard en disant : « C'est à nous seuls qu'appartient l'honneur de porter un général français blessé. » Le sergent-major Bailly voit une file de son peloton enlevée par un boulet, il la fait remplacer ; celle-ci est encore enlevée comme la précédente, et il s'occupe de la reformer, lorsqu'un troisième boulet tue deux hommes déjà placés, et lui emporte la jambe. On veut lui donner des secours : « Non, mes amis, dit-il avec fermeté ; après le combat, c'est l'ordre : donnez-moi seulement mon sac de toile, et battez-vous bien. » Il s'enveloppe lui-même la cuisse, et expire sur le champ de bataille. Le soir de la bataille, Napoléon parcourut les plaines que notre victoire a rendues immortelles ; rien n'était plus attendrissant que les discours des blessés aux gardes chargés de les transporter aux ambulances : « Je souffre depuis le commencement de la bataille, disait l'un ; je suis abandonné, mais j'ai bien fait mon devoir. » Un autre demandait si la victoire avait été gagnée par les Français.

Le gouvernement français récompensa magnifiquement les vainqueurs d'Austerlitz. Des pensions furent accordées aux veuves des officiers et des soldats. Leurs enfants adoptés par la patrie, reçurent une éducation gratuite ; les filles furent dotées, les hommes obtinrent de l'avancement ; tout soldat blessé reçut trois mois de solde, à titre de gratification. Dans une proclamation adressée à l'armée, on remarque ces paroles dignes d'être à jamais retenues par les Français. « Soldats, lorsque vous retournerez en France, le peuple vous recevra » avec joie, et il vous suffira de dire : *J'étais à la bataille d'Auster-* » *litz*, pour que l'on réponde : *Voilà un brave.* »

Le résultat immédiat de la bataille d'Austerlitz fut de raffermir la Prusse dans une neutralité jusque-là douteuse. La victoire fit cesser les incertitudes de cette cour, et M. de Haugwitz s'empressa de venir présenter à Napoléon les félicitations de son maître : « Voilà, dit en souriant l'Empereur, un compliment dont la fortune a changé l'adresse. »

Cependant, les mouvements de l'armée française ne s'étaient point ralentis ; elle manœuvra pendant quelques jours autour de l'armée austro-russe, qui se vit bientôt enveloppée de toutes parts. Alexandre et François se trouvaient en péril d'être faits prisonniers. A la vue d'un danger aussi imminent, l'empereur d'Autriche sentit s'évanouir ses dispositions belliqueuses. Le 24 décembre, il arriva lui-même au camp des Français. Napoléon le reçut à son bivouac : « Je n'habite pas d'autres palais depuis six mois, lui dit-il. — Vous savez si bien tirer parti de cette habitation, répondit François, quelle doit vous plaire. » Un généreux armistice fut accordé. Les Russes obtinrent la faveur de se retirer des Etats autrichiens par journées d'étape à travers les monts Krapacks.

En se montrant trop généreux dans cette circonstance, Napoléon commit une grande faute qu'il ne tarda pas de se reprocher plus tard, car il pouvait détruire et faire prisonnier le reste de l'armée russe.

Alexandre s'éloigna précipitamment du théâtre des négociations, et une fois rentré dans les limites de son empire, il ne se crut pas astreint à donner son assentiment aux clauses du traité de paix, qui fut signé à Presbourg le 26 décembre.

La fuite de l'armée russe fut si précipitée qu'elle laissa derrière elle les routes couvertes de canons, de chariots et de bagages. Les granges et les églises étaient remplies de blessés ennemis, abandonnés sans secours. Kutusow avait eu soin de faire placer seulement des écriteaux portant en langue française : *Je recommande ces malheureux à la générosité de l'Empereur Napoléon et à l'humanité de ses braves soldats.*

Par le traité, l'Autriche reconnaissait Napoléon comme roi d'Italie et lui cédait les Etats de Venise, la Dalmatie et l'Albanie. L'électeur de Bavière et celui de Wurtemberg restés fidèles à la France, reçurent le titre de rois, avec un agrandissement de territoire. Napoléon donna à Murat le grand duché de Berg, et au maréchal Berthier la principauté de Neufchatel.

Après avoir écrasé d'un coup de massue la troisième coalition, Bonaparte revint en France. Jamais il n'y avait été accueilli avec autant d'enthousiasme.

CHAPITRE VIII.

Désastre de Trafalgar. — Expédition et combats maritimes contre les Anglais.

L'Angleterre se consolait des éclatants succès de l'homme qu'elle poursuivait sans relâche, par les victoires que sa marine venait de remporter sur la nôtre et qui lui assuraient le sceptre des mers.

La pensée de Napoléon avait été d'éloigner les escadres anglaises qui gardaient la Manche et de réunir la flotte française. Ses vaisseaux reçurent l'ordre de sortir à la fois, d'aller ravager les possessions anglaises des Antilles, de se réunir, de revenir immédiatement vers l'Europe, tandis que les flottes anglaises, attirées nécessairement hors de leurs stations par tous ces mouvements, seraient occupées dans les mers lointaines des deux Indes et de la Méditerranée à chercher çà et là les ennemis. Toutes les hypothèses données par Napoléon se réalisèrent. Les sorties successives des divisions de Toulon, de Rochefort et de Cadix jetèrent l'épouvante en Angleterre; les escadres anglaises, abandonnant leurs croisières, s'élancèrent sur les traces des amiraux français, qu'elles demandèrent de rivage en rivage, sans les rencontrer. Le succès du plan semblait assuré, et, comme au temps de Guillaume, les barques normandes menaçaient la Grande-Bretagne; malheureusement un véritable homme de mer manquait à la France pour exécuter comme Napoléon concevait, avec génie. L'Empereur, après la mort de la Touche-Tréville, avait longtemps hésité avant de choisir le commandant en chef de ce formidable armement; il nomma enfin Villeneuve. Mais le nouvel amiral, plein de courage, comme capitaine n'était pas à la hauteur de la haute mission qui lui était confiée, et comme nous l'avons dit, il se laissa bloquer dans le port de Cadix.

Dans les premiers moments de sa douleur et de son courroux, Napoléon fit entendre le mot de trahison et se plaignit de ne pas trouver en France un marin à sa hauteur. Ce grand homme de mer, que

9

Napoléon cherchait en vain parmi les Français, l'Angleterre le possédait dans la personne de Nelson. Nelson avait reçu de la nature, dans un corps frêle, un courage à l'épreuve, une âme inébranlable, une puissance de volonté prodigieuse et une intelligence forte. Quelque carrière qu'il eût suivie, Nelson eût été loin. Appliquant, dès l'âge de dix ans, toutes ses facultés morales et intellectuelles à la marine, il devint un des plus grands hommes de mer dont l'Angleterre puisse se glorifier. Sa réputation était déjà brillante, lorsque la bataille d'Aboukir le rendit le héros de l'Angleterre. Ses tentatives malheureuses contre la flottille de Boulogne et ses courses inutiles, pendant six mois à la poursuite de Villeneuve, venaient d'irriter son orgueil et la vanité britannique, lorsque la bataille de Trafalgar lui offrit l'occasion de prendre une éclatante revanche de ces petits échecs, qui, dans toute autre vie militaire que la sienne, passeraient sans être aperçus.

Ce combat si funeste à la marine française fut livré le 21 octobre 1805, mais on put dire alors bien justement que *tout était perdu fors l'honneur*. De magnifiques faits d'armes, particuliers et accidentels, consolèrent l'orgueil français : le contre-amiral Magon, les capitaines Lucas, Infernet, Cosmao, Camus et Villeneuve lui-même, admirable comme soldat, firent des prodiges de valeur. Ce dernier, fait prisonnier, fut conduit en Angleterre. Revenu en France pour se soumettre à une enquête sur les événements de cette malheureuse bataille, il n'osa pas affronter la colère de Napoléon et s'arrêta à Rennes, pour attendre ses ordres. Là, dans un accès d'exaltation occasionné, dit-on, par une lettre sévère du ministre de la marine, il termina lui-même par une mort volontaire une carrière qui aurait pu être encore glorieuse. La mort de Villeneuve empêcha toute discussion sur l'événement de Trafalgar. Le contre-amiral Dumanoir, traduit devant un conseil de guerre maritime, pour sa conduite avant et après la bataille, fut honorablement acquitté. — L'Empereur adressa des compliments gracieux à ceux des officiers qui s'étaient distingués par une résistance glorieuse ; il dit aux capitaines Lucas et Infernet, qui lui furent présentés à leur retour des prisons d'Angleterre : « Si tous mes vaisseaux s'étaient conduits comme ceux que vous commandiez, la victoire n'aurait pas été incertaine. Je vous nomme commandants de la légion d'honneur. » Peu de jours après, il dit aux capitaines Magendie et Villemandrin : « Vous êtes de ceux qui se sont bien battus ; vous prendrez votre revanche. » Enfin, il récompensa la belle conduite du capitaine Cosmao par le grade de contre-amiral.

La journée de Trafalgar répandit le deuil sur les bords de la Tamise, comme sur les rives de la Seine. La France avait perdu sa flotte ; l'Anterre avait perdu Nelson. Une balle le frappa au milieu de sa victoire ; mais, avant de mourir, il connut et savoura le triomphe. Les deux sentiments qui dominèrent sa vie dictèrent ses dernières paroles: « Maintenant, dit-il en apprenant la victoire, je meurs satisfait; grâces soient rendues à Dieu, j'ai accompli mon devoir. » Le dernier signal que donna Nelson à sa flotte, en engageant le combat, est cher et sacré à tous les cœurs anglais. « L'Angleterre, avait-il dit, compte que chacun fera son devoir. » Mettre ainsi sa flotte sous les yeux et l'invocation de l'Angleterre, c'était là stimuler, par l'aiguillon le plus puissant sur des Anglais, l'amour de la vieille Angleterre.

Les Anglais se trouvèrent tellement dispersés que pendant quelque temps ils n'avaient pas vingt vaisseaux de ligne réunis dans le canal; — sans les retards de l'amiral Villeneuve, l'Angleterre était envahie, la France et le monde étaient vengés. Quelques mois plus tard, l'Empereur publia à Berlin, ce fameux décret, dont la pensée le préoccupait vivement depuis que Trafalgar avait renversé toutes ses espérances d'attaques directes contre l'Angleterre, et par lequel il déclarait les îles britanniques en état de blocus.

Dès 1803, deux années auparavant, encouragé par le mal que l'expédition incomplète de Villeneuve, avait fait au commerce anglais dans les Antilles, l'Empereur avait ordonné deux nouvelles expéditions maritimes. L'amiral Linois fut destiné à croiser avec son escadre contre le commerce britannique dans les mers de l'Inde.

De tous nos amiraux, Linois montait l'escadre la moins considérable, et cependant il fut celui dont les expéditions eurent le plus grand résultat. Pendant trois ans qu'avec un seul vaisseau et trois frégates il croisait dans les mers de l'Inde, il fut vainqueur dans plus de vingt combats, brûla les comptoirs des Anglais à Sumatra et à Sellabar, détruisit leurs établissements, intercepta leurs convois, enleva jusque dans leurs ports plusieurs vaisseaux de guerre et de la compagnie des Indes, et se maintint dans des parages où l'ennemi entretenait des forces au moins quintuples des siennes. Jamais le commerce de l'Angleterre n'avait rencontré un adversaire aussi infatigable, ni qui lui eût fait éprouver des pertes si vivement ressenties. Linois s'était emparé de plus de 1,000 bouches à feu, et la valeur des prises qu'il avait faites s'élevait à plus de 60 millions, lorsqu'il apprit que le cap de Bonne-Espérance venait de tomber au pouvoir des Anglais. Cet événement ne lui laissait plus aucun port dans lequel il pût relâcher pour réparer ses bâtiments, qui manquaient d'agrès, et pour faire des vivres, dont ses équipages avaient le plus grand besoin. Il se décida à faire route pour la France. Le 17 février 1806, le *Marengo* et la *Belle-Poule*, qui formaient alors toute son escadre, coupèrent la ligne équinoxiale pour la douzième fois depuis qu'ils avaient quitté le rivage de leur patrie. Après des périls, des privations et des fatigues qui surpassaient l'imagination, nos marins se réjouissaient de revoir bientôt la terre natale; la fortune trompa leurs vœux. Dans la nuit du 13 au 14 mars, le *Marengo* donna inopinément au milieu d'une escadre ennemie de sept vaisseaux, deux frégates et une corvette. Il fallut se préparer au combat; mais quoique l'issue ne pût être douteuse, le *Marengo* et la *Belle-Poule* soutinrent vaillamment l'honneur du pavillon français; enfin, accablés par le nombre, ils durent se rendre. Deux lieutenants de vaisseaux perdirent la vie dans cette action. L'amiral Linois, son fils et huit autres officiers y furent grièvement blessés. Tel fut le déplorable dénoûment d'une campagne qui, par la longue durée et le caractère entreprenant du chef qui y présidait, avait été si funeste au commerce britannique. Tandis que Linois succombait, pour ainsi dire, à la vue du port, l'océan Indien, qu'il venait d'abandonner, était le théâtre d'un combat à outrance dans lequel le capitaine Bourayne, commandant le brave équipage de la frégate la *Canonnière*, montrait, ce que nous aurions pu attendre de notre marine, si le soin de la diriger eût été confié à des mains plus habiles.

Il faut placer vers la même époque les expéditions des capitaines L'Hermite et Le Duc, qui conduisirent leur croisière avec un rare bonheur. Le premier rentra après onze mois dans un des ports de France avec trois bâtiments de plus, 800 prisonniers et 229 bouches à feu provenant de la côte occidentale d'Afrique, où il avait détruit un grand nombre d'établissements anglais et fait vingt et une prises, dont plusieurs armées de trente canons. Le second parcourut les côtes de l'Islande, du Groënland et du Spitzberg, remonta dans la mer Glaciale, et, dans l'espace de six mois, coula plus de trente baleiniers, tant russes qu'anglais, et fit plusieurs centaines de prisonniers. Le récit des opérations de l'escadre du contre-amiral Willaumez, doit prendre ici sa place et terminer l'esquisse de nos campagnes maritimes pendant l'année 1806. Ses premières croisières eurent successivement pour but d'intercepter les convois de l'Inde et de la Chine, et de brûler tous les navires qui étaient à la Barbade; mais ses vaisseaux, surpris par une tourmente affreuse, furent dispersés. Presque tous se démâtèrent complétement ou perdirent leur gouvernail. Les Anglais avaient donc plus d'une raison de se consoler de la victoire d'Austerlitz.

CHAPITRE IX.

Résultat du traité de Presbourg. — Trahison du roi de Naples. — Il est remplacé par Joseph Bonaparte. — Espoir de paix promptement déçu. — Rupture de la Prusse. — Bataille d'Iéna. — Napoléon à Postdam et à Berlin. — Campagne de Pologne. — Bataille d'Eylau. — Siége de Dantzig. — Bataille de Friedland. — Paix et traité de Tilsit.

Les résultats de la courte et glorieuse campagne d'Austerlitz avaient été d'un avantage immense pour la France. L'empire d'Allemagne n'existait plus, et la plupart des petits États qui l'avaient composé, organisés en *confédération du Rhin*, sous le protectorat de l'empereur Napoléon, étaient devenus en réalité portion intégrante du territoire français. Les princes alliés se garantissaient reciproquement l'intégrité de leurs territoires et de leurs droits tels qu'ils étaient réglés par le nouveau pacte, qui déclarait toute guerre continentale que l'un des États confédérés aurait à soutenir, commune à toutes les parties de la confédération, et déterminait le contingent que chacun d'eux aurait à fournir. Le même acte élevait au rang d'altesse royale, avec le titre de grand-duc, l'électeur de Bade et le landgrave de Hesse, titres que possèdent encore ces princes, dont la prospérité a survécu à la puissance qui l'avait fondée. Cette combinaison, qui donnait à Napoléon 63,000 soldats, accroissait les forces de l'Empereur français dans la même proportion qu'elle diminuait celles de l'Empereur allemand : de plus, elle établissait entre la France et l'Allemagne, soit autrichienne, soit prussienne, une large frontière qui, en cas d'attaque de la part de l'Autriche ou de la Prusse, supporterait les premiers efforts de la guerre et probablement les arrêterait. Cédant à la nécessité, François II sanctionna cette institution en échangeant le titre d'empereur d'Allemagne contre celui d'empereur d'Autriche. Le roi de Prusse, qui, pendant la lutte de la France contre l'Autriche et la Russie, s'était engagé à nous faire la guerre, au moment même où il redoublait ses protestations d'amité, évita le châtiment de sa déloyauté, en venant de lui-même se mettre à la discrétion du vainqueur. Le grand duché de Berg et la principauté de Neufchâtel, furent les seuls sacrifices exigés du monarque prussien, à qui un traité d'échange imposa en outre l'obligation de fermer aux Anglais les ports de l'Elbe et du Weser.

Le roi de Naples, qui, deux mois auparavant, avait juré de garder la neutralité, était aussi entré dans la coalition ; il avait reçu les Anglo-Russes, et son armée se disposait à marcher avec eux pour envahir l'Italie. C'était la quatrième fois que ce prince violait ainsi ses serments. Napoléon, las d'opposer la clémence au parjure, ne balança plus à tirer une vengeance éclatante d'un ennemi qui avait méconnu le bienfait du pardon. Il annonça hautement, par une proclamation datée de Schœnbrun, qu'il était dans l'intention de renverser le trône de Naples. Il fut bientôt en mesure de réaliser ce projet. Dès les premiers jours de janvier, une armée française de 50,000 hommes destinée à entreprendre la conquête des Deux-Siciles, se mit en mouvement. Joseph-Napoléon, en l'absence de son frère, la commandait avec le titre de généralissime, et le maréchal Masséna en dirigeait les opérations : elles furent conduites avec la plus grande rapidité. A peine nos avant-gardes eurent-elles pénétré sur le territoire napolitain, que les troupes de la coalition abandonnèrent les frontières et regagnèrent leurs vaisseaux, en évitant de traverser la capitale du royaume, dans la crainte d'y trouver la population insurgée contre elles. Le roi Ferdinand s'embarqua le 23 janvier, et fit voile pour Palerme, laissant à son fils aîné des pouvoirs illimités. Ce jeune prince et la reine sa mère firent tous leurs efforts pour organiser la résistance, mais en vain. Le 10 février, Joseph fit son entrée dans Naples, d'où la reine s'était enfuie, emportant avec elle tout l'argent des caisses publiques et les effets précieux des palais. On trouva dans l'arsenal deux cents pièces de canon, deux cents milliers de poudre, et dans le port plusieurs navires richement chargés. Les habitants, à l'aspect de nos aigles, rendirent grâces au ciel de les avoir délivrés de l'odieuse tyrannie qui pesait sur eux. Jamais nos drapeaux ne furent salués par les acclamations d'une joie plus sincère. Le prince royal essaya de se maintenir en Calabre ; mais le général Reynier le battit à Campo-Tenèse.

Cette victoire était décisive : Napoléon, en ayant appris la nouvelle, annonça qu'il conférait le titre et la dignité de roi de Naples à son frère Joseph. Ce prince reçut, le 13 avril, à Bagnara, le sénatus-consulte qui l'élevait sur le trône. Aussitôt il se fit proclamer, et partit pour visiter les provinces méridionales de son royaume. Un mois après, il rentra à Naples, où le peuple laissa éclater les mêmes transports de joie qui l'avaient partout accueilli sur son passage.

Après la victoire d'Austerlitz, Napoléon eut un instant l'espoir fondé de voir la paix de l'Europe assurée. Pitt, le plus implacable ennemi de notre révolution, était mort emportant avec lui dans la tombe le regret d'avoir échoué dans toutes ses combinaisons. Fox, depuis longtemps l'âme de l'opposition, lui avait succédé et suivait un système opposé. Il montrait des dispositions pacifiques, et l'on commençait à croire à la possibilité d'un rapprochement avec l'Angleterre. Le prodigieux accroissement de la puissance de Napoléon, et sa grande influence sur le continent, ne paraissaient pas même y mettre obstacle, quoiqu'il vînt de placer son frère Louis-Bonaparte sur le trône de Hollande, et qu'il se fût déclaré lui-même protecteur de la confédération du Rhin, au préjudice de François II. Des négociations entamées n'avaient point été interrompues. Déjà même les bases du traité avaient été portées et acceptées, lorsque Fox fut atteint d'une maladie grave. Cet événement laissa un champ libre aux partisans de la guerre. Lord Yarmouth, qui, en sa qualité de plénipotentiaire de la Grande-Bretagne, secondait les vues de Fox, fut tout à coup rappelé à Londres et remplacé par lord Landerlale, dont la mission était de prolonger les conférences, de manière à voiler, aussi longtemps qu'il serait nécessaire, les manœuvres du gouvernement britannique pour renouer un plan offensif. On travaillait sourdement à former une quatrième coalition : les éléments en furent promptement rassemblés. De toutes les puissances que l'on sollicita d'y entrer, l'Autriche, dont les plaies étaient encore saignantes, la Porte-Ottomane et le Danemark furent les seules qui refusèrent leur participation. Le Danemark devait plus tard être puni de sa neutralité par l'incendie de Copenhague et par la perte de la Norwége. La Suède avait depuis longtemps une attitude hostile. La Russie, malgré sa défaite à Austerlitz, se préparait à rentrer en lice. La Prusse, neutre jusque-là, tenta de protester, sur le champ de bataille, contre l'extension gigantesque de la puissance de Napoléon. Les troupes de Hesse, de la Saxe et des duchés du nord de l'Allemagne, marchaient sous ses étendards. La mort du ministre Fox, qui eut lieu à cette époque, avait pu seule déterminer cet immense levée de boucliers. Le cabinet de Londres, n'ayant plus alors besoin de dissimuler ses véritables intentions, rappela brusquement lord Landerdale. Cet ambassadeur arriva de Paris à Boulogne la nuit même où ses compatriotes bombardaient ce port, rendu neutre pour l'échange des courriers, et faisaient le premier essai de ces fusées à la Congrève, qui depuis ont été entre leurs mains un si barbare moyen de destruction. Lord Landerdale se rembarqua à la lueur des flammes qui accusaient la perfidie de son gouvernement. Dans le même moment, le prince de la Paix appela tout à coup aux armes, par une proclamation insensée (5 octobre), la population de l'Espagne, parlant de dangers, de gloire et d'ennemis qu'il ne nommait pas. Napoléon feignit de croire que cette provocation n'était pas dirigée contre lui de la part d'un allié si timidement soumis jusqu'à ce jour, mais il jura dès cet instant la perte de la monarchie espagnole. De son côté, la cour de Madrid désavoua la proclamation. Vingt mille Espagnols allèrent servir Napoléon sur les rives de la Baltique : l'amitié était altérée entre les deux nations. L'histoire recueille cette petite cause, devenue une prodigieuse circonstance; car peut-être que, sans cet étrange accident, Napoléon, obéi qu'il était de l'armée, de la flotte et du gouvernement de l'Espagne, n'eût jamais conçu le projet de l'envahissement qui lui causa tant de sacrifices.

Cependant le 1er octobre, l'avantage que Marmont remporte sur les Russes réunis aux Montenegrins, à Castel-Novo, près de Raguse, confirme à la France les intentions hostiles du cabinet de Saint-Pétersbourg. Egaré loin de sa métropole, ce corps d'armée n'était que la pierre d'attente d'une quatrième coalition. L'Empereur ayant reçu un ultimatum du roi de Prusse, dans lequel ce roi lui enjoignait de renoncer aux couronnes d'Italie, de Naples et de Hollande, il se prit à rire, et se contenta de répondre : « Je plains le roi de Prusse; il n'entend pas le français, et il n'a certainement point vu cette rapsodie qu'on m'envoie en son nom. » Ce fut encore à ce sujet que l'Empereur dit au maréchal Berthier : « On nous a donné un rendez-vous pour le 8 : jamais Français n'y a manqué. On dit qu'une belle reine veut être témoin de nos prouesses : soyons courtois, marchons, sans nous coucher, pour la Saxe. »

Une promesse éventuelle de restituer le Hanovre, et quelques difficultés relatives à la confédération, étaient les motifs de la guerre; les intrigues des Anglais et des Russes en furent les causes décisives; l'ambition de Napoléon fut, selon l'usage des princes jaloux de sa supériorité, le prétexte articulé dans les manifestes.

La même irrésolution, qui faisait suivre à la Prusse une marche irrégulière et tortueuse dans ses transactions diplomatiques, la fit tâtonner dans ses opérations militaires. Napoléon, qui ne marchait pas à l'aventure et qui, dès les premiers pas, savait où il voulait aller et où il irait, s'était porté rapidement entre l'armée prussienne et l'Elbe, et avait ainsi réussi à mettre l'ennemi dans la même position que les Autrichiens à Ulm. Il tournait le dos à la Prusse, tandis que les Prussiens tournaient le dos à la France. Il avait songé à leur couper la retraite, avant même de les combattre.

Toujours généreux, et fidèle au système de modération qu'il avait adopté dès le principe, Napoléon écrivit au roi de Prusse pour l'engager à se retirer. Sa lettre resta sans réponse. Il ordonna de poursuivre, en déplorant l'aveuglement de ce prince.

Napoléon arrive le 6 septembre à Bamberg, d'où il adresse à ses soldats une proclamation qui renfermait ces paroles remarquables: « ..... Les insensés! qu'ils sachent donc qu'il serait mille fois plus facile de détruire la grande capitale que de flétrir l'honneur des enfants du grand peuple et de ses alliés!... Leurs projets furent confondus alors, (il est question des victoires remportées sur les Prussiens en 1792); ils trouvèrent dans la Champagne la défaite, la mort et la honte... Marchons donc, puisque la modération n'a pu les faire sortir d'une étonnante ivresse: que l'armée prussienne éprouve le même sort qu'elle éprouva il y a quatorze ans. »

Le signal des combats est donné; l'ennemi est partout battu. Le prince Louis de Prusse, l'un des plus ardents provocateurs de la guerre, périt à Saafeld sous les coups d'un maréchal-des-logis de hussards, l'intrépide Gindré, qui vainement l'avait plusieurs fois sommé de se rendre. Ce n'étaient encore là que les actions d'avant-garde; mais elles étaient importantes par la grandeur des résultats qu'elles faisaient espérer. Ces engagements partiels avaient abattu l'arrogance des Prussiens; leur moral était ébranlé, et les mouvements, sans but et sans plan, que le vieux Brunswick et le prince de Hohenlohe leur faisaient exécuter, avaient affaibli leur confiance dans leurs chefs. Inquiets et presque découragés, ils attendaient le combat et présentaient un front de bataille d'environ six lieues de développement, lorsque les Français arrivèrent sur eux en deux colonnes, à Iéna et à Auerstaëdt. Sur ces deux points d'attaque, les Prussiens furent écrasés. A Iéna, l'empereur Napoléon battit complétement le prince de Hohenlohe, dont les forces étaient au moins égales aux siennes; à Auerstaëdt, le maréchal Davoust, avec des troupes deux fois moins nombreuses, mit le roi de Prusse lui-même et le duc de Brunswick dans la plus affreuse déroute. Le titre de duc d'Auerstaëdt conféré à Davoust, prouva que l'Empereur appréciait la belle conduite du maréchal et des soldats qu'il commandait.

La bataille d'Iéna fut de celles qui décidèrent du sort d'un empire. La Prusse était conquise. Cependant, son armée était encore assez forte pour tenir la campagne, mais le découragement s'était emparé des troupes. On vit des villes fortes envoyer leurs clefs à de simples régiments de hussards.

La bataille d'Iéna compléta la gloire des soldats de l'empire, qui n'avaient pas encore eu l'occasion de se mesurer contre des Prussiens. Au fort de la mêlée, Napoléon voyant ses ailes menacées par la cavalerie prussienne, ordonnait des manœuvres et des changements de front en carré, lorsque la garde à pied, frémissant de rester seule dans l'inaction, plusieurs voix firent entendre les cris : En avant. Le chef les arrêta par ces mots : Qu'est-ce? ce ne peut-être qu'un jeune sans barbe qui puisse vouloir préjuger ce que je dois faire, qu'il attende qu'il ait commandé dans trente batailles rangées, avant de prétendre me donner des avis. » En effet, les soldats qui avaient crié *en avant* étaient des vélites impatients de combattre. Dans une mêlée aussi chaude, pendant que l'ennemi perdait presque tous ses généraux, la Providence veillait sur l'armée française. Aucun personnage de marque ne fut tué.

Lord Morpeth, envoyé d'Angleterre auprès du cabinet de Postdam, ne se trouvait pendant la journée d'Iéna qu'à six lieues de la bataille; il entendit le canon. Un courrier vint lui dire que la victoire s'était décidée en faveur des Français, et tout à coup un grand nombre de fuyards l'environnèrent, et le poussèrent de tous côtés: « *Il ne faut pas que je sois pris !* » s'écria le noble lord; il paya un cheval 60 guinées, et parvint à se sauver.

Le 27 octobre, Napoléon fit son entrée solennelle dans la capitale de la Prusse. Le lendemain, il exprima sa satisfaction à l'armée par une proclamation qui commençait ainsi:

« Soldats!

» Vous avez justifié mon attente, et répondu dignement à la confiance du peuple français; vous avez supporté les privations et les fatigues avec autant de courage que vous avez montré d'intrépidité et de sang-froid au milieu des combats; vous êtes les dignes défenseurs de l'honneur de ma couronne et de la gloire du grand peuple. Tant que vous serez animés de cet esprit, rien ne pourra vous résister; je ne sais désormais à quelle arme donner la préférence... Vous êtes tous de bons soldats! »

Les Français avaient dignement célébré par cette victoire l'anniversaire de la prise d'Ulm. Ils s'élancèrent à la fois sur toutes les directions et ne donnèrent aucune relâche à l'ennemi, pour qui les places fortes même n'étaient pas un refuge assuré. La reine, vêtue en amazone, et le roi, son époux, qui tous deux partageaient les dangers de cette retraite, n'échappèrent que par hasard à la honte d'être faits prisonniers.

Après tant de revers, le monarque prussien s'était arrêté à Magdebourg pour recueillir et rallier les débris de son armée; mais à peine s'est-il jeté dans cette place, qu'assailli par le maréchal Soult, il voit ses meilleures troupes, forcées dans cinq engagements successifs, déposer les armes devant la division Legrand, qui emporte le camp retranché où elles avaient cherché un asile. Frédéric-Guillaume se trouvait dans la situation la plus critique; les plus solides remparts ne le rassuraient pas contre les entreprises d'un ennemi qu'aucun péril ne pouvait rebuter; un faible cordon s'opposait à sa sortie, il le perce à la tête de quelques régiments dévoués; et, ne songeant plus, dans sa fuite, qu'à placer l'Elbe et l'Oder entre ses vainqueurs et lui, il négligea de prendre des mesures pour mettre sa capitale à l'abri d'une invasion.

Le 26 octobre, la forteresse de Spandau, défendue par 1,200 soldats, se rendit aux troupes du maréchal Lannes. Napoléon, entré le même jour dans Postdam, visita le tombeau du grand Frédéric et le palais de Postdam. S'étant emparé de l'épée du héros prussien qu'il avait trouvée suspendue au chevet de son lit, il la montra aux généraux qui l'entouraient en disant : « Que d'autres saisissent des dépouilles; voici celle qui, pour moi, a plus de prix que des millions. »

Puis l'ayant examinée un moment avec attention, après l'avoir tirée du fourreau : « Oh! oh! dit-il en posant le bout du doigt sur la pointe de la lame, elle est bien vieille, mais elle pique encore. Je vais, continua-t-il, l'envoyer au gouverneur des Invalides; mes vieux soldats la garderont comme un témoignage des victoires de la grande armée.

— Sire, se hasarda de lui dire son aide de camp Rapp, à la place de Votre Majesté, je ne me dessaisirais pas de cette épée, je la garderais pour moi. »

A ces mots, Napoléon jeta à son aide de camp un regard indéfinissable, et lui dit ces paroles si belles d'un légitime orgueil :

« Est-ce que je n'ai pas la mienne, monsieur le donneur de conseils? »

Il envoya ensuite à Paris l'épée de Frédéric, le cordon de ses ordres, sa ceinture de général, et les drapeaux de sa garde durant la guerre de sept ans.

Le 26, le quartier général français s'établit à Charlottenbourg, sur la Sprée, dans cette ville embellie par les soins de Frédéric II, qui y plaça une partie des richesses composant le cabinet du cardinal de Polignac. La victoire marque les logements de l'Empereur : le 27, elle l'introduisit à Berlin. C'est là qu'il va reproduire aux yeux de l'univers la clémence d'Auguste. Une lettre du prince d'Atzfeld vient d'être interceptée. Elle prouve sa trahison; déjà la commission va s'assembler, et l'évidence du crime ne laisse aucun doute sur l'issue du jugement. La princesse, son épouse, n'a plus d'espoir que dans la générosité de Napoléon; elle tombe à ses genoux : il lui montre la fatale lettre; elle n'y voit que la condamnation de son mari. « Jetez-la au feu, lui dit l'empereur. » Elle n'ose croire à ce qu'elle entend; elle hésite encore; mais bientôt rassemblant ses forces, elle obéit; son mari est sauvé : il n'existe plus de preuves.

Cependant les Français ne perdaient pas de temps; il ne devaient se reposer qu'après avoir anéanti l'armée prussienne. On va voir comment ils accomplirent cette tâche glorieuse. Murat, qui s'était mis à la poursuite du prince de Hohenlohe, l'atteignit au moment où il cherchait à gagner le Mecklembourg, et le força à mettre bas les armes.

La forteresse de Stettin, munie d'une artillerie formidable, bien approvisionnée et gardée par de nombreuses troupes, était en état de soutenir un long siége; elle ne résista pas à l'audacieuse sommation du général Lasalle qui, avec quelques escadrons, se présenta sous ses murs. Stettin, situé sur un coteau près de l'Oder, assurait à notre armée une bonne ligne d'opération. Les généraux Soult, Murat et Becker arrachent à l'ennemi ses dernières places fortes.

La prise de Lubeck est un des plus beaux faits qui aient illustré les armées françaises. Quoique cette ville fût défendue par la Tauwe, et entourée de marais profonds, les soldats de la divisiou Drouet l'emportèrent d'assaut aux cris de : *En avant*. Les Prussiens s'y battirent en désespérés; il fallut les assiéger dans toutes les rues, et ils ne se rendirent qu'au moment où la division Legrand, accourue par le seul point de retraite qui leur était offert, les eut placés entre deux feux. Le 8e régiment de ligne, qui, électrisé par l'exemple de son colonel, l'intrépide Autier, avait, quelques heures auparavant, enlevé à l'abordage plusieurs chaloupes portant un bataillon de la garde suédoise, mérita de nouveaux éloges dans cette occasion.

Tandis que ces événements avaient lieu, le général Savary, avec sa cavalerie légère, battait les Suédois à Rostoc, les rejetait dans leur Poméranie et s'emparait de 50 de leurs bâtiments; le maréchal Davoust, après avoir passé l'Oder à Francfort, recevait les clefs de Crustin; le maréchal Ney faisait défiler devant lui les 22,000 hommes de garnison de l'importante forteresse de Magdebourg qu'il venait de réduire; enfin, le maréchal Mortier, à la tête de l'armée gallo-batave, soumettait la Hesse sans combat, faisait la conquête du Hanovre, se rendait maître des places de Hameln et de Niemburg, occupait Hambourg et Bremen, et plantant l'aigle française dans toutes les villes anséatiques, fermait à l'Angleterre ses grands entrepôts de la Baltique et de la mer du Nord. Ainsi le gouvernement britannique était le premier à ressentir le contre-coup du choc qui avait ébranlé la monarchie prussienne.

Le monarque prussien se résigna à solliciter un armistice. Cet acte, auquel Napoléon consentit enfin, fut signé à Charlottenbourg, le 16 novembre, peu de jours avant le fameux décret qui, en représailles du blocus maritime, posait les bases du système continental, système diversement jugé, mais qui, en frappant d'inertie les manufactures anglaises, a cependant concouru avec efficacité au développement de notre industrie.

Ces triomphes rapides remportés sur les Prussiens furent peut-être ceux qui flattèrent le plus notre amour-propre national, car, malgré leur expulsion honteuse de la France en 1792, il existait un préjugé en faveur de la supériorité de leur tactique et de leurs armées sur celles des autres nations de l'Allemagne.

Napoléon n'avait pas encore quitté Berlin, d'où il dirigeait toutes les opérations militaires et l'administration intérieure de son vaste empire, lorsqu'il apprit que le roi de Prusse, cédant aux insinuations de la Russie qui le berçait de l'espoir d'une vengeance prochaine, ne voulait plus ratifier l'armistice qu'il avait lui-même proposé. L'Empereur n'eut pas plus tôt reçu cette nouvelle, qu'il s'élança vers la Pologne avec une armée plus formidable qu'au moment où s'ouvrit la campagne. L'élan des braves Polonais, qui coururent aux armes pour ressaisir, à l'ombre de nos aigles, la liberté et l'indépendance de la patrie, ajouta encore à cette masse, dont toutes les parties déjà en mouvement s'étendaient depuis le Mecklembourg jusque au delà de Posen. L'Empereur Alexandre, qui paraissait résolu à venir au devant de notre armée, ordonna tout à coup à la sienne de se replier sur la Pologne russe. Il voulait ainsi attirer sur ses pas l'armée française, afin de la combattre dans des contrées où elle aurait été assaillie par le climat et par des privations de tout genre. Napoléon ne donna point dans ce piége, et obligea Alexandre à se porter en avant. Nos soldats, enflammés par le souvenir récent de leurs triomphes et par l'éloquence toute guerrière de leur chef, brûlaient de reproduire les prodiges d'Iéna. A peine le signal est-il donné qu'ils fondent sur l'ennemi, et sont vainqueurs sur tous les points à la fois, et pendant plusieurs jours de suite ils poursuivirent leurs adversaires sans aucune trêve. Partout les Russes opposèrent le plus grand acharnement à l'impétuosité française, mais partout ils furent culbutés. Un dégel, qui rendit les routes impraticables, put seul les sauver d'une entière destruction. Ces événements jetèrent la consternation dans Kœnisberg. Le roi et la reine de Prusse prirent alors le parti de quitter cette ville pour se rendre à Mémel, que son éloignement et l'état de ses fortifications mettaient plus à l'abri d'un coup de main.

Après l'expérience d'un premier revers, l'empereur Alexandre parut revenir à son projet d'attirer notre armée dans les glaces du nord; mais Napoléon ne se laissa point abuser par cette tactique. Ses troupes, fatiguées par trois mois de combats et de marches continuelles, avaient besoin de repos; il leur fit prendre des quartiers d'hiver, et rentra lui-même dans Varsovie, où il établit sa résidence, en attendant le terme d'une suspension d'armes qui n'existait que par les obstacles de la saison et par le grand intervalle que les Russes avaient mis entre eux et lui.

L'élévation de l'électeur Frédéric-Auguste à la royauté, marqua le séjour de l'Empereur dans la capitale de la Pologne.

Napoléon songeait à punir la Russie d'avoir refusé l'armistice d'Austerlitz, et le 19 décembre, au moment où il se disposait à porter dans la Prusse ducale et dans les provinces démembrées de l'ancienne Pologne tout l'effroi de ses armes, le divan, déclarait à son instigation, la guerre à la Russie. Cette puissante diversion est une des plus belles conceptions militaires de Napoléon, qui connaissait les immenses ressources que possède la Russie pour enfanter des armées. Mais pendant le repos momentané de Napoléon à Varsovie et tandis que tout était tranquille sur les bords de la Vistule, les opérations militaires en arrière de la grande ligne de bataille n'avaient pas été interrompues. Jérôme Bonaparte s'emparait des places de la Silésie tandis que le maréchal Mortier parcourait les rivages de la Baltique, entrait dans la Poméranie suédoise et y préludait par des avantages partiels à des succès plus étendus; dans le même temps, les troupes qui devaient être chargées du siége de Dantzik s'étaient réunies et elles furent dirigées promptement sur cette place.

La Russie n'avait pas attendu la déclaration de guerre pour envahir la Moldavie; elle se flattait de pousser les limites de son empire jusqu'au Danube. L'Angleterre avait trop besoin de son alliance pour ne pas la seconder dans ce projet. Il ne fallait pour cela, d'ailleurs, qu'un motif de faire la guerre aux Turcs. L'influence que l'ambassadeur français Sébastiani prit sur le divan, aussitôt après son arrivée, fournit ce prétexte. Le premier soin de cet ambassadeur avait été, suivant les instructions de l'Empereur, de faire renvoyer les hospodars de Moldavie, Ypsilanti et Morusi, élus sous l'influence de la Russie, consacrée par le traité de Yassi. La Russie était en droit de réclamer, et le fit vivement : les menaces de son ambassadeur, appuyées par celles de l'ambassadeur anglais, qui ne parlait que de faire bombarder Constantinople par une puissante escadre, firent rétablir ces hospodars.

Mais l'empereur Alexandre n'attendit pas cette satisfaction; il ordonna au général Michelson d'envahir sans délai, avec son armée, les principautés, et de s'emparer des places turques qui bordent le Danube. Ce général passa le Dniester, le 3 novembre, et se répandit, sans obstacle, jusqu'aux frontières de Servie. Cette invasion plut à la fois à l'empereur de Russie, parce qu'il croyait en profiter, et à l'empereur des Français, parce qu'elle devait amener une puissante diversion en sa faveur. Il lui importait de tirer parti de cette diversion importante, surtout par l'influence qu'elle devait avoir sur le cabinet de Vienne, en augmentant son irrésolution et l'empêchant de prendre le parti de la Russie. Il fit écrire en conséquence à Sébastiani d'user des moyens nécessaires pour entretenir la division entre la Turquie et la Russie.

On voit que l'Empereur, avec son regard d'aigle, embrassait toutes les affaires, et s'attachait à faire concourir à son but toutes les circonstances que la marche des événements et les jeux de la fortune pouvaient lui offrir.

L'année 1807 commence, et avec elle le terrible réveil de la grande armée, que les Russes ont provoquée dans ses cantonnements. Les hostilités recommencèrent par le combat de Morhingen, dans lequel le drapeau du 9e fut un moment enlevé par l'ennemi ; mais ce brave régiment, indigné de se voir ravir le talisman de son honneur, sans lequel il ne devait plus y avoir pour lui qu'humiliation et que honte, s'élança sur l'ennemi avec le courage du désespoir, l'écrasa, et, victorieux, ressaisit son étendard sacré.

Napoléon ayant fait ses dispositions, après quelques combats partiels, les deux armées furent en présence dans la nuit du 6 au 7, près d'Eylau. Un court engagement, dans lequel nous remportâmes l'avantage, porta notre armée dans cette ville, derrière laquelle l'ennemi était en position. Les Russes qui avaient placé plusieurs régiments dans une église et dans un cimetière, se défendirent avec courage ; le combat fut meurtrier ; mais enfin, la victoire se décida en notre faveur, à dix heures du soir.

Le 8 février, à la pointe du jour, l'ennemi commença l'attaque par une très vive canonnade ; le maréchal Augereau, de son côté, riposta par une canonnade non moins épouvantable. Tous les coups portaient, et la mort parcourait avec une effrayante rapidité les lignes des deux armées. Napoléon se porta vers l'église d'Eylau, dont l'ennemi voulait s'emparer, et les Russes, pour échapper aux ravages que nos batteries faisaient dans leurs rangs, tentèrent d'enlever la ville.

Au moment où s'effectuaient ces mouvements, une neige épaisse, et telle qu'on ne distinguait pas à deux pas devant soi, tomba par énormes flocons, couvrit les deux armées, et par une profonde obscurité, rendit la marche de nos colonnes incertaine, mais Bessières et Murat, à la tête de toute la cavalerie, débordèrent audacieusement le général Saint-Hilaire, et se précipitèrent comme la foudre sur l'armée russe. L'infanterie est culbutée, l'artillerie enlevée, le massacre est horrible. Cette manœuvre, admirablement exécutée, rendit à notre armée tout l'avantage qu'elle avait perdu. L'ennemi, chassé contre le bois, est obligé de se déployer et de s'étendre.

Trois fois les Russes voulurent reprendre le plateau occupé par Davoust, trois fois ils furent repoussés. Pendant ce temps, le maréchal Ney forçait le général prussien Lestocq à fuir jusqu'à la rivière de Frishing.

L'ennemi se retira en déroute sur Kœnisberg. La nuit mit seule un terme à la poursuite. Le champ de bataille était horrible à voir, l'ennemi, contraint de fuir, avait abandonné ses blessés qui reçurent des soins touchants de leurs ennemis.

Le lendemain de la bataille, Napoléon monta à cheval, accompagné de Murat, Berthier, Soult, Davoust, Bessières, de M. de Caulaincourt, et des aides de camp Mouton, Gardannes et Lebrun ; il passa en revue plusieurs divisions, et parcourut toutes les positions que les deux armées avaient occupées la veille. Une neige épaisse couvrait entièrement la plaine, sur laquelle des milliers de morts et de blessés étaient étendus ; les traces de sang formaient, avec la blancheur de la neige, un contraste effrayant. Des pelotons de Français, et quelques prisonniers russes parcouraient en silence, mais avec des sentiments différents, ce champ de carnage, où la place de chaque bataillon était dessinée par des monceaux de cadavres russes, des débris de havresacs et d'armes. Les morts couvraient les mourants. Les cris des uns, le morne repos des autres, le bruit éloigné de quelques coups de canon répétés par les échos, les croassements funèbres de quelques oiseaux de proie, les bois dépouillés de leur feuillage et couverts de frimats, enfin l'église et le cimetière d'Eylau qui montraient dans le lointain leurs murs que la guerre n'avait point respectés : tout inspirait des idées sinistres, présentait des contrastes frappants, causait une horreur inexprimable.

Napoléon s'arrêtait devant les blessés, les faisait questionner dans leur langue, et ordonnait qu'on leur prodiguât des secours. Un jeune Lithuanien, auquel un boulet avait emporté le genou, avait conservé son courage au milieu de ses compagnons expirants. Il se soulève à la vue du chef de l'armée française : « César, lui dit-il, tu veux que je vive? eh bien ! qu'on me guérisse ; je te servirai fidèlement comme j'ai servi Alexandre. »

Le capitaine des grenadiers à cheval de la garde, Auzouï, était couché sur le champ de bataille. Ses camarades vinrent pour l'enlever et le porter à l'ambulance. Revenu à lui, il refusa leur secours, et leur dit : « Laissez-moi, mes amis, je meurs content, puisque nous avons la victoire, et que je puis mourir sur le lit d'honneur, environné de canons pris à l'ennemi, et des débris de leur défaite. Je n'ai qu'un regret, dans mes derniers moments, c'est que je ne pourrai plus rien pour la gloire de notre belle France. »

La bataille d'Eylau, dans laquelle une moitié de notré armée ne donna pas, et l'autre ne parvint à fixer la fortune un instant infidèle à ses aigles, que par des efforts inouïs de courage et par les dispositions qu'improvisa l'Empereur, est l'une des plus sanglantes des temps modernes. 7,000 Russes y périrent ; de notre côté nous eûmes plus de 2,000 morts, parmi lesquels le brave général Corbineau. Le nombre des blessés s'éleva à près de 6,000. Le lieutenant général d'Hautpoul fut blessé à mort. Il avait exécuté à la tête de ses cuirassiers cette *fameuse charge qui traversa toute l'armée russe.* Napoléon courut les plus grands dangers ; en vain le prince Berthier voulut l'empêcher de rester constamment sous le feu le plus violent des batteries ennemies, il persista à s'exposer, sans donner le plus léger signe d'émotion, au milieu des alarmes que sa position inspirait à ses généraux.

Napoléon adressa cette proclamation à son armée.

« Soldats !

» Nous commencions à prendre un peu de repos dans nos quartiers d'hiver quand l'ennemi a attaqué le premier corps et s'est présenté sur la Basse-Vistule ; nous avons marché à lui, et nous l'avons poursuivi pendant l'espace de 80 lieues. Il s'est réfugié sous les remparts de ses places et a repassé la Prégel. Nous lui avons enlevé, aux combats de Bergfrid, de Deppen, de Hoff, à la bataille d'Eylau, 65 pièces de canon, 16 drapeaux, et tué, blessé ou pris plus de 40,000 hommes. Les braves qui, de notre côté, sont restés sur le champ d'honneur, sont morts d'une mort glorieuse ; c'est la mort des vrais soldats ! Leurs familles auront des droits constants à notre sollicitude et à nos bienfaits.

» Ayant ainsi déjoué tous les projets de l'ennemi, nous allons nous rapprocher de la Vistule et rentrer dans nos cantonnements. Qui osera en troubler le repos s'en repentira, car au delà du Danube, au milieu des frimas de l'hiver, comme au commencement de l'automne, nous serons toujours les soldats français de la grande armée. »

La prédiction de Napoléon ne tarda pas à se réaliser. Les Russes essayèrent par deux fois d'attaquer l'armée française, mais le général Savary, ayant rassemblé les divisions Suchet et Oudinot, se précipita sur eux, les culbuta dans une action des plus vives, dans la ville d'Ostralenka ; les chassa à une distance de plus de trois lieues et ne s'arrêta qu'au moment où l'obscurité vint protéger les fuyards. Cette affaire, dans laquelle périt le général Sovarow, fils du célèbre maréchal de ce nom, coûta à l'ennemi plus de 4,000 des siens, morts, blessés ou prisonniers.

Ce dernier succès fut pour l'armée française le signal de prendre à son tour l'offensive, et de balayer la rive droite de la Passarge. Partout l'ennemi fut forcé à la retraite.

D'un autre côté, tous les corps suédois avaient été successivement mis en déroute, et ils ne possédaient plus ni magasin, ni artillerie, lorsque le général Essen, récemment investi du commandement en chef des forces suédoises, fit proposer au maréchal Mortier une suspension d'armes, qui fut acceptée et signée à Schltakow, le 18 avril, c'est-à-dire le jour même où elle avait été demandée. Gustave IV s'empressa de donner son approbation à cet armistice ; il alla même jusqu'à témoigner ouvertement le désir de voir le plus tôt possible resserrer les liens qui avaient autrefois uni la Suède à la France.

Ce changement subit de la part d'un roi, jusqu'alors dévoué à toutes les coalitions, contraria d'autant plus les Russes, qu'il laissait le corps du maréchal Mortier libre de se joindre aux troupes qui, sous le commandement du maréchal Lefebvre, assiégeaient Dantzick, et qui chaque jour faisaient de nouveaux progrès ; aucun obstacle, aucun péril ne lassaient leur persévérance, ni leur courage. Cent combats, qu'il leur avait fallu soutenir contre des forces doubles des leurs, n'avaient pas suspendu un instant les travaux. On les avait vus tout affronter: l'inondation qui protégeait les remparts, les glaces que roulait un fleuve furieux, les maladies inséparables de l'intempérie du climat, le feu continuel des batteries, et les sorties meurtrières d'une garnison dont rien ne pouvait égaler l'acharnement; partout l'intrépidité de l'attaque avait surpassé l'opiniâtreté de la défense. Français, Saxons, Italiens, Polonais, tous, dans l'accomplissement d'un même but, n'avaient aspiré qu'à se montrer dignes les uns des autres; tous s'étaient illustrés par les mêmes exploits, la même vaillance, la même résolution. Ce mélange de guerriers de diverses nations, loin de nuire à l'accord et à l'ensemble nécessaire dans les grandes entreprises, entretenait au contraire cette émulation qui se signale par des prodiges. Le maréchal Lefebvre, chez qui l'audace était toujours compagne du sang-froid, électrisait par son exemple le cœur de tous ces braves. Aussi les soldats mettaient-ils en ses ordres une confiance sans bornes : un mot de lui suffisait pour les précipiter au milieu du danger : ils étaient sûrs qu'ils l'y rencontreraient.

Au milieu de ce concours unanime des corps composant l'armée de siége, le feld-maréchal Kalkreuth, craignant que d'un instant à l'autre, une surprise nouvelle, ou quelques coups hardis ne vinssent déconcerter sa vieille expérience, et mettre en défaut ses plus sages dispositions pour la défense de la place, s'empressa de demander des secours ; le général Kaminski, se dirigea à la tête de 20,000 hommes, vers le port de Pillau, où des embarcations les attendaient. Napoléon, averti de leurs préparatifs pour secourir Dantzick, avait déjà pris toutes les mesures propres à paralyser les efforts qui allaient être tentés en faveur de cette place, et dans le même temps que le général Kaminski, sous la protection du canon de Weichselmundeg, débarquait ses troupes, le maréchal Lannes, à la tête de la réserve composée des grenadiers d'Oudinot, se joignit au corps du maréchal Lefebvre. Cette réunion, qui eut lieu le 12 mai, jeta de l'irrésolution dans les plans de l'ennemi. Le 15 mai, après trois jours d'hésitation, Kaminski se décida à attaquer. Les Russes essayèrent vainement d'enfoncer la ligne française, il furent repoussés avec perte. Ils revenaient à la charge avec de nouvelles forces et se disposaient à accabler de leur choc le général Schramm, dont la résistance excitait leur fureur, lorsque le maréchal Lannes parut sur le champ de bataille guidant une colonne de grenadiers. La présence de cette élite redouble à la fois l'énergie des troupes de Schramm et l'acharnement de leurs adversaires. La lutte devient des plus sanglantes : Enfin, après une vigoureuse résistance, les Russes sont dispersés et la victoire décisive.

Ainsi battu presque en arrivant, Kaminski n'eut pas même la gloire d'avoir interrompu les travaux du siége; et le feld-maréchal Kalkreuth, qui avait compté sur le secours de ses valeureux auxiliaires, se trouva, comme auparavant, réduit aux seules forces de la garnison. La détresse de Dantzick était parvenue à son comble. Enfin une corvette anglaise, armée de 24 canons, et défendue par 160 marins ou soldats, la *Sans-peur*, qui cherchait à introduire des munitions dans la place, fut assaillie et prise à l'abordage par les grenadiers de la garde de Paris. Le succès de ce coup audacieux enlevait au gouverneur Kalkreuth sa dernière ressource. Sur ces entrefaites, le maréchal Mortier arriva devant Dantzick avec une portion de son corps d'armée. Ce renfort décida le maréchal Lefebvre à ne plus différer l'assaut; mais, avant d'en venir à cette extrémité, il adressa une sommation au gouverneur, qui se soumit à capituler. Napoléon était à Finckinstin quand, le 25 mai, on lui présenta l'acte d'après lequel devait s'effectuer la remise de la place : il le ratifia sur-le-champ, et deux jours après, le maréchal Lefebvre qui avait dirigé ce siége, l'un des plus fameux des temps modernes, fit, à la tête du dixième corps d'armée, son entrée triomphale dans la ville que son habileté et sa valeur venaient de conquérir. Il avait témoigné au maréchal Lannes et au général Oudinot le désir de leur faire partager les honneurs de cette journée; mais ces deux guerriers s'y refusèrent avec une noble modestie.

En nous rendant maîtres de l'embouchure de la Vistule, la chute de Dantzick privait les alliés d'un appui des plus importants, et délivrait la gauche de notre armée des inquiétudes qu'elle aurait pu concevoir, si cette place, la reine de la Baltique, eût fait une plus longue résistance, Cependant, loin d'épouvanter les souverains de la coalition, cet événement ralluma dans leurs cœurs l'espoir de vaincre et la soif de la vengeance. Des négociations de paix, entamées depuis quelques mois, furent brusquement rompues au moment même où la modération de Napoléon et l'avantage de sa position ôtaient tout prétexte à la guerre. L'empereur Alexandre, comptant sur l'assistance de la Grande-Bretagne, se flattait de pouvoir bientôt placer les Français entre deux feux, et de reconquérir la Prusse, tandis que leur chef serait occupé dans la Pologne. Une faible démonstration de la part des Anglais, qui débarquèrent devant Stralsund l'avant-garde d'une légion allemande à leur solde, fut pour Alexandre le signal de reprendre la plus vigoureuse offensive. Les Russes quittèrent aussitôt leurs quartiers d'hiver, et l'on courut aux armes.

Les premiers engagements eurent lieu sur la Passarge le 4 juin. L'action s'engagea sur plusieurs points à la fois. La lutte fut terrible, mais elle ne demeura pas longtemps indécise : les Russes, dispersés et mis en fuite, laissèrent sur le champ de bataille plus de 2,000 morts et un grand nombre de blessés.

Cependant Napoléon désirait terminer la guerre par un coup de foudre. Le 7, il coucha au bivouac de Deppen, et le 9 il se porta sur Guttstadt, qui fut emportée de vive force à huit heures du soir, et reçut aussitôt l'Empereur dans ses murs. Mille prisonniers russes, et la déroute de leurs différents corps, parmi lesquels se trouvait celui de Kaminski, qui, déjà la veille, à Molfesdorf, avait éprouvé un échec, attestèrent la valeur de nos troupes.

Le lendemain, l'armée française, continuant son mouvement en avant, se dirigea vers Heilsberg, qui, après quelques combats, tomba au pouvoir des Français et fut immédiatement occupé. Cette ville, dans laquelle les Russes avaient abandonné plus de 4,000 de leurs blessés, renfermait des approvisionnements immenses en vivres et en munitions. A l'extrême droite de notre armée, Masséna battait et repoussait les ennemis jusqu'à Ostrolenka.

L'Empereur ne s'arrêta pas à Heilsberg; il porta le soir même son quartier-général à Eylau, et le 14, à trois heures du matin, il parut devant Friedland au moment où l'armée russe, débouchant par le pont de cette ville, était déjà aux prises avec les corps des maréchaux Lannes et Mortier. Aux premiers coups de canon qui se firent entendre, Napoléon s'écria : « C'est un heureux jour, c'est l'anniversaire de Marengo ! »

La gauche des Russes fut aussitôt attaquée; plusieurs de leurs colonnes, chargées à la baïonnette et acculées sur l'Alle, y sont précipitées par la division Marchand ; une partie de leur centre et de leurs réserves est enfoncée par les divisions Bisson et Dupont, qui en font un horrible carnage. Au milieu des dangers qui les environnent de toutes parts, foudroyées, écrasées par un feu continuel, les troupes ennemies se replient en désordre dans Friedland, où elles tâchent de se former de nouveau; mais toute résistance est inutile. Friedland est enlevé, et le maréchal Ney, qui a présidé au mouvement, pénètre dans la ville sur les cadavres de ceux qui voulaient en défendre l'entrée.

Le général en chef Beningsen, espérant ramener la fortune sous les étendards russes, médite un dernier coup contre le centre de notre armée; mais les Russes sont encore repoussés, partout ils fuient, et ceux que les boulets et les balles ont épargnés trouvent la mort sous les baïonnettes de ces adversaires, dont leur impétuosité et leur dévouement n'ont pu dompter la valeur.

Korsakow, qui commande l'aile droite de l'ennemi, est défait à son tour par le maréchal Mortier, réduit à la cruelle alternative de mettre bas les armes ou de se jeter dans l'Alle, en abandonnant ses bagages et son artillerie : ce dernier parti lui parut préférable à la honte d'être pris. La découverte d'un gué semblait lui offrir une chance de salut; il l'indiqua à ses colonnes; mais elles s'y portèrent avec tant de précipitation, et la confusion fut telle, que des milliers de Russes périrent dans les flots.

La victoire, qui n'avait pas été un instant incertaine, fut complète à onze heures du soir. Napoléon montra dans cette journée les mêmes talents et la même activité que dans les campagnes précédentes.

On le vit, pendant le combat, se transporter, au milieu du feu, d'une extrémité à l'autre de la ligne, et souvent les soldats remarquèrent avec effroi les boulets qui passaient près de lui, ou qui venaient mourir à ses pieds. L'Empereur coucha à Friedland; le lendemain, il marcha sur Wehlau, où les têtes de colonnes des deux armées arrivèrent presque en même temps, et le 16 il passa la Prégel.

La rapidité de cette course triomphale accéléra la chute de Kœnisberg. Cette ville, ancienne capitale du duché de Prusse, était un des plus vastes entrepôts de guerre des coalisés. Le général prussien Lestocq, qui s'y était enfermé, essaya en vain de la défendre. Kœnisberg, évacué le 16, fut immédiatement occupé par les Français, qui y trouvèrent des richesses immenses : 300 gros navires chargés de toute espèce de munition, 160,000 fusils que l'Angleterre envoyait au czar, toutes les ambulances de la coalition, ses hôpitaux et plus de 20,000 de ses blessés.

Enfin, le roi de Prusse ne possédait plus réellement en Silésie que le fort de Silberbeg, qui ne pouvait pas tenir longtemps, et sur la Baltique, que Colberg qui touchait à l'époque de sa reddition.

Le 19, à deux heures de l'après-midi, Napoléon entra dans Tilsit, que l'empereur de Russie et le roi de Prusse avaient quitté depuis peu de jours. Ce fut aux approches de cette ville que les Français aperçurent pour la première fois des kalmouks, espèce de sauvages, armés seulement de flèches, qu'ils décochent en fuyant à la manière des Parthes. L'aspect de ces Tartares et leur bizarre accoutrement excitèrent la risée de nos soldats, pour qui de tels adversaires n'étaient guère redoutables.

La ville de Tilsit est située sur le Niémen; ce fleuve, dont les Russes, qui paraissaient vouloir se retirer vers la Samogitie, avaient incendié le pont, était alors la seule barrière à franchir pour que Napoléon portât la guerre sur leur territoire. La saison était favorable; nos troupes étaient remplies de confiance et d'ardeur ; celles de la Russie, au contraire, entièrement démoralisées, alliaient, au sentiment de leur faiblesse et de leur impuissance, la persuasion que leurs défaites étaient un châtiment du ciel courroucé par une injuste agression. Le czar trembla de voir nos aigles prendre un nouvel essor. Il se résigna, pour sauver ses États, à s'humilier une seconde fois, et retrouva à Tilsit le héros magnanime d'Austerlitz.

Napoléon écouta les premières propositions qui lui furent faites pour le rétablissement de la paix. Un armistice fut conclu le 21 juin. Le lendemain, Napoléon, suivant son habitude, récapitula dans une proclamation les travaux de cette guerre : « Soldats, y disait-il, le 4 juin, nous avons été attaqués dans nos retranchements par l'armée russe. L'ennemi s'est mépris sur notre inaction ; il s'est aperçu trop tard que notre repos était celui du lion ; il se repent de l'avoir troublé.

» Dans les journées de Gielstadt, de Heislberg, dans celle à jamais mémorable de Friedland, dans dix jours de campagne, enfin, nous avons pris 120 pièces de canon, 7 drapeaux, tué, blessé ou fait prisonniers 60,000 Russes, enlevé à l'armée ennemie tous ses magasins, ses hôpitaux, ses ambulances, la place de Kœnigsberg, les 300 bâtiments qui étaient dans ce port, chargés de toute espèce de munitions, 160,000 fusils que l'Angleterre envoyait pour armer nos ennemis.

» Des bords de la Vistule, nous sommes arrivés sur ceux du Niémen avec la rapidité de l'aigle. Vous célébrâtes à Austerlitz l'anniversaire du couronnement ; vous avez, cette année, dignement célébré celui de Marengo, qui mit fin à la guerre de la seconde coalition.

» Français, vous avez été dignes de vous et de moi. Vous rentrerez en France couverts de tous vos lauriers, et après avoir obtenu une paix glorieuse, qui porte avec elle la garantie de sa durée.

» Il est temps que la patrie vive en repos à l'abri de la maligne influence de l'Angleterre ; mes bienfaits vous prouveront ma reconnaissance et toute l'étendue de l'amour que je vous porte. »

Le 25, un pavillon, élevé à la hâte au milieu du Niémen, reçut les deux empereurs, qui, dans l'effusion de leur joie, s'embrassèrent à la vue des deux armées que séparait le fleuve. Ce fut là que s'établirent des conférences d'où semblaient dépendre les destinées du monde. Jamais entrevue n'offrit un spectacle plus imposant. Alexandre, fidèle à l'alliance dont le malheur avait fait une courageuse amitié, parvint à faire admettre devant l'Empereur le roi de Prusse, et cette réunion fut embellie par la présence de la reine. Cette princesse, qui joignait aux grâces de son sexe toutes les vertus d'une héroïne, fut l'objet des prévenances de Napoléon. On eût dit que, par une cour assidue, ce monarque cherchait à lui faire oublier ses sarcasmes lancés contre elle dans ses bulletins.

Doté de la moitié de ses Etats, le roi de Prusse reprit une place parmi les rois. Six ans après la trahison d'un général prussien vint punir Napoléon de sa générosité.

La paix, si ardemment désirée, fut enfin signée le 9 juillet. Il y eut deux traités, l'un entre la France et la Russie, l'autre avec la Prusse. Le roi Frédéric-Guillaume paya tous les frais de la guerre. Les provinces entre le Rhin et l'Elbe servirent à doter le royaume de Westphalie, fondé par Napoléon en faveur du prince Jérôme, son frère. La partie de la Pologne, échue à la maison de Brandebourg par le partage de 1772, fut érigée en duché et donnée au roi de Saxe, ainsi que le cercle de Colbus dans la Basse-Lusace. Les possessions des princes d'Anhalt, sur la droite de l'Elbe, la ville de Dantzick et son territoire furent également distraits de la monarchie prussienne. La Russie céda au roi de Hollande la seigneurie de Sever, dans l'Ost-Frise, et obtint en échange d'étendre ses frontières aux bords du Bug et de la Marew. La confédération du Rhin et les nouveaux souverains créés par Napoléon furent solennellement reconnus.

Cette même année Jérôme, le nouveau roi de Westphalie, épousa la princesse Catherine, fille du roi de Wurtemberg. Nulle couronne n'eut été déplacée sur la tête de cette jeune reine en qui la beauté ajoutait encore à l'éclat de l'esprit et à l'élévation du caractère. Deux ans auparavant Napoléon avait uni son fils adoptif, Eugène de Beauharnais à une princesse de Bavière.

La condition du blocus continental fut le plus important article du traité de Tilsitt. C'est à cette haine légitime contre l'Angleterre que Napoléon sacrifia les grands intérêts de la société européenne, dont cette seule fois il a pu être l'arbitre. La Pologne renaît morcelée et vassale de trois couronnes; la porte du Nord n'est point fermée. La Prusse reste la prisonnière du traité; au sein de la paix, elle pourra regretter la guerre.

Après des protestations mutuelles d'estime et d'amitié, les souverains se séparèrent. Le roi de Prusse se rendit à Mémel, l'empereur de Russie dans ses Etats, et Napoléon, après avoir visité Kœnigsberg, revint par Dresde à Paris, où il arriva le 27 juillet 1807.

Le traité de Tilsitt avait rétabli la bonne intelligence entre la France et la Russie à des conditions si avantageuses pour celle-ci, qu'elles semblaient moins stipulées entre le vainqueur et le vaincu qu'entre deux alliés qui se partageaient le prix de leurs communes victoires. Oubliant, dans une saison plus douce, les fatigues et la misère qui l'avaient assaillie pendant l'hiver précédent, et, énivrée de ses derniers succès, l'armée n'avait demandé qu'à porter la guerre dans les Etats de l'agresseur; un équipage de pont, pris à Kœnigsberg, était prêt à la transporter au delà du Niémen. On n'attendait que la permission de vaincre: Napoléon ne la donna pas. Ce que Napoléon voulait, ce n'était pas la ruine de la Russie, mais celle de la coalition, mais le rétablissement de cette ligue du Nord qui avait fait trembler l'Angleterre, et pouvait seule la forcer à se relâcher de ses injurieuses prétentions. Certain, en faisant la paix, d'accroître les moyens par lesquels il combattait la dominatrice des mers, il sacrifia tout autre avantage à celui-là

Les Anglais craignirent alors de voir se renouer, à l'ombre des deux premières puissances continentales, la confédération maritime, dissoute par l'assassinat de Paul Ier; et pour conserver l'empire de la Baltique, ils formèrent le dessein de forcer le roi de Danemark à se déclarer en leur faveur, ou d'enlever sa flotte afin de s'emparer du *Sund* pour en faire un nouveau Gibraltar. Deux fois, en 1800 et 1801, ils avaient tenté inutilement cette entreprise; mais ils espéraient qu'au moyen d'une division opérée par les forces de la Suède, ils seraient plus heureux à la troisième. Gustave IV, vivement sollicité d'attirer sur lui le corps d'observation français qui courait le littoral, céda de nouveau au prestige des séductions britanniques. Gustave IV n'attendit pas même que le terme de rigueur après la dénonciation de la rupture de l'armistice fut expiré. Le 13 juillet, il faisait reprendre à son armée une attitude offensive, et quoique, depuis trois jours, la Prusse et la Russie eussent déposé les armes, il se flattait, avec l'aide de Dieu et le secours de quelques bataillons russes, de rétablir bientôt toutes les chimères des coalitions. Les Français dissipèrent promptement cet espoir. La prise de Straslund par le maréchal Brune, la reddition de l'île de Rugen et enfin l'occupation de la Poméranie suédoise, couronnèrent les travaux de la grande armée pendant cette longue et glorieuse campagne. Ainsi s'éteignit, dans le Nord, le dernier foyer d'une guerre à laquelle les Anglais, éternels artisans de rapines et de destruction, ne prirent de part active qu'en tournant leurs armes avilies contre le Danemark, et dont le souverain, notre plus fidèle allié, se renfermait pour le bonheur de ses sujets, dans une neutralité paisible. Les insulaires vengèrent par le bombardement de Copenhague et la spoliation de la flotte danoise, la ruine des espérances qu'ils avaient conçues d'une quatrième coalition, et menacèrent du même sort toutes les nations maritimes en Europe et en Amérique. Telle fut pendant longtemps la tyrannie que l'Angleterre prétendit exercer sur tout le genre humain.

A cette époque la tranquillité devint générale. Naples même touchait au terme d'une guerre, qui, allumée avec la troisième coalition, s'était prolongée au delà de la quatrième. L'insurrection de la Calabre, était sur le point d'être apaisée, et il ne restait plus que de faibles étincelles d'un embrasement qui s'était manifesté avec tant de violence. Nos troupes, commandées par le général Reynier avaient lutté contre toutes les privations, bravé tous les périls, surmonté toutes les difficultés; enfin, pour achever de soumettre le pays, il ne s'agissait plus que de s'emparer des postes fortifiés de Reggio et de Scylla, seuls points en terre ferme où flottait encore le drapeau du roi Ferdinand. Déjà l'attaque se préparait et il était aisé d'en prévoir l'issue. La prise des deux forts, investis en décembre 1807, devait un mois plus tard mettre fin à une campagne dont le succès assurait à Joseph Bonaparte la paisible possession de ses Etats.

CHAPITRE X.

Affaires du Portugal. — Traité de Fontainebleau entre la France et l'Espagne. — Intrigues à la cour de Madrid. — Napoléon à Bayonne. — Abdication de Ferdinand et de son père. — Joseph-Napoléon roi d'Espagne. — Napoléon se rend à Erfurth. — Mutuelles protestations d'amitié d'Alexandre et de Napoléon. — Guerre de la Péninsule. — Arrivée de l'Empereur. — Débarquement et fuite des Anglais. — Napoléon revient à Paris.

Napoléon pouvait maintenant appliquer son régime prohibitif depuis les côtes du Holstein jusqu'au détroit de Messine; mais sur d'autres rivages dont il n'avait pas la surveillance immédiate, cette interdiction était fréquemment éludée. Le Portugal surtout, malgré l'apparente soumission de la maison de Bragance, n'était plus qu'une colonie de l'Angleterre, dont les marchandises se répandaient de Lisbonne dans toute la péninsule. L'Empereur résolut de le ranger sous sa domination; et pour s'en ménager les moyens, il conclut avec la cour de Madrid le traité de Fontainebleau, (17 octobre 1807), d'après lequel le prince espagnol qui régnait sur la Toscane renoncait à la souveraineté de ce pays et devait en être indemnisé par la possession de la province d'Entre-Duero-el-Minho et de la ville d'Oporto; il y était dit en outre, que l'Alentejo et les Algarves seraient donnés à Manoël Godoï, prince de la Paix; que le reste du Portugal demeurerait en dépôt jusqu'à la paix générale, et qu'à cette époque, ou au plus tard dans trois années, Napoléon reconnaîtrait Charles IV comme empereur des deux Amériques. Les principautés accordées au roi d'Etrurie et à Manoël Godoï étaient, en cas d'extinction de leurs progénitures, reversibles à la couronne d'Espagne. Une convention arrêtée le même jour réglait que l'expédition projetée s'effectuerait de concert par un corps de troupes françaises et par trois divisions castillanes. Le général Junot franchit les Pyrénées le 17 octobre, à la tête de 26,000 hommes, auxquels se réunit une partie du contingent espagnol, commandé par le général Caraffa; il pénétra le 19 novembre sur le territoire portugais, et entra, le 22, dans Abrantès. Cette marche de trois jours à travers des montagnes incultes, hérissées de rochers, coupées par de profonds ravins, sillonnées par des torrents furieux, interrompues par d'horribles précipices, était déjà, par la nature seule du terrain, une des plus pénibles que pût entreprendre une armée s'avançant pour combattre; elle devint affreuse par la négligence de nos alliés, qui n'avaient rien préparé pour nous aider à en surmonter les obstacles. Un grand nombre de soldats périt de fatigue et de misère dans les épouvantables gorges de Beira, et il n'est pas douteux que, dans cette situation, où nous manquions de tout, 2,000 ennemis, qui auraient occupé la formidable position de Las-Tailladas, ne nous eussent forcés à rétrograder; mais il était trop tard quand les Portugais songèrent à défendre ces Thermopyles de leur pays, et Junot était le 29 à une lieue de la capitale, avant que le gouvernement fût parvenu à organiser la moindre résistance. Le prince régent et tout ce qui tenait à la cour s'était embarqué pour le Brésil. Les habitants étaient dans la plus grande stupeur, et une flotte établie à la barre du Tage semblait vouloir s'introduire dans le port. Junot, n'ayant avec lui que son avant-garde, n'était pas sans inquiétude sur les autres corps qui se trouvaient en arrière; il ne se dissimulait pas combien il y avait de témérité à se risquer avec des forces si peu imposantes au milieu d'une population de 350,000 âmes, dans une ville qui renfermait plus de 14,000 hommes de troupes réglées, que pouvait enhardir la proximité des Anglais. Toutefois, il crut encore plus dangereux de laisser à cette multitude le temps de la réflexion, et dès le lendemain, il fit son entrée dans Lisbonne, à la tête de 1,500 hommes seulement, sans escorte de cavalerie, sans une pièce de canon, et presque sans une cartouche. Les colonnes qu'il attendait arrivèrent successivement, mais dans un état si déplorable, qu'il leur eut été impossible d'aller plus loin.

Le général en chef s'occupa d'abord de pourvoir aux besoins de ces malheureux. La nécessité de réparer son matériel, qui se trouvait dans un délabrement extrême, fut le second objet de sa sollicitude. Il prit ensuite des mesures administratives propres à calmer ou à contenir les esprits violemment agités, régularisa l'invasion, qui, en peu de jours, s'étendit à toutes les provinces, et, malgré quelque opposition, il fit substituer sur les édifices publics, sur les forts, sur la flotte portugaise, le pavillon tricolore à l'étendard révéré que les habitants de la Lusitanie disaient tenir de Dieu lui-même.

Nous étions maîtres du Portugal. Pour en conserver la possession, il était indispensable de régner sur l'Espagne. Napoléon avait plus d'un motif pour déclarer la guerre à cette puissance. Il conservait d'ailleurs un souvenir profond de l'injure que l'Espagne lui avait faite avant la bataille d'Iéna. Godoï avait rendu un instant suspecte la fidélité du cabinet de Madrid à l'alliance de la France; le traité de Fontainebleau avait paru l'effet d'une franche réconciliation; mais comme il n'était que la suite des protestations d'amitié qu'à chaque nouveau triomphe de Napoléon le prince de la Paix ne manquait jamais de dicter à son roi, on ne pouvait guère compter sur une alliance qui n'avait d'autres fondements que la peur, et dans son empressement à se jeter aux pieds du conquérant, Charles IV, au lieu de conjurer sa ruine, ne fit que l'accélérer.

Les événements se pressent rapides et nombreux dans la guerre de la Péninsule; nous n'en donnerons qu'un résumé succinct, un volume entier ne suffirait pas pour en présenter tous les détails.

Les années précédentes, l'armée avait fait preuve d'une supériorité incontestable sur toutes les nations de l'Europe, dans les combats réguliers et dans les batailles rangées. En Espagne, elle cueillit des lauriers d'une autre espèce, en résistant avec les forces les plus inégales à une population tout entière, levée en masse et soutenue par des troupes anglaises. Sans doute, dans ces campagnes, les victoires furent mêlées de revers : des flots de sang français furent répandus; mais, en toute occasion, nous fîmes payer cher nos défaites, et nul de nos soldats ne mourut sans vengeance.

Longtemps avant son abdication, Charles IV ne régnait que de nom. Le gouvernement était entre les mains de don Manoel Godoï, qui, de simple garde du corps, était parvenu aux plus hautes dignités du royaume, sans posséder aucune des qualités qui auraient pu justifier une fortune aussi rapide. Les grands et le peuple ne portaient qu'avec impatience son joug humiliant; mais il bravait leur haine, assuré qu'il était de la confiance du roi, et de celle plus intime encore de la reine.

Des dissensions non moins scandaleuses dans leurs effets que dans leur principe, puisqu'elles avaient été excitées par l'étrange faveur dont jouissait, auprès du roi, D. Godoï, divisaient depuis plusieurs mois ce monarque et l'héritier du trône. Pour s'assurer un appui contre le crédit du favori, qui, dans l'espérance de se l'asservir, voulait lui faire épouser sa belle-sœur, le prince des Asturies avait demandé à Napoléon la main d'une de ses nièces, et par suite de cette demande, faite sans l'autorisation de son père, il s'était vu traduit par ce dernier, comme coupable, devant le grand conseil de Castille. Une réconciliation provoquée par la politique du prince de la Paix avait à la vérité terminé ce procès, mais les ressentiments qu'il avait excités étaient encore dans toute leur vigueur, lorsque l'on apprit que dans le but d'aller attaquer en Portugal la puissance anglaise, Napoléon avait fait entrer ses troupes en Espagne et s'avançait à marches forcées sur Madrid (1).

La cour, à cette nouvelle, prend l'alarme. Elle se dispose à partir pour Séville. Quelque soin qu'on prît pour le cacher, ce projet transpira. La population de Madrid, n'y voyant qu'un moyen imaginé par le favori, à l'effet de livrer l'Espagne aux Français, se porte en masse à Aranjuèz, où se trouvait alors la cour, enfonce les portes des appartements du prince de la Paix, brise ou pille tout ce qui s'y trouve, et persuadée qu'il s'y cache, ce qui était vrai, elle l'y tient bloqué dans l'espérance de le forcer par la faim à en sortir. En effet, Godoï, poussé hors de sa retraite par le besoin, vint au bout de vingt-quatre heures se livrer lui-même. Il allait être déchiré par la multitude, si Ferdinand, qui exerçait sur elle une grande influence, n'eût, à la prière de son père, intercédé pour ce proscrit, et ne fût parvenu à obtenir un sursis en promettant qu'il serait jugé par les tribunaux. La prédilection du peuple pour Ferdinand s'étant manifestée avec fureur dans toutes les circonstances qui caractérisent cette émeute contre laquelle l'autorité de son père avait été impuissante, le roi, frappé de terreur, crut convenable de renoncer à un pouvoir qui lui échappait, et abdiqua en faveur de son fils.

Cependant Murat entre dans Madrid. Réclamant aussitôt contre une abdication qui lui a été arrachée par la violence, Charles déclare qu'il se met sous la protection de l'Empereur *son auguste allié.* D'autre part, Ferdinand écrit à ce même empereur pour lui faire part de son avénement au trône et lui demande de nouveau la main d'une de ses nièces. Choisi pour juge de ce grand différend par les deux partis, Napoléon se rend à Bayonne pour être à proximité de juger des choses par lui-même. Peu lui importait qui régnât du père ou du fils, pourvu que les traités stipulés entre l'Espagne et lui fussent observés par son roi, quel qu'il fût, et que la Péninsule restât fermée à l'Angleterre. Le roi Charles s'était rendu à Bayonne. Ferdinand y vint, et le procès fut plaidé devant Napoléon par ces deux rois, qui dès lors avaient cessé de l'être. Les scènes les plus violentes signalèrent leurs diverses entrevues. Le père, quoique lassé du trône, prétendit y remonter pour punir son fils ; le fils ne consentait à rendre le trône qu'autant qu'il régnerait sous le nom de son père, avec le titre de lieutenant général du royaume. Leurs prétentions, que soutenaient des partisans nom-

(1) Ce fut pendant le cours de ces événements que Napoléon alla visiter le pays vénitien dont il était devenu souverain par le Traité de Presbourg. Sa présence excita l'enthousiasme dans l'Italie entière. Le 20 décembre il était à Milan et proclamait un statut, par lequel, à défaut d'enfants mâles et légitimes dans sa descendance directe, le prince Eugène de Beauharnais devait être son successeur à la couronne d'Italie.

breux, devenant de plus en plus inconciliables, deux commissaires furent nommés, l'un par le roi Charles, ce fut D. Godoï qu'on avait trouvé le moyen de soustraire à la fureur du peuple, l'autre par Napoléon, ce fut le général Duroc.

L'agitation était extrême dans Madrid. Le 2 mai, les rassemblements dans les murs de cette capitale eurent un tel caractère de gravité, que Murat se vit dans la nécessité de faire prendre les armes à la garnison. Ces démonstrations ne firent qu'irriter l'audace du peuple; les outrages envers les soldats français furent portés à un tel degré, qu'ils eussent spontanément fait feu sur les assaillants, lors même qu'ils n'en auraient pas reçu l'ordre. Les mutins ne se dispersèrent que pour se mettre en mesure de combattre. Réfugiés dans les maisons, ils firent un feu continuel et meurtrier sur les Français. Le carnage ne cessa que le 3 au point du jour, les Espagnols ayant épuisé toutes leurs munitions. Une centaine de ces malheureux, pris les armes à la main, furent immédiatement fusillés. A la suite de cet événement, la reine d'Étrurie, l'infant, son fils et don Antonio se décidèrent à partir pour Bayonne, de sorte que toute la famille royale d'Espagne se trouva auprès de Napoléon.

Aussitôt que l'Empereur eut appris les derniers événements de Madrid, il alla les communiquer au roi Charles, qui en fut très douloureusement affecté : le jour même, 6 mai, Ferdinand signa l'acte de son abdication en faveur de son père et manda à la junte, qu'il avait chargée avant son départ de Madrid de diriger les affaires pendant son absence, de cesser l'exercice de ses fonctions.

Le roi Charles, rentré dans tous ses droits par la renonciation de Ferdinand, s'empressa d'en faire la rétrocession à l'Empereur des Français, et Napoléon, croyant n'avoir plus d'obstacles à vaincre pour placer Joseph sur leur trône vacant, le proclama, par un décret du 16 juin, roi des Espagnes et des Indes, et voulut dès le même jour lui montrer ses nouveaux sujets. Il improvisa une audience de présentation. Les députations des grands d'Espagne, du conseil de Castille, de l'inquisition, des Indes, des finances et de l'armée furent invitées à se rendre sur-le-champ au château de Marrac, pour complimenter le nouveau roi, et procéder à la formation d'une junte qui vota l'acte constitutionnel à l'unanimité. Joseph se choisit un ministère parmi ses nouveaux sujets, et partit le 10 juillet pour se rendre à Madrid. Mais déjà toute l'Espagne était en feu; elle ne pouvait se persuader que ses princes l'abandonnassent volontairement et elle courait aux armes pour les venger. Le nouveau souverain ne traversa que des provinces révoltées. Ferdinand, qui lui avait cédé sa place d'assez mauvaise grâce, se dirigea vers l'intérieur de la France, où l'Empereur lui assigna pour résidence le château de Valençay. Charles IV donna la préférence au séjour de Marseille. Il y fut suivi de son épouse et du prince de la Paix.

Napoléon revint à Paris, après avoir fait une tournée dans plusieurs départements méridionaux. Il supposait que l'incendie allumé en Espagne serait éteint promptement, et il ne croyait plus avoir qu'à se concerter avec les puissances du Nord pour assurer la réalité du système continental au moyen duquel il se flattait de réduire aux abois le gouvernement anglais. C'est dans cette vue qu'il proposa un congrès. Avant de se séparer à Tilsitt, Napoléon et Alexandre s'étaient promis de se revoir, afin de resserrer, dans une nouvelle entrevue, les liens d'amitié que la première avait formés. Napoléon rappela à l'autocrate la promesse qu'ils s'étaient faite mutuellement, et il fut convenu que l'un et l'autre se rendraient à Erfurt, où viendraient les rejoindre tous les princes des autres États.

L'empereur Napoléon arriva à Erfurt dans la matinée du 17, et monta aussitôt à cheval pour aller au devant d'Alexandre, qu'il rencontra à une lieue et demie de la ville. Les deux souverains s'embrassèrent avec la plus grande cordialité. Le grand duc Constantin accompagnait son frère, et prit part à tous les honneurs qui lui furent rendus.

Au milieu des fêtes qui se succédèrent, les deux empereurs avaient de fréquentes conférences politiques desquelles il résulta un arrangement qui demeura verbal, tant ils croyaient pouvoir compter sur leur parole mutuelle. Napoléon promit de ne s'immiscer en rien dans les affaires de la Turquie, et Alexandre prit l'engagement de demeurer étranger à tout ce qui se ferait en Italie ou en Espagne. Afin de donner toute garantie de son amour pour la paix, et d'ôter à l'Autriche, dont les deux alliés soupçonnaient les intentions, tout prétexte de la rompre, Napoléon décréta la dissolution de la grande armée française, et nos soldats évacuèrent l'Allemagne. Enfin, avant de quitter Erfurt, les deux princes adressèrent une lettre collective au roi d'Angleterre : « Il est temps, disaient-ils, d'écouter la voix de l'humanité, en faisant taire celle des passions ; de chercher, avec l'intention d'y parvenir, à concilier tous les intérêts, et par là garantir toutes les puissances qui existent, et assurer le bonheur de l'Europe. »

Le 14 octobre, Alexandre et Napoléon se séparèrent après s'être embrassés et donné de nouveaux gages des sentiments qui les unissaient. Le 18, Napoléon était de retour à Saint-Cloud, et dès ce moment personne en France ne douta plus que de tous les trônes existants le sien ne fût le plus solidement établi.

L'avénement de Joseph au trône d'Espagne avait été notifié aux puissances, qui toutes le reconnurent, à l'exception de l'Angleterre, mais sa domination n'existait réellement que dans la partie occupée par les soldats français. Dans le royaume de Léon, dans la Navarre, l'Aragon, l'Estramadure, les deux Castilles, la Catalogne, les Asturies, on avait mis en pièces ou refusé de recevoir ses officiers. — Cadix se préparait à une défense opiniâtre. Un gouvernement provisoire était organisé à Séville ; et tous les conseils provinciaux protestèrent contre l'abdication de Bayonne. Au 15 juin, le soulèvement était général, et plusieurs armées espagnoles s'organisaient en même temps.

Jamais peuple ne se souleva contre l'oppression étrangère dans des circonstances plus défavorables. La capitale, la moitié du royaume, le Portugal, étaient occupés par 100,000 soldats, vainqueurs de toutes les puissances et conduits par les meilleurs officiers de l'Europe. Sans armes, sans munitions, sans trésor public, les Espagnols, délaissés par leur gouvernement et livrés à eux-mêmes, ne savent comment lier leurs efforts partiels à un centre commun d'opération, et cependant ils n'hésitent pas à se mesurer avec la nation la plus belliqueuse de l'Europe : nation voisine, nation obéissant au premier capitaine du siècle ; mais les volontés sont à tel point résolues que les esprits restent pénétrés de l'infaillibilité du succès ; et quelque terrible que puisse être le combat, pas un Espagnol ne doute qu'enfin son pays ne triomphe.

Un premier rassemblement de paysans, dirigé par Fernando, se jeta dans Valence, et massacra tous les étrangers, fils ou arrière petits-fils de Français qui y étaient établis de temps immémorial ; la plupart des autres villes, furent le théâtre de scènes non moins sanglantes. Ce fut à travers cet incendie que Joseph s'avança pour prendre possession de ses nouveaux Etats.

Cependant Murat, qui commandait en chef, n'avait pas perdu de temps pour s'opposer aux progrès de l'insurrection ; secondé des généraux Colaincourt, Frère, Verdier, J... et des deux maréchaux Bessières et Moncey, il remporta de grands avantages ; malheureusement de graves événements qui se passaient en Andalousie, venaient pour ainsi dire neutraliser leurs succès. Le général Dupont était entré dans cette province, avec l'ordre de s'emparer de Cadix. Après avoir occupé Cordoue, il marchait sur Séville, lorsque l'approche d'un corps considérable, envoyé contre lui par la junte suprême, l'obligea de rétrograder sur Andujar. Une fausse manœuvre du général Vedel facilita aux ennemis le passage du Guadalquivir, et leur offrit le moyen de couper les communications des Français. Dans cette situation critique, le général Dupont résolut d'occuper Baylen et de s'y concentrer. L'action s'engagea avec acharnement ; déjà les Français étaient vainqueurs, lorsqu'une brigade suisse qui servait dans les rangs de l'armée passa tout entière sous les drapeaux de l'ennemi ; cette défection et la mort du brave général Gobert, tué en chargeant à la tête des cuirassiers, rendirent la victoire incertaine. Le général Dupont, cédant trop tôt à la crainte d'un grand revers, arrêta de lui-même l'élan d'une partie de ses troupes, et finit, malgré les sages avis du général Pryvé, par signer une honteuse capitulation que n'imposait pas la nécessité.

S'il est vrai que le désir de conserver des chariots remplis d'un butin immense, fut le motif de cet acte inouï dans les fastes de l'armée française, ses auteurs, trompés dans leur attente, obtinrent le seul prix qu'il eussent mérité. Les soldats irrités de se voir soumis à l'inspection de leurs havresacs, désignèrent aux Espagnols les fourgons qui recélaient les vols dont ils subissaient l'affront. La capitulation fut violée, les spoliateurs dépouillés et livrés aux Anglais ou transportés dans l'île inculte de Cabrera. Malheureusement de braves soldats, aussi incapables de trahison que de lâcheté, subirent le même destin. Quand l'Empereur apprit cet événement, il s'écria : « Des généraux français n'aiment pas mieux mourir que de signer que l'armée restituera les vases sacrés qu'elle a volés ! Je voudrais effacer cette honte de tout mon sang. » Il fit aussitôt arrêter le général Dupont et Vedel, ainsi que l'officier supérieur Villoutrey, qui avaient coopéré à la capitulation. Une enquête fut dirigée contre eux. Dupont fut rayé des contrôles de l'armée, dégradé de ses ordres, et emprisonné. Il était le seul coupable.

Le désastre de Baylen détruisit le prestige que la victoire avait attaché aux drapeaux français. Ce fut le seul revers qui eût flétri nos armes dans cette longue suite de campagnes, de la fin de 1792 à la fin de 1812.

La capitulation d'Andujar, qui par elle-même était un crime militaire contre l'honneur de l'armée, était devenue un crime politique, contre Napoléon lui-même. En effet, Joseph frappé du nom d'usurpateur, fit son entrée le 20 juillet, à Madrid, au milieu d'une foule silencieuse. Huit jours après, il se retira à Vittoria.

La fortune qui s'éloignait des Français à Baylen, leur restait fidèle dans le nord de l'Espagne, où commandait Bessières. Ce maréchal, informé qu'une armée commandée par le général Cuesta, menaçait de se porter sur Valladolid et sur Burgos, afin d'intercepter les communications de Madrid avec la France, résolut de s'opposer à cette entreprise. Il attaqua les Espagnols à Médina-del-Rio-Seco; Cuesta fut contraint de s'enfuir, abandonnant son artillerie, ses munitions, ses bagages et 6,000 prisonniers. Les généraux Mouton, Lasalle, Merle, Colbert, Ducos et Sabatier, l'adjudant-commandant Guilleminot et le colonel Piéton déployèrent dans cette journée autant de talent que de bravoure. Le dernier de ces officiers fut mortellement frappé en chargeant à la tête de 22e régiment de chasseurs.

La victoire de Médina paraissait décisive. Napoléon, en apprenant la nouvelle, s'écria : « C'est une seconde bataille de Villa-Viciosa : Bessières a mis mon frère sur le trône d'Espagne, comme autrefois le duc de Vendôme y plaça le petit-fils de Louis XIV. »

Tous les corps de l'armée française eurent ordre de se concentrer sur Burgos; le général Verdier, qui depuis plusieurs mois était devant Saragosse, dut en lever le siége, à la veille d'obtenir peut-être, par une dernière attaque, la reddition de cette place, que le jeune et brave général D. Joseph Palafox défendait en héros.

Le mouvement rétrograde des troupes françaises, obligées de se concentrer dans la Navarre, n'était qu'une des premières conséquences du désastre de Baylen. Les soldats furent assaillis dans leurs cantonnements par une maladie contagieuse qui fit des progrès si rapides, que, malgré les soins les plus actifs, on put à peine sauver douze à quinze hommes par compagnie. Murat lui-même ne put rétablir sa santé qu'en rentrant en France; mais il n'y resta pas longtemps, la bienveillance de l'Empereur lui destinait le trône de Naples; il alla l'occuper et signala son avénement à la couronne par la prise de Caprée, d'où son prédécesseur avait deux fois infructueusement tenté de chasser les Anglais. Cette île, où jadis Tibère se croyait à l'abri des vengeances de Rome et de l'indignation du monde, est bordée d'une chaîne non interrompue de rocs à pic dont la cime se perd dans les nues. Quatre forts et quarante pièces de canon ajoutaient encore à ces obstacles naturels; tant de difficultés, pour ainsi dire insurmontables, n'effrayèrent pas le général Lamarque, qui commandait l'expédition. Caprée fut escaladée en plein jour, sous le feu le plus terrible; et 1,600 Français, assiégés eux-mêmes pendant leur attaque par 6 frégates, 5 bricks, 30 bombardes et plusieurs bâtiments de transports qui faisaient craindre un débarquement, s'emparèrent d'une place défendue avec le plus grand courage par 3,000 Anglais, sous les ordres du général Hudson Lowe, d'odieuse mémoire.

Une autre conséquence de la capitulation d'Andujar fut le débarquement d'une armée anglaise, sous les ordres de sir Arthur Wellesley, depuis lord Wellington. Les Anglais, jusqu'alors, avaient paru voir d'un œil impassible l'invasion de la Péninsule; mais quand ils apprirent la capitulation de Baylen, ils espérèrent pouvoir vaincre les Français, jusqu'alors invulnérables. Le 1er août 1808, le général anglais débarqua dans la baie de Mondego avec 24,000 hommes, auxquels se réunirent 5,000 soldats du général Spencer, parti de Cadix, et un corps de 15,000 Portugais qui s'était formé à Coïmbre. L'armée française, sur les deux rives du Tage, ne comptait à peine que 15,000 combattants; cette disproportion allait devenir plus effrayante encore par l'arrivée des nouvelles troupes qu'attendait lord Wellesley. Cette considération détermina le général en chef Junot à tenter sans délai les chances d'une bataille. Il prit donc toutes les mesures nécessaires pour maintenir la capitale, et la quitta, le 16 août, emmenant avec lui quelques bataillons, des munitions suffisantes et dix pièces d'artillerie; quelques jours après, il attaqua à Vimeiro sir Arthur Wellesley. Les Français secondèrent avec une rare valeur les sages dispositions de leur chef; mais cet accord du courage et des talents ne put balancer l'immense supériorité numérique d'un ennemi qui, avec trois fois plus de canons qu'on ne pouvait lui en opposer, couronnait des hauteurs inexpugnables. Après un combat de douze heures, Junot, ayant vu périr l'élite de ses braves, se décida à ordonner la retraite. Pressé par le nombre toujours croissant de ses ennemis, par le manque de vivres et par les progrès de l'insurrection, il assembla en un conseil de guerre ses principaux officiers, et les consulta sur le parti à prendre dans de telles conjonctures. Tous furent d'avis d'entrer en pourparler avec les généraux anglais; le général Kellermann, envoyé aussitôt dans leur camp sous le prétexte de négocier un échange de prisonniers, sut les amener adroitement à proposer les bases d'une convention honorable pour les Français, et cet acte, dont la discussion donna lieu d'abord à quelques difficultés, fut définitivement signé à Cintra, le 30 août 1808. La fermeté de Junot triompha de l'exigence de Wellesley. Son énergie enleva pour ainsi dire d'assaut toutes les conditions qu'il voulut, et ses troupes, embarquées sur des vaisseaux anglais, furent ramenées en France avec armes et bagages.

Le traité de Cintra, si glorieux pour une armée qui, entourée de toutes parts, coupée de ses communications, et dénuée de toute espèce de ressources, eût été forcée, dans quelques jours, de se rendre à discrétion, était moins pour les Français une capitulation qu'une victoire : aussi Wellesley, pour l'avoir consenti, encourut-il le blâme de l'Angleterre, de l'Espagne et du Portugal. Napoléon donna des éloges à la conduite de Junot; mais, en lui rendant justice, il ne put s'empêcher de censurer les dispositions qu'il avait prises à Vimeiro. Suivant lui, il eût été possible de battre l'ennemi et de le jeter à la mer.

Dans le même temps, le port de Saint-Ander reçut le général marquis de la Romana, qui ramenait dans sa patrie un corps d'élite envoyé en 1807 par Charles IV, pour seconder les Français dans le Nord. L'arrivée inattendue du marquis et de sa petite armée combla de joie les Espagnols, qui célébrèrent son retour comme celui d'un dieu protecteur.

Napoléon ne douta plus alors qu'on ne l'eût abusé, tant sur la situation de l'Espagne que sur l'esprit et les dispositions de ses habitants ; mais, fortement convaincu qu'il y avait encore moins de danger à persister dans son entreprise qu'à montrer le découragement d'un début infructueux, il dirigea vers les plaines de la Castille ses vieilles troupes, dont une partie venait de quitter l'Allemagne, et le 5 novembre il arriva lui-même au quartier-général de Vittoria, où il trouva Joseph. Aussitôt il mit ses colonnes en marche, afin de couper les Espagnols de leurs réserves et de les empêcher de se concentrer sur Madrid.

A peine Napoleon se fut-il montré que la victoire revint sous les drapeaux français; la ville de Burgos fut prise. On y trouva des laines pour une valeur de 30 millions; l'Empereur les fit transporter à Bayonne.

Le 12, le duc de Bellune gagne la bataille d'Espidosa, et le duc de Dalmatie s'empare de plusieurs riches dépôts d'armes et de munitions anglaises, et le 23, le duc de Montebello bat les ennemis à Tudela.

Deux routes conduisent de Burgos à Madrid ; l'une, par Valladolid, est entièrement dégagée d'obstacles; l'autre se trouve coupée à Sommo-Sierra par une redoute située entre deux montagnes escarpées ; les Espagnols la regardaient comme inexpugnable. L'Empereur, qui veut frapper un grand coup sur leur imagination, ordonne à ses troupes d'enlever cette position.

12,000 hommes, commandés par Beni-San-Juan, et 16 pièces de canon le défendent. L'artillerie engage le combat; mais ses effets ne répondent point à l'impatience de nos soldats, jaloux d'effacer les désastres de Baylen ; la victoirene se fait pas attendre. L'Empereur donne l'ordre aux chevau-légers polonais de s'emparer d'une batterie qui, postée sur une éminence, faisait d'affreux ravages dans nos rangs. Le chef d'escadron Kozictulski s'élance aussitôt à la tête de sa troupe, gravit la montagne au galop sous une grêle de mitraille : tout ce qui voulut s'opposer à ce choc fut renversé, le corps espagnol anéanti : cette action ouvrit à nos troupes la route de Madrid. Le 2 décembre, l'Empereur parut devant cette capitale, et, malgré d'immenses préparatifs de défense, les habitants vinrent implorer la clémense du vainqueur. Un pardon général fut proclamé.

Si c'est comme vainqueur que Napoléon est reçu à Madrid, il y entre aussi comme législateur; il y apporte aux vaincus tous les éléments d'une indépendance future, et toutes les garanties d'une liberté légale. Il détruit l'aristocratie du conseil de Castille, il abolit l'inquisition, prononce l'anéantissement des droits féodeaux et les justices seigneuriales.

Dans sa proclamation du 7 décembre, il disait aux Espagnols: « Tout ce qui s'opposait à votre prospérité et à votre grandeur, je l'ai détruit : les entraves qui pesaient sur le peuple, je les ai brisées. Une constitution *libérale* vous donne, au lieu d'une monarchie *absolue*, une monarchie *tempérée* et *constitutionnelle*. » Sa réponse à la députation de Madrid, le 15 décembre, renfermait ces passages remarquables : « J'ai pourvu aux besoins des curés, de cette classe la plus intéressante et la plus utile dans le clergé. J'ai aboli ce tribunal, contre lequel le ciel et l'Europe réclamaient. J'ai satisfait à ce que je devais à moi et à ma nation. La part de la vengeance est faite : elle est tombée sur dix des principaux coupables, le pardon est entier et absolu pour tous les autres. Les armées anglaises, je les chasserai de la Péninsule... Les Bourbons ne peuvent plus rentrer en France... J'ai supprimé des droits usurpés par les seigneurs, dans les temps des guerres civiles, où les rois ont été trop souvent obligés d'abandonner leurs droits pour acheter leur tranquillité et le repos des peuples. J'ai supprimé les droits féodeaux... Comme il n'y a qu'un Dieu, il ne doit y avoir dans un Etat qu'une justice. Toutes les justices particulières avaient été usurpées, et étaient contraires aux droits de la nation, je les ai détruites... *La génération présente pourra varier dans ses opinions*; trop de passions ont été mises en jeu ; mais vos neveux me béniront comme votre régénérateur ; ils placeront au nombre des jours mémorables celui où j'ai paru parmi vous, et de ce jour datera la prospérité de l'Espagne. Voilà, monsieur le corrégidor, ma pensée tout entière. »

John Moore, qui commandait l'armée anglaise, trompé par de faux rapports sur la résistance de Madrid, espérait opérer une diversion en faveur de cette capitale; mais à peine avait-il commencé son mouvement, qu'une dépêche lui apprit les succès de l'armée impériale, et les dispositions de Napoléon pour lui couper la retraite : il prit sur-le-champ le parti de rétrograder.

Le maréchal Soult, reçut exclusivement de l'Empereur la mission de poursuivre l'armée anglaise. Chaque instant augmentait les alarmes de John Moore et la terreur de ses troupes. Ce général et ses soldats semblaient entraînés par le pressentiment d'une perte certaine. Jamais ils ne croyaient avoir assez accéléré leur marche, ni qu'il y eût assez d'intervalle entre eux et leur adversaire; cependant, au milieu d'une saison rigoureuse, à travers des sentiers escarpés et montueux, dont la plupart avaient disparu sous la neige ou sous l'inondation des torrents, ils étaient sans cesse retardés par une foule d'obstacles. Dans cette situation pénible, il leur fallut abandonner leurs malades, couper les jarrets des chevaux qui ne pouvaient plus suivre, et détruire en grande partie leurs bagages et munitions. Tant de sacrifices et de précautions pour se soustraire aux lenteurs inséparables d'une semblable retraite, faisaient dire aux habitants de la Galice, que sans doute les alliés de l'Espagne étaient venus parmi eux dans le seul but de défier les Français à la course. La défaite de l'arrière-garde des Anglais répandit dans leur armée le plus effroyable désordre. Le frein de la subordination disparut entièrement. L'épouvante avait tout nivelé, tout confondu. Officiers ou soldats, tous semblaient n'éprouver d'autre besoin que de s'étourdir sur leurs appréhensions ou leur dépit, qu'ils noyaient dans des flots de vin. Leur passage à Villa-Franca fut marqué par des excès dont les hordes les plus barbares ne se fussent pas souillées dans une place prise d'assaut.

En arrivant à Lugo, le général anglais jugea qu'une halte de trois jours était indispensable pour rétablir la discipline dans son armée et retremper le moral de ses soldats. Le maréchal Soult, le croyant disposé à accepter le combat, rangea ses troupes en bataille; mais son adversaire profita de l'obscurité de la nuit pour filer en silence sur la Corogne.

Le maréchal Soult rejoignit les Anglais le 14 janvier 1809, et les battit complétement. Sir John Moore fut tué, et sir John Hope, ayant pris le commandement, n'attendit pas le jour pour faire embarquer ses troupes. Le 17, à cinq heures du matin, la flotte leva l'ancre et fit voile vers l'Angleterre.

Les Anglais avaient perdu le tiers de leurs forces presque sans combattre, et leur armée entière se serait vue dans la nécessité de mettre bas les armes, si Napoléon, au moment de l'atteindre, n'eût été obligé de quitter inopinément la Péninsule, pour revenir au sein de ses Etats, où se répandait le bruit d'une nouvelle coalition autrichienne. Mais son départ effaça les craintes qu'avaient inspirées nos récentes victoires, et la lutte recommença.

Tout le mal provint de cette malheureuse déclaration de guerre de l'Autriche, qui fit plus pour la Péninsule que les secours de l'Angleterre, soit par l'effet moral qu'elle produisit en sens opposé sur l'ennemi et sur nos troupes, soit par le défaut de vigueur et d'unité, qui fut le résultat du départ de Napoléon, circonstance déplorable sous tous les rapports, et qui eut aussi les plus funestes conséquences.

La capitulation de la Corogne avait livré aux Français 200 bouches à feu, des munitions considérables et 20,000 fusils. Elle précéda celle du Férol, où l'armée trouva des ressources immenses. 1,500 canons étaient dans l'arsenal de cette place, dont le port renfermait huit vaisseaux de haut bord, trois frégates et plusieurs autres bâtiments de guerre.

Le 22 janvier, Joseph fit sa rentrée dans la capitale de ses nouveaux Etats avec une pompe tout espagnole. Mais tandis qu'il goûtait ainsi les douceurs de la royauté, l'insurrection se ranimait dans plusieurs provinces; Saragosse, victorieuse d'un premier siége, entretenait l'espoir des Espagnols, et leurs regards se tournaient exclusivement vers cette capitale, qu'ils jugeaient imprenable. La défense de Saragosse par les Espagnols doit attirer sur eux le respect et l'admiration des peuples.

Retraçons succinctement les principaux événements de ce siége à jamais mémorable, tant par la valeur des assiégeants que par l'héroïque défense des assiégés.

Dans la nuit du 2 août et le jour suivant, les Français bombardèrent la ville. Un hôpital, encombré de malades et de blessés, prit feu et fut consumé en peu d'instants, malgré les efforts des assiégés. Ils durent se borner à arracher aux flammes les malheureux qui se trouvaient en même temps exposés aux projectiles ennemis et aux fureurs de l'incendie. La population entière, bravant un danger imminent, se porta sur les lieux, et les femmes surtout montrèrent le dévouement et l'intrépidité dont elles avaient déjà donné tant de preuves.

Le 4 août, les Français, ayant achevé leurs préparatifs sur ce point, commencèrent le feu. Aux premières décharges, le mur offrit une large brèche, par laquelle ils se précipitèrent. Après une lutte opiniâtre et sanglante, les Français s'ouvrirent un passage jusqu'à la rue de Cozo, au centre de la ville, et furent ainsi maîtres de la ville de Saragosse. Lefebvre invita Palafox à se rendre, par un billet contenant ces mots : *Quartier-général de Sainte-Engracia, capitulation.* L'héroïque Espagnol répondit immédiatement : *Quartier-général de Saragosse, guerre au couteau.*

Les annales de la guerre n'ont jamais rien offert de semblable à la lutte qui s'engagea dès cet instant. Une ligne de maisons de la rue était occupée par les Français ; le côté opposé était encore au pouvoir des habitants, qui élevèrent des batteries à l'entrée des rues de traverse, et en face de celles que leurs ennemis s'empressèrent de construire. L'espace libre entre les deux partis fut bientôt encombré des cadavres des combattants qui avaient péri dans l'action, ou qu'on avait précipités par les fenêtres : les munitions commencèrent à manquer aux assiégés ; mais la présence de Palafox était instantanément saluée d'acclamations bruyantes et de promesses d'attaquer les Français, le couteau à la main, si la poudre venait à manquer. Au moment où on s'y attendait le moins, ces dispositions furieuses reçurent un nouveau degré d'énergie par l'entrée dans la ville de François Palafox, frère du général, qui conduisait un convoi d'armes, de munitions et 3,000 hommes.

Cependant le désir et la nécessité de vaincre une résistance aussi opiniâtre enflammèrent le cœur des Français d'une ardeur égale à la bravoure des assiégés. Chaque rue, chaque maison, devinrent bientôt autant de théâtres de combats sanglants et d'un acharnement sans égal. On citerait difficilement un habitant qui, pendant le siége, ne se soit pas fait remarquer par quelque trait de patriotisme et de bravoure; mais il n'est pas permis d'oublier Santiago Sass, curé d'une des églises de la ville, qui sut remplir avec le même dévouement les fonctions de son ministère et les devoirs du soldat. Palafox, dont il avait su attirer les regards et mériter la confiance, le plaçait partout où il y avait un danger imminent à courir, une entreprise difficile à mettre à fin. Il réussit, à la tête de 40 hommes choisis, à faire entrer dans la ville une provision de poudre dont on avait le plus grand besoin.

Les Français incendièrent ensuite la plupart des maisons dont ils étaient maîtres, et finirent par faire sauter l'église de Sainte-Engracia. Un silence absolu et lugubre succéda aux horreurs de cette nuit désastreuse, et, au point du jour, les Espagnols, à leur grand étonnement, virent au loin, dans la plaine, les colonnes françaises effectuant leur retraite sur Pampelune.

Palafox mit à profit notre éloignement de Saragosse, pour s'occuper sans relâche d'en réparer et d'en augmenter les fortifications. La garnison, ou, pour mieux dire, l'armée qui s'y rassembla, s'élevait à 40,000 hommes, dont 8 à 10,000 soldats de ligne, et 2,000 cavaliers. Le reste se composait de contingents fournis par les provinces voisines, de 15,000 paysans armés, de moines et de prêtres.

Bientôt le siége fut repris, et l'intrépidité des assaillants vint échouer contre le courage indomptable des Aragonais, en qui l'exaltation et la soif de la vengeance suppléaient à l'habitude des armes. Résolus d'avance à s'ensevelir sous les ruines de leur cité, ils bravaient tous les moyens de destruction dirigés contre eux, et immobiles, au milieu des débris croulants de toutes parts, ils continuaient leur feu rapide et meurtrier. Les femmes partageaient ce prodigieux dévouement; des prêtres et des moines parcouraient les rues en brandissant le glaive, pour appeler au combat, ou bien encore, guidant les assiégés dans leurs sorties, ils agitaient dans les airs une sainte bannière, sur laquelle était peinte l'aigle française déchirée par le lion espagnol.

Guerre à mort! était l'unique réponse de Palafox aux sommations qui lui étaient adressées; il faisait pendre ceux de ses officiers qui parlaient de capituler; il ne consentit pas même à demander une trève pour enterrer les morts, et, pour éviter les ravages d'une épidémie, il imagina de faire conduire les prisonniers français, attachés avec une corde, dans les endroits où les cadavres étaient amoncelés; et là, tandis qu'ils donnaient la sépulture à leurs compatriotes, des Aragonais rendaient aux leurs le même devoir.

L'attaque des différents quartiers de la ville présentait des difficultés plus grandes encore que celle des fortifications; chaque couvent était une citadelle, chaque maison une place d'armes qu'il fallait enlever d'assaut; les explosions des pétards et des mines, le bruit de la sape se faisaient entendre à toutes les heures; de toutes parts la foudre souterraine et la hache ouvraient un chemin à nos soldats; ils se précipitaient aussitôt dans la brèche, et d'étage en étage, de chambre en chambre, s'engageait un combat qui ne finissait qu'avec la vie du dernier des Espagnols. Souvent, dans l'impuissance de forcer ces asiles, on était réduit à les embraser. L'ennemi, à la dernière extrémité, allumait lui-même l'incendie, et des torrents de flammes et de fumée étaient la nouvelle barrière qu'ils opposaient à l'attaque. Les Français, au milieu de cet enfer, ne laissaient pas que de gagner du terrain; mais, lorsqu'ils avaient occupé une aile de maison, ils étaient obligés, pour passer dans une autre, de rompre les barricades, et de briser les chaînes qui traversaient les rues. Des retranchements et des batteries, d'où pleuvaient sur eux une grêle de balles et de mitraille, les arrêtaient à chaque pas; leurs moindres progrès étaient annoncés par le tocsin, dont le glas sinistre était, pour les assiégés, le signal d'accourir en foule, afin de remplacer ceux de leurs camarades qui avaient succombé.

Il paraissait impossible que notre armée surmontât tant d'obstacles; et, dans le même temps, au dehors, des rassemblements s'avançaient sur plusieurs points pour l'envelopper et intercepter ses convois.

Chaque fois que les insurgés se montraient, leur apparition était pour nous l'occasion d'une victoire; mais l'on ne pouvait ainsi faire face de tous côtés sans détourner de leur destination quelques-uns des corps qui eussent été employés plus avantageusement à réduire Saragosse. La cavalerie, manquant de fourrages, ne pouvait s'en procurer que les armes à la main; toutes les troupes ne recevaient plus qu'une demi-ration de pain, sans viande. Malgré ce dénûment, le maréchal Lannes était parvenu, par le seul ascendant de son caractère, à donner plus d'ensemble et d'activité aux opérations; mais à la fin, les soldats, que longtemps ni les privations, ni les périls n'avaient pu rebuter, se laissèrent aller à une opposition morale et à un découragement dont les suites étaient d'autant plus à craindre qu'ils croyaient ne céder qu'à une impossibilité évidente.

Le maréchal leur rendit, en redoublant de fermeté, toute la confiance nécessaire pour arriver au but, qu'il leur montra plus prochain que jamais, et l'enlèvement d'un faubourg, sur la rive gauche de l'Ebre, fut le premier prodige de ce réveil. Nous étions maîtres du pont qui sert de communication avec la ville. Dès le lendemain, 50 pièces de canon battaient en ruines les maisons qui bordent les quais, et plusieurs fourneaux, chargés chacun de trois milliers de poudre, avaient été placés de manière à ce que leur détonation simultanée achevât de jeter la consternation parmi les assiégés. La junte, justement effrayée de ces préparatifs, envoya alors une députation pour demander à capituler; mais le maréchal Lannes, qui, la veille, avait rejeté une proposition semblable faite au nom de Palafox, exigea que l'on se rendît à discrétion.

Le 24 février 1809, après cinquante deux jours de tranchée ouverte, les Français occupèrent enfin Saragosse; mais cette ville n'était plus qu'un immense monceau de cendres, de cadavres et de décombres. Plus de 50,000 individus, de tout âge et de tout sexe, avaient péri dans cette malheureuse cité, où la peste vint ensuite détruire ceux qu'avait épargnés la guerre. La perte des Français fut de 3,000 morts, parmi lesquels 11 officiers de génie.

Peu de jours après la prise de Saragosse, le maréchal Mortier, qui y avait coopéré, se mit en marche sur la Castille, et Suchet s'occupa d'achever l'entière soumission de l'Aragon. D'après le plan de Napoléon, deux armées devaient envahir le Portugal : l'une sous les ordres du maréchal Victor, l'autre sous ceux du maréchal Soult.

Partout où les Français portent leurs armes, ils remportent d'importants succès. Le 25 février, le général Gouvion Saint-Cyr détruit, au combat de Vels, un corps espagnol et s'empare de son artillerie. Le 27 mars, le général Sébastiani gagne la bataille de Ciudad-Real. Le lendemain, à Médelen, dans l'Estramadure, le duc de Bellune défait complétement le général Cuenta, et pousse ses avant-postes jusqu'à Badajoz. Les Espagnols, qui pendant la bataille avaient fait entendre les provocations les plus menaçantes, marchaient alors tête baissée et avec la précipitation de la crainte. Chaque fois qu'ils passaient devant un bataillon français, ils ne manquaient pas de s'écrier avec force : *Vive Napoléon et ses guerriers invincibles!* Ils eussent préféré la mort, si on leur eût imposé le cri de *vive notre roi Joseph!*

En Portugal, la fortune se montra encore plus favorable. Le duc de Dalmatie s'empare de Chavès, qui renferme un riche matériel d'artillerie. Le lendemain, les Portugais perdent la bataille de Lanhoza. Enfin, le 29 mars se livre la fameuse bataille d'Oporto, qui mit entre nos mains la ville la plus importante du Portugal, après Lisbonne.

L'esprit de Napoléon habitait encore dans la Péninsule, au milieu de son armée.

Avant de nous occuper de la nouvelle guerre que l'Autriche déclarait à la France, signalons un autre événement qui s'était accompli dans le nord de l'Europe : l'abdication du roi de Suède. Ce jeune roi, si imprudemment voué aux Anglais, auxquels il ne cessa de sacrifier la modeste fortune de sa couronne, se rendit odieux, le 13 mars, par un acte de violence qui lui fit tourner son épée contre des conseillers courageux, patriotes et fidèles. On le désarme, et on lui dit : « Votre épée vous a été donnée pour la patrie, et non contre elle. » Le duc de Sudermanie, oncle du roi, prend les rênes du gouvernement, et, le 29 mars, l'abdication de Gustave-Adolphe IV est publiée à Stocko·lm

CHAPITRE XI.

Rupture de l'Autriche et de la France. — Forces et positions des armées respectives de ces puissances. — Départ de Napoléon pour l'Allemagne. — Batailles de Thann et d'Abensberg. — Combat de Landshut. — Bataille d'Ekmühl. — Prise de Ratisbonne. — Napoléon est blessé. — Entrée des Français à Vienne. — Passage du Danube. — Bataille d'Essling. — L'armée française se retire sur la rive droite du Danube. — Campagne de Pologne. — Insurrection sur divers point. — Campagne d'Italie. — Bataille de Wagram. — Armistice de Znaïm — Expédition des Anglais sur l'Escaut. — Enlèvement du Pape à Rome. — Tentative d'assassinat contre Napoléon. — Paix de Vienne. — Retour de Napoléon à Fontainebleau.

Depuis quatre ans, l'Autriche dévorait en silence l'humiliation du traité de Presbourg. Profondément blessée du droit que Napoléon avait conquis en Allemagne, depuis la paix de Tilsitt et la confédération du Rhin; non moins ulcérée de n'avoir pas été représentée aux conférences d'Erfurth, elle se préparait sans éclat à la guerre et s'efforçant d'entretenir le mécontentement excité par les nouvelles divisions territoriales. Les villes anséatiques détestaient le système continental qui les privait du commerce maritime; la Westphalie supportait impatiemment la domination de Jérôme, et le Tyrol était prêt à se soulever, en haine du régime bavarois. De plus, le cabinet de Vienne savait que la Prusse désirait la guerre, et qu'elle était toute prête à porter son armée à 100,000 hommes.

L'Angleterre contribua à cette guerre nouvelle par un subside de 100 millions, et promit d'envoyer, aussitôt que la guerre serait commencée, un corps de 40,000 hommes pour opérer une diversion, soit sur les côtes de l'empire français, soit dans le nord de l'Allemagne.

L'Autriche se proposait d'attaquer la France sur trois points à la fois, en Bavière, en Italie et en Pologne. Elle suivit et imita dans la composition de son armée l'organisation de l'armée française. Six corps, de 25,000 hommes chaque et une forte réserve, formèrent la grande armée aux ordres du prince Charles. Cette armée, rassemblée en Bohême, fut chargée d'envahir la Bavière. Deux corps, d'ensemble 50,000 hommes de troupes de ligne et 25,000 soldats miliciens, composèrent l'armée d'Italie aux ordres de l'archiduc Jean ; enfin, une troisième armée de 40,000, commandée par l'archiduc Ferdinand, devait occuper le duché de Varsovie. Le total des forces de l'armée ennemie s'élevait à 450,000 hommes, non compris la landwehr. L'artillerie de cette armée était de 700 pièces.

L'empereur François fit une proclamation à son peuple, et l'archiduc Charles, généralissime, en fit une à l'armée.

Napoléon, quoiqu'au fond de l'Espagne, observait les préparatifs de l'Autriche. Mais les forces dont il pouvait disposer pour la guerre qu'il allait être obligé de soutenir en Allemagne, ne s'élevaient qu'à 100,000 Français (y compris les garnisons des villes du nord de l'Allemagne), et à 40,000 Bavarois et Wurtembergeois. Il pouvait compter en outre sur 60,000 confédérés, Saxons, Badois, Hessois, etc., pourvu que le sort des armes ne lui fût pas défavorable, mais, dans tous les cas, sur les Polonais, décidés à combattre vigoureusement pour l'indépendance de leur patrie. L'armée d'Italie, sous Eugène et Macdonald, était de 45,000 combattants, et le corps de Marmont, en Illyrie, de 15,000. L'artillerie de toutes ces troupes réunies ne s'élevait pas au delà de 560 pièces de canon.

Pendant que l'Autriche aura à lutter contre Napoléon, on verra l'Angleterre, alliée de cette puissance, combattre l'Empereur faiblement sur les côtes d'Italie, mais d'une manière d'abord plus heureuse dans la Hollande, ses troupes en même temps seconderont les Espagnols.

Ce fut le 17 janvier, à Valladolid, que Napoléon reçut la nouvelle des premières démonstrations hostiles de l'Autriche. Il en part aussitôt à franc-étrier; le sixième jour, il descend aux Tuileries, et, sans interrompre la guerre commencée avec les Espagnols, fait des préparatifs pour soutenir celle que les Autrichiens lui déclarent. Il n'avait à leur opposer, dans le premier moment, que le corps du maréchal Davoust et celui du général Oudinot; l'un composé de 45,000 hommes d'infanterie et de 4,000 de cavalerie, et l'autre de 12,000 fantassins et de 2,000 chevaux. Mais bientôt des détachements tirés, soit de l'Espagne, soit de l'intérieur de la France, et les contingents fournis par les princes de la confédération du Rhin, sont dirigés sur le point menacé, où, réunis à ces deux corps, ils formeront un ensemble de 180,000 hommes. C'est en Bavière même qu'ils doivent opérer leur jonction. Mais comme ces divers corps ne pouvaient y arriver simultanément, l'archiduc Charles, qui s'y portait avec 160,000 hommes, espérait les détruire sans peine en les attaquant séparément. Le plan était bien conçu, mais il fallait, pour l'exécuter, une rapidité dans les mouvements qui n'est pas dans les habitudes allemandes. Pendant que des bords de l'Ens l'archiduc se portait sur ceux de l'Iser, les différents corps dont se composait l'armée française opéraient leur réunion; et Napoléon, parti de Paris sans gardes, sans équipages, le 12 avril, à la nouvelle de l'invasion des Autrichiens en Bavière, y était arrivé le 17, et avait pris le commandement. Il promit au roi de Bavière, son allié, de le venger, de le ramener avant quinze jours dans sa capitale, et de le faire plus grand que ne fut jamais aucun de ses ancêtres.

Le lendemain, de Donavert, où il porta son quartier-général, il expédia ses ordres sur tous les points, et l'armée fut instruite de son arrivée par cette proclamation :

« Soldats,

» Le territoire de la confédération du Rhin a été violé : le général autrichien veut que nous fuyions à l'aspect de ses armes, et que nous lui abandonnions nos alliés; j'arrive avec la rapidité de l'éclair. Soldats, j'étais entouré de vous lorsque le souverain de l'Autriche vint à mon bivouac de la Moravie : vous l'avez entendu implorer ma clémence, et me jurer une amitié éternelle. Vainqueurs dans trois guerres, l'Autriche a dû tout à notre générosité : trois fois elle a été parjure! Nos succès passés nous sont un sûr garant de la victoire qui nous attend. Marchons donc, et qu'à notre aspect l'ennemi reconnaisse son vainqueur. »

Napoléon s'occupa sur-le-champ de prendre l'offensive. Il bat à Thann l'armée du prince Charles, si formidable par le nombre, et la divise en deux parties presque isolées. L'Empereur, voulant pousser ces deux ailes dans des directions contraires, afin de les accabler l'une après l'autre, s'avança à la tête de 50,000 combattants. Plusieurs détachements furent culbutés, et un dernier engagement à Rottemburg eut pour effet de rompre la communication entre l'archiduc Charles et l'archiduc Louis, qui, attaqué lui-même à Siegenburg par le général Wrède, avait été forcé d'abandonner sa position. Nos colonnes victorieuses ne s'arrêtèrent que sur les bords de la Laber, et la nuit seule mit fin à cette suite d'actions partielles qui furent comprises, dans les relations du temps, sous le nom commun de *bataille d'Abensberg*: 7,000 Autrichiens y furent tués, blessés ou pris, 8 drapeaux et 12 pièces de canon tombèrent au pouvoir des Français. Le 21, à cinq heures du matin, notre avant-garde se jeta sur les troupes ennemies les plus à portée, et les chassa devant elle. A onze heures, Napoléon et toute son armée étaient sous Landshut, en présence du général Hiller. Le maréchal Bessières commença l'attaque par une charge des plus brillantes. La cavalerie hongroise, sabrée et culbutée, s'enfuit en jetant l'épouvante dans les rangs autrichiens. Le général Mouton, aide de camp de l'Empereur, se précipita dans le faubourg de Seelingthal, dont il s'empara, et passant ensuite au pas de charge le pont sur le premier bras de l'Iser, il pénétra dans la ville. Les Autrichiens s'y défendirent quelque temps avec résolution; mais ils cédèrent enfin. L'archiduc, qui croyait Napoléon entraîné au delà de l'Iser à la poursuite du général Hiller, et dont l'armée s'était grossie par des renforts, se disposait cependant à enlever le corps de Davoust. Quelque avantageuse que fût la position occupée par ce maréchal vers Eckmülh, où les Autrichiens étaient établis, il lui semblait impossible qu'un corps si faible résistât à 100,000 hommes qui manœuvraient pour l'envelopper. Mais Napoléon, laissant au maréchal Bessières le soin de poursuivre l'aile en retraite, revint, avec la majeure partie de ses troupes et toute sa cavalerie, au secours de Davoust, qui reprit aussitôt l'offensive. Menacés à leur centre, tournés sur un de leurs flancs, chassés de toutes leurs positions, les Autrichiens, après avoir perdu 5,000 hommes dans le combat, se retirèrent sur Ratisbonne, en laissant 15,000 prisonniers, 16 pièces de canon et 2 drapeaux aux mains des Français. C'est en récompense de la constance avec laquelle il avait préparé le succès de cette journée, que Davoust, qui déjà avait conquis sur le champ de bataille le titre de duc d'Awerstedt, fut nommé prince d'Eckmülh. Notre perte fut à peu près de 2,000 hommes, au nombre desquels se trouva le général Cervoni, qui s'était acquis une honorable réputation dans les premières campagnes d'Italie.

L'archiduc Charles avait encore plus de 80,000 hommes sous ses ordres. Toutefois, le découragement de ses soldats lui fit juger qu'il serait imprudent d'attendre son ennemi dans une plaine qui n'offrait aucune position favorable, et où il pouvait être acculé au Danube. Il prit donc le parti de se retirer sur la rive gauche du fleuve, qu'il passa, le 23, au-dessous de Ratisbonne. Il y eut une mêlée de cavalerie en avant de cette ville, et le maréchal Lannes vint y former ses troupes en bataille, à 800 pas des remparts. Napoléon fut alors blessé pour la première fois de sa vie; une balle amortie le frappa au pied droit et lui fit une forte contusion. « Ce ne peut-être qu'un Tyrolien, dit-il, qui m'ait ajusté de si loin; ces gens sont fort adroits. » Le général qui commandait dans la place avait ordre de tenir jusqu'à la nuit; mais quelques officiers ayant remarqué une ancienne brèche qui n'avait pas encore été réparée, Lannes, à qui ce passage était offert, s'élança sous le feu de l'ennemi, pénétra dans les remparts, et fit ouvrir la porte de Straubing. Aussitôt plusieurs de nos bataillons entrèrent de ce côté pour fermer la retraite à la garnison, qui mit bas les armes au nombre de 7 à 8,000 hommes. Les colonnes françaises tentèrent de forcer le pont; mais le général Kollowrath les arrêta par le feu de plusieurs batteries formidables, La prise de Ratisbonne amena la délivrance du 65e régiment, prisonnier dans cette ville, devant laquelle, cinq jours auparavant, il avait arrêté deux corps d'armée pendant quarante-huit heures.

Le 24 avril, l'Empereur passa une grande revue, et, suivant sa coutume, il décerna habilement des récompenses qui augmentèrent encore l'enthousiasme; il fit lire ensuite une proclamation dans laquelle il félicitait l'armée d'avoir justifié son attente. « Soldats, disait-il, l'ennemi, enivré par un cabinet parjure, semblait ne plus conserver aucun souvenir de vous. Son réveil a été prompt; vous lui avez apparu plus terribles que jamais. Naguère il a traversé l'In et envahi le territoire de nos alliés; naguère il se promettait de porter ses armes au sein de notre patrie. Aujourd'hui, défait, épouvanté, il fuit en désordre. Déjà mon avant-garde a passé l'Inn; avant un mois, nous serons à Vienne. » Napoléon ne perdit pas un instant pour réaliser cette prédiction; le 26, il partit de Ratisbonne, et ses colonnes s'avancèrent par la rive droite du Danube, dans la direction de l'Inn.

Trop faible pour essayer de défendre l'Inn, le général Hiller s'était replié sur Ebersberg, village protégé par un château fort, sur la Traun Du premier choc, les Français culbutent l'avant-garde d'Hiller, qui défend les approches du pont. L'intrépide général Cohorn s'élance à la tête de quelques bataillons. En vain le feu redoublé des batteries ennemies foudroie ces braves: ils avancent, renversent dans la Traun tout ce qui s'oppose à leur course, et pénètrent dans la ville. Là s'engage un de ces combats de géants auxquels les Français avaient déjà habitué les soldats de l'Autriche; mais pendant cette lutte, un horrible incendie avait éclaté dans Ebersberg et consumé les premières arches du pont; la division Claparède, parvenue seule à l'extrémité, se trouva tout à coup sans communication. A peine forte de 7,000 combattants, elle était engagée contre une armée de 35,000 hommes. Cette effrayante disproportion ne fit qu'enflammer son courage. Pendant trois heures, elle soutint avec la plus grande résolution une lutte si inégale. Trois fois les masses les plus formidables se ruèrent sur elle, sans pouvoir l'entamer. L'inexpugnable baïonnette de cette poignée de braves résista à tous les chocs. Trois cents d'entre eux étaient tombés sur le champ de bataille; le nombre de ceux qui avaient été mis hors de combat s'élevait à plus de 700. Mais ni les dangers ni la perte n'exerçaient aucun empire sur l'âme de si vaillants soldats; ils avaient fait serment de vaincre. Toutefois, l'inévitable résultat de tant de prodiges n'eût été que de succomber glorieusement, si les généraux Legrand et Durosnel, avec quelques régiments d'infanterie et de cavalerie, n'eussent enfin réussi à franchir le fleuve. A la vue de ces nouvelles colonnes, l'ennemi, craignant d'être débordé par sa gauche, prit le parti de la retraite, et le maréchal Bessières, survenu pendant le combat avec la cavalerie, se mit à sa poursuite.

L'Empereur accourait par la rive droite de la Traun; il n'arriva qu'à la nuit tombante : tout était terminé. La ville offrait un spectacle horrible: des monceaux de morts obstruaient les rues; les maisons et le château brûlaient encore, et du milieu de leurs débris embrasés s'élevaient les cris des blessés, qu'il était impossible de secourir. Napoléon, en rédigeant le bulletin de cette sanglante action, qu'il nommait un des plus beaux faits d'armes dont l'histoire puisse conserver le souvenir, ajouta: « Le voyageur s'arrêtera et dira : « C'est ici, c'est de ces superbes positions qu'une armée de 35,000 mille Autrichiens a été chassée par deux divisions françaises. »

Pendant ces victoires, d'autres corps, qui devaient faire partie de la grande armée française s'avançaient pour entrer en ligne. De ce nombre était le contingent de la Saxe, que Bernadotte commandait en chef; ce maréchal, après s'être emparé d'Egra, où il avait dissipé un rassemblement considérable de la Landwher, harcelait les derrières du prince Charles, et, par de vives démonstrations, l'obligeait à diviser ses forces. Le corps du maréchal Davoust, qui n'avait cessé de suivre l'archiduc au moment ou il s'était enfoncé dans la Bohême, obéissait aussi à ce mouvement de concentration; il s'était porté sur Molk. Lefebvre marchait sur Inspruck, afin de prendre à revers les détachements autrichiens qui inquiétaient encore la Bavière.

L'armée française, ne pouvant plus être arrêtée par aucun obstacle jusqu'à Vienne, arriva sous les murs de cette ville le 10 mai 1802, comme Napoléon le lui avait promis après la bataille d'Ecmülh. L'archiduc Maximilien y commandait, engagé par serment à s'ensevelir sous les ruines de la place plutôt que de la rendre. Deux sommations n'obtinrent en effet que des coups de canon pour réponse; les parlementaires, furent même maltraités, et le général Lagrange, l'un d'eux, revint aux camp des Français couvert de blessures. Napoléon, justement indigné de cette violation du droit des gens, fit sur le champ ses dispositions pour l'attaque. Son dessein était de bombarder la ville et de couper en même temps la retraite à l'ennemi. Pour atteindre ce dernier résultat il fallait se rendre maître du Prater, et il était indispensable de jeter un pont sur le bras du Danube par lequel cette promenade est séparée des faubourgs. L'opération était difficile; mais deux officiers, le capitaine Pourtalès et le lieutenant Susaldi, s'étant précipités dans le fleuve, parvinrent, sous une grêle de balle, à la rive opposée, d'où ils ramenèrent deux barques, qui servirent au passage de deux compagnies de voltigeurs, conduites par le chef d'escadron Talhouet. Un bataillon de grenadiers hongrois, qui gardait ce poste, fut culbuté au premier choc. A 8 heures du soir, tous les matériaux pour la construction du pont étaient rassemblés. Dans ce moment, une batterie de vingt obusiers, élevée à cent toises des remparts par les généraux Navalet et Bertrand, lançait la foudre sur la ville. Plusieurs édifices y étaient déjà devenus la proie des flammes. A minuit, plus de 1,800 obus avaient éclaté dans les différents quartiers; l'épouvante était à son comble. De toutes parts, on entendait les cris des femmes et des enfants. Au milieu de cet effroi général, un officier autrichien, précédé d'un trompette, vint annoncer que la jeune archiduchesse Marie-Louise, qu'une maladie grave avait empêchée de suivre la cour, se trouvait dans le palais impérial, exposée au feu des assiégeants. Napoléon ne fut pas plutôt informé de cette circonstance, qu'ordonnant d'épargner la demeure de la princesse, il fit changer la direction des batteries. L'archiduc Maximilien, voyant que ses communications étaient menacées, tenta, pendant la nuit, d'enlever le poste français établi au Prater; mais ses colonnes, accueillies par la mitraille de quinze pièces de canon, ayant été obligées de se retirer dans le plus grand désordre, il put enfin apprécier tout le danger de sa position, et dès le lendemain, il évacua la place. Le 12, au point du jour, le général Oreilly, à qui le prince avait laissé tous les pouvoirs nécessaires, fit demander une capitulation, et une députation de la ville vint aux avant-postes; elle fut présentée à l'Empereur, à Schœnbrun. Oubliant l'outrage fait à son parlementaire, il assura les députés de sa protection et leur promit que la ville serait traitée avec la même clémence qu'en 1805. Les articles de la capitulation furent dressés immédiatement et ratifiés la nuit suivante. Le 13, à 9 heures du matin, les troupes françaises entrèrent dans la ville.

Napoléon ne fit point d'entrée à Vienne. Un ordre du jour, daté de Schœnbrunn, apprit à l'armée l'occupation de la capitale. Dans cette résidence l'Empereur surveillait les travaux vis-à-vis d'Ebersdof, pour le passage du Danube, dont l'archiduc en se retirant avait fait détruire les ponts.

En cet endroit le fleuve est divisé en trois bras, par deux îles: un premier pont fut jeté sur le bras de la première île, et de celle-ci, un second fut établi sur celle de Lobeau. Napoléon, qui était passé, fit établir le troisième sous ses yeux en moins de trois heures; le colonel Sainte-Croix aborda le premier, et fut suivi des divisions Molitor, Boudet, et de la cavalerie de Lasalle. Le 21, au point du jour, l'Empereur, entouré de son état-major, alla reconnaître la position de l'ennemi et disposer son champ de bataille.

Cependant l'archiduc Charles, après avoir fait un long circuit par la Bohême, s'était rapproché de Vienne et avait rallié à son armée les troupes du général Hiller. Arrivé, depuis le 16, au pied du mont Biranberg, il avait appris l'occupation de l'île de Lobau par les voltigeurs de la division Molitor; mais loin de vouloir empêcher Napoléon de franchir le Danube, il fit au contraire replier ses avant-gardes, afin de faciliter le déploiement de os troupes et de livrer bataille sur un terrain oú elles seraient adossées au fleuve.

Le 21, à quatre heures du soir, 90,000 Autrichiens, soutenus par 228 pièces de canon, débouchèrent sur cinq colonnes, dans la plaine de Markfeld; le but de cette démonstration était de renfermer Napoléon dans un cercle étroit, et ensuite de l'écraser : on savait qu'à peine 30,000 hommes étaient alors réunis autour de lui, et l'on ne pensait pas que, dans cette position, il lui fût possible d'échapper au plus éclatant revers. Ses adversaires ne s'étaient pas encore présentés devant lui avec une telle présomption de la victoire. L'action commença aussitôt par une attaque vigoureuse du général Hiller contre Gross-Aspern, où s'appuyait notre gauche commandée par le maréchal Masséna. Trois fois l'ennemi, avec des forces toujours supérieures, essaya d'emporter ce village, et trois fois il fut repoussé. On se battit dans chaque rue, dans chaque maison, avec un acharnement sans exemple. La nuit, qui survint, mit fin à ce combat mourtrier, dont aucun des deux partis ne retira d'avantage, et qui avait été signalé, du côté des Français, par la perte de plusieurs officiers d'un grand mérite. De ce nombre était le général Despagne, emporté par un boulet au moment où, à la tête de sa division de cuirassiers, il venait d'enfoncer deux carrés, et de décider de la prise de 14 pièces de canon.

Les deux armées conservèrent chacune les positions où elles se trouvaient quand elles avaient cessé de combattre. La division Saint-Hilaire, le corps de grenadiers du général Oudinot, une partie de la garde impériale, la seconde brigade de la division Nansouty, et deux brigades de cavalerie légère arrivèrent de l'île de Lobau pendant la nuit. Ces renforts portaient à 45,000 hommes l'effectif des troupes françaises, qui étaient entrées en ligne.

Le 22, à quatre heures du matin, partit de tous les points occupés par les Autrichiens un feu d'artillerie croisé sur notre centre, qui répondit vivement à cette canonnade. Les villages de Gross-Aspern et d'Essling furent ensuite attaqués avec la même fureur que la veille, et défendus avec autant de résolution. Napoléon, placé sur une éminence d'où il découvrait toute la plaine, remarqua que l'archiduc affaiblissant son centre pour fortifiier ses ailes : il conçut alors le projet de couper en deux l'armée autrichienne.

Aussitôt les divisions Saint-Hilaire et Boudet, les grenadiers d'Oudinot, toute la cavalerie, formée en masse, et une artillerie nombreuse, dirigée par le général Lariboissière, s'avancèrent aux cris de : Vive l'Empereur. Le maréchal Lannes guidait cette charge terrible. En un instant, les plus épais bataillons de l'ennemi furent renversés et mis en déroute. L'archiduc lui-même, qui, en agitant un drapeau, essayait de rallier ses soldats, fut entraîné dans leur fuite. Il était neuf heures, et la bataille instant décidée. Encore quelques efforts, et les Français triomphaient d'une armée double de la leur. Napoléon lui-même encourageait l'armée de son exemple; il s'exposait avec la témérité d'un soldat. Le général Walter lui criait au fort de l'action : « Retirez-vous, sire, ou je vous fais enlever par mes grenadiers. » Dans ce moment, on vient apprendre à l'Empereur que les ponts du Danube sont rompus, et qu'il n'existe plus aucune communication avec l'île de Lobau. Tout autre chef eût été consterné d'une si affligeante nouvelle. Napoléon, sans montrer la moindre altération, et avec le calme le plus héroïque, envoya au maréchal Lannes l'ordre de ralentir son mouvement, et de reprendre sa position entre Gross-Aspern et Essling.

L'archiduc, en apercevant cette hésitation de la colonne victorieuse, eut d'autant moins de peine à en deviner la cause, qu'il avait d'avance préparé l'événement par lequel il échappait à une défaite certaine. De toutes parts, on se transmet cet avis : « les Français n'ont plus de retraite. » Ces mots volent de bouche en bouche, et se répandent au loin avec la rapidité de l'éclair. Tout à coup le désordre cesse, la ligne autrichienne revient à la charge, l'artillerie rallume ses foudres, et le combat recommence sur le même terrain, et avec la même balance de succès que la veille. 200 bouches d'airain vomissent à la fois les boulets et la mitraille. Notre armée, obligée de ménager ses munitions, qui ne peuvent plus être renouvelées, n'opposera désormais à ces formidables assauts, que ses baïonnettes et un courage au-dessus des revers. Les troupes, l'arme au bras, ne tirent que lorsque les colonnes d'attaque arrivent à la distance de quarante pas. L'intrépide maréchal Lannes parcourt incessamment son front de bataille : personne mieux que lui ne sait enflammer le cœur des soldats, il les anime de sa voix et de son exemple; il se multiplie, il est partout, et partout sa présence enfante des prodiges. C'est Ajax, c'est Achille. Dans son sein revit l'âme de tous ces vaillants guerriers : il les égale, il les surpasse; mais, dans ce jour, les destins ne sont pas pour lui. Un boulet le frappe au genou : il tombe, et, au même instant, le général Saint-Hilaire, si longtemps associé à ses travaux comme à sa gloire, reçoit une blessure mortelle. D'autres chefs, renommés par leurs exploits, paient aussi le dernier tribut à la guerre. Les braves qui les suivent ne se laissent point abattre : inaccessibles à tout sentiment de terreur, ils serrent leurs rangs, et affrontent de plus en plus la mort qui les menace.

Napoléon voyait la victoire s'éloigner de ses aigles; mais, supérieur à sa fortune, semblable à ces colosses de la Haute-Égypte qui restent encore debout au milieu des ruines que le temps a nivelées, il paraissait étranger à tant de désastres. Jamais, même dans ses plus beaux triomphes, il n'avait montré plus de sang-froid. Ses dispositions étaient admirables, son œil était partout; mais Gross-Aspern et Essling attiraient plus particulièrement son attention. Le premier de ces villages fut pris et repris quatre fois, et le second huit : à la fin, la valeur des fusiliers et des tirailleurs de la garde, conduits par les généraux Mouton et Curial, conserva ces deux importantes clefs de la résistance.

Depuis dix heures du matin, les officiers du génie et de l'artillerie, restés dans l'île de Lobau, n'avaient pas perdu un instant pour réparer les ponts, et surtout celui qui communiquait à la rive gauche. Mais contrariés sans cesse par les Autrichiens, qui lançaient dans le fleuve des arbres, des brûlots, des barques et des radeaux chargés de pierres, ils avaient été vingt fois obligés de recommencer leur travail. Toutes les circonstances semblaient s'être conjurées pour ajouter aux difficultés de l'opération : une fonte de neiges dans les montagnes avait élevé les eaux de plus de huit pieds; les cables se rompaient; les bateaux à peine replacés, étaient ou brisés ou entraînés de nouveau. Pendant la journée, il n'avait été possible, que par intervalle, de faire parvenir de faibles secours et quelques munitions aux corps qui en avaient le besoin le plus urgent : aussitôt que les pontons avaient offert la moindre apparence de solidité, des hommes s'y étaient hasardés, et quoique peu considérables, ces renforts étaient arrivés si à propos, qu'ils avaient mis les Français à même de se maintenir jusqu'à la nuit.

Tandis que l'on prenait toutes les précautions imaginables pour rétablir les communications, et les mettre à l'abri des atteintes les plus violentes, les blessés s'étaient traînés vers le point du passage. 12,000 hommes, presque mourants, mais soutenus encore par leur courage et par l'espoir d'être vengés bientôt, étaient entassés dans un étroit espace. Les uns par leurs cris et leurs gémissements, les autres par leurs vœux et leurs prières, cherchaient à hâter le moment de pénétrer dans l'île. Un grand nombre s'était avancé jusque dans le Danube, où, surpris par le flot qui s'accroissait sous leurs pas et pressés par la foule qui les empêchait de reculer, ils étaient emportés par le courant, et disparaissaient à jamais. Ceux qui venaient après eux ne tardaient pas à subir le même sort. Des milliers de cavaliers se noyèrent ainsi avec leurs chevaux.

Napoléon, qui, depuis quelques instants, était dans l'île, pouvait de là apprécier combien d'obstacles il restait à surmonter. Convaincu qu'il n'y avait plus rien à attendre que du temps, il donna ses ordres pour le dégagement de ces malheureux mutilés. L'accomplissement de ce triste soin occupait toute sa sollicitude, quand il vit s'approcher à pas lents un groupe de grenadiers, tout couverts de sang et de poussière, et dont les visages, noircis par la poudre, portaient l'empreinte d'une profonde douleur. Leurs fusils croisés sont cachés par le char funèbre, et sur ce brancard repose évanoui le chef illustre dont leurs récits ont tant de fois célébré les prouesses. Napoléon a distingué les traits du héros : c'est le plus fidèle de ses compagnons d'armes : il vole au devant de lui, se précipite sur son sein, et d'une voix entrecoupée - « Lannes ! s'écrie-t-il, mon ami ! me reconnais-tu?... c'est l'Empereur... c'est Bonaparte... c'est ton ami? » A ces mots, le maréchal entr'ouvre ses paupières appésanties : il veut parler, le soufle expire sur ses lèvres ; mais il lève ses bras, et les passe au cou de Napoléon, qui le presse quelque temps contre son cœur : leurs sanglots se confondent alors, et les témoins de cette scène déchirante, ces vieux soldats qui naguère frémissaient de rage quand la victoire se dérobait à leur indomptable valeur, laissent échapper des larmes d'attendrissement. Saisis de respect et tremblants, mornes et silencieux, ils inclinent ces fronts si terribles, et leurs regards farouches et sombres s'égarent pour la première fois, L'Empereur, craignant de rompre, dans un embrassement trop prolongé, le fil d'une si fragile existence, se détermina enfin à s'éloigner. Tous les secours furent prodigués pour arracher à la mort une tête si chère ; mais l'heure fatale avait sonné, et le deuil des Français apprit à leurs ennemis que le plus brave des soldats avait cessé de vivre. La mort de ce grand capitaine, surnommé le Bayard moderne, fit un vide dans l'armée, et parut être d'un sinistre présage.

Après ces émotions, au lieu de chercher le repos dont il a tant besoin, Napoléon bravant tous les dangers veut ranimer par sa présence les soldats qui sont encore sur la rive droite. Il s'occupe d'abord des blessés et les fait placer tous dans les hôpitaux de l'île Lobau, sous la garde de Massena. Puis accompagné du maréchal Berthier et d'un seul officier d'ordonnance, M. Edmond de Périgord, il se dispose à passer le grand bras du Danube. Les flots rapides et agités par un vent impétueux, les débris qu'ils charriaient sans cesse, l'obscurité d'une nuit profonde, tout concourait à rendre la traversée périlleuse. Napoléon, monté sur un frêle esquif, se confia à sa fortune; mais, auparavant, il envoya le colonel Lejeune au maréchal Masséna, pour lui ordonner de faire sa retraite sur l'île de Lobau, dans le plus grand silence, après avoir augmenté le feu de ses bivouacs, afin de donner le change à l'ennemi. Ce mouvement fut heureusement exécuté : à quatre heures du matin, il n'y avait plus un seul Français sur la rive gauche, et le pont était déjà replié.

L'archiduc Charles ne profita point de l'avantage que lui donnait l'isolement de cette partie de notre armée. Nous ne chercherons pas les motifs de l'inaction dans laquelle demeura ce prince ; seulement, nous croyons pouvoir affirmer que, dans une semblable position, son adversaire eût pris une détermination audacieuse dont son génie et la valeur française eussent assuré le succès. Les Autrichiens n'osèrent rien entreprendre. Napoléon, fort de leur hésitation et de la confiance de son armée, méditait de nouveaux plans et de nouvelles précautions : et tandis que, dans une attitude inoffensive, on se contentait de l'observer, son activité, toujours féconde en ressources, rassemblait les éléments d'une victoire, et par des travaux digne, s des Romains, préludait à une attaque dont aucune des chances ne devait plus être imprévue. Il brûlait d'effacer jusqu'au souvenir d'un revers qui pouvait ébranler chez les autres la croyance qu'il mettait lui-même en son bonheur; mais il ne céda pas à cette impatience : trop de précipitation eût tout compromis. Dans toutes ses autres campagnes, on avait vu Napoléon, rapide comme la foudre, ne consulter que l'ardeur de ses soldats. Ici il leur commande de s'arrêter; il temporise; mais aucun moment n'est perdu pour lui. Tout entier aux immenses préparatifs qu'il a ordonnés, il en surveille les moindres détails, et ne se dérobera à des soins si pénibles que lorsqu'il n'y aura plus de Danube pour les Français.

Napoléon réussit, avec une prodigieuse célérité, à rétablir la communication entre la rive droite et l'île de Lobau, qui, en quelques jours, se trouva convertie en un camp immense protégé par des batteries formidables qui la mettaient à l'abri de toute surprise ; les autres petites îles furent fortifiées de même, et le 1er juillet, l'Empereur établit son quartier-général dans celle de Lobau, qui prit le nom d'île de Napoléon.

Les malheurs d'Essling se trouvaient dès lors réparés; de nouveaux renforts s'avançaient de toutes parts pour venir achever la perte de l'Autriche ; mais les autres puissances étaient aux aguets, et, dans l'attente d'un revers qui accablerait leur vainqueur, elles préludaient à des hostilités par des tentatives encouragées secrètement et diplomatiquement désapprouvées. Des soulèvements partiels qui se rattachaient à une vaste conjuration éclatèrent contre les alliés de l'Empereur. La Westphalie fut attaquée, et Jérôme Bonaparte eut à réprimer cette révolte.

Toutefois la ténacité allemande donna bientôt naissance à une autre entreprise de ce genre. Schill, ancien partisan, major au service de la Prusse, sortit de Berlin, se porta sur Wiemberg, et entra en Westphalie, où il se vit à la tête d'une petite armée, vivant de pillage, et levant des contributions au nom du roi de Prusse. Les succès de Schill passèrent son espérance; il fit hardiment sommer le duc de Mecklembourg de lui livrer Stralsund, dont bientôt il s'empara. Mais le général Gratien sortit de Hambourg avec une division hollandaise. Après avoir délivré tout le Mecklembourg, il arriva sous les murs de Stralsund le

31 mai, et le même jour, la place fut emportée d'assaut. Schill était tombé mort dans la mêlée. Avec lui finissait l'insurrection.

A l'époque où le prince Charles avait passé l'Inn pour envahir la Bavière, le jeune archiduc Ferdinand, à la tête d'une armée de 38,000 hommes, s'était avancé vers la Pologne. Le but de cette expédition était, en occupant Varsovie et le grand duché jusqu'à Dantzik, de donner la main aux Anglais, maîtres de la Baltique, de faire cesser les hésitations de la Prusse et de la Russie, et d'offrir un appui central aux soulèvements des provinces septentrionales.

Ce fut Poniatowski, dont le nom était célèbre, que Napoléon opposa à l'archiduc. Poniatowski se prépara en toute hâte à une vigoureuse résistance, et, avec 12,000 hommes, il alla occuper Varsovie.

Convaincu cependant de l'impossibilité de défendre la place, il dut céder aux supplications des habitants et il abandonna leur ville que l'archiduc s'apprêtait à bombarder.

Les braves Polonais, poursuivant leur marche, entrèrent en Gallicie. Ils ne tardèrent pas à s'emparer des forteresses de Sandomir et de Zamosc; ils occupèrent Lemberg et Jaroslau. Ces progrès merveilleux enflammaient partout, sur le passage de Poniatowski, le cœur de ses compatriotes. L'esprit patriotique s'était réveillé, et déjà en espoir la Pologne se voyait délivrée du joug odieux de l'Autriche.

C'est sur ces entrefaites qu'arriva la nouvelle de la bataille d'Essling. En vain Poniatowski pressa-t-il les généraux russes, Gallitzin et Souvarow, de l'aider à vaincre l'Autriche. Le cas d'un revers était prévu dans les instructions qu'ils avaient reçues de Saint-Pétersbourg. Quoiqu'ils se comportassent plutôt en ennemis qu'en alliés, les Autrichiens ne furent pas moins battus dans toutes les rencontres et ils se décidèrent à faire retraite sur Cracovie; mais l'avant-garde polonaise arriva en même temps que l'archiduc sous les murs de la ville, et Sokolinski se disposa aussitôt à attaquer l'ennemi. Ferdinand refusa le combat, et demanda douze heures pour évacuer la place. Poniatowski y entra en vainqueur; ses soldats y furent reçus par leurs compatriotes avec enthousiasme.

Au début de la campagne, l'archiduc Jean avait reçu pour mission d'entrer en Italie avec une armée, et de révolutionner les peuples par des promesses d'indépendance. Les Italiens se gardèrent bien de croire à une liberté que leur promettait le gouvernement le moins libéral de l'Europe. En vain leur fit-on entrevoir l'avenir le plus prospère, s'ils consentaient à arborer l'étendard de la rébellion. La conduite des Espagnols, qui leur fut offerte en exemple, resta sans attrait pour eux. On voulut les émouvoir, en exagérant les malheurs du pape, que Napoléon avait fait conduire à Savonne. Les Italiens résistèrent à toutes les séductions. Sourds à toutes les plaintes, ils demeurèrent calmes, et attendirent avec confiance la prompte libération de leur territoire des armées dont ils avaient tant de fois admiré les triomphes. Le cabinet de Vienne avait aussi provoqué une insurrection tyrolienne, afin d'anéantir la domination de la Bavière, mais elle fut promptement vaincue par le maréchal Lefebvre; quant à l'invasion d'Italie, elle offrit au prince vice-roi l'occasion de déployer une grande habileté. Toutes les chances lui étaient défavorables; pris à l'improviste, et n'ayant à opposer à une armée formidable que 30,000 combattants, dont 20,000 Français, après quelques revers, il sut reprendre l'offensive, livra plusieurs batailles, dans lesquelles il fut toujours victorieux, et parvint à se mettre en communication avec la grande armée. Une proclamation de l'Empereur aux troupes leur annonça aussitôt cet heureux événement, à la suite duquel Eugène reçut l'ordre de s'emparer de la ville de Raab; le vice-roi la fit investir par Lauriston. Le commandant ayant refusé de se rendre, le feu commença le 23, et, le 24, la place capitula avant l'arrivée des secours envoyés par l'archiduc Charles : on y fit 2,000 prisonniers; de grands magasins de vivres et 18 canons tombèrent au pouvoir des Français.

Davoust attaquait en même temps Presbourg, où l'archiduc Jean et l'empereur François s'étaient retirés. Napoléon ordonna à ce maréchal de jeter 2,000 obus dans la ville, après avoir sommé le commandant de cesser les travaux de la défense : cet ordre fut exécuté le 26. Une seconde sommation n'ayant pas eu plus de succès que la première, le feu fut continué jusqu'au 28, et l'incendie dévora une partie de la ville.

Cette façon décisive d'attaquer Presbourg déconcerta l'archiduc; il adressa des plaintes à Napoléon qui lui fit répondre que c'était à lui-même qu'il devait s'en prendre; que toutefois l'attaque de Presbourg allait cesser, puisqu'il le désirait.

Depuis la bataille d'Essling, aucune action n'avait eu lieu sur les bords du Danube. L'armée autrichienne, augmentée par de nombreux renforts, s'était livrée à des travaux immenses pour défendre le passage du fleuve, et l'archiduc Charles, qui avait accumulé, pour se fortifier, tous les moyens que l'art peut fournir, attendait patiemment une nouvelle attaque. Il supposait que l'armée française déboucherait sur la rive gauche au même point que la première fois; et Napoléon, établi dans l'île de Lobau, le confirma dans cette pensée par d'adroites démonstrations, dont le but était de rendre inutiles les ouvrages élevés avec tant de soin par les Autrichiens. Pendant qu'il attirait ainsi l'attention de l'ennemi, quatre ponts se jettaient au-dessus d'Enzerdoff, dont les approches étaient foudroyées par l'artillerie de l'île de Lobau. C'est là que l'armée française passa tout entière le Danube et le 5, aux premiers rayons du soleil, elle était rangée en bataille sur la gauche de l'ennemi; ses camps retranchés étaient tournés, ses ouvrages rendus inutiles, et il se trouvait contraint d'accepter, la bataille là où il convenait à Napoléon de la livrer.

Pendant la nuit, un orage violent et une profonde obscurité avaient servi nos desseins en cachant nos mouvements à l'ennemi.

A quatre heures et demie du matin, l'Empereur sortit de sa tente, monta à cheval, et avant qu'elles ne partissent, passa en revue les divisions de sa garde, restées avec lui au camp de Lobau. Déjà le gros de l'armée occupait ses positions sur le champ de bataille, en avant d'Enzersdorf. Toutes les dispositions étaient achevées; encore quelques heures, et le combat allait commencer. L'orage de la veille avait éclairci le ciel; l'horizon, admirablement pur, projetait les premiers rayons d'un beau soleil levant, et, sous cette riante influence, chacun, dans la magnifique journée qui s'annonçait, voulait reconnaître un heureux présage. L'ardeur, la confiance du succès éclataient dans tous les rangs, et lorsque, au moment du défilé, l'Empereur dit avec cette manière qui exerçait un pouvoir magique sur ses troupes : « Partons, mes enfants! l'ennemi nous attend! » Les cris frénétiques poussés de : *En avant! en avant!* retentirent sur les rives du Danube tout le temps du passage. D'autres acclamations aussi passionnées, aussi unanimes, saluèrent son arrivée sur le champ de bataille, à cinq heures du matin, et signalèrent sa présence à l'ennemi. A sept heures, une effroyable canonnade commença sur les deux lignes. Le combat s'engagea de notre côté avec une telle impétuosité, que l'Empereur dut envoyer l'ordre, sur plusieurs points, de ralentir les mouvements de l'attaque. « Modérez les troupes!... modérez-les, pour Dieu! » s'écria-t-il à plusieurs reprises. Les Autrichiens se défendaient avec une grande résolution. A neuf heures, un aide de camp du maréchal Oudinot vient annoncer la prise d'Enzersdorf : 20 pièces de canon, 900 prisonniers sont tombés en notre pouvoir. « C'est bien débuter! dit l'Empereur gaiement; mais il nous faut les villages en avant de Russbach... »; et aussitôt il envoya l'ordre au maréchal Davoust d'appuyer à droite cette position. Partout où le feu le plus vif fait supposer le danger, l'Empereur accourt, ordonne lui-même les mouvements. Bientôt on s'aperçoit que l'ennemi dirige son feu sur le groupe que forment les aides de camp et les officiers d'état-major de l'Empereur. Cette observation lui fut faite. « Ma place est où je suis, » répondit-il. Alors le prince de Neufchâtel donne l'ordre à l'état-major de s'éparpiller, de se tenir seulement à portée de la voix, et fait défendre aux régiments de saluer l'Empereur de leurs acclamations qui désignent ainsi sa personne au canon de l'ennemi... Mais lui, peu soucieux du danger, ne continue pas moins de s'exposer comme le dernier de ses soldats. Vers midi, des charges consécutives du côté d'Essling attirent son attention ; il envoie le général Savary savoir ce qui se passe ; le général Masséna s'est emparé des ouvrages d'Essling et de Gross-Aspern ; le prince de Ponte-Corvo fait enlever par les Saxons le village de Raarsdorf. « Mais, ajoute Savary, l'archiduc a détaché du gros de son armée six colonnes d'infanterie, soutenues d'une formidable artillerie et de toute la cavalerie, pour essayer de déborder notre droite. » A l'instant, l'Empereur part ventre à terre, arrive sur les lieux. Le feu est des plus terribles : un obus éclate à dix pas de lui, blesse un de ses officiers, tue trois dragons de l'escorte. Le maréchal Masséna accourt vers l'Empereur. « Sire, au nom du ciel, retirez-vous ! lui dit-il avec émotion ; je réponds de tout. » Aussitôt ils sont couverts de terre par un boulet qui, en ricochant, passe aux pieds du cheval de l'Empereur ; l'animal se cabre, fait un écart furieux. Masséna, hors de lui, s'écrie d'une voix retentissante : « Je le jure sur l'honneur ! si vous ne vous retirez pas, je vous fais enlever par mes grenadiers ! » L'Empereur se mit à rire, donna encore avec le plus grand calme des instructions, et se retira enfin.

En passant devant une ambulance établie à la hâte à quelques pas de là, d'où partent des cris déchirants, il s'arrête, et une effrayante scène frappe ses regards : un obus vient d'éclater au milieu des malheureux entassés pêle-mêle... Ses ravages sont affreux, épouvantables... Deux chirurgiens, tués pendant qu'ils pansaient les blessés, sont étendus dans des mares de sang... « Oh ! c'est horrible ! horrible !!! s'écrie l'Empereur en détournant les yeux, mes braves chirurgiens ! leur zèle est à toute épreuve ! » Et, se retournant avec vivacité : « Courez en toute hâte à l'ambulance générale, dit-il à un officier d'ordonnance, remenez sur-le-champ des chirurgiens... dites à Larrey que je l'ordonne. Ramenez-les vous-même, monsieur, vous-même. » et de toutes ces bouches mourantes s'échappent encore des bénédictions, des cris de : *Vive l'Empereur !*

Cette première journée, remplie par des engagements sérieux, a été bien meurtrière, et rien n'est décidé... Toutefois, des avantages remportés sur tous les points ont permis à l'armée de se développer tout entière dans l'immense plaine d'Enzersdorf. A la nuit close seulement, le feu a cessé : les deux armées bivaquaient en présence, sous les armes, dans les positions qu'elles occupaient à la fin de l'action. L'Empereur, préoccupé, parcourt le camp, il prend toutes les précautions pour se mettre à l'abri d'une surprise ; la fatigue des troupes est extrême ; elles sont depuis la veille au soir sur pied, et il ne s'en rapporte qu'à lui-même pour s'assurer de la vigilance des sentinelles d'avant-postes.

Cependant, dans la direction qu'occupe le prince Eugène les détonnations du canon, de continuelles décharges de mousqueterie, annoncent que là on se bat encore. Sur les dix heures du soir, un aide de camp, expédié par le vice-roi, apporte la nouvelle que le village de Wagram est en notre pouvoir, que nos troupes le dépassent même; 3,000 prisonniers, 5 drapeaux et 12 pièces de canon sont tombés entre nos mains. « C'est très-beau ! s'écria l'Empereur enchanté, Wagram est la clef de tout ! » A peine l'aide de camp chargé des félicitations de l'Empereur pour le prince Eugène est-il reparti, que le feu semble redoubler d'énergie. « Qu'est-ce donc que cela? Il se passe quelque chose d'extraordinaire ! Allez voir ce que ce peut être, Duroc, » dit-il d'un ton où perçait l'inquiétude.

Un quart d'heure s'écoule. Les décharges d'artillerie, les feux de file ne discontinuent pas : les regards de tout le camp sont fixés sur ce point, qu'éclairent les lueurs rougeâtres du feu ; l'impatience de l'Empereur est au comble, des officiers d'ordonnance sont successivement envoyés à la découverte. Le général Duroc arrive enfin, et son air consterné révèle un désastre.

« Qu'est-il arrivé? demanda l'Empereur avec vivacité. — Sire, un malheur ! répondit Duroc; l'obscurité n'a pas permis aux Saxons de reconnaître les colonnes du général Macdonald, qui venaient les renforcer; tous ont fait feu sur le front de ces trois divisions, en même temps que les Autrichiens les canonnaient en flanc. Le colonel Huin est tué ; les généraux Sahuc, Vignolles, Grenier et Seras sont blessés. Pendant cette malheureuse échauffourée, les prisonniers se sont échappés ; quatre des grenadiers qui portaient des drapeaux enlevés aux Autrichiens ont été tués, un seul a pu conserver le sien... » L'Empereur, les bras croisés, entend, calme, impassible, ce triste compte-rendu, qui intérieurement le poignait. Mais de sa contenance ferme et assurée dépendent la sécurité et la confiance de l'armée, et un triple rang de figures curieuses et attristées entourent le groupe que forment l'Empereur et son état-major. « C'est un malheur ! dit-il d'un ton parfaitement naturel; si nous n'avions jamais de chances mauvaises, ce serait trop beau, parbleu !... Demain nous prendrons une éclatante revanche... » Et aussitôt mille voix répètent avec exaltation : Oui, oui, notre Empereur ! A demain la revanche sur ces damnés d'Autrichiens ! »

L'Empereur passa la nuit sous une tente qu'on lui dressa au milieu du camp. Aux premières lueurs de l'aube, l'armée prit les armes et se rangea en bataille. Le terrain sur lequel les deux armées se trouvaient en présence avait deux lieues d'étendue. Les troupes les plus rapprochées du Danube étaient à moins d'une demi-lieue de Vienne. A quatre heures du matin, un effroyable feu s'engagea sur les deux lignes: à l'impétuosité de la veille se joint un acharnement furieux.

L'archiduc Charles déploie toutes les qualites d'un grand capitaine; il manœuvre avec une remarquable habileté.

L'Empereur, à travers le feu le plus terrible, est partout; il se multiplie sur cette saisissante scène qu'il domine de toute sa hauteur. Dans cette journée, il a mis 4 chevaux hors de service: lui seul est infatigable.

Placé sur un tertre, sa lunette braquée de ce côté, il suit attentivement l'action. Tout à coup un mouvement extraordinaire se fait remarquer... les rangs se rompent... une énergique exclamation échappe à l'Empereur; il enfonce les éperons dans les flancs de son cheval, et, rapide comme la foudre, arrive sur le combat au moment où le village de Gross-Aspern vient d'être repris par l'ennemi : les Saxons et les Bavarois, qui le défendaient, commandés par le prince de Ponte-Corvo, sont en pleine déroute... A cette vue, l'Empereur, pâle de fureur, leur crie d'une voix tonnante: « Soldats ! que faites-vous?... Ralliez-vous !... Vous vous déshonorez, malheureux ! Et, s'adressant aux régiments de sa garde, assaillis par quatre colonnes autrichiennes qui débouchent de Gross-Aspern: « Soutenez, mes braves grenadiers ! soutenez ! s'écrie-t-il en se jetant à bas de son cheval; et il fait pointer lui-même l'artillerie. Au même instant un jeune colonel saxon exhorte, avec l'accent de l'indignation, ses soldats à se rallier. Ses prières, ses menaces sont inutiles. Alors il arrache le drapeau du régiment des mains de celui qui le porte, et se jette dans les rangs des grenadiers et s'écrie: « Français ! je vous confie ce drapeau. Vous saurez le défendre, vous! » Cet élan de l'honneur et du désespoir est compris des Saxons... Ils s'arrêtent, se rallient et marchent à l'ennemi avec la plus grande résolution; trois fois nos colonnes repoussées reviennent à la charge. Enfin Gross-Aspern est repris aux cris de *Vive l'Empereur !* Il est là avec eux, et ces hommes, en sa présence, se sentent invincible...

Cependant l'archiduc déploie des forces considérables appuyées par une formidable artillerie, dans l'espace qui sépare Gross-Aspern du village de Wagram, dont l'occupation, d'une haute importance pour nous, est le but des efforts tentés depuis le commencement de l'action. Nos troupes défilent devant l'Empereur: « Il me faut Wagram, mes enfants ! » leur dit-il avec sa manière accoutumée; et, électrisés par ces quelques mots, ces hommes s'élancent au pas de course en répondant: Vous l'aurez, notre Empereur ! En avant ! Wagram ! Wagram!

En cet instant, deux grenadiers de la garde, blessés eux-mêmes, portent à bras leur capitaine, vieux soldat d'Egypte, qui vient d'avoir la jambe emportée en faisant une trouée, lui quarantième, à travers un carré autrichien, en avant du village de Wagram. Le triste groupe est rencontré par l'Empereur; il s'arrête: Horeau, dit-il, es-tu dangereusement blessé ? » A cette interpellation faite avec un paternel intérêt, un bonheur inexprimable se répand sur les traits horriblement contractés du pauvre blessé, et c'est d'un ton joyeux presque qu'il répond : « Ma jambe est restée à ces enragés d'Autrichiens, mon Empereur ! mais c'est égal, Wagram nous restera à nous !

— Avançons-nous là-bas ? lui demande l'Empereur vivement préoccupé de l'issue de cette affaire si meurtrière.

— On tombe dru comme grêle des deux côtés ; et malgré ça, petit à petit nous avançons, dit Horeau, et ils reculent. Ne craignez rien, mon Empereur ! *Nous aurons Wagram, c'est entendu !* »

Il est 5 heures de l'après-midi. Depuis 14 heures l'action est engagée. Des avantages partiels ont été obtenus par des efforts inouïs, et tout est encore en question. Enfin les troupes de l'aile droite couronnent les hauteurs de Wagram si chèrement conquis.

A cette vue, par un de ces mouvements où l'âme s'élance tout entière, l'Empereur se dresse sur ses étriers, l'œil étincelant, le bras tendu vers nos étendards victorieux, et s'écrie d'une voix forte : « La bataille est gagnée ! » Sur son ordre, infanterie et cavalerie se ruent sur l'ennemi avec une impétuosité terrible, aux cris de *vive la France ! vive l'Empereur !* Rien ne peut résister à ce torrent qui renverse tout devant lui. Les lignes autrichiennes sont enfoncées, culbutées, malgré la plus ferme résistance, et leurs positions enlevées au pas de charge.

L'armée ennemie est en pleine retraite sur tous les points. Nous sommes maîtres du champ de bataille, où nous trouvons pour trophées 10 drapeaux, 60 pièces de canon, 80 caissons, un grand nombre d'équipages, 20,000 prisonniers, 9,000 blessés.

Les généraux Oudinot et Macdonald reçurent le bâton de maréchal sur le champ de bataille. Masséna fut nommé prince d'Essling.

Tous les corps avaient rivalisé d'intrépidité et de gloire dans cette mémorable journée. Napoléon qui, lui-même, s'était plusieurs fois exposé au milieu du feu, décerna à ces dignes soldats les éloges qu'ils avaient mérités : la récompense due à une action d'éclat ne se faisait jamais attendre. L'Empereur a tout vu ! il sait quels sont ceux qui ont été les plus braves parmi tant de braves, par quels miracles de dévouement et de valeur la victoire nous est restée ; et après la bataille, le prix du sang versé pour la patrie est acquitté sur le champ de bataille. Nous comptons des pertes cruelles : 6,000 blessés, 3,000 morts avaient scellé de leur sang les gloires de la patrie.

Là, groupés autour d'une batterie qu'ils ont défendue, 150 à 200 soldats français, entourés d'un quadruple rang d'Autrichiens, gisent pêle-mêle, dans une rivière de sang, au milieu de canons, de munitions, d'armes brisées... Plus loin, autour d'un étendard lacéré, criblé, noirci par le feu, encore soutenu par le bras maintenant raide et glacé que la mort n'a pas séparé de son trésor, est couchée une compagnie presque tout entière des UNS CONTRE DIX... Ici, on s'est battu avec une incroyable fureur; les blessures sont hideuses et multipliées sur chaque cadavre : les Autrichiens avaient une revanche éclatante à prendre, le 84e, une héroïque devise à justifier.

Cette devise, il l'avait méritée, dans l'action que nous allons rapporter.

Quelques jours avant Wagram, l'Empereur, qui préludait aux dispositions de la grande bataille, avait donné ordre aux divisions Marmont et Broussier, en Styrie, de diriger leurs mouvements de manière à opérer leur jonction à Ralsdorf; mais l'ennemi occupait Gratz et était en mesure d'empêcher cette jonction : 18,000 Autrichiens campaient aux portes de la capitale de la Styrie, sous les ordres du général Giulay.

Deux bataillons du 84e, le colonel en tête, osent s'y présenter : ils pénétrèrent audacieusement dans les premières maisons d'un des faubourgs de Gratz. Aux cris d'alerte, le général Giulay les attaque avec des forces considérables, auxquelles ils résistent quatre heures durant. Forcés de se retirer, ils se replient en bon ordre, et se jettent dans le cimetière du faubourg, où ils sont aussitôt entourés, assaillis de toutes parts : un combat épouvantable s'engage et se prolonge entre 8 ou 900 hommes d'un côté, et 18,000 de l'autre...

Les Autrichiens, émus de cet héroïsme, leur crient : « Rendez-vous, vous ne pouvez résister ! Jamais !!! » répondent-ils, et les rangs se reforment à mesure qu'ils s'éclaircissent. Les blessés encouragent leurs camarades, aux cris fréquemment poussés de *vive la France! vive l'Empereur!* quelques-uns, du sol sur lequel ils ont été renversés, continuent à tirer sur l'ennemi. Un soldat qui a le bras gauche fracassé, répond à son sergent qui veut le faire sortir des rangs : « Le bras droit me reste ! »

Cependant la violence du feu avertit le général Broussier du danger des deux malheureux bataillons du 84e, et deux autres du 92e partent au pas de course. Il faut percer la muraille vivante que forment les Autrichiens autour du cimetière. Mais il s'agit pour les nôtres de dégager leurs admirables camarades, ou de partager l'honneur de tomber à leurs côtés. Ils se forment en masses serrées et, tête baissée, la baïonnette en avant, ils s'élancent intrépidement, se fraient un passage, rejoignent l'héroïque phalange, et tous ensemble chargent avec furie l'ennemi, qui, ébranlé par ce choc impétueux, irrésistible, cède, se replie et bat en retraite.

Alors seulement on tombe dans les bras les uns des autres. Mais ce n'est pas assez d'avoir été délivrés, d'avoir battu les Autrichiens ; il n'est que neuf heures du soir, il faut les poursuivre, il faut qu'ils évacuent Gratz, *l'Empereur en a besoin*... On s'exalte aux cris de *vive la France!* on marche en avant. Le faubourg de Graben est enlevé, malgré la défense opiniâtre de l'ennemi. Ses cadavres couvrent les rues. Le général Giulay croit avoir affaire à la division Broussier tout entière; il évacue la ville en se défendant pied à pied, et opère sa retraite sur Gnass. Gratz est en notre pouvoir; 1,200 morts, 5,000 blessés, 4,500 prisonniers, dont 8 officiers et un major; 2 drapeaux et 3 pièces de canon sont les trophées de cette poignée de héros.

L'Empereur passait la revue de sa garde, dans la cour de Schœnbrunn, au moment où cette nouvelle lui parvient. Aussitôt il fait former le carré, se place au centre et, le front haut, la physionomie rayonnante de bonheur, d'un ton animé, ému, il lit hautement la dépêche. Des houras de joie partent spontanément de tous les rangs de ces braves, qui demain en feront autant. Tous les bonnets sautent en l'air, les officiers brandissent leur épée en signe de triomphe; des cris de *vive le* 84e ! retentissent avec un délirant enthousiasme : c'est une fête de famille à laquelle tous prennent part. Un roulement de tambours rétablit le silence : l'Empereur va parler, tous les regards s'attachent à ses lèvres.

« Honneur au 84e ! s'écrie-t-il d'une voix éclatante, le fait d'armes de Gratz prime tous ceux de la campagne... Le 84e A FOURNI SON CONTINGENT A L'IMMORTALITÉ DE LA GRANDE ARMÉE... Le 84e gravera sur le support de son aigle : UN CONTRE DIX !... il a mérité cette glorieuse devise. Le colonel Cambier est nommé comte de l'Empire, CENT CROIX de la légion d'honneur sont accordées aux officiers et soldats de l'héroïque 84e. »

D'unanimes acclamations ratifièrent les honneurs si largement décernés par l'Empereur à ces géants des batailles.

Napoléon résolut de terminer la campagne en détruisant les restes de l'armée de l'archiduc. Ayant donc chargé Eugène de couvrir les derrières de l'armée avec 50,000 hommes, il marcha droit à l'ennemi, le battit en diverses rencontres, quoique l'archiduc fît preuve d'une grande habileté et d'un rare courage en disputant le terrain, de position en position, jusqu'à Znaïm.

Oudinot et Davoust accouraient pour en seconder l'attaque, mais l'archiduc, jugeant que la résistance, tout en lui faisant honneur, n'amènerait aucun résultat, se résolut à faire écrire à Marmont qu'il allait envoyer le prince Lichtenstein à Napoléon pour demander un armistice. Ce simple avis, transmis à l'Empereur, ne ralentit pas le combat; au contraire, il importait que la suspension d'armes trouvât les troupes françaises dans une position qui permît à leur chef d'en dicter les conditions avec plus d'avantage. Aussi des ordres furent-ils expédiés à l'instant même pour hâter la marche de Davoust et d'Oudinot, tandis que Marmont et Masséna redoublaient d'efforts afin de couronner la journée par un dernier triomphe. Cependant, à sept heures du soir, au moment où Znaïm allait être enlevée, la nouvelle arriva que le prince de Lichtenstein était parvenu jusqu'à l'Empereur, et que Napoléon consentait à la paix. Aussitôt les deux armées s'arrêtèrent, le combat resta suspendu, et Napoléon rassembla dans sa tente un conseil où furent appelés les principaux chefs.

L'armistice fut signé dans la nuit du 11 juillet. L'empereur d'Autriche refusa d'abord sa ratification; on exigeait d'énormes sacrifices. Il balança longtemps : les Anglais venaient de descendre dans l'île de Walchren, de nouveaux mouvements insurrectionnels agitaient le nord de l'Allemagne; il semblait que toute espérance ne fût pas perdue; mais l'expédition échoua, il fallut céder, et vingt-quatre heures achevèrent ce que des mois avaient à peine ébauché. Le traité de Vienne ne fut plus humiliant que ceux de Campo-Formio, Lunéville et Presbourg, que parce que l'Autriche, quelques jours encore avant la signature, semblait vouloir dicter les conditions plutôt que les recevoir. Elle cédait, en Italie et en Allemagne, des provinces et des villes à la France et à la confédération du Rhin; elle ouvrait ses frontières; elle payait de fortes contributions de guerre; elle souscrivait d'avance à tous les empiétements futurs de Napoléon, et elle accédait au blocus continental.

Un grand acte de suprématie européenne, que permettait à Napoléon l'abaissement de la maison d'Autriche, marqua son séjour dans la ville de Vienne. La double guerre dans laquelle il s'était trouvé engagé, en Autriche et en Espagne, avait déterminé le pape Pie VII, trompé dans ses espérances par Napoléon, à lancer contre lui, en 1808, une menace d'excommunication qui fut réalisée en 1809. L'Empereur n'apprit pas ces événements sans déplaisir. De Schœnbrunn, où il se trouvait alors, il donna des ordres pour faire diriger Sa Sainteté sur Savone, où le palais archiépiscopal fut mis à sa disposition.

1809 est une année de prodiges pour la France et pour Napoléon.

Sous nos drapeaux, dans nos rangs, marchaient en frères les Polonais, les Hollandais, les Suisses; à nos côtés, pour soutenir notre querelle, les Italiens, les Bavarois, les Saxons, les Danois, les Wurtembergeois, les Westphaliens, dont les étendards se mêlaient glorieusement aux étendards de la France. Tout cédait à l'ascendant de l'homme qui la personnifiait. Autour de ses aigles étaient ralliées vingt nations diverses; autour de son trône, porté triomphalement par ses soldats dans toutes les capitales de l'Europe, s'étaient reconnues vaincues la Russie, la Prusse, l'Autriche, liguées pour le renverser.

La Péninsule ibérique était le théâtre d'une autre lutte, moins heureuse sans doute, mais où nos soldats déployaient toujours un courage à toute épreuve.

L'armée française, en Portugal, était restée dans un isolement dont les Anglais ne tardèrent pas à profiter. Le 11 mai, sir Arthur Wellesley, débarqué vingt et un jours auparavant avec 18,000 soldats de sa nation, força le maréchal Soult, à la suite d'un combat sanglant, d'évacuer Oporto et d'effectuer précipitamment sa retraite, par un temps épouvantable, dans la Galice. Afin de n'être pas gêné dans sa marche, il avait détruit son artillerie, ses munitions, ses bagages, et abandonné ses caisses militaires.

En rentrant dans la Galice, le maréchal Soult délivra à Lugo une faible garnison assiégée par 20,000 Espagnols, et manquant de vivres. Huit jours après, il fut rejoint par le maréchal Ney, dont les troupes, réunies dans les Asturies à celles du général Kellermann, venaient de remporter une éclatante victoire devant Oviedo.

Le roi Joseph marcha sur les Anglais à Talavera de la Regna; mais le maréchal Victor attaqua sir Arthur Wellesley avec une trop faible armée; la perte fut presque égale des deux côtés, et la victoire resta indécise, car les Français couchèrent sur le champ de bataille. Wellington, informé que le maréchal Soult s'avançait sur ses derrières, opéra sa retraite sur le Portugal, le 3 août 1809.

Soult, Mortier, et les généraux Marchand et Kellermann battirent l'ennemi en maintes rencontres. La place de Girone, après un siége long et opiniâtre, se rendit à discrétion au maréchal Augereau.

Deux jours avant la ratification du traité par lequel l'Autriche, ravalée au niveau des puissances secondaires, ne devait plus être que l'esclave du guerrier qui lui dictait la loi, Napoléon, au moment où il passait la revue des troupes à Schœnbrunn, faillit être assassiné par un jeune étudiant nommé Stabs, qui fut arrêté au moment où il se disposait à accomplir son affreux attentat. Ayant été conduit devant l'Empereur, Napoléon l'interrogea avec la plus grande bonté; mais Stabs lui répondit en lui témoignant une haine farouche et un courage stoïque. L'Empereur se vit forcé de l'abandonner à son triste sort; mais jusqu'au dernier moment il lui fit offrir sa grâce. Peu s'en fallut que Stabs ne conservât la vie, tant Napoléon penchait pour l'indulgence.

Le 14, l'Empereur quitta Schœnbrunn et partit pour Munich, où il devait attendre la ratification encore incertaine de l'empereur d'Autriche. Des signaux furent placés sur la route, afin d'informer promptement Napoléon de ce qui arriverait. Jamais aucune paix ne ressembla tant à la guerre. Napoléon arriva le 27 au palais de Fontainebleau. Ce retour fut un triomphe; partout les acclamations les plus vives témoignaient de l'admiration et de l'amour des peuples. On pouvait alors espérer qu'ayant toutes ses forces disponibles, Napoléon réduirait bientôt l'Espagne, et contraindrait enfin l'Angleterre à entrer en négociation : flatteuses illusions, qui ne tardèrent pas à s'évanouir! L'Espagne aguerrie n'était plus qu'un monde de soldats; elle ne pouvait plus être subjuguée, et l'Angleterre demeurait plus que jamais implacable.

A cette époque, l'une des plus importantes et des plus brillantes de sa vie, tous les rois de la confédération du Rhin, ou alliés à la famille impériale, furent successivement appelés autour du trône de leur protecteur, pour assister aux fêtes de la Paix.

Au milieu de ces fêtes et de ces triomphes, Napoléon venait d'embrasser une résolution à laquelle il attachait le sort de sa dynastie.

Après avoir rompu les liens qui l'unissaient à l'impératrice Joséphine, il fit demander la main de la jeune archiduchesse Marie-Louise, fille aînée de François II; l'offre de son alliance fut acceptée.

On avait hésité longtemps sur le choix d'une nouvelle épouse. On parla, mais peu sérieusement d'abord, d'une princesse de Saxe; la dignité d'empereur demandait un lien plus élevé. Le choix de Napoléon fut donc placé entre deux princesses impériales, une grande-duchesse de Russie et une archiduchesse d'Autriche. L'Empereur se décida pour la grande-duchesse; l'ambassadeur fut chargé de la demander, et la demande fut accueillie; mais l'empereur Alexandre exigeait quelques mois de délai, à cause de la grande jeunesse de la princesse, et aussi pour avoir le temps de faire consentir à ce mariage l'impératrice-mère. La religion, au changement de laquelle on ne consentait pas, était déjà un grand obstacle. Les choses en étaient là, quand, inquiète et jalouse de ce projet, qu'elle soupçonna, la maison d'Autriche offrit sa fille, son *enfant chérie;* telle fut l'expression. Les retards de la Russie, les difficultés pour la religion, que Napoleon aurait pu aplanir, en laissant dans son intérieur la liberté des cultes, lui firent saisir avec empressement l'offre de la cour de Vienne. C'est un grand tort dans les grandes affaires de ne pas admettre le temps dans ses moyens. Napoléon fut toujours pressé de jouir de ce qu'il désirait. Dans la même journée, un conseil fut assemblé; on y lut les dépêches du duc de Vicence. Les avis furent partagés; mais Napoléon se décida pour l'Autriche. Le soir même, l'arrangement fut conclu par le prince Eugène avec le prince de Schwartzemberg. Ainsi, Marie-Louise fut offerte par son père et acceptée par la France, et le prince de Wagram, qui devait ce titre à la dernière humiliation de la cour de Vienne, demanda la main de l'archiduchesse. Il l'épousa solennellement, au nom de l'empereur Napoléon, à Vienne, le 11 mars 1810. Le 13, la nouvelle impératrice partit pour la France. La cour se rendit le 20 à Compiègne, où tout fut préparé pour la réception de la princesse. Le 28, jour de son arrivée, Napoléon alla au devant d'elle dans la forêt, monta dans sa voiture et revint au palais de Compiègne avec sa nouvelle épouse. Le 30, toute la cour fut réunie à Saint-Cloud, où le mariage civil fut contracté le 1er avril. Toutes les imaginations furent frappées des pompes extraordinaires déployées le lendemain, jour où le mariage se célébra spirituellement à Paris, dans une salle de la galerie du Louvre (1). Cet acte politique divisa la vie de Napoléon en deux périodes distinctes : dans l'une, il n'a compté que des succès; dans l'autre, il ne compta que des revers.

Les premiers renforts, après la paix avec l'Autriche, permirent au maréchal Soult de déloger et culbuter les Espagnols qui gardaient les passages dans la Sierra-Morena. Séville se rendit, le 3 janvier, au maréchal Victor. Sébastiani, détaché sur Malaga, détruisit l'armée qui en défendait les approches. En Catalogne, Suchet obtint de grands avantages. Le maréchal Victor, s'étant rendu devant Castille, fit dresser des batteries pour la bombarder. Le 15 mai, 1,500 Français, reste de l'armée de Baylen, parvinrent à s'évader du ponton la *Vieille-Castille*, sous le feu des chaloupes anglaises et des forts de la ville. Echappés à une longue et affreuse captivité, ces malheureux semblaient avoir perdu l'usage de la raison. On les vit chanceler et pleurer à la fois en embrassant leurs frères d'armes.

Le général Suchet pressait le siége de Lérida, dont le gouverneur, réduit aux abois, et n'ayant plus l'espoir d'être secouru, se rendit.

Masséna entra en campagne dans le mois de mai 1810, et débuta par la prise de Ciudad-Rodrigo, qui fut suivie de celle d'Alméida. Wellington, informé de la catastrophe d'Alméida, se rapprochait de Lisbonne. Après onze jours de marches forcées, Masséna se croyait au moment de couronner son expédition par un coup décisif, persuadé que les Anglais ne songeaient plus qu'à se rembarquer; mais des reconnaissances trouvèrent l'armée de Wellington retranchée sur la chaîne de montagnes qui s'étendent depuis Alhandra jusqu'à Torres-Vedras. Masséna, renonçant à l'espoir de les enlever de vive force, au moyen d'une ligne de circonvallation, voulut bloquer son adversaire et l'affamer; mais les Anglais, approvisionnés par mer, ne manquaient de rien, tandis que notre armée, au contraire, n'avait aucune ressource. Effrayé d'une pareille situation, Masséna, qui avait perdu sans combattre le tiers de son monde, se décida, le 14, à quitter ses lignes et à se replier sur Santarem, où il prit position et se fortifia.

Les deux armées se cantonnèrent pendant le mois de novembre, et reçurent chacune des renforts. Pendant ce temps, le maréchal Soult

(1) De Norvins.

pacifiait l'Andalousie et détruisait les guérillas; le maréchal Victor pressait le siége de Cadix, et Suchet investissait Tortose, qui capitula le 11 janvier 1811.

La campagne de 1811 s'ouvrit sous les auspices les plus favorables. L'Andalousie, la Castille, les Asturies, l'Aragon, la Catalogne, la Biscaye et la Navarre étaient au pouvoir des Français, et, malgré les revers qui avaient assailli l'expédition de Portugal, ils se flattaient d'avoir avancé l'œuvre de la conquête.

Sur ces entrefaites, les Anglais, qui avaient résolu de s'emparer des nombreuses batteries qui encadraient Cadix, débarquèrent à Algésiras et s'avancèrent par Tariffa, au nombre de 25,000 hommes. L'affaire qui eut lieu fut d'autant plus honorable pour les Français, qu'à peine ils purent en opposer 10,000.

Masséna, malgré la persévérance et l'opiniâtreté de son caractère, commença à effectuer sa retraite dans la nuit du 5 au 6 mars. Poursuivi par Wellington, l'arrière-garde reçut, le 12 mars, l'attaque des Anglais, et se replia en ordre. Des charges, faites à propos, forcèrent l'ennemi à être circonspect. Masséna fut généralement blâmé, dans le temps, d'avoir abandonné le Portugal; mais l'Empereur, convaincu que la conduite militaire de ce général était exempte de reproche, lui garda toujours une estime intérieure.

Cette retraite rendit disponibles les nombreux renforts que Wellington avait reçus de l'Angleterre. Ce général, au lieu de poursuivre Masséna, dirigea ses colonnes sur l'Estramadure, assiégea et reprit Olivenza.

Le 18 juin, Marmont fit sa jonction avec Soult et s'avança contre Wellington, qui, ayant pris position sur la Caya, dans les environs d'Aronchès, refusa le combat. Le maréchal Soult, de retour à Séville, marcha contre l'armée de Murcie. De 20,000 Espagnols, à peine 4,000 parvinrent à gagner Murcie et Carthagène.

Le général Drouet força Balesteros à quitter l'Estramadure, et Suchet, continuant ses conquêtes en Aragon, emporta Tarragone, après deux mois de siége et cinq assauts consécutifs.

Une garnison nombreuse défendait cette place, protégée, du côté de la terre, par des fortifications, par le fort Olivo, et du côté de la mer par une flotte anglaise, qui la rendait accessible à tous les secours. Ces obstacles n'arrêtèrent pas le vainqueur de Tortose et de Lérida. Le 4 mai, la place fut investie. On ouvrit aussitôt les travaux du siége, Les ouvrages qui couvraient le faubourg ayant été successivement emportés, et la brèche faite aux fortifications d'enceinte étant praticable, il fut pris par escalade le 21 juin. Le 28, la haute ville éprouva le même sort. La fureur du soldat, irritée par deux mois de résistance et par la perte de plusieurs officiers qu'il affectionnait, fut terrible, elle ne s'arrêta que devant l'hôpital, où gisaient 900 blessés. Cette conquête, qui n'était pas la dernière que devait faire le général Suchet, lui valut le bâton de maréchal.

Le 1er août, l'armée occupait Placentia. Wellington, qui suivait ses mouvements, s'approcha de Ciudad-Rodrigo, dont il fit le blocus; mais dès qu'il eut appris que les armées combinées du Nord et du Portugal marchaient contre lui, il s'empressa de s'éloigner.

Après la prise de Tarragone, le maréchal Suchet s'empara de la ville de Murviedro, et bloqua le fort d'Orepasa.

L'occupation du fort de Sagonte suivit de près cette victoire. Le 26 décembre, Suchet vint assiéger Valence, dépôt général de toutes les forces et de tous les approvisionnements de l'armée anglo-espagnole. Valence, serrée de près, capitula le 9 janvier 1812. Le général espagnol y fut fait prisonnier avec 18,000 des siens; la province entière ne tarda pas à se soumettre. Le titre de duc d'Albuféra vint récompenser Suchet de sa victoire.

Tel est le tableau rapide de la guerre de la Péninsule pendant l'année 1811. Cette guerre continua la gloire et prouva la supériorité de nos armes.

CHAPITRE XII.

Mariage de l'Empereur avec Marie-Louise. — Leur voyage en Belgique. — Réunion de la Hollande à la France. — Bernadotte appelé au trône de Suède. — Protestation de la Russie. — Naissance du roi de Rome. — Préparatifs d'une grande expédition. — Guerre de Russie.

Depuis plus de dix ans, l'Europe avait un maître, et ce maître n'avait pas d'héritier. Pour en obtenir un, Napoléon s'était vu réduit à briser des nœuds légitimes, et à recevoir une épouse des mains de son ancien ennemi.

La raison d'État avait parlé plus haut que les affections du cœur. Joséphine se soumit généreusement et cette séparation volontaire et cruelle eut cela de remarquable, qu'elle n'altéra en rien l'union des deux familles : ce fut un sacrifice pénible, mais égal.

Marie-Louise, apparaissant à travers l'auréole magnifique de Napoléon, vint prendre place sur le premier trône du monde.

Le 27 avril, Napoléon partit avec la nouvelle impératrice pour visiter la Belgique. Les habitants saluèrent avec ivresse la fille de leur ancien souverain, devenue l'épouse de celui qui les avait mis au niveau des prospérités de la France. Le retour des deux voyageurs eut lieu par Dunkerque, Lille, le Havre et Rouen. Partout le cri de la paix se mêla aux bénédictions des peuples ; mais ce vœu ne pouvait être entendu. L'Angleterre observait avec anxiété la marche de l'Empereur, qui, en voyant la contenance de son implacable ennemie, se pénétra de plus en plus de la nécessité du blocus continental. La Suède y avait déjà accédé et recouvré la Poméranie pour récompense de sa soumission. Nos alliés, jusqu'alors infidèles à cette guerre à outrance faite au commerce de l'Angleterre, ne devaient plus désormais l'éluder. La Hollande attire la première l'attention de Napoléon ; ses ports sont déclarés suspects et sa réunion à l'empire est prononcée. La France, dès ce jour, compta trente départements maritimes, et le commerce anglais n'eut plus d'asile en Europe que le Portugal. Durant **1810** le blocus continental fut mortel pour l'Angleterre, et s'il eut été possible de le maintenir trois ans de plus, cette puissance succombait de langueur ; aussi elle tenta d'incroyables efforts pour faire cesser un état de choses qui tendait à l'effacer du nombre des puissances. Depuis cinq ans que la querelle durait entre le pape et Napoléon, rien n'était encore décidé sur l'état temporel du souverain pontife. Napoléon se décida enfin à faire pour toujours la séparation de la puissance temporelle d'avec la puissance spirituelle, et, le **7** février **1810**, les États romains furent, par un sénatus-consulte, réunis à l'empire français ; leur capitale en fut déclarée la seconde ville, et, afin que Sa Sainteté fût à l'abri de toute tentative, on l'amena dans le palais de Fontainebleau avec tous les égards convenables.

La mort subite du prince royal de Suède venait de rendre son trône vacant. Dans ce moment, où l'avenir de l'Europe était plein de combats, les états, voulant un chef à la fois sage et ferme, et pensant trouver ces qualités dans le maréchal Bernadotte, prince de Ponte-Corvo et ancien soldat de la république, lui décernèrent la couronne. Napoléon accorda son assentiment au choix de la diète, quoique son instinct prophétique lui fît déjà deviner les malheurs qui devaient en résulter pour la France; mais « étant lui-même élu du peuple, il ne saurait s'opposer, dit-il, à l'élection des autres peuples. »

A l'époque où Bernadotte renonçait à sa patrie pour ceindre l'ancienne couronne des Goths, Napoléon fit occuper le Valais, dont il forma un département, afin que toute la route du Simplon se trouvât désormais comprise dans la circonscription de l'empire. Il décréta en même temps d'autres adjonctions de territoire. La principauté d'Oldenbourg, dont le titulaire était beau-frère de l'empereur Alexandre, ne fut pas exceptée de cette prise de possession. Le czar réclama à ce sujet. Napoléon fit offrir en échange de la principauté la ville et le territoire d'Erfurth avec la seigneurie de Blaunenkeim ; mais cette indemnité, plus que suffisante, fut refusée par Alexandre avec protestation contre l'injure faite à un prince de sa famille. L'Angleterre, attentive à tout ce qui pouvait porter atteinte à la sécurité du gouvernement français, s'efforça d'envenimer la querelle; mais Napoléon ne vit pas en cette circonstance de motif suffisant pour rompre avec Alexandre. L'Europe offrait alors ce phénomène inouï de plus de **100** millions d'habitants obéissant à la seule volonté d'un seul homme. Depuis les prospérités de l'empire romain, l'histoire n'avait pas offert l'exemple d'un développement de puissance aussi extraordinaire. Parvenu à ce fait d'une grandeur sans bornes, Napoléon vit s'accomplir l'événement qui paraissait le plus propre à la perpétuer. Le 20 mars, il lui naît un fils : cent un coups de canon apprirent à la capitale que l'Empereur a un héritier; et les hommages de la France entière se pressèrent, autour du berceau qui, suivant l'expression d'un illustre orateur, *portait les destinées du monde.*

Partout, depuis les cités les plus opulentes, jusqu'aux plus modestes hameaux, fut acclamée par les immenses populations qui couvraient le territoire, la naissance de cet héritier du grand empire; chaque commune proposa et décerna des prix pour la célébration de cet heureux événement, et les pièces réunies de ce concours forment un magnifique recueil intitulé : *Couronne poétique du roi de Rome.*

Dans ce jour solennel, la nature sembla soumise aux volontés de Napoléon, comme l'Europe l'était à ses armes. Que pouvait désirer de plus l'heureux conquérant, l'heureux père, si ce n'est le loisir d'élever pour la gloire et le bonheur des Français cet enfant décoré du titre pompeux de *Roi de Rome?*

Au milieu de tant de gloire acquise au pays par Napoléon, de tant de prospérités que la Providence semblait se complaire à verser sur la France, d'un long avenir paraissant promettre toute sécurité, qui donc aurait pu songer à des revers plus ou moins éloignés? Il a fallu, pour les amener, et de lâches abandons, et des trahisons infâmes, et par-dessus tout, la fureur plus terrible des éléments, qu'aucun génie humain, quelque puissant qu'il soit, ne peut ni prévoir ni conjurer.

Pendant le cours de l'année 1812, Napoléon était à l'apogée de sa fortune politique. La France, pour l'organisation de laquelle il avait épuisé tout son génie, n'avait d'autres limites que celles qui étaient fixées par son souverain; Le nom français était un talisman qui faisait courber les têtes et fléchir les volontés; néanmoins, on pouvait déjà, à des indices certains, prévoir une rupture prochaine avec la Russie. Une guerre, pour des raisons devenues de haute politique, était inévitable; mais ce serait à tort qu'on l'attribuerait à Napoléon.

Les deux empires croissaient tous les jours; et, comme ils paraissaient tous deux marcher vers le même but, prétendre à la monarchie universelle, il était présumable qu'une rupture prochaine et une lutte terrible éclateraient entre eux.

L'Angleterre le comprit; impatiente de dépouiller toute feinte, de repudier l'alliance jurée à Tilsitt et à Erfurth, elle excita de nouveau le cabinet de Saint-Pétersbourg, qui, d'ailleurs, était tout disposé à jeter le gant. Les armées, démoralisées, détruites à Austerlitz et à Friedland, s'étaient reformées à l'ombre de protestations mensongères. Le czar, d'un caractère inconstant, avait promptement oublié l'amitié et les promesses jurées à Tilsitt et à Erfurth, dominé qu'il était, d'ailleurs, par l'aristocratie russe.

Deux grandes violations des traités avaient eu lieu; les ports russes furent ouverts au commerce britannique, et un ukase chassa le nôtre de cet empire. Le blocus continental, dont le but était de contraindre l'Angleterre à la paix, était détruit, et cela au moment même où il commençait à porter ses fruits. Alexandre demandait, pour rentrer dans cette mesure, deux choses inadmissibles; il ne se contentait pas de la promesse de Napoléon *de ne rien faire pour rétablir le royaume de Pologne*, il voulait qu'il signât : *Le royaume de Pologne ne sera jamais rétabli.* L'honneur défendait à la France de souscrire à cette première demande; son intérêt ne lui permettait pas d'admettre la seconde : la possession de Constantinople et des Dardanelles.

La guerre n'était pas encore déclarée; la bonne intelligence n'existait plus. La France armait sur tous les points de son vaste territoire; des cohortes nombreuses disparaissaient des bords du Tage, et se trouvaient transportées sur les rives de l'Oder avec une promptitude qui tenait du prodige. Un sénatus-consulte parut, par lequel tout Français était déclaré guerrier; tout était enrôlé jusqu'à l'arrière-ban. Napoléon, tourmenté du dessein de mettre le sceau à son éclatante carrière, en assurant à jamais l'Europe contre les empiétements des czars, se sentait la force de pousser tout le continent contre leur empire, et de diriger de sa main puissante les éléments si divers dont les troupes de l'expédition devaient être composées; de passionner, par la seule influence de son nom, des armées novices et hétérogènes; de faire briller d'un égal éclat, sur le champ de bataille, Français, Bavarois, Wurtembergeois et Westphaliens.

Dans ces circonstances, on avait les yeux fixés sur la Prusse; on la voyait hésiter; les Prussiens étaient presque unanimes dans leur vif désir de tirer l'épée contre la France. Leur roi ne souhaitait pas moins de relever l'indépendance de son royaume; sa première pensée fut donc de se jeter dans les bras de la Russie; mais l'empereur Alexandre parut sentir qu'en acceptant cet auxiliaire, il contractait l'obligation de le protéger dans la supposition d'un revers; les plus fortes places de la Prusse étaient entre les mains des Français, son armée n'excédait pas 40,000 hommes, et il eût fallu du temps pour l'augmenter. L'empereur de Russie refusa donc pour le moment l'alliance de la Prusse, qui alors se décida en notre faveur. Mais elle n'était conduite à traiter avec nous que par la crainte, et sa position donnait la mesure de la confiance que sa bonne foi devait inspirer. L'Autriche, ainsi que les autres Etats allemands, était aussi notre alliée; une des principales causes du traité conclu avec elle était que 30,000 hommes seraient fournis par chacune des parties contractantes à l'autre, quand elle serait attaquée. Napoléon déclara la guerre à la Russie. Le prince de Schwartzemberg marcha sous ses ordres avec les forces promises, mais muni d'instructions secrètes pour ne rencontrer dans cette campagne que l'activité nécessaire pour jouer décemment le rôle d'un auxiliaire en quelque sorte sommé de prendre les armes. La Suède seule, immolant ses véritables intérêts à un ressentiment ridicule, rejeta notre alliance.

Cependant une lutte s'était engagée entre la Russie et la Turquie. Après plusieurs actions sanglantes, les Russes, battus d'abord, avaien ressaisi l'avantage, et des négociations furent entamées. Napoléon, qui avait le plus grand intérêt à ce que la Porte ne fît pas la paix, chargea son ambassadeur de presser le grand seigneur de marcher lui-même sur le Danube à la tête de 100,000 hommes, lui promettant non-seulement de l'aider à se mettre en possession des deux provinces contestées, la Moldavie et la Valachie, mais de lui procurer aussi la restitution de la Crimée. Le message arriva trop tard; le système pacifique avait prévalu au sein du divan, persuadé par les Anglais que, quoique la Russie fût son ennemie naturelle, il pouvait conclure avec elle une paix de quelque durée, sous la garantie de l'Angleterre et de la Suède; tandis que, si Napoléon détruisait le pouvoir de la Russie, le partage de l'empire ottoman, stipulé par lui à Tilsitt, serait une mesure qu'aucun Etat ne pourrait empêcher.

Les routes de l'Allemagne étaient couvertes de soldats, qui, observant dans leur marche la discipline la plus sévère, se rendirent vers l'Oder. Le roi de Westphalie, à la tête de sa garde et de deux divisions, avait déjà passé ce fleuve, de même que les Bavarois et les Saxons.

Au mois d'avril, la grande armée comptait neuf corps d'infanterie, dans chacun desquels étaient au moins trois divisions; à cette masse se joignait la garde impériale, composée d'environ 50,000 hommes, et quatre grands corps de cavalerie de réserve. Le total de ces forces, sans y comprendre les Autrichiens, pouvait s'élever à 460,000 fantassins et 60,000 cavaliers. Douze cents pièces de canon et plus de dix mille caissons, complétaient cet appareil formidable.

Les forces russes se divisaient en deux parties, désignées par les noms de première et deuxième *armée de l'Ouest*. L'une sous les ordres du général Barclay de Tolly, l'autre sous le commandement du prince Bagration. Le nombre des divisions s'élevait à 47, dont 8 de cavalerie, et formait un total de 300,000 hommes. L'empereur Alexandre, arrivé à Iéna le 29 avril, était depuis longtemps préparé à repousser nos attaques.

Napoléon partit de Paris le 9 mai; quatre jours après, il passa le Rhin et arriva à Dresde, au milieu des feux de joie. Jamais potentat n'étala plus de magnificence qu'il ne fit pendant son séjour dans cette capitale; sa grandeur était parvenue à une si haute période, que, dédaignant les hommages vulgaires, il lui fallait des rois pour courtisans; il était le roi des rois, le véritable empereur de l'Europe.

Cependant Napoléon fit une dernière tentative de négociation : le général Lauriston fut député auprès d'Alexandre pour obtenir de sa bouche un mot d'explication qui pût laisser une voie ouverte à une conciliation; mais il revint sans réponse satisfaisante.

La guerre fut donc définitivement résolue le 2 juin; le 22, Napoléon, était à Thorn. De son quartier-général de Wilkoswisky, il adressa à ses armées la proclamation suivante :

« Soldats!

« La seconde guerre de Pologne est commencée. La première s'est terminée à Friedland et à Tilsitt. La Russie a juré éternelle alliance à la France, et guerre à l'Angleterre; elle viole aujourd'hui ses serments. Elle ne veut donner aucune explication de cette étrange conduite avant que les aigles françaises n'aient repassé le Rhin, laissant par là nos alliés à sa discrétion. La Russie est entraînée par sa fatalité; ses destins doivent s'accomplir. Nous croit-elle donc dégénérés? ne serions-nous plus les soldats d'Austerlitz! Elle nous place entre le déshonneur et la guerre, le choix ne saurait être douteux. Marchons donc en avant, passons le Niémen : portons la guerre sur son territoire. La seconde guerre de Pologne sera glorieuse aux armées françaises comme la première; mais la paix que nous conclurons portera avec elle sa garantie, et mettra un terme à la funeste influence que la Russie a exercée depuis cinquante ans sur les affaires de l'Europe. »

Alexandre, de son côté, fit une proclamation à son armée, dont voici quelques fragments :

« Il ne nous reste, après avoir invoqué l'Être-Suprême tout-puissant, qui est le défenseur de la cause juste, qu'à opposer nos forces à celles de l'ennemi; il est inutile de rappeler aux généraux, aux officiers, aux soldats, ce que nous attendons de leur courage et de leur loyauté. Le sang des anciens Esclavons circule dans vos veines; soldats, vous combattez pour votre liberté, pour votre religion, pour votre patrie; votre Empereur est au milieu de vous, et Dieu est l'ennemi de l'agression! »

L'armée d'Alexandre était forte de 300,000 hommes. Napoléon avait partagé ses forces en cinq armées : Macdonald commandait la gauche, composée de trente mille hommes. L'extrême droite, placée vers Pinsk, en Volhinie, était presque entièrement composée des auxiliaires autrichiens, sous les ordres du prince de Schwartzemberg; ils avaient en face l'armée russe commandée par Tormazoff. Entre ces deux ailes, la grande armée s'avançait vers le Niémen, divisée en trois masses séparées. Napoléon marchait lui-même à la tête de la garde. l'Empereur avait aussi sous ses ordres immédiats le corps d'armée commandé par Davoust, Oudinot et Ney, qui avec les divisions de cavalerie de Grouchy, Montbrun et Nansouty, s'élevait à 250,000 hommes. Ce corps d'armée devait opérer contre le noyau des forces russes, portant le nom d'armée de l'Ouest. Le roi de Westphalie, à la tête de 80,000 hommes marchait contre l'armée de réserve russe. Enfin, une armée centrale, sous les ordres du vice-roi d'Italie, devait pénétrer entre la première et la seconde armée russe, et les tenir de plus en plus séparées, pour rendre leur jonction impossible; Murat avait le commandement en chef de toute la cavalerie de cette armée, la plus belle qu'aucune puissance humaine eût jamais mise sur pied.

Le 24 juin, 200,000 soldats avaient passé le Niémen avec lui, aux environs de Kowno. Cette nouvelle alla surprendre Alexandre au milieu d'un bal, à Wilna. Napoléon donne ses ordres pour concentrer son armée autour de cette ville : il y court lui-même comme à une bataille générale, à une victoire décisive. Son attente est trompée : l'ennemi fait sauter le pont de la Willia, brûle ses magasins, et abandonne Wilna. Napoléon s'arrête dix-sept jours dans cette ville. Des soins multipliés, l'administration d'une armée immense à régler, une police militaire à établir, un gouvernement à créer, justifient ce long repos, étranger aux habitudes du vainqueur de l'Italie.

La Lithuanie accueille les Français avec enthousiasme. Dès le 26 juin, la diète de Varsovie avait proclamé le rétablissement du royaume de Pologne. Une députation ayant le sénateur Wibicki à sa tête, apporte une adresse de la diète à Napoléon, et le supplie de prononcer ces paroles : « que le royaume de Pologne existe. » Napoléon s'y refuse, et ne laisse échapper que des paroles évasives. Tout en rendant justice à l'impatient patriotisme des Polonais, sa perspicacité si pénétrante, lui dit que le moment était mal choisi pour l'accomplissement d'une mesure aussi grave. Il voulut sans doute attendre que les loisirs de la paix lui permissent de s'occuper de l'érection d'un nouveau trône, et du rang politique que devait prendre un nouveau royaume destiné à avoir quelque poids dans les intérêts européens.

A Wilna, des propositions de paix lui arrivent encore : l'empereur Alexandre offre de rentrer dans le système continental, et de s'entendre sur tous les points en litige, à condition que l'armée française se retirerait derrière le Niémen. Mais Napoléon demande à traiter sur-le-champ. Soit que les termes de sa réponse aient été dénaturés, soit que l'envoyé russe ait excité l'irritation de son maître, la guerre continue. Alexandre, dans de fastueuses proclamations, avait promis de vaincre à Drissa. Là, dans un camp retranché, protégé par la Dwina, ayant Barclay de Tolly sous ses ordres, il attendait avec anxiété des nouvelles de ses autres généraux, dispersés au loin, et surtout de Bagration, dont la défaite eût été complète si le roi de Westphalie et Davoust eussent exécuté leurs instructions. A l'approche de Napoléon, il déserte ce camp fameux, ouvrage d'une année entière, et se rend à Saint-Pétersbourg pour presser la levée générale que réclame le salut de l'empire. La grande bataille échappe encore à Napoléon. Tous les corps de l'armée française, partis du Niémen à des époques et par des routes différentes, se retrouvent le même jour et au même point donné. A Ostrown, devant Witepsk, divers engagements ont lieu. Barclay de Tolly est prêt à livrer une action décisive; un courrier de Bagration change ses dispositions : il recule, et nous abandonne tout le pays entre la Duna et le Borystène, avec Witensk dans laquelle il ne reste pas un habitant.

Tout à coup, Napoléon conçoit la pensée de se porter rapidement sur la rive gauche du Dniéper, où Davoust l'attendait déjà, de repasser le fleuve sur les ponts de cette ville, et de revenir attaquer en queue les troupes qui s'en éloignent. En quarante-huit heures, 125,000 hommes exécutent ce mouvement avec une précision admirable. Un moment, Napoléon se flatte de frapper du même coup Barclay et Bagration, qui tous deux reviennent sur leurs pas pour secourir Smolensk. Mais le premier, craignant de perdre la route de Moscou, envoie le second s'en saisir; Napoléon, jugeant qu'il faut renoncer à une action générale, se décide à enlever la ville. L'action commence le 17 août, à deux heures après-midi, et dure jusqu'à minuit; 100,000 hommes combattent de part et d'autre. Le prix de cette lutte, c'est une ville en cendres, qui a coûté des flots de sang.

Vers le milieu de juillet, la Russie avait conclu la paix avec l'Angleterre et la Turquie. Le traité de Bucharest ayant rendu disponible l'armée russe du Danube, elle se dirige aussitôt vers le Nord; le général prince Kutusoff, qui l'avait commandée contre les Turcs, est nommé généralissime des armées de la Russie, et vient remplacer Barclay de Tolly. Le 5, l'armée française découvre l'armée russe en ordre de bataille sur une rangée de collines. La redoute de Schwardina, construite en avant sur un mamelon, attaquée par la division Compans, et défendue par Bagration en personne, est emportée avec toutes les pièces de canon qui la garnissent. La journée du lendemain, 6 septembre, est entièrement consacrée aux préparatifs de la lutte terrible, qui ne peut plus s'ajourner. Un seul coup de canon en interrompt le silence; il est tiré contre l'Empereur, qui s'avançait pour reconnaître les positions de l'ennemi. Dans cette même journée, Napoléon reçoit deux courriers chargés de missions bien diverses : l'un, M. de Beausset, apporte avec des lettres de l'impératrice, le portrait du Roi de Rome; l'autre, le colonel Fabvier, aide de camp du duc de Raguse, annonce la perte de la bataille des Arapyles.

Rentré dans sa tente, Napoléon dicte une proclamation digne de l'armée et de lui : « Soldats, dit-il, voilà la bataille que vous avez tant désirée. Désormais, la victoire dépend de vous; elle nous est nécessaire : elle nous donnera l'abondance, de bons quartiers d'hiver et un prompt retour dans la patrie. Conduisez-vous comme à Austerlitz, à Friedland, à Witepsk et à Smolensk, et que la postérité la plus reculée cite votre conduite dans cette journée; que l'on dise de vous : Il était à cette grande bataille sous les murs de Moscou ! »

Le 7, à cinq heures et demie du matin, Napoléon s'est rendu près de la redoute enlevée deux jours auparavant. En voyant le soleil paraître et se dégager du brouillard épais qui couvrait l'horizon, il dit à ses officiers : « C'est le soleil d'Austerlitz ! » Ce mot passe de bouche en bouche, et redouble l'enthousiasme dans tous les rangs.

Bientôt l'action commence. Voici le résumé qu'en présente l'historien le plus récent et le plus populaire de Napoléon.

Sous le feu des deux batteries du général Sorbier, les divisions Compans et Desaix, que le prince d'Eckmühl a lancées, marchent sur les positions de Bagration; Poniatowski attaque par la vieille route de Smolensk; Eugène agit sur la grande route de Moscou : tout réussit d'abord; mais Compans, Desaix et Rapp, blessés, le prince d'Eckmühl, renversé avec son cheval atteint d'une balle, ont compromis le premier succès; le maréchal Ney reçoit de l'Empereur, presque placé sur la ligne d'attaque, l'ordre de recommencer le combat. Cependant, le vice-roi a enlevé Borodino. Le même triomphe couronne la valeur des maréchaux Ney et Davoust, réunis dans le but d'emporter les redoutes de Bagration; et, malgré l'opiniâtreté de ses tentatives pour les reprendre, elles restent en notre pouvoir. L'aile gauche des Russes n'a plus d'appui. Pendant le nouveau mouvement que Napoléon fait faire au prince d'Eckmühl, Bagration en péril appelle à son secours Kutusoff; mais, assailli par le prince Eugène, maître de Borodino, Kutusoff n'a pu nous empêcher de forcer une grande batterie du centre, vers laquelle il envoie incessamment des secours à la division Paskewich; et ce n'est qu'avec des efforts inouis qu'elle parvient à rentrer dans la redoute, que le général Bonami, qui l'a prise, s'obstine à défendre jusqu'au dernier soupir. Alors Kutusoff porte ses masses sur sa gauche; Napoléon, qui l'a prévu, engage ses réserves, et fait avancer une batterie de 80 canons. Les Russes se précipitent pour l'attaquer : le carabiniers de Paultre et de Chouars, les cuirassiers de Saint-Germain, les hussards de Pajol et de Bruyères, s'élancent à leur tour, et remportent une sanglante victoire. Enfin, l'Empereur, un moment attiré par le *hourra* de huit régiments d'Ouwarroff et de quelques milliers de cosaques de Platoff vers le prince Eugène, s'apprête, suivant sa coutume, à percer la ligne de l'ennemi, qui vient d'être renouvelée pour la troisième fois. Sur notre front tonne avec fureur une artillerie immense, à laquelle répond l'artillerie russe; 800 pièces de canon vomissent la mort des deux côtés, dans l'espace d'une demi-lieue. A droite, Poniatowski marche malgré tous les obstacles; à gauche, le prince Eugène dirige trois divisions sur les parapets de la grande redoute; au centre, l'Empereur s'avance jusqu'à la position de Semenowskié : longtemps impassibles sous la mitraille des Russes, comme ceux-ci sous la nôtre, les soldats français vont droit à l'ennemi, qui s'ébranle à son tour. On se joint, on charge à la baïonnette, au milieu d'une troisième mêlée plus affreuse encore que les autres. L'attaque et la résistance sont également acharnées; mais enfin, grâce aux efforts de Davoust et à l'héroïsme du maréchal Ney, notre cavalerie, conduite par Murat, peut se développer et décider l'action, en enfonçant le centre de Kutusoff. Pendant ce temps, Montbrun s'élance à la tête des cuirassiers : il tombe mort; Auguste Caulaincourt lui succède, et pénètre par la gorge dans la grande redoute, que le prince Eugène envahit d'un autre côté. Un combat terrible se renouvelle sur ce point : il se termine par le massacre de tous les Russes; leur retraite, que presse la cavalerie de Grouchy, le brillant succès des Polonais de Poniatowski sur les troupes de Toutchkoff et de Baggowouth, achèvent notre triomphe.

Les Français s'emparèrent de 50 pièces de canon et firent plusieurs milliers de prisonniers. Le maréchal Ney, digne de la plus magnifique récompense, reçut le titre de *prince de la Moskowa*. Davoust et surtout le vice-roi n'avaient pas moins mérité que lui peut-être, et ne se montrèrent pas jaloux; Compans, Gérard, Morand, Caulaincourt, Montbrun, Poniatowski et ses Polonais, enfin les généraux d'artillerie Forestier, Sorbier, Lariboissière, etc., avaient aussi puissamment contribué au triomphe de nos armes. Kutusoff, vaincu, poursuivi, ne craignit pas de faire proclamer à Moscou et d'annoncer à son souverain une victoire complète.

Cependant, par une vive résistance à Mojaisk, le feld-maréchal indiqua l'intention de livrer une seconde bataille dans la position de Fili, à une demi-lieue en avant de Moscou; mais le 14 septembre, ses troupes quittèrent cette position sans combattre, et traversèrent en vaincues la ville sainte, le berceau de l'empire. Ce même jour, les soldats français aperçurent Moscou : des hauteurs du mont du Salut, ils virent cette grande cité, moitié orientale, moitié européenne, avec ses huit cents églises, ses mille clochers, ses coupoles dorées, que le soleil faisait étinceler. « Moscou ! Moscou ! » s'écrièrent-ils en battant des mains, et ils entonnèrent ce vers de l'hymne patriotique :

Le jour de gloire est arrivé.

Quant à Napoléon, son premier mot avait été : « La voilà donc enfin cette ville fameuse ! » Surpris de ne voir aucune députation se présenter, il repousse d'abord l'idée que la ville est déserte, que les Russes l'ont évacuée. Lorsqu'il n'en peut plus douter, il ordonne à Murat d'y pénétrer avec sa cavalerie. Le vice-roi force à coups de canon les portes du Kremlin, et en chasse quelques milliers de misérables que le gouverneur y avait placés. Toujours impétueux, infatigable, Murat traverse la ville, et poursuit jusque sur la route de Voladimir et d'Asie les cosaques qui se retiraient dans cette direction.

Napoléon n'entra qu'avec la nuit dans Moscou. Il s'arrêta dans une des premières maisons du faubourg de Dorogomilow. Cette nuit fut triste : des rapports sinistres se succédaient, annonçant l'incendie, et en révélant les préparatifs; vers deux heures, on en vit les premières lueurs éclater : c'était au palais marchand, au centre de la ville. Napoléon donne des ordres, les multiplie : le jour venu, lui-même court au foyer de l'incendie, et se rend au Kremlin. La nuit suivante, les flammes, dont le duc de Trévise, secondé de la jeune garde, croyait s'être rendu maître, reparaissent avec une fureur nouvelle; elles ondoient, tourbillonnent : trois fois le vent change, et trois fois, d'un point différent, les flammèches et les débris ardents viennent tomber sur le quartier impérial. Les ordres de Rostopchin, du gouverneur de Moscou, sont exécutés. C'est lui qui livre aux torches dévorantes la ville qu'il n'a pu disputer aux Français; c'est ainsi qu'il veut les ensevelir dans leur triomphe! Tout lui appartient dans cette résolution terrible, pensée et exécution. Cet homme, ce barbare, avait fait construire un immense ballon incendiaire, destiné à envelopper Napoléon au milieu de son armée : cette tentative ayant échoué, il s'en dédommage, en faisant préparer des fusées, des étoupes soufrées et goudronnées. Avant de quitter Moscou, il a confié les instruments de sa vengeance aux mains d'une multitude de forçats, dont il a ouvert les cachots, et qui, se répandant de tous côtés, ivres de vin et d'une joie féroce, portent le ravage de maison en maison, de palais en palais. Le 16 septembre, Moscou tout entier n'est plus qu'une vaste fournaise, un océan de feu, qui, pareil au volcan, vomit la fumée et les débris avec un bruit épouvantable. Quel spectacle pour Napoléon ! Jamais semblable barbarie ne fût entrée dans sa pensée, même quand il eût fallu acheter, au prix de la ruine de Moscou, l'empire du monde! « Quoi ! brûler leur capitale ! eux-mêmes ! quelle effroyable horreur ! » s'écrie-t-il. L'armée, qui s'est épuisée en efforts inutiles pour sauver sa conquête, tombe dans la stupeur. Les exécrables agents du gouverneur sont saisis en flagrant délit; Napoléon les interroge lui-même : ils avouent hautement leur crime, et sont fiers d'avoir obéi aux ordres de Rostopchin. Jugés par une commission militaire, et fusillés sur l'heure, leurs cadavres disparaissent dans le gouffre de flammes qu'ils ont allumé.

Tandis que l'incendie dévorait Moscou, le Kremlin, environné de hautes murailles, paraissait à l'abri de toute atteinte; mais les flammèches, qui tombaient dans la cour de l'arsenal pendant la visite de l'Empereur, les brandons enflammés, qui volaient de toutes parts, pouvaient causer l'explosion des canons de la garde. Déjà deux fois le feu a été mis à la forteresse : on n'y respire que de la cendre et de la fumée; la nuit approche, le vent redouble avec violence; chaque instant ajoute à l'intensité du mal et diminue les chances du salut.

En vain, les généraux, les amis de Napoléon, le supplient à genoux de sortir de ce lieu de désolation. Maître du palais des czars, Napoléon s'opiniâtrait à ne pas céder cette conquête, même à l'incendie, quand tout à coup un cri : *Le feu est au Kremlin!* passe de bouche en bouche.

Napoléon pâlit de colère. Ainsi, le palais antique, le vieux Kremlin, la demeure du souverain n'est pas même sacrée pour ces Érostrates politiques.

Alors on presse l'Empereur de quitter le palais où le feu le poursuit; mais il se raidit contre l'évidence, il se cramponne à sa volonté, il ne refuse ni n'accepte; il reste sourd, inerte, abattu; tout à coup un vague murmure circule autour de lui : le Kremlin est miné.

Au même instant, on entend les cris des grenadiers qui le demandent; cette nouvelle s'est répandue aussi parmi eux; ils veulent leur Empereur, il leur faut leur Empereur : s'il tarde d'un instant, ils viendront le chercher eux-mêmes.

Napoléon se décide enfin; mais par où sortir? On a tant attendu qu'il n'y a plus d'issue. L'Empereur ordonne à Gourgaud et au prince de Neufchâtel de monter sur la terrasse du Kremlin, pour tâcher de découvrir un passage, et en même temps il ordonne à plusieurs officiers d'ordonnance de se répandre aux alentours du palais, dans le même but; tous s'empressent d'obéir : les officiers descendent rapidement par tous les escaliers; Berthier et Gourgaud montent sur la terrasse.

A peine y sont-ils qu'ils sont forcés de se cramponner l'un à l'autre; la violence du vent, la raréfaction de l'air, causent une si terrible tourmente que le tourbillon qui passe et repasse incessamment a failli les emporter avec lui.

Alors Napoléon n'hésita plus : au risque d'aller donner tête baissée dans la flamme, il descend rapidement l'escalier du Nord, sur les marches duquel les Strélitz ont été égorgés; mais, arrivé dans la cour, on ne trouve plus d'issues, les flammes bloquent toutes les portes : on a attendu trop tard, il n'est plus temps.

En ce moment, un officier accourt haletant, la sueur sur le front, les cheveux à demi brûlés : il a trouvé un passage ; c'est une poterne fermée qui doit donner sur la Moskowa ; quatre sapeurs se précipitent : la porte est brisée à coups de hache. Napoléon s'engage à travers deux murailles de rochers ; ses officiers, ses maréchaux, sa garde le suivent ; s'il fallait maintenant revenir sur ses pas, la chose lui serait impossible : il faut marcher en avant.

L'officier s'est trompé : la porte ne donne pas sur la rivière, mais sur une rue étroite et enflammée ; n'importe, cette rue menât-elle à l'enfer, il faut la prendre. Napoléon donne l'exemple, et s'élance le premier sous une arcade de feu : tout le monde le suit, nul ne cherche un salut à côté ou en dehors du sien : s'il meurt, on mourra.

Il n'y a plus de chemin, il n'y a plus de guide, il n'y a plus d'étoiles : on marche au hasard.

Il fallait pourtant se hâter. A chaque instant croissait autour de Napoléon le mugissement des flammes. Là se serait peut-être terminée la vie glorieuse du grand capitaine si des pillards du premier corps n'avaient point reconnu leur Empereur au milieu de ces tourbillons de flammes : ils accoururent et le guidèrent à travers les décombres fumants d'un quartier réduit en cendres dès le matin.

Alors il s'enfonce entre un double rang de voitures : il demande quels sont ces fourgons et ces caissons, on lui répond que c'est le parc du premier corps que l'on a sauvé ; chaque voiture contient des milliers de poudre, et des tisons brûlent entre les roues.

Napoléon donne l'ordre de prendre la route de Petroskoï : c'est un château royal situé hors de la ville, à une demi-lieue de Saint-Pétersbourg, au milieu des cantonnements du prince Eugène ; là sera désormais le quartier impérial.

Pendant deux jours et deux nuits, Moscou brûle encore ; puis enfin, au matin du troisième jour, la flamme a entièrement disparu, et, à travers la fumée qui le couvre comme une brume, Napoléon peut voir se dresser, noirci et à demi consumé, le squelette de la ville sainte.

Se voyant privé de Moscou, qui ne peut plus servir à ses desseins, Napoléon conçoit et déclare, après deux jours de méditation, le projet de marcher sur Saint-Pétersbourg, en effectuant sa retraite sur la Basse-Dwina, pour aller traverser les routes de Velikie-Louki et de la grande Novoharod, prendre Witgenstein à dos, et donner la main aux armées du maréchal Saint-Cyr, des ducs de Tarente et de Bellune, qui s'avanceront vers Pskow.

Ce projet hardi décourage les plus entreprenants, excepté le vice-roi. Qui peut dire cependant quels auraient été les événements ultérieurs, si le projet de Napoléon eût reçu son exécution ? L'armée, pleine encore d'enthousiasme, de force et d'espoir, eût trouvé de Moscou à Saint-Pétersbourg des routes tracées et sûres. Elle n'aurait jamais rencontré d'aussi grands désastres que ceux de sa retraite et du passage de la Bérésina. Arrivée sous les murs de la capitale de la Russie, elle eût obtenu sans doute un succès plus grand encore que celui qu'elle avait remporté sous les murs de Moscou, et une autre série de faits aurait assuré à jamais la prépondérance de l'empire et la puissance de son chef. Mais, fatigués déjà de tant de travaux, accablés de tant de gloire, tout braves, tout dévoués qu'ils étaient, les généraux de Napoléon ne s'élevaient pas à la hauteur de ses conceptions. Un seul les apprécia, c'est celui qu'il avait bien jugé, puisqu'il l'avait adopté pour fils. Cependant, par un excès de générosité, il s'abandonna, non sans un amer regret sans doute, aux conseils de son entourage.

Napoléon a donc cédé; mais malheureusement il rentre au Kremlin le 18 septembre. Il met toute sa gloire, toute son espérance à attendre la paix à Moscou. Fatale illusion d'une âme héroïque, qui trompa son génie! L'incendie de Moscou disait assez qu'il n'y avait point de terrain en Russie pour la paix.

Cependant les ruines de Moscou, et le reste des édifices qui subsistaient encore, fournirent aux soldats un butin abondant pendant leur court intervalle de repos, et, avec cette insouciance, précieux caractère de la vie militaire, ils jouirent du présent, sans songer à l'avenir,

Ce fut en vain que Napoléon espéra qu'Alexandre ouvrirait quelques communications avec lui, en répondant à la lettre qu'il lui avait envoyée par un officier russe, la nuit même de son entrée à Moscou. Il se détermina cependant à faire de nouvelles avances, chargea de cette mission le général Lauriston, son aide de camp, de crainte que le rang supérieur de Caulaincourt, grand écuyer, ne pût indiquer que son maître désirait traiter, moins par intérêt pour Alexandre que pour sa propre sûreté et celle de son armée.

Le 5 octobre, à minuit, Lauriston arrivait aux avant-postes russes; il fut aussitôt admis à une entrevue avec Kutusoff. Les hostilités furent à l'instant suspendues.

Lauriston proposa d'abord à Kutusoff un échange de prisonniers, qui lui fut refusé, par cette raison bien simple que les soldats ne manquaient pas aux Russes, et que les rangs de ceux de Napoléon devaient s'éclaircir de jour en jour. Le négociateur français parla ensuite des bandes franches, et proposa de mettre fin à ce genre de guerre inusité, et dans lequel tant de cruautés se commettaient. Kutusoff répondit que cette espèce de guerre de partisans était indépendante de ses ordres, et qu'elle était l'effet de l'esprit national du pays, qui portait les Russes à regarder l'invasion des Français comme une incursion de Tartares. Enfin, le général Lauriston en vint à l'objet véritable de sa mission, et lui demanda « si cette guerre, qui avait pris un caractère si inoui, devait toujours durer, » en déclarant en même temps que le désir sincère de son maître, l'Empereur de France, était de terminer les hostilités entre deux grandes et généreuses nations. Le vieux Russe, astucieux, vit dans le désir de la paix affecté par Napoléon une preuve évidente de la nécessité où il était de la faire, et il résolut sur-le-champ de gagner du temps, ce qui devait augmenter, d'une part, les embarras des Français, et de l'autre les moyens qu'il aurait lui-même d'en profiter. Il affecta un désir véritable de concourir à une pacification ; mais il déclara qu'il lui était positivement défendu de recevoir aucune proposition à ce sujet, et même de les transmettre à l'Empereur. Il refusa donc d'accorder au général Lauriston le passeport qu'il lui demandait pour se rendre près d'Alexandre ; mais il lui offrit de dépêcher le général Wolkonsky, aide de camp du czar, pour apprendre quel serait son bon plaisir. Lauriston ne pouvait faire d'objections à cette proposition; il conçut même l'espoir qu'elle conduirait à la réussite de sa mission, tant le général Kutusoff lui exprima de satisfaction, ainsi que les officiers de son état-major, qui semblaient tous déplorer les malheurs de la guerre, et qui allèrent jusqu'à dire que l'annonce d'un traité serait accueillie à Pétersbourg par des réjouissances publiques. Ce rapport fut transmis à Napoléon, et le berça d'une fausse sécurité. Cependant, ne pouvant compter entièrement sur la paix, Napoléon se préparait, depuis le 5 octobre, à quitter une cité déserte et ruinée, qui ne pouvait plus être une position militaire. Il avait annoncé sa retraite au roi de Naples, aux ducs d'Abrantès et de Bellune, à son ministre des relations extérieures, le duc de Bassano, en leur prescrivant tout ce qu'ils avaient à faire, soit pour seconder son mouvement, soit pour garantir la sûreté de la route et des communications de Moscou à Smolensk, soit pour réunir sur les points les plus nécessaires les hommes, les armes dont il aurait besoin. Chaque jour s'exécutaient de nombreuses mesures par lui prises pour l'évacuation. Retenu par tant de travaux, et plus encore par l'attente des réponses de Saint-Pétersbourg, qui ne devaient pas venir, il a vu la première neige tomber le 13 octobre, et il s'est hâté de mettre ses différents corps en marche. Il existait entre les Français et les Russes une espèce de suspension d'armes, pendant laquelle Kutuzoff et ses généraux n'avaient négligé aucun moyen de tromper le roi de Naples par une continuelle et mensongère manifestation de leurs vœux pour la paix. Le 18 octobre, tandis que Napoléon passait en revue le corps du duc d'Elchingen, qui allait sortir de Moscou, on apprit que l'armée russe, quittant son camp, était venue prendre position la veille sur la Nara ; que Beningsen, suivi de plusieurs généraux, avait passé ce fleuve, assailli les troupes françaises, surpris et tourné la division Sébastiani, appuyée sur un bois, qui n'était pas même gardé. Le roi de Naples avait sur-le-champ porté des secours au lieu du péril. Pendant ce temps, Kutusoff s'était avancé avec le reste de ses soldats. Alors Murat, par des prodiges de valeur, Poniatowski, par sa vive résistance, avaient fait échouer le mouvement de Beningsen et l'attaque de Kutusoff. Ce combat d'une avant-garde contre une armée était glorieux sans doute; mais, quoique la perte des Russes eût été supérieure à celle des Français, il coûtait encore trop cher à ces derniers dans un moment où ils avaient besoin d'économiser leurs forces.

CHAPITRE XIII.

Suite de la guerre de Russie. — Evacuation de Moscou. — Retraite des Français. — L'hiver commence, le désordre se met dans l'armée. — Passage de la Bérésina. — Napoléon part pour Paris. — Murat quitte l'armée. — Eugène Beauharnais en prend le commandement. — Défections des Prussiens et des Autrichiens.

Napoléon sortit de Moscou le 19 octobre. L'armée française, qui défilait hors des portes de cette ville, et qui, comme une masse vivante, continua à se mouvoir ainsi pendant plusieurs heures, se composait d'environ 120,000 hommes bien équipés et marchant en bon ordre. Ils avaient à leur suite 150 pièces de canon et 2,000 chariots d'artillerie. Cette armée avait un aspect martial et imposant; mais elle était suivie d'une foule confuse, s'élevant à plusieurs milliers d'hommes, les uns marchant à la suite du camp, les autres traîneurs, qui avaient rejoint l'armée; puis, des prisonniers, dont la plupart étaient employés à porter le butin des vainqueurs. L'armée traînait à sa suite les familles françaises habitant autrefois Moscou, et qui y composaient ce qu'on appelait *la colonie française.*

Après avoir suivi d'abord la vieille route de Kalouga, Napoléon passe tout à coup à droite et gagne rapidement la nouvelle route. Abusé par un rideau de troupes laissées vis-à-vis de lui en arrière du défilé de Woronowo, l'ennemi n'aperçut point la contre-marche du roi de Naples et de Poniatowski : tranquille dans son camp de Taroutino, que les Français avaient tourné, il les attendait à leur passage, quand déjà leurs colonnes avaient atteint Borowsk, Maro-Jaroslavetz, d'où elles n'avaient plus qu'une marche à faire pour le devancer à Kalouga. A Borowsk, on reçut la nouvelle que le duc de Trévise avait quitté Moscou le 23, à deux heures du matin, après avoir fait sauter le Kremlin. Aussitôt après son départ, les cosaques et les paysans envahirent la ville et se précipitèrent sur leur proie. L'humanité française avait sauvé, nourri et soigné plusieurs milliers des blessés russes que la fourberie de Kutusoff et la froide cruauté de Rostopchin livraient au plus affreux supplice. Voici quelle fut la récompense de cette générosité : sur 650 malades ou blessés français que leur faiblesse avait empêchés d'accompagner l'armée, une partie fut jetée par l'ennemi sur des chariots et traînée vers Twer ; mais ils périrent presque tous de froid et de misère, ou tombèrent sous le couteau des paysans de leur escorte ; les autres restèrent dans les hôpitaux sans vivres ni médicaments.

Le 28 octobre, l'armée française revit Mojaïsk. Cette ville était encore remplie de blessés ; la plus grande partie fut emmenée. Napoléon dépassa cette ville de quelques werstes, et l'hiver commença. Chacun, sauf Napoléon, marchait absorbé dans l'inquiétude et la douleur, quand quelques soldats, levant les yeux, jetèrent un cri. L'armée foulait le sol de Borodino, théâtre d'une grande bataille, qui offrait tant de souvenirs de la valeur des Français. Au couvent de Kolotskoi, qu avait été le plus grand hôpital des Français après cette action, la plus sanglante des temps modernes, il se trouvait encore un grand nombre de blessés. Par ordre de Napoléon, ceux qui étaient en état de supporter le transport furent mis sur les chariots des cantiniers ; les autres furent laissés dans le couvent avec quelques prisonniers russes blessés, dont on espérait que la présence leur servirait de sauvegarde.

Napoléon, avec sa première division de la grande armée, arriva à Gjatz. De Gjatz, il s'avança en deux marches jusqu'à Wiasma, où il fit une halte, afin de donner au prince Eugène et au maréchal Davoust le temps d'arriver : ce dernier était en arrière de cinq journées au lieu de trois seulement, comme on l'avait calculé. Le 1er novembre, l'Empereur recommença sa pénible retraite, laissant à Wiasma le corps de Ney pour renforcer et relever l'arrière-garde de Davoust, qu'il supposait devoir être épuisée de fatigue. Il reprit avec sa vieille garde le chemin de Dorogobouge, ville vers laquelle il croyait que les Russes pouvaient se diriger pour le couper, et où il était très important de les prévenir.

Les dépouilles de Moscou, les anciennes armures, les canons et la grande croix d'Ivan, embarrassaient inutilement la marche de l'armée; on les jeta dans le lac de Semelin, comme des trophées qu'on ne voulait pas rendre, et qu'on ne pouvait plus emporter.

L'Empereur et l'avant-garde de son armée avaient marché jusqu'alors sans rencontrer aucune opposition. Les corps du centre et de l'arrière-garde n'avaient pas eu le même bonheur ; ces deux divisions furent harcelées continuellement par des nuées de cosaques ayant avec eux une espèce d'artillerie légère, qui, montée sur des traîneaux, et accompagnant leurs mouvements, faisait pleuvoir les boulets sur les colonnes françaises, tandis que les charges de cette cavalerie irrégulière les forçaient souvent à faire une halte pour se défendre en ligne ou se former en bataillon carré.

Miloradowich, un des plus entreprenants et des plus actifs généraux d'Alexandre, et que les Français avaient surnommé le Murat russe, arriva avec l'avant-garde des troupes régulières : soutenu par Platoff et par plusieurs milliers de cosaques, il précédait Kutusoff et toute la grande armée russe.

Kutusoff, en apprenant que le plan de l'Empereur était de se retirer par Gjatz et Wiazma, imprima sur-le-champ à sa propre retraite un mouvement sur la gauche, et arriva de Malo-Yarowslavetz par des routes de traverse. Les Russes atteignirent le lieu de l'action au lever de l'aurore, traversèrent la ligne de marche du prince Eugène, et isolèrent son avant-garde pendant que les cosaques, fondant sur les traîneurs et les bagages de l'armée, les dispersaient dans la plaine.

Le vice-roi fut secouru par un régiment que Ney, quoique vivement pressé lui-même, lui envoya de Wiazma, et son arrière-garde fut dégagée par les efforts de Davoust, qui s'avança à la hâte. L'artillerie russe, supérieure en calibre à la nôtre, et portant plus loin, manœuvra avec rapidité, en nourrissant une canonnade épouvantable à laquelle il était impossible de répondre aussi vivement. Eugène et Davoust se défendirent avec bravoure et habileté; cependant, ils n'auraient pas été en état de maintenir leur terrain, si Kutusoff, comme on s'y attendait, se fût avancé en personne, ou eût envoyé un fort détachement pour soutenir son avant-garde.

Cette bataille, commencée à la pointe du jour, dura jusqu'à la nuit. Eugène et Davoust traversèrent alors rapidement Wiazma, et, après avoir passé la rivière, s'établirent à la faveur de l'obscurité sur la rive gauche.

Cette journée avait été terrible. Soldats, officiers, généraux, tous avaient également payé de leur personne. Foudroyés par 80 pièces de canon, nos rangs avaient été éclaircis à un point effrayant.

C'est alors que le vice-roi reçut de Napoleon l'ordre de quitter la route directe de Smolensk, qui était celle que devaient suivre les corps de Davoust et de Ney, et de se porter vers le nord sur Dowkhowtchina et Poreczie, pour appuyer le maréchal Oudinot, qu'on savait serré de très près par Wittgenstein, qui avait repris sa supériorité dans le nord de la Russie. Obéissant à cet ordre, le vice-roi marcha sur Zasselie, poursuivi, surveillé et harcelé par son cortége ordinaire. Il fut obligé de laisser derrière lui 64 pièces de canon, dont les ennemis s'emparèrent. Il perdit aussi un grand nombre de traîneaux. Eugène passa une nuit à Zasselie, sans avoir éprouvé aucun échec; mais, en s'avançant jusqu'à Dowkhowtchina, il fallut traverser le

Wop, rivière que les pluies avaient enflée, et dont les rives escarpées étaient couvertes de verglas. Le vice-roi y fit passer son infanterie avec la plus grande difficulté; mais il fut obligé d'abandonner encore aux cosaques 23 pièces de canon. Le lendemain, la colonne arriva à Dowkhowtchina, où l'on espérait trouver quelque soulagement; mais elle y fut accueillie par une nouvelle nuée de cosaques, qui s'élancèrent de la ville avec de l'artillerie. C'était l'avant-garde des troupes qui avaient occupé Moscou, et qui se portaient alors vers l'orient.

Eugène attaqua vivement l'ennemi, et, malgré l'infériorité de ses forces, il le culbuta et s'empara de la ville, où il s'établit dans la nuit; mais ayant perdu ses bagages et la plus grande partie de son artillerie, sa cavalerie étant entièrement détruite, il se trouva hors d'état de marcher sur Witepsk pour soutenir Oudinot. Dans cette situation désespérée, il résolut de rejoindre la grande armée; il marcha donc sur Wlodimerowa, et de là suivit, à travers mille périls, la direction de Smolensk.

Pas un seul des soldats français qui avaient franchi la frontière moscovite n'aurait dû la repasser. Les Russes, que leur ciel impitoyable servait si bien, n'osèrent pas tout ce qu'ils pouvaient. Une crainte vague et presque superstitieuse semblait les empêcher de se mesurer corps à corps avec la grande armée; ils la détruisaient de loin, à coups de canon, et si quelques rencontres à l'arme blanche eurent lieu, ce fut parce que les Français chargèrent : les Russes ne firent que se défendre. Cependant leurs masses, serrées en colonnes, auraient renversé d'un seul choc ces débris d'hommes, dont la faim et le froid avaient épuisé les forces physiques, et que le seul courage moral soutenait debout.

Le 6 novembre fut le jour fatal où l'hiver de Russie se déclara dans toute sa rigueur. Le soleil ne se montra plus, et le brouillard noir et épais, suspendu sur la colonne en marche, se changea bientôt en un déluge de neige, qui, tombant par gros flocons, glaçait et aveuglait en même temps. Toutefois, les soldats, encouragés par l'exemple des chefs, redoublaient d'efforts. Beaucoup s'engloutissaient cependant dans les ravins, qui leur étaient cachés par la nouvelle face que prenait la nature. Ceux qui se conformaient à la discipline, et qui gardaient leurs rangs, avaient quelques chances d'être secourus; mais, dans la masse des traîneurs, chacun ne songeait qu'à sa propre conservation. Les cœurs étaient endurcis et fermés à ce doux sentiment de pitié que l'égoïsme de la prospérité fait oublier quelquefois, mais qui est bien plus sûrement étouffé par celui d'une grande infortune.

Pendant que ses soldats étaient aux prises avec tant d'éléments de destruction, et que chaque heure en voyait tomber, accablés par les frimats ou par la faim, des milliers qui ne se relevaient plus, Napoléon cherchait à leur persuader qu'il lui était encore possible, avec eux, d'accomplir sa vaste entreprise. Quant, appuyé sur une branche de sapin, avec sa capote grise comme le ciel du pays, ses gros gants et sa toque de velours vert, bordée d'astracan, il marchait sur le verglas, entre des files de grenadiers et de marins de sa garde, tant de sérénité et de constance se peignaient sur son front de César, qu'il faisait douter à ses compagnons de leur mauvaise fortune et de la sienne.

Les gardes, réduites à quelques mille hommes, se serraient autour de leur empereur, comme les abeilles autour de leur reine; et quand les boulets arrivaient plus nombreux, les gardes se pressaient davantage, et le bouclier devenait plus impénétrable. Malgré d'affreux revers, le respect, l'amour, l'admiration, la foi en Napoléon ne s'affaiblissait point; il était encore le *palladium* de l'armée.

Par des prodiges de courage et d'audace dans les soldats, d'habileté stratégique dans les chefs, les divisions françaises firent leur route à travers les Russes. Mais c'étaient, toujours des nouveaux combats à soutenir, des marches forcées à faire, et d'horribles privations à supporter. Sans cesse le vent du nord fouettait au visage les flocons de neige qui venaient tout ensemble du ciel et de la terre. Le soir, lorsqu'on avait atteint un village, un hameau, ou au moins quelques maisons pour loger l'état-major, c'était là qu'on établissait des bivouacs sans abri, où il ne fallait pas moins de deux heures pour allumer le bois vert qu'on était allé couper dans les forêts; à peine ces feux brillaient, les cantinières emplissaient leurs bouilloires, où elles faisaient du café qu'elles vendaient jusqu'à 5 francs la tasse. Ceux-ci pétrissaient avec de la neige un peu de farine ou fabriquaient des galettes qu'ils faisaient cuire au feu devant lequel ils étaient assis, en les tenant appuyées sur la pointe de leurs pieds. Ceux-là qui avaient été assez heureux pour assister à la chute d'un cheval qu'on avait éventré, jetaient sur les flammes quelques lambeaux de cette chair saignante. D'autres faisaient dans leurs bidons de la bouillie de seigle ou de son, dans laquelle ils mettaient une cartouche pour remplacer le sel.

L'espérance d'atteindre Smolensk soutenait seule le courage de nos malheureux soldats. Le nom de cette ville, répété de rang en rang, ranimait quelque peu leur ardeur; il semblait que là ils dussent retrouver l'abondance et le repos.

Ce fut dans la matinée du 6 novembre, au moment où des nuées, chargées de frimas, crevaient sur nos colonnes en marche, que Napoléon reçut la nouvelle de deux événements de la plus haute importance : l'un était la singulière conspiration de Malet, si remarquable par le succès momentané qu'elle obtint, et par la manière également soudaine dont elle fut déjouée. La pensée de l'Empereur se reporta naturellement vers Paris. Son œil brilla d'un éclair d'étonnement et de colère; mais bientôt il fut rappelé à sa situation présente par la nouvelle fâcheuse que Wittgenstein avait pris l'offensive, battu Saint-Cyr, occupé Polotsk et Witepsk, et reconquis toute la ligne de la Dwina. C'était un obstacle qu'il n'avait pas prévu. Afin de l'écarter, il ordonna à Victor de partir de Smolensk avec sa division, forte de 30,000 hommes, et de repousser sur-le-champ Wittgenstein au delà de la Dwina.

Le même jour, un convoi de vivres, envoyés de Smolensk par le général Charpentier, arriva au quartier-général. Bessières voulait s'en emparer; mais l'Empereur le fit passer sur-le-champ au maréchal Ney. « C'est à ceux qui se battent, dit-il, à manger avant les autres. » Il fit en même temps recommander à Ney « de se battre assez de temps pour lui permettre de séjourner à Smolensk, où l'armée mangerait, reposerait et se réorganiserait. »

Enfin, on aperçut Smolensk tant désiré, la garde impériale arriva; les portes lui furent ouvertes, et la foule entra à sa suite. On délivra des rations à la garde et au petit nombre de soldats qui avaient marché avec ordre.

Les nouvelles que l'Empereur avait reçues à Semlewo l'engageaient à précipiter sa retraite. Il savait que les armées de Moldavie et de Wolhynie s'avançaient sur la Bérésina, qu'un corps ennemi marchait pour reprendre Witepsk, et que Polotsk avait été enlevé de vive force. Le maréchal Gouvion Saint-Cyr s'y était défendu pendant dix heures; il avait disputé le terrain pied à pied; mais, quoique vaillamment secondé par les généraux de Wrède, Legrand, Merle, Maison, Laurencey, Aubry et Dode, il avait été contraint d'évacuer la ville. Toutefois, il ne s'y était décidé qu'après que ses bagages et 140 pièces d'artillerie eurent achevé de repasser la Dwina.

Polotsk étant abandonné vers les trois heures du matin, le général russe Cazanova en prit possession. Il n'y trouva que des blessés recueillis sur le champ de bataille. Leur grand nombre attesta la valeur de nos soldats, dont la retraite forcée était encore glorieuse, puisque, dans une position si critique, ils firent éprouver à l'ennemi une perte triple de la leur, et ne lui laissèrent pour trophée qu'une seule pièce de canon. Le même jour, l'état-major russe ayant donné un grand dîner dans le couvent des jésuites, vers la fin du repas, Wittgenstein, après avoir loué la bravoure des soldats français, se leva, et, par un mouvement spontané, qui honorait à la fois le vainqueur et le vaincu, il porta la *santé du brave Gouvion Saint-Cyr*. Ce maréchal avait été dangereusement blessé dans cette action.

C'est ainsi que, dans quelques circonstances, au milieu de nos guerres les plus acharnées, nos adversaires n'ont pu se dispenser de rendre justice à l'intrépidité des soldats français, à la supériorité des talents militaires de leurs chefs. Ces exemples sont malheureusement assez rares, tandis que nos généraux n'ont jamais manqué d'accomplir ce devoir de loyauté et de franchise, quand il était mérité, envers ceux qu'ils avaient eu à combattre.

Ces événements montrèrent à l'Empereur qu'il lui serait désormais impossible de se maintenir dans un pays où il s'était flatté de prendre ses quartiers d'hiver : il renonça donc à un plan d'après lequel, faisant prendre à son armée des cantonnements entre Smolensk et Witepsk, il aurait facilement réparé les pertes qu'il avait éprouvées.

Mais, comme nous l'avons dit, la sublime intelligence de Napoléon ne pouvait surmonter des obstacles aussi redoutables, aussi imprévus. La nature semblait vouloir faire connaître enfin les barrières où pourrait s'arrêter le génie d'un homme.

Au moment où le gros de l'armée entrait dans Smolensk, le prince vice-roi en était encore à plusieurs journées de marche. Vivement poursuivi par plusieurs milliers de cosaques, il traversait à gué le Wop, et abandonnait, avec le reste de ses provisions, 100 pièces de canon sur le bord de cette rivière; l'armée en avait déjà perdu 100. Napoléon apprit encore à cette époque que le général Baraguay-d'Hilliers, envoyé sur la route d'Eluia avec le général Augereau, pour arrêter le comte Orloff-Denisoff, avait échoué dans cette tentative. Le général Augereau avait capitulé. L'expédition du général Baraguay-d'Hilliers avait pour but d'ouvrir une meilleure route par Mistislavl et Mohilow; mais il n'avait avec lui que 3,000 hommes, et il est aisé de concevoir que quelques bataillons ne pouvaient pas arrêter une armée entière.

Napoléon tint, le 14 novembre, un grand conseil auquel assistèrent les maréchaux de l'empire et tous les autres chefs de corps. Peu d'instants après, il fit brûler une portion de ses équipages, et partit en voiture, accompagné de ses chasseurs et des anciens Polonais de la garde. A la suite du conseil, les troupes, qui n'étaient restées que deux jours à Smolensk, évacuèrent cette ville. Le 5e et le 3e corps, qui, réunis sous le commandement du maréchal Ney, étaient destinés à former l'arrière-garde, ne devaient partir qu'après avoir fait sauter les fortifications; mais l'hetmann Platow, étant entré brusquement dans la place, empêcha l'exécution de cet ordre. On eut le regret de lui abandonner un immense parc d'artillerie.

L'Empereur n'avait pas encore fait quinze lieues, quand il fut attaqué par une colonne ennemie, qui, ayant filé par la gauche de Smolensk, s'était portée sur Krasnoé, et avait débordé l'armée française. Napoléon, à qui les Russes voulaient fermer le passage, déploya aussitôt toutes ses forces. La garde et les débris de quelques corps se mirent en bataille, et, chargeant intrépidement à la baïonnette, se firent jour à travers les masses les plus formidables. Le général Roguet, à la tête des fusiliers, enleva un village, où les assaillants s'étaient concentrés. L'Empereur, pendant ce combat, courut les plus grands dangers, et ne dut son salut qu'au dévouement de ses soldats. Le lendemain, 16 novembre, le prince vice-roi, parvenu à deux lieues de Krasnoé, se trouva dans la même situation que les troupes qui avaient combattu la veille. Les généraux Poitevin et Guyon, qui marchaient en avant, virent s'approcher d'eux un officier russe, qui, se présentant comme parlementaire, leur annonça que le général Milodarowitch, après avoir défait Napoléon, le cernait avec 20,000 hommes; que le vice-roi ne pouvait échapper; que cependant, s'il consentait à se rendre, on lui offrait des conditions honorables : « Retournez promptement d'où vous êtes venu, répondit le général Guyon à cet officier, et annoncez à ceux qui vous ont envoyé que, si vous avez 20,000 hommes, nous en avons ici 80,000. » Cette assurance interdit à tel point le parlementaire, qu'il partit sur-le-champ.

Bien résolu à succomber plutôt que d'accepter une capitulation, le vice-roi ordonna aux débris de la 14e division de faire front à l'ennemi, et d'emmener les deux pièces de canon qui composaient toute son artillerie. Cette division formait à peine 1,000 hommes armés. Les Russes, en la voyant déboucher, rétrogradèrent jusqu'au pied d'un plateau, sur lequel le gros de leurs forces était campé. Parvenus à ce point, et démasquant leur artillerie, qu'ils avaient placée sur des traîneaux pour la transporter avec plus de rapidité, ils commencèrent leur feu, tandis que leurs cavaliers descendaient dans la plaine pour charger nos carrés. Mais ils furent reçus avec cette valeur qui anime à un si haut degré le soldat français, et, après des prodiges de bravoure et une manœuvre habile, le vice-roi parvint à faire sa jonction avec le gros de l'armée à Krasnoé, où arriva bientôt son arrière-garde commandée par le général Triaire.

Le 17 novembre, Napoléon et le vice-roi, à la tête de la garde, marchèrent sur la position qu'occupaient les Russes, afin de frayer un passage aux 1er, 3e et 5e corps réunis sous les ordres du maréchal Ney, qui, n'ayant que 3,000 hommes en armes, traînait avec lui plus de 4,000 malades ou blessés : ces trois corps fermaient la marche. Une nouvelle affaire s'engagea, l'action fut opiniâtre et sanglante; le corps du maréchal Davoust fut fortement compromis; il déploya une grande bravoure et son chef une rare habileté; mais le courage et la sagesse des dispositions ne purent conduire au but qu'on s'était proposé. Le maréchal Ney, n'ayant pu vaincre la résistance de Kutusoff, fut séparé du reste de l'armée, et l'Empereur, s'apercevant que l'ennemi filait sur ses derrières, dut s'éloigner avec le regret de ne pouvoir secourir le plus vaillant des maréchaux de France. Ney, loin d'accepter les propositions de ses adversaires, se jeta de l'autre côté du Dniéper avec le reste de ses troupes, luttant sans cesse contre les Russes, qui, ne pouvant croire à l'heureuse issue d'une résolution si hardie, le comptaient déjà parmi leurs prisonniers, et redoublaient d'efforts pour le réduire à mettre bas les armes.

Vingt-cinq canons et plusieurs milliers de prisonniers furent le fruit que les Russes retirèrent de quatre combats consécutifs, où nous n'avions pu opposer à une armée complète que quelques soldats harassés par des marches inouïes, et qui étaient sans vivres, sans munitions et sans artillerie.

A peine parti de Krasnoé, Napoléon apprit que les Autrichiens, après avoir battu à Slonim le corps de Saken, s'étaient tout à coup retirés en arrière du Bug, et avaient, par cette manœuvre perfide, livré aux Russes la place de Minsk, qui renfermait des approvisionnements immenses. En conséquence, il redoubla de vitesse pour atteindre la Bérésina.

Le 17 novembre, toute l'armée se mit en mouvement, vers les onze heures du matin, pour aller à Liadouï. On fit une fausse attaque, afin de contenir les cosaques, et de donner aux bagages et aux convois de blessés le temps de poursuivre leur route. Mais les Russes, sans cesser de s'avancer, continuèrent leur épouvantable canonnade, et refusèrent de s'engager. Napoléon, ne pouvant se résoudre à abandonner le maréchal Ney, s'arrêtait souvent, et, à chaque halte, il était forcé de livrer plusieurs combats.

Au déclin du jour, l'armée arriva à Liadouï : c'était le premier bourg où elle rencontrait des habitants et quelques secours en vivres. La cavalerie était totalement démontée, et Napoléon ayant besoin d'une escorte, on réunit à Liadouï tous les officiers qui avaient un cheval, pour en former quatre compagnies de 150 hommes chacune. Les généraux Defrance, Saint-Germain, Sébastiani et quelques autres faisaient les fonctions de capitaines. Les colonels y tenaient lieu de sous-officiers. Cet escadron, auquel on donna le nom de SACRÉ, était commandé par le général Grouchy, sous les ordres du roi de Naples. Cette élite de braves suivait partout l'Empereur, veillait autour de lui et éclairait sa marche.

Napoléon allait souvent à pied, suivi de son état-major, voyait, sans s'émouvoir, défiler devant lui les tristes restes d'une armée naguère si formidable : sa présence ranimait les plus timides, ses paroles excitaient encore l'enthousiasme, et il n'y avait pas un soldat qui, dans l'occasion, ne lui eût fait un bouclier de son corps.

Le 19 novembre, on toucha au Dniéper, sans avoir été inquiété même par les cosaques. On avait construit sur ce fleuve deux ponts, dont la gendarmerie faisait la police. Comme chacun voulait passer des premiers, le concours était immense; toutefois, il ne survint point d'accident. L'armée se reposa le 20 dans Orcha. Au milieu de la nuit, une grande rumeur se fit entendre; elle était causée par l'arrivée du maréchal Ney, qui, durant trois jours, n'avait cessé de combattre et de faire usage de tout ce que le talent et la bravoure peuvent déployer de plus extraordinaire; traversant des pays inconnus, il marchait en carré, repoussant avec succès les attaques de 6,000 cosaques, qui chaque jour fondaient sur lui pour le forcer à capituler. Cette résistance héroïque mit le comble à sa réputation.

Cette retraite, par sa difficulté, fut une des plus belles opérations de la campagne, et celle peut-être qui honora le plus le caractère français.

Le 21 novembre, l'armée sortit d'Orcha, et une heure après l'arrière-garde était déjà aux prises avec les cosaques. Napoléon, prévoyant qu'il se trouverait bientôt dans une situation plus critique, fit tous ses efforts pour rallier ses troupes. Il fit publier au bruit du tambour, et par trois colonels, que les traînards seraient punis de mort, et que les généraux ou autres officiers qui abandonneraient leurs postes seraient destitués. Il prit les mesures les plus sévères pour empêcher le désordre de se glisser dans sa garde; il veillait surtout avec un soin extrême à ce qu'elle marchât réunie et en colonne serrée; il mettait toute sa sollicitude à la ménager pendant toute la route.

Napoléon continua sa retraite par Dombrwna, Tolokzin et Bobr. A quelque distance de Borisow, le bruit se répandit tout à coup que l'ennemi avait coupé la route de Wilna, et des reconnaissances annoncèrent bientôt que, pour franchir la Bérésina, il fallait passer sur le ventre à une armée considérable. Cette armée était celle de Moldale, commandée par l'amiral Tschitchogow.

Le maréchal Oudinot qui était à Tschéreïa, ayant appris par le général Pampelune la perte de la ville et du pont de Borisow se porta au secours du général Dombrowski, afin d'assurer à l'armée le passage de la rivière. Le 24 novembre, il rencontra une division russe, l'attaqua et la battit; en même temps, le général Berkheim, chargeant à la tête du 4e de cuirassiers, fit 700 prisonniers, enleva une grande quantité de bagages, et força l'ennemi à repasser la Bérésina.

Les corps de la Dwina venaient d'opérer leur jonction avec la grande armée; les renforts et les approvisionnements qu'ils amenaient devaient être d'un puissant secours; mais ils étaient eux-mêmes suivis par Wittgenstein, devant qui ils se retiraient, et l'on était effrayé en songeant que cette masse d'hommes, réunis dans un vaste désert, ne feraient que redoubler les maux des troupes, dont elle accroissait le nombre.

L'armée de Moldavie, ayant dans sa fuite coupé le grand pont de Borisow, gardait toute la rive droite, et ses quatre divisions occupaient les points principaux par où les Français pouvaient déboucher. Pendant la journée du 26, Napoléon manœuvra pour tromper la vigilance de l'ennemi. Afin de persuader à l'amiral Tschitchagow qu'il était dans l'intention de forcer, à Borisow même, le passage de la Bérésina, il ordonna au général Partonneaux de faire un grand mouvement d'artillerie, et parvint, à force de stratagèmes, à s'établir au village de Weselowo, placé sur une éminence. Napoléon y fit construire en sa présence, et malgré l'opposition des Russes, deux ponts sur lesquels Oudinot s'avança le premier avec la 5e division. Les troupes du général Tschaptitz, qui gardaient la rive droite, furent aussitôt attaquées et poursuivies sans relâche jusqu'à la tête du pont de Borisow.

Le 27, à deux heures après midi, Napoléon, au milieu de sa garde, alla établir son quartier-général à Zembin, sur la rive droite. La neige tombait à gros flocons, l'obscurité était horrible, un vent affreux, soufflant avec violence, rendait encore le froid plus aigu. L'armée ne passait que lentement. Quoique l'un des ponts fût réservé pour les voitures et l'autre pour les fantassins, l'affluence était si grande et les approches si dangereuses, qu'il était impossible de se mouvoir. Malgré ces difficultés, les gens à pied, à force de persévérance, parvenaient à se sauver; mais le 28, vers les huit heures du matin, le pont réservé pour les voitures et les chevaux s'étant rompu, les bagages et l'artillerie s'avancèrent vers l'autre pont, et tentèrent de forcer le passage. Alors s'engagea une terrible lutte entre les fantassins et les cavaliers, tous voulaient s'élancer à la fois : entassés les uns sur les autres, ils se pressaient, se froissaient, se culbutaient avec le plus grand acharnement.

Le maréchal Victor, laissé sur la rive gauche, se mit en position sur les hauteurs de Weselowo, avec les deux divisions Girard et Daendels, pour couvrir le passage et le protéger, au milieu de cet effroyable confusion, contre le corps de Wittgenstein, dont l'avant-garde avait paru la veille. Cependant le général Partouneaux, après avoir repoussé les attaques de Platow et de Tschitchagow, cherchait à regagner le gros de l'armée, lorsque sa division fut arrêtée par des partis ennemis. Quoiqu'il n'eût que 3,000 hommes avec lui, il chercha à se faire jour, et soutint pendant plus de quatre heures un combat où furent blessés les généraux Blamont et Delaitre. Cette troupe, formée en carré, resta sur pied toute la nuit sans avoir rien à manger, sans même oser allumer du feu, dans la crainte de faire connaître sa position. Cet état cruel dura jusqu'au lendemain, où la division se vit entourée par le corps entier de Wittgenstein, fort d'environ 45,000 combattants. Alors, perdant l'espoir d'échapper, elle se rendit prisonnière.

Borisow ayant été évacuée, les trois armées russes firent leur jonction, et le même jour, 28 novembre, Victor fut attaqué, sur la rive gauche, par Wittgenstein, en même temps que le maréchal Oudinot l'était, sur la rive droite, par Tschitchagow, qui était venu fondre sur lui avec toutes ses forces. L'affaire s'engageait avec chaleur sur ce dernier point, lorsque Oudinot, blessé au commencement de l'action, remit son commandement au maréchal Ney, qui, ayant ranimé les troupes, leur inspira une nouvelle ardeur. Au moment où le général Claparède, à la tête de la légion de la Vistule, enfonçait le centre de l'ennemi, le général Doumerc fit une charge brillante avec sa division de cuirassiers. Ces braves, exténués par l'excès des fatigues et des privations prolongées, firent néanmoins des prodiges de valeur; ils enfoncèrent des carrés, enlevèrent des canons et 3 à 4,000 prisonniers qu'ils ne purent conserver.

Malgré la bravoure de nos soldats et les efforts de leurs chefs, Wittgenstein pressait vivement le 9e corps, qui formait l'arrière-garde. La position qu'occupait le maréchal Victor n'était pas avantageuse; cependant il s'y maintint plus longtemps qu'on ne pouvait l'espérer. Le courage héroïque des troupes et l'intrépidité des généraux Girard, Dumas et Fournier, qui, quoique blessés, n'abandonnèrent pas le champ de bataille, apprirent aux ennemis que la victoire ne trahit jamais les Français sans avoir été longtemps indécise : enfin le courage dut céder au nombre, et le 9e corps, accablé par tant de forces réunies, se replia.

L'ennemi arriva vers le soir à portée de canon de la Bérésina, et fit pleuvoir une grêle de mitraille, de boulets et d'obus sur cette multitude qui, depuis trois jours, se pressait à l'entrée du pont. Les Russes, toujours renforcés par des troupes nouvelles, chargèrent en masse, et chassèrent devant eux la division polonaise du général Girard, qui jusqu'alors les avait contenus. A la vue de l'ennemi, ceux qui n'avaient pas encore passé, se mêlant avec les Polonais, se précipitèrent vers le pont. Artillerie, bagages, cavaliers, fantassins, c'était à qui traverserait le premier. Le plus fort jetait dans l'eau le plus faible, qui l'empêchait d'avancer, et foulait aux pieds les malades et les blessés, qui se trouvaient sur son passage. Plusieurs centaines d'hommes furent broyés sous les roues du canon; d'autres, espérant se sauver à la nage, se gelèrent au milieu de la rivière, ou périrent en s'abandonnant sur des glaçons, bientôt après submergés par la vague en furie. Des milliers de soldats, malgré ce triste exemple, se jetèrent pêle-mêle dans la Bérésina; presque tous y moururent dans les convulsions de la douleur et du désespoir.

La division Girard, par la force des armes, vint à bout de se faire jour à travers tant d'obstacles, et rejoignit l'autre rive, où les Russes l'auraient peut-être suivie, si, dans l'instant, on ne se fût hâté de brûler le pont.

Les Russes s'étant rendus maîtres du champ de bataille, nos troupes se retirèrent ; et au fracas le plus épouvantable succéda le plus morne silence. Tel fut le terrible passage de la Bérésina ; plus de 7,000 Français furent tués sur ses bords, 20,000 tombèrent au pouvoir de l'ennemi. Deux cents pièces de canon, d'immenses bagages devinrent en outre la proie des Russes.

Ces désastres et les journées qui les précédèrent firent éclater tout ce qu'il y a de grand, tout ce qu'il y a d'admirable dans le caractère français. Napoléon fut sublime au milieu de ces revers, Ney, qu'il surnommait le *brave des braves*, Eugène qui était la fleur des preux de cette malheureuse et vaillante armée, acquirent pendant cette marche périlleuse une gloire qui ne sera peut-être jamais égalée. Napoléon marchait en tête des restes de la vieille garde ; dans tous les engagements c'était lui qui la guidait. — « Il y a assez longtemps que je fais l'Empereur, disait-il en tirant son épée, il est temps que je fasse le général. »

La retraite de Napoléon sembla rompre le charme qui avait engourdi les Russes et ranimé les Français ; Mortier et Davoust furent assaillis avec fureur ; dans un combat terrible, ils perdirent la moitié des leurs, et ne parvinrent qu'après des peines incroyables et des prodiges de valeur à gagner Liady. Les Français laissèrent sur ce fatal champ de bataille 45 pièces de canon, plus de 6,000 prisonniers, un grand nombre de morts, et plus encore de blessés. Pour compléter le désastre, la division de Ney, par suite de la marche des autres colonnes sur Liady, eut toute l'armée russe entre elle et Napoléon. La résolution de Ney et son audace dans cette circonstance, sont un épisode si prodigieux de cette guerre, qu'avant de clore la série des événements postérieurs, il est besoin d'y revenir et d'en parler avec quelques détails.

Ney s'étant égaré dans sa marche, au milieu d'un brouillard épais, arrive tout à coup, sans s'en douter, sous les batteries des Russes ; un officier de Kutusoff s'avance alors au nom de son général. Il arrive auprès de Ney : « Le feld-maréchal, lui dit-il, n'oserait sommer de se rendre un guerrier si renommé, s'il lui restait une seule chance de salut ; mais 80,000 Russes l'entourent ; s'il en doute, Kutusoff lui offre d'envoyer parcourir les rangs et compter ses forces. » L'envoyé n'avait pas achevé, que quarante décharges de mitraille, partant de son armée, viennent déchirer les rangs français. Ney s'écrie : « Un maréchal de France ne se rend jamais ; on ne parlemente pas sous le feu. » Les batteries russes continuèrent un feu de mitraille, à la distance seulement d'environ 125 toises. L'ébranlement del'atmosphère dissipa le brouillard, et fit voir la malheureuse colonne française ayant en face un ravin couronné par les ennemis, et exposée de toutes parts au feu des artilleurs, tandis que les hauteurs étaient couvertes de soldats russes postés pour soutenir les batteries. Loin de perdre courage dans cette horrible crise, Ney s'exalte, et ses intrépides soldats, se frayant un chemin à travers le ravin de la Losima, se jettent avec fureur sur les batteries; mais ils sont à leur tour chargés à la baïonnette, et ceux qui ont passé par la rivière souffrent cruellement. Cependant Ney, sans s'étonner, s'élance à la tête des grenadiers : en un instant, la première ligne ennemie est renversée ; ils courent à sa seconde, mais une pluie de balles et de mitraille les arrête : tous sont blessés.

Ney, alors encore, prouve son grand courage : avec 2,000 hommes, il se défend contre 80,000; avec 6 pièces de canon il répond au feu de 200 pièces, et persiste à vouloir s'ouvrir un passage à travers ce corps ennemi, qui lui est opposé en front. Les Français se précipitent de nouveau sur les batteries, perdant des rangs entiers. Enfin la nuit vint faire trève à ce carnage. Ney l'attendait; il profite de son ombre pour faire un mouvement en arrière, comme s'il avait dessein de retourner à Smolensk. C'était dans le fait la seule route qui lui fût ouverte ; bientôt il se trouva sur le bord d'un ravin qui lui parut être le lit d'une rivière. Il fait écarter la neige, brise la glace, observe la directiion du courant : « C'est un affluent du Dniéper ! s'écrie-t-il; voilà notre guide. » Il suit dès lors cette indication, et, après d'incroyables efforts, il arrive sur les bords du fleuve. près du rivage de Syrokovenia. Là, la surface de l'eau n'était complétement gelée que sur un point, mais la glace était si mince, qu'on l'entendait craquer sous les pieds des soldats.

On fit une halte de trois heures pour donner aux traîneurs qui s'étaient écartés le temps de se rallier en cet endroit, s'ils étaient assez heureux pour le trouver. Ney passa ces trois heures dans un profond sommeil, couché sur le bord du fleuve et enveloppé de son manteau. A son réveil, il ordonna le passage, qui fut effectué sans interruption ; le mouvement de la glace et ses effroyables craquements faisaient cependant hésiter plus d'un soldat ; elle se rompit sous les charriots, dont quelques-uns étaient chargés de malades et ds blessés : le bruit qu'ils firent en s'engloutissant, et les gémissements étouffés des malheureux qui se noyaient, arrachèrent un cri douloureux à leurs camarades. Des cosaques parurent alors à l'arrière-garde, glanèrent quelques centaines de prisonniers, et s'emparèrent de l'artillerie et des bagages. Depuis la veille, 4,000 traîneurs, 3,000 soldats étaient morts ou égarés; il restait à peine à Ney 3,000 hommes; mais, par une retraite qui n'a pas sa pareille dans l'histoire, il avait placé le Dniéper entre lui et le corps régulier de l'armée russe.

Napoléon échappait aux Russes; il restait debout au milieu de tant de ruines et de trépas; s'ils avaient pu réfléchir, il y avait là un miracle capable de faire douter que le ciel lui eût retiré sa protection pour toujours!

Le 29 novembre, Napoléon quitta les rives fatales de la Bérésina, à la tête d'une armée plus désorganisée que jamais; à peine quelques soldats du corps d'Oudinot et de celui de Victor furent-ils à l'épreuve de la contagion du désordre général. Tous les corps marchaient sans aucune disposition régulière, n'ayant plus ni avant-garde, ni centre, ni arrière-garde. Les soldats n'avaient d'autre désir que de gagner de vitesse sur les Russes, et cependant les cosaques en surprenaient tous les jours un grand nombre. La nuit et le froid étaient en outre de cruels ennemis; et, au retour de la lumière, chaque bivouac était marqué par un large cercle de morts. Heureusement l'Empereur avait eu la précaution d'envoyer vers les bords de la Bérésina une division de Français, commandée par le général Maison; elle put suffire pour protéger cette masse de fuyards sans défense. Ils arrivèrent ainsi le 3 décembre à Maledeczno, où l'armée se reposa pendant vingt-quatre heures. Ce fut dans cette ville que Napoléon traça en caractères de sang ce vingt-neuvième bulletin qui mit en deuil la France et tous ceux de ses alliés qui lui étaient encore attachés.

Jusque-là, Napoléon semblait n'avoir pas conçu le dessein de quitter son armée, et de se rendre à Paris. Vers le milieu du jour, il annonça sa résolution à Duroc et à Daru. La conspiration récente de Malet l'avait convaincu que sa présence y était nécessaire, et d'ailleurs, après des revers tels que ceux qu'il venait d'éprouver, il avait besoin de se concerter avec la nation pour de grandes mesures.

C'est ici le lieu de déplorer le fatal aveuglément, ou, disons mieux, la sourde opposition de quelques hommes qui, l'ayant longtemps dissimulée sous les dehors d'un hypocrite dévouement, d'une basse flatterie, se hasardèrent enfin à la dévoiler quand apparurent des revers. C'était alors pour la France le moment de montrer toute sa puissance, de déployer toute son énergie; et la nation ne demandait pas mieux. Ce fut le moment que choisirent ces hommes pour montrer une hostilité qui fut le premier signal de nos malheurs.

Le 5 décembre, Napoléon était à Smorgoni, où il reçut un renfort qui arrivait fort à propos. C'était le général Loison qui, à la tête de la garnison de Wilna, s'était avancé pour protéger sa retraite dans cette ville; secours heureux qui fournit une nouvelle arrière-garde pour remplacer celle que commandait Maison, et que le froid et la fatigue avaient mise hors de service. Loison reçut ordre de se charger à son tour de ce devoir périlleux; il resta donc à une journée de distance des débris de ce qui avait été la grande armée.

L'ordre de la marche sur Wilna étant réglé, Napoléon se détermina à partir. On avait préparé trois traîneaux, sur l'un desquels il devait se placer avec Caulincourt, dont l'Empereur avait dessein de prendre le nom, en voyageant incognito. Dans une audience générale, à laquelle étaient présents le roi de Naples, le vice-roi d'Italie, Berthier et les maréchaux, Napoléon annonça qu'il laissait à Murat le commandement de l'armée comme généralissime. Il parla le langage de l'espérance et de la confiance. Il promit de contenir les dispositions hostiles des Autrichiens et des Prussiens, en se présentant à eux à la tête de la nation française et de 1,200,000 hommes.

Il partit de Smorgoni à dix heures du soir.

Voyons ce que dit Caulincourt, au sujet de ce voyage et des impressions qu'il en reçut :

« Là, côte à côte avec moi, dit-il, renfermé dans un étroit traîneau, environné des plus actuels périls, épuisé de froid, souvent de faim, car nous ne pouvions nous arrêter nulle part; laissant derrière lui les restes d'une armée débandée et exténuée, Napoléon ne posait pas : c'était une nature d'homme à nu, énervée ou vigoureuse. Et pourtant l'Empereur ne s'illusionnait point, il sondait la profondeur de l'abîme; son regard d'aigle dévorait l'espace : « Caulincourt, me disait-il, les circonstances sont graves... très graves... Mon courage ne faillira pas... Mon étoile a pâli... mais tout n'est pas perdu... La France est essentiellement noble et brave... J'organiserai des gardes nationales... Cette institution de la garde nationale est une des plus grandes conquêtes de la révolution... C'est un moyen dont je me servirai avec succès... Dans trois mois, j'aurai sur pied un million de citoyens armés, 300,000 hommes de belles troupes de ligne.

« Mes alliés, tous les traités sont engloutis sous les cendres de Moscou... ces gens-là ne sont avec nous que pour échelonner la trahison, pour entraver mes opérations...

« Mais la France est encore redoutable... la France offre de grandes ressources... le Français est le peuple le plus spirituel de la terre... mon vingt-neuvième bulletin n'est pas un coup de tête sans portée... c'est un acte de haute et loyale politique. Dans une circonstance donnée, la meilleure des finesses, c'est le droit chemin, c'est la vérité... L'intelligence française comprendra la position de la nation, les énormes sacrifices que cette position impose. Moi, l'Empereur, je ne suis qu'un homme, mais tous les Français savent qu'autour de cet homme gravitent les destinées du pays, les destinées de la famille, la sûreté du foyer. »

C'est ce que nous disions plus haut : sans doute, la France le voulait; sans doute, la France était prête à tous les sacrifices. La lâche pusillanimité de quelques hommes, l'ignoble défection de quelques autres, suffirent pour comprimer son noble élan.

Avant d'arriver à Varsovie, Napoléon courut les plus grands dangers : il fut même sur le point d'être pris par le partisan russe Seslawin, dans un village nommé Youpranoui. De là, il continua son voyage avec la plus grande célérité. Le 14 décembre, il était à Dresde, où il eut une longue conférence avec le vieux roi, dont la reconnaissance qu'il avait pour l'Empereur, son bienfaiteur, ne s'était pas refroidie par suite des revers.

L'Empereur arriva à Paris le 18 dans la soirée.

Il est inutile de répéter ici ce que les écrivains français ont dit de favorable à ce prompt retour, que les circonstances les plus impérieuses commandaient. Les étrangers ont manisfesté une semblable opinion : « Napoléon, a dit M. de Buturlin : n'était pas seulement le « chef de l'armée qu'il quittait, mais puisque les destinées de la « France entière reposaient sur sa tête, il est clair que, dans ces cir« constances, son premier devoir était moins d'assister à l'agonie des « débris de son armée, que de veiller à la sûreté du grand empire qu'il « gouvernait. Il ne pouvait mieux satisfaire à ce devoir, qu'en se « rendant à Paris, afin de hâter, par sa présence, l'organisation de « nouvelles armées devenues nécessaires pour remplacer celle qu'il « venait de perdre. » Quelques considérations achèveront de motiver cette opinion si judicieuse.

Du moment où les opérations militaires cessaient, les opérations politiques allaient commencer. Napoléon devait donc quitter sa position bornée de général pour reprendre son rôle d'empereur, et passer, par conséquent, du commandement de l'armée à la tête de la France. Il faut rechercher si, manœuvrant entre le Niémen et la Vistule, il aurait pu créer cette nouvelle armée qui vainquit à Lutzen, à Bautzen et à Dresde, et s'il eût pu tenir l'Allemagne en suspens et partagée jusqu'au milieu de l'année 1813. C'était en revenant de la France et non en allant vers elle qu'il pouvait continuer énergiquement la guerre ou faire dignement la paix, et se montrer encore imposant à l'Europe; et pour revenir à temps de la France, il fallait se hâter d'y aller! En un mot, Napoléon, demeurant, soulageait à peine son armée et compromettait la France, tandis qu'en partant, il sauvait certainement la France et peut-être l'armée.

Après la retraite de l'armée française les russes, profitant des avantages que nos désastres leur avait fait obtenir, franchirent leurs frontières et s'avancèrent dans l'Allemagne. Le roi de Prusse n'était que trop porté à briser les nœuds contractés par force, et qui devenaient de plus en plus pesants pour ses peuples. Aspirant à se soustraire à la suprématie de l'Empire, il répondit à l'appel de la Russie, et ses sujets auxquels il donna le signal de l'insurrection, s'organisèrent en landwehrs avec une célérité remarquable.

Les autres Etats de l'Allemagne, encore enchaînés par la crainte, furent plus de temps à se décider; ils marchèrent dans nos rangs pendant la moitié de la campagne de 1813. L'Autriche, neutre jusqu'alors, ne s'unit à l'empereur Alexandre que lorsqu'elle vit qu'il y avait certitude de succès.

Le maréchal Magdonald, forcé de lever le siége de Riga, était arrivé à Tilsitt le 20 décembre 1812, laissant à une journée en arrière le contingent prussien que commandait le général York. Celui-ci profita de son éloignement du maréchal, et entama des négociations avec les Russes, contre lesquels on s'était battu trois jours auparavant. A la suite d'une entrevue avec le général Diebitch, Yorck conclut une convention par laquelle il abandonna les Français et joignit ses troupes à celles de l'ennemi. Une brigade prussienne restait encore auprès de Macdonald; le général Massemback, à qui elle était confiée, suivit l'exemple de son compatriote, et sur la simple sommation du général major Kutusoff, il abandonna son poste.

Frédéric-Guillaume désavoua d'abord les généraux, qui peut-être n'avaient fait que suivre ses instructions secrètes, et par cette démonstration, aussi lâche que perfide, il recueillit toute l'ignominie d'une trahison impunie : pour mieux déguiser son projet, il annonça que le prince Hatzfeld se rendrait incessamment à Paris, et qu'une *mission si éclatante prouverait à l'Europe l'invariabilité de ses serments*. Dans le même temps, sous le prétexte de faire arrêter le général Yorck, il envoya le major Natzmer à Kenigster, avec l'ordre d'entrer en relations avec l'empereur de Russie. Ce dernier monarque avait fait remettre à des agents prussiens 60,000 mille fusils destinés à armer les recrues de Frédéric-Guillaume, qui ne faisait, disait-il, des levées que pour *réparer le vide qu'avait laissé dans nos rangs la fuite du général d'Yorck*.

Cependant, les débris de l'armée française dans le Nord, diminuaient tous les jours. La rigueur du climat et les maladies, suite de l'intempérance après des jeûnes forcés, exerçaient les plus cruels ravages; la discipline était détruite, et les soldats errants n'étaient plus pour l'ennemi une barrière difficile à surmonter.

L'ennemi faisait tous les jours des progrès; nos troupes, hors d'état de le contenir, se retirèrent derrière la Passarge, et furent cantonnés sur la Vistule. Dans cette retraite, il y eut quelques engagements, et nos soldats, malgré leur denûment, prouvèrent qu'ils étaient capables d'affronter les périls.

Sur ces entrefaites, le grand duché de Varsovie était menacé par les Russes, et le prince de Schwartzemberg, qui devait leur en fermer l'entrée, se retirait sans combattre devant le corps de Sacken. Les généraux Régnier et Durutte, livrés à leurs faibles moyens, s'efforçaient vainement de lutter avec quelque avantage; les grands de la Pologne, pleins de l'amour pour la patrie, épuisaient leurs ressources pour prévenir un envahissement; leurs nombreux paysans et leurs domestiques qu'ils avaient armés, ne purent arrêter les masses qui s'avancèrent sur leur territoire.

Le roi de Naples, ayant fait annoncer à tous les chefs de corps son arrivée à Posen, les invita à se rendre auprès de lui pour former un conseil de guerre, où l'on discuterait un plan pour la défensive. Dès que le prince Eugène se fut conformé à ces ordres, Murat lui annonça qu'il était sur le point de se retirer dans ses Etats, et qu'avant de partir, il lui laissait le commandement de l'armée. Le vice-roi refusa d'accepter une autorité dont Joachim lui-même n'était que le dépositaire. Celui-ci n'en persista pas moins dans sa résolution, et, sans attendre le consentement des maréchaux qu'il avait convoqués, il prit dès le lendemain la route de Naples, où, il faut en convenir, sa présence était indispensable au soin de ses Etats. Obligé dès lors de prendre le commandement de l'armée, le vice-roi reçut bientôt de Napoléon l'ordre de conserver cette importante mission qui, du reste, d'après l'opinion des soldats et de la France entière, ne pouvait être confiée à un chef plus capable, plus brave et plus dévoué.

Placé à la tête des troupes, il s'occupa sans relâche à rétablir la confiance et le matériel de l'armée. En ne voyant plus la possibilité de garder la Pologne avec 10,000 soldats tout au plus, il résolut de passer l'Oder, et de se réunir au maréchal Augereau, dont la contenance ferme pouvait à peine arrêter l'effervescence du peuple de Berlin.

Le corps du général Grenier, récemment arrivé d'Italie, donnait la double espérance de dompter les séditieux et d'arrêter les Russes, qui, enflammés par des succès imprévus, redoublaient d'ardeur, afin de hâter, par une prompte jonction avec les Prussiens, le moment où ils n'auraient plus seuls à supporter tout le poids de la guerre. Chaque pas en arrière donnait une nouvelle extension aux ressources de l'ennemi; aussi le prince Eugène fit-il des efforts incroyables pour se maintenir à Posen, et, après avoir culbuté quelques escadrons cosaques qui s'opposaient à son passage, il parvint à Francfort, où il joignit le général Grenier.

En comptant quelques renforts amenés par Bertrand, nos forces s'élevèrent alors à 50,000 hommes, en présence de 150,000 ennemis, qui devaient bientôt s'augmenter de 100,000 Prussiens.

Napoléon, considérant que la défense des places fortes des pays que nous étions obligés d'évacuer, était de la plus grande importance, et que si leurs garnisons affaiblissaient l'armée active, elles occupaient en même temps un plus grand nombre d'ennemis, rendaient leurs communications difficiles et maintenaient la domination française jusqu'aux frontières de la Russie, où une seule victoire pouvait nous reporter, Napoléon, disons-nous, avait donné aux gouverneurs l'ordre de ne rien négliger pour leur conservation.

Le prince Schwartzemberg, par suite d'un arrangement avec les généraux du czar, venait d'occuper dans le grand-duché de Varsovie, un des districts voisins des Etats de l'Autriche. Ce mouvement avait obligé le général Reynier, chef du septième corps, à se retirer sur Kalitsch. Le 13 février, la cavalerie russe vint l'attaquer, et le rejeta dans Prosna; ses troupes dispersées se rendirent partie à Glogau, partie dans les rangs des Polonais. En apprenant cet échec, Poniatowski se rapprocha du prince de Schwartzemberg; mais, dès qu'il fut convaincu que les Autrichiens avaient cessé d'être nos auxiliaires, il entra dans la Gallicie pour éviter d'être enveloppé; la cour de Vienne, sous divers prétextes, voulut lui refuser cet asile. Cette puissance spéculait sur nos revers pour ressaisir quelques portions de territoire, et, sous les apparences d'une bienveillante médiation, elle entretenait dans ce but des relations perfides avec la Russie et la Prusse, et, excitant en même temps à la révolte les princes de la confédération du Rhin, elle s'unissait par des traités secrets au roi Frédéric-Guillaume.

Les Français occupaient Berlin, que le roi de Prusse avait quitté pour être à Breslau plus à portée de seconder les Russes. Dès que les autorités prussiennes purent compter sur l'appui des cosaques qui s'approchaient, elles prirent une attitude menaçante. Le maréchal Augereau, en tournant ses canons contre la populace de Berlin, parvint à comprimer ses premiers mouvements dirigés contre les Français, et l'arrivée du vice-roi acheva de rétablir la tranquillité. Cependant, sur l'avis que l'avant-garde du prince Reynier approchait, le maréchal Gouvion-Saint-Cyr, qui avait remplacé le maréchal Augereau, se décida, le 4 mars, à céder la place aux cosaques de Ozernischew qui l'occupèrent aussitôt. L'armée, sans cesse inquiétée dans sa retraite, ne s'arrêta qu'au delà de l'Elbe.

Dès ce moment, la Prusse leva entièrement le masque, et conclut un traité avec la Russie.

Déjà Hambourg, à l'approche des cosaques, et sur la certitude d'un débarquement des Anglais, avait secoué le joug de la domination française et enjoint à sa faible garnison de repasser l'Elbe.

Après le combat de Kalissech, le général Reynier s'était retiré dans la Saxe avec sa division, forte au plus de 2,500 hommes. Le roi Frédéric-Auguste, voyant que son pays allait devenir le théâtre de la guerre, ordonna les dispositions nécessaires pour arrêter les progrès de l'ennemi; puis il se retira, le 23 février, à Plauen, avec sa famille.

Le général Reynier entra à Dresde, et s'y fortifia. Il y fut rejoint par le maréchal Davoust, à la tête d'une division bavaroise. Bientôt l'ennemi parut : le général évacua la place, et fit sa retraite sans obstacle jusqu'à Leipzick. Le général Durutte, qui avait remplacé Reynier, continua d'occuper Dresde, avec 3,000 soldats et quelques Saxons. Une trève suspendit les hostilités pendant quatre jours, au bout desquels le général Durutte prit la route de Wildorf.

Dans cet état de choses, le prince Eugène rassembla plusieurs divisions, et, trompant les généraux russes, vint, par d'habiles manœuvres, se placer sur leurs derrières. Les Prussiens, effrayés d'un mouvement qui semblait dirigé contre leur capitale, renforcèrent de suite les corps russes de Yorck et de Bulow. Une action s'engagea près de Moekern. Nos soldats de nouvelle levée se comportèrent en héros; cependant, malgré leurs efforts, les sages dispositions du vice-roi demeurèrent sans succès. Les progrès des ennemis devinrent alarmants; mais le prince Eugène, persuadé qu'il recevrait bientôt des secours, se maintint dans une position qui lui donnait la facilité de contenir une grande étendue de pays, et surtout la Westphalie, où les Russes cherchaient à accélérer l'insurrection.

Pendant ces mouvements, le général Cara-Saint-Cyr, forcé d'abandonner aux Anglais les bouches du Weser, se replia sur Brême et Lunebourg, où il se retira après avoir battu les Russes; mais ceux-ci revinrent à la charge, avec des renforts, et reprirent la ville, à la suite d'une sanglante affaire, dans laquelle le général Moran fut blessé à mort. Transporté à Hambourg avec ses soldats prisonniers, il y expira au milieu des vociférations injurieuses d'une populace exaltée. l'Empereur, informé de leur révolte et de celle de Lubeck, donna des ordres pour renforcer les troupes qu'il se proposait d'envoyer dans la trente-deuxième division territoriale, dont il confia le commandement au maréchal Davoust.

Ici se termine l'expédition de Russie. Dans une esquisse aussi rapide, nous n'avons pu entrer dans tous les détails des souffrances et des maux qui assaillirent à la fois nos armées; nous n'avons qu'effleuré une réalité plus affreuse; tous les fléaux et tous les tourments que peut enfanter une horrible imagination pour peupler l'enfer le plus épouvantable, n'égaleront jamais les misères de nos soldats sous le ciel de fer des déserts hyperboréens. En ouvrant les annales du monde, on trouvera que, depuis Cambyse jusqu'à nos jours, jamais réunion d'hommes plus formidable n'éprouva de plus effrayants revers. La grandeur de la catastrophe réveille l'idée de grandes erreurs. Cependant, en se livrant à une agression provoquée et par conséquent devenue nécessaire, Napoléon n'avait manqué ni de justice ni de prévoyance. La fortune et la paix pouvaient couronner ses desseins, et alors cette expédition, dont on s'est étonné, eût changé les poles du monde, détruit la fatalité du Nord, et prévenu de funestes événements dont la politique découvre les présages sinistres d'après les données de l'histoire. L'esprit de civilisation, enchaînant au sol des hordes vagabondes, leur eût créé des foyers, une patrie, un pays, et l'invasion du Midi eût réchauffé l'Ourse glaciale, en dirigeant sur elle un des rayons bienfaisants de la lumière. Ces résultats étaient sublimes; malheureusement, Napoléon ne fut bien secondé que par ses soldats et par le petit nombre de chefs, chez qui les dignités et la richesse n'avaient pas éteint le sentiment de l'honneur et du devoir. Les mêmes généraux qui, en Espagne, se plaignaient de combattre loin des récompenses et de l'avancement, par la plus étrange des contradictions, ne cherchaient, en Russie, qu'à se dérober à l'œil du maître! Dès le commencement de la campagne, il y en eut plusieurs qui, pour s'affranchir des combinaisons et des ordres émanés de l'Empereur, abandonnèrent le poste qui leur était assigné, et s'isolèrent volontairement du centre des opérations : quelques-uns s'égarèrent, et ceux-là, n'étant pas simplement entraînés par un excès d'amour-propre, livrèrent le passage à des corps ennemis. Les chefs de l'administration des subsistances et des convois militaires furent encore plus coupables; on eût dit qu'ils n'avaient formé d'immenses magasins de vivres que pour les montrer à l'armée, et lui faire ensuite endurer le supplice de Tantale; ces infâmes agents vendirent et dilapidèrent des approvisionnements rassemblés à grands frais : leur cupidité eut tout tout l'effet d'une trahison.

Napoléon avait d'abord projeté de terminer en deux campagnes la guerre de Russie. Plusieurs causes l'engagèrent à changer son plan. D'abord, l'activité de son caractère; en second lieu, certaines circonstances favorables, telles que l'état d'hostilité entre la Porte et la Russie, entre l'Angleterre et les États-Unis, pouvaient ne pas avoir la permanence d'une année; enfin, son armée étaient de 500,000 hommes. Des masses, si effrayantes par le nombre et l'exigence, ne peuvent jamais être stationnaires : il leur suffit de peu de jours pour absorber toutes les ressources d'un pays. Ajoutons que, dans cette occasion, lui-même et son armée exerçaient mutuellement l'un sur l'autre une action d'entraînement. Les Français étaient dans un délire de zèle et d'espérance, qui ne pouvait manquer de se réfléchir sur leur chef, et qui ne tirait pas uniquement de lui son origine. Toute grande réunion d'hommes jette aisément dans l'exaltation et dans le prestige chacun de ceux qui la composent. Il était impossible que celle-ci, distribuée avec ordre, environnée d'un grand appareil, ayant un grand but, et formée d'hommes braves, audacieux, fanatiques de gloire, ne fît pas éclater cet enthousiasme, dont l'excès fait naître l'irréflexion, et qu'aucune prudence humaine ne saurait tempérer. Les Français s'avancent à pas de géant : chaque jour une ville occupée, ou une victoire remportée; mais chaque jour plus de ravages encore de la part des Russes que de la part des Français. L'armée découvre enfin l'immense ville de Moscou; son ardeur se ranime. Elle va réparer ses pertes, se dédommager de toutes ses privations, se reposer de toutes ses fatigues ! et le feu consume toute sa conquête, dévore toutes ses espérances !...

En même temps, l'Angleterre entraîne la Porte à faire la paix avec la Russie, ce qui ramène une nouvelle armée des bords de la mer Noire, et à l'autre extrémité de l'Europe, un Français, assis sur le trône de Suède, porte l'animosité contre Napoléon jusqu'à se déclarer l'ennemi des Français; ainsi Napoléon va être cerné par les hommes et par la nature! Il eût vaincu les premiers; mais que pouvait-il contre les vents du pôle?... Ils ne s'étaient pas encore déchaînés avec tant de fureur : il semblait que l'embrasement de Moscou leur eût donné le plus affreux signal. En proie aux plus déplorables revers, les guerriers français n'excitèrent pas la pitié d'un peuple barbare; mais ils commandèrent son admiration par des vertus qu'on ne leur connaissait pas encore.

CHAPITRE XIV.

Événements et campagnes de 1813. — Victoires de Lutzen, Vurtzen et Bautzen. — Armistice. — Bataille de Dresde et de Kulm. — Les Journées de Leipzick. — Combat de Hanau. — L'armée française arrive à Mayence. — Retour de Napoléon à Saint-Cloud.

Les désastres de la retraite de Russie, loin d'abattre la France, retrempèrent l'esprit national. L'enthousiasme reparut et s'éleva à la hauteur du danger, comme aux premiers jours de la révolution. L'Empereur encouragea et mit à profit ce mouvement patriotique, et bientôt toutes les ressources et toutes les forces de la nation furent dirigées vers le but le plus pressant, la défense de l'honneur et de l'indépendance du pays; ses premiers soins furent naturellement d'envoyer des renforts à la brave armée qui, par sa ferme contenance sur les bords du Niemen, de la Vistule et de l'Oder, contenait encore les armées russes prêtes à fondre sur l'Europe.

La puissante énergie de Napoléon, et l'influence qu'il pouvait exercer sur l'esprit des autres, ne parurent jamais avec autant d'éclat qu'à cette période de son règne. Il était revenu au siége de son empire dans une crise terrible : la France avait ignoré, durant six semaines, s'il était mort ou vivant, et une conspiration formidable, qui avait un moment réussi, avait montré à la fois que l'activité de ses ennemis s'était réveillée, et que, parmi ses amis apparents régnait une indifférence apathique.

Il avait laissé derrière lui des alliés pleins de froideur et de mauvaise volonté, et des ennemis encouragés par ses pertes, menaçant de réunir toute l'Europe pour une grande croisade contre sa puissance. Jamais souverain ne se présenta devant son peuple dans une situation plus précaire, ni menacé d'un avenir plus incertain. Cependant Napoléon arrive; il frappe du pied la terre, et des légions armées en sortent à sa voix.

L'empire s'étendait du Danemark aux Marais-Pontins; de la baie de

Gascogne aux plages de l'Illyrie. De tous les points partaient des hommes, des chevaux, des munitions.

Bientôt l'Empereur put annoncer lui-même ses premières dispositions à ses amis et à ses ennemis, dans un langage qui n'était pas celui d'un homme abattu par la mauvaise fortune. La guerre allait devenir la chose la plus importante : c'était le moyen de conquérir la paix. L'Empereur, afin d'éteindre tous les germes de mécontentement que pouvaient nourrir certaines opinions, résolut de terminer, avant de partir pour l'Allemagne, la longue querelle qui s'était élevée entre son gouvernement et les conseillers du pape. Il part tout à coup pour Fontainebleau, où l'on croit qu'il n'est pas attendu par le souverain pontife. A peine ces deux souverains ont-ils commencé leur entretien, qu'il n'existe plus entre eux aucune forme, aucun trait de la moindre inimitié. Il se sont dit tout à cette première entrevue, qui ouvre et fixe la négociation. Le pape, que l'Empereur ne pouvait pas laisser à Rome, accepta l'ancienne résidence pontificale d'Avignon, et les bulles seront données aux évêques par le Saint-Père, ou, à son défaut, par le métropolitain, six mois après la notification de leur nomination au saint-siége. La guerre pontificale, terminée en deux heures, et d'un commun accord entre les deux puissances, fut une des plus belles victoires que Napoléon eût gagnées en personne. Il y eut à ce sujet échange de félicitations, de grâces, de décorations, etc., et d'autres faveurs encore plus précieuses. Le 13 février, le concordat fut publié comme loi de l'Etat; mais, un mois plus tard, Napoléon ne fut pas peu surpris en recevant du pape une longue lettre, dans laquelle il lui déclarait ne pouvoir tenir le pacte auquel il s'était soumis. Voici en quels termes l'Empereur parlait du désaveu pontifical, le 22 avril 1813, en dînant à Mayence avec le maréchal de Kellermann : « Croiriez-vous que le pape, près avoir signé librement et de son plein gré ce concordat, m'écrivit, quelques jours après, qu'il était bien fâché de l'avoir signé, que sa conscience lui en faisait un reproche, et qu'il me priait avec instance de le regarder comme non avenu. Je lui répondis que ce qu'il me demandait était contraire aux intérêts de la France; qu'étant d'ailleurs *infaillible*, il n'avait pu se tromper, que sa conscience était trop prompte à s'alarmer, etc. (1).

Les événements de 1814 vinrent en aide au pape; les promesses qu'il pouvait avoir faites devinrent nulles devant la nouvelle transformation politique de l'Europe.

Pendant que se faisaient les préparatifs immenses d'une nouvelle campagne de la grande armée, la guerre d'Espagne se continuait avec des chances et des succès divers. Valence, assiégée par Suchet, voulut

(1) Mémoires de Beausset.

résister comme Saragosse, mais elle succomba plus tôt. Le 9 janvier, les Français y entraient; le 19, Wellington s'était emparé de Ciudad-Rodrigo. Le 7 avril, Badajoz, assiégée pour la troisième fois, est prise par les Anglais, malgré la brave défense de Philippon. Le 12 juin, Suchet met en désordre l'armée anglo-espagnole qui assiége Tarragone. Le 22 juillet, Marmont, dangereusement blessé et contraint d'abandonner le commandement, perdait la bataille des Arapiles, et Wellington s'emparait de Madrid du 12 au 14 août; mais il ne sut pas profiter ensuite de ces avantages, qui lui auraient permis de rejeter peut-être entièrement les Français au delà des Pyrénées. Le 20 octobre, au contraire, il lève lui-même lâchement le siége de Burgos, fermée seulement par des ouvrages irréguliers et construits à la hâte, mais habilement et bravement défendue par Debreton, qui soutint trente-cinq jours de siége et d'assaut. Wellington se retire dans ses retranchements, sur le Tage, pour garantir Lisbonne. Le 10 novembre, les trois armées françaises, dites du Portugal, du Centre et du Midi, appuient leur jonction à Alb de Tormez, et soutiennent encore la cause du roi Joseph. Malheureusement il n'y avait ni entente ni unité de vues dans les chefs qui commandaient les différents corps. Celui dont le coup d'œil embrassait tout et d'un mot donnait l'impulsion à tout, n'était pas là.

Napoléon organise le gouvernement intérieur, il nomme l'impératrice régente avec un conseil spécial, il pense que ce choix resserrera ses liens d'amitié avec l'empereur François II, et ordonne le couronnement du roi de Rome.

Il croit à la sincérité des adresses qu'il reçoit de tous les départements de l'empire. Peut-il douter du dévouement de cette France qu'il a arrachée à l'anarchie, à la honte dont la couvrait le Directoire, de cette belle France qu'il a replacée au premier rang des puissances de l'Europe et couverte d'une gloire immortelle? Par ses exploits prodigieux il a fait oublier les succès obtenus sous la république. Les nouveaux peuples qu'il a associés aux destinées de la grande nation peuvent-ils se montrer ingrats? N'a-t-il pas crée le royaume d'Italie, sa population ne lui doit-elle pas son indépendance?

Il forme quatre régiments de gardes d'honneur, composés des fils des principales familles de l'État; ils se montent et s'équipent à leurs frais.

Napoléon peut disposer des cent cohortes de la garde nationale déjà organisées pendant la campagne de Russie. Il tire de l'armée d'Espagne cent cinquante cadres de bons officiers et sous-officiers qui donneront aux nouveaux soldats l'instruction et l'expérience qui leur manque.

Les canonniers de marine, appelés au service de terre, apportent ce courage et ce sang-froid qui, dans les combats sur mer, font braver la fureur de tous les éléments. La vieille et la jeune garde se reforment. La cavalerie se monte avec les chevaux qu'on achète, ceux que le dévouement donne et ceux que cède la gendarmerie. Cependant, plus difficile à former que les autres armes de l'armée, elle ne comptait guère que 4,000 cambattants montés.

Un sénatus-consulte appelle sous les drapeaux 200,000 hommes tirés des conscriptions antérieures à 1813, et pris par anticipation sur celle de 1814. Ensuite une nouvelle levée de 180,000 hommes est ordonnée ; 80,000 hommes de ce premier ban passeront nos frontières.

L'Empereur passe de fréquentes revues, il inspecte lui-même les régiments qui partent pour l'armée, et ne laisse échapper aucune occasion pour produire ou exciter leur enthousiasme.

Le corps législatif est ouvert pour la sanction de ces grandes mesures, des levées d'hommes et des impôts. Napoléon fait exposer la situation de la France, sa prospérité croissante et ses innombrables ressources, il déclare : « Que l'Espagne sera évacuée par les Anglais, que l'ennemi sera vaincu et repoussé dans ses limites, qu'ayant à sa disposition les forces immenses de l'empire, il ne doute pas un moment du glorieux succès de ses armes. »

Mais après la Prusse qui s'est liée avec la Russie, par un traité signé le 1er mars, et ajoute 100,000 hommes aux armées de la coalition, le prince royal de Suède, Bernadotte, que l'Empereur a fait asseoir aux banquets des rois, arme contre sa patrie, trace le plan de campagne et se met à la tête d'une armée active.

L'Allemagne était couverte de proclamations incendiaires, l'empereur de Russie appelait aux armes tous les habitants de son empire pour conquérir l'indépendance, la liberté !

Le Danemark seul n'abandonne pas notre cause.

L'Empereur, en apprenant l'état des choses, part de Paris le 15 avril, et, quarante-huit heures après, il arrive à Mayence, où une quantité immense de recrues allaient se réunir aux débris des vieilles phalanges, que le patriotisme sauvage des Moscovites et la rigueur des climats avaient dévorés. Napoléon se rendit successivement à Francfort, à Erfurth et à Weimar. A partir de cette dernière ville, il abandonna sa voiture pour ne plus voyager qu'à cheval, et justifier ce qu'il avait promis en passant le Rhin, de faire la campagne comme *général Bonaparte*, et non comme *Empereur*.

Le vice-roi, instruit de l'arrivée prochaine de Napoléon, commençait à menacer le flanc droit et les derrières de l'ennemi.

Le 1er mai, Napoléon se porta en avant de Weissenfels. Les éclaireurs ayant signalé l'ennemi, la division Souham et la cavalerie du général Kellermann s'avancèrent aussitôt pour forcer le défilé de

Rippach. L'affaire fut prompte et glorieuse. A 5 heures du soir, l'ennemi était en pleine déroute. Le feu avait cessé partout; quelques rares boulets arrivaient de temps à autre, lancés au hasard et sans but. Le maréchal Bessières, enveloppé dans son manteau, monté sur une hauteur, suivait, une longue vue à la main, la retraite des Russes. Un éclat d'obus tue un brigadier de son escorte : « Enterrez ce brave homme, dit-il en faisant un mouvement en avant, » et il tombe lui-même frappé à mort par un autre boulet lancé à une très grande distance. Cette mort glorieuse, mais fatale, fut cachée à l'armée jusqu'à ce qu'elle eût trouvé une sorte d'indemnité dans la victoire du lendemain.

L'ennemi, enfoncé de toutes parts, nous laissa maîtres de ses positions. Avant même que le vice-roi, qui, le matin même avait reçu l'ordre de joindre l'Empereur, débouchât dans la plaine de Lutzen, Napoléon résolut de passer l'Elster pour prendre l'ennemi à revers; et le 2 mai au matin, les divers corps se dirigèrent, par des lignes différentes, sur Leipzick. Rien ne semblait pouvoir arrêter leur marche, quand une épouvantable canonnade se fit tout à coup entendre sur leur droite. Le général Wittgenstein, qui depuis quelques jours remplaçait le général Kutusoff, mort de fatigue à Buntzlau, ayant réuni tous ses moyens, était parti de Dresde dans l'intention de se porter sur Iéna : c'est lui qui arrivait sur le flanc droit des Français. Pendant qu'une partie de ses forces attaquait le corps de Ney, l'autre manœuvrait pour couper nos communications avec les corps de Marmont, de Bertrand et d'Oudinot, qui se trouvaient à la gauche : une cavalerie nombreuse appuyait ces opérations. « Nous n'avons pas de cavalerie, dit Napoléon ; mais n'importe, ce sera une bataille d'Egypte. Partout l'infanterie française doit savoir se suffire ; je ne crains pas de m'abandonner à la valeur innée de mes jeunes conscrits. »

Son plan de bataille est aussitôt improvisé. L'armée fait volte-face, et les corps qui avaient passé la nuit autour de Lutzen se trouvent ainsi placés parallèlement à l'ennemi.

Cependant Blücher, à la tête des Prussiens, avait réussi à s'emparer des villages qui couvrent Lutzen, et se portait sur cette ville. Napoléon y court avec sa garde. Les affaires ont bientôt changé de face. Ramenés au feu par le comte Lobau, les conscrits reprennent les villages. Arrivé au point qui lui a été assigné, Marmont dépasse la cavalerie qui manœuvrait pour le tourner ; Macdonald, rendu à son poste, prête le même appui à la gauche : et les trois divisions du général Bertrand paraissent dans la plaine. Notre armée dont la ligne déborde l'ennemi de part et d'autre, ramenant ses ailes en forme de croissant, menace de l'envelopper.

Wittgenstein, qui voit le danger, tente un nouvel effort au centre.

Il rentre dans les villages : « Conscrits, s'écrie Napoleon, quelle honte ! J'avais fondé sur vous mes espérances ; j'attendais tout de votre courage, et vous fuyez ! » Les conscrits reviennent sur leurs pas. Soutenus par la garde et par quatre-vingt pièces de canon, ils chassent de nouveau l'ennemi des postes qu'ils avaient abandonnés. Eugène, qui cependant était accouru avec un des corps de son armée et s'était porté sur notre gauche, renversait tout ce qui s'y trouvait. Wittgenstein n'avait plus de retraite ouverte que sur un point ; il s'y précipite et abandonne le champ de bataille à une armée qu'il a surprise, à une armée inférieure en nombre à la sienne. 85,000 hommes en ont battu 100,000.

Les Français victorieux poursuivirent les coalisés avec vigueur pendant une lieue et demie ; mais comme notre cavalerie n'était pas nombreuse, et que Napoléon voulait la ménager, les ennemis ne laissèrent que peu de prisonniers : sans cette circonstance fatale, la bataille de Lutzen eût amené des résultats semblables à ceux d'Austerlitz et d'Iéna. « Nos jeunes soldats, disait Napoléon, ont révélé toute la noblesse du sang français. » Notre perte fut de 10,000 morts ou mis hors de combat.

Après quelques affaires peu importantes, l'armée française entra dans la capitale de la Saxe, d'où l'empereur de Russie et le roi de Prusse étaient sortis le matin même. Le roi de Saxe, rappelé à Dresde par Napoléon, y fit son entrée le 12 mai au milieu des acclamations de son peuple.

Napoléon, après avoir donné ses ordres pour la direction des troupes, envoya le prince Eugène en Italie, pour veiller à la sûreté du royaume, et hâter l'organisation d'une armée sur les bords de l'Adige.

Les alliés s'étaient ralliés sous Bautzen, ville située sur les frontières de la Saxe et de la Silésie ; là leur armée, grossie par des renforts, attendait une nouvelle bataille dans une position jugée inexpugnable et protégée par trois cents redoutes. Napoléon ne tarda pas à les atteindre. Ses troupes, qui avaient passé l'Elbe, venaient se réunir sous cette ville par divers chemins. Le 19 mai, il va lui-même reconnaître la position des alliés. D'une éminence au pied de laquelle coule la Sprée, il voit une partie de leurs troupes se déployer sur une ligne dont Bautzen est le centre, et qui s'appuie à gauche aux montagnes, et à droite à des mamelons fortifiés qui défendent le cours de la rivière; par delà Bautzen, derrière cette ligne, il aperçoit le gros de l'armée occupant un vaste camp défendu par des fortifications. Cette enceinte, qui s'étendait des hauteurs de Kreckwitz à Holchkirch, s'appuyait à plusieurs villages. A une lieue était Wartchen, où l'empereur Alexandre, qui depuis la journée de Lutzen commandait en personne, avait établi son quartier-général ; le plan d'attaque de Napoléon est aussitôt arrêté. Le 20, dès le matin, tous les corps de l'armée française ont ordre de passer la Sprée.

Malgré la résistance de l'ennemi, à midi la Sprée était franchie; à deux heures, la division Compans entre dans Bautzen. De là, notre gauche marche au centre des alliés, la résistance y fut grande. Malgré la vigueur avec laquelle ils sont pressés par le maréchal Marmont et par le maréchal Bertrand, les généraux prussiens, grâce au secours de Blücher, se maintinrent longtemps dans leurs positions: il leur fallut toutefois les abandonner vers le soir.

Notre droite avait obtenu des succès plus prompts. Au moment où le maréchal Marmont s'emparait enfin des hauteurs que les généraux Kleitz et Ziethen avaient défendues toute la journée, il y avait déjà longtemps que le corps d'Oudinot couronnait tous les monticules qu'avaient attaqués les troupes du général Miloradowitch. Blücher seul conservait sa position. A neuf heures, l'Empereur vint coucher à Bautzen, où le quartier général avait été transporté. « A chaque jour suffit sa peine: donnons-nous quelques moments de repos, et nous recommencerons demain,dil-il à ses généraux. »

Cette fois, c'est dans leur camp que les alliés l'attendaient. Les troupes d'York et de Kleist formaient leur première ligne; derrière, en seconde ligne, était leur réserve. Dès cinq heures du matin, le canon gronde, l'action s'engage sur notre droite; persuadés, à la vivacité avec laquelle les attaque le général Oudinot, qu'il veut les tourner du côté d'Epelkisch, les alliés envoient des secours. Leurs efforts tenaient la victoire en suspens sur ce point depuis huit heures, quand, à dix heures, une autre canonnade se fait entendre sur la gauche. L'Empereur, qui s'était endormi sur le champ de bataille, reconnaît à ce bruit, qui le réveille, que les mouvements qu'il a prescrits la nuit sont exécutés: « La victoire est à nous, dit-il en regardant à sa montre. »

Les mouvements qui s'opéraient depuis deux jours hors du champ de bataille expliquent sa certitude. Ce n'est pas dans les retranchements où Alexandre se croyait invincible qu'avait dû se décider la victoire : l'engagement dont elle dépendait avait eu lieu depuis deux jours à Kœnigswarta, à six lieues de Bautzen. Après avoir battu les corps d'York et de Barclay le 19, le général Lauriston était arrivé sur la droite des alliés, pendant qu'ils le croyaient arrêté par ces deux généraux; traversant la Sprée, il avait dépassé la position de Blücher.

Au même instant, le maréchal Ney, dont le corps s'était grossi de celui du général Regnier, débouchait sur le flanc droit et sur les derrières de l'ennemi, qui se trouva tout à coup attaqué sur ce point par 60,000 hommes.

Les alliés, surpris, se portent où le danger les appelle; ils dégarnissent leur centre pour fortifier leur droite. Prévoyant cette manœuvre, l'Empereur, qui avait placé derrière son centre la garde impériale que cachait un mamelon, la lâche tout entière sur le point affaibli. Soult, Macdonald, Marmont, Bertrand, Latour-Maubourg chargent à la tête des troupes. Attaqué au même instant à droite, à gauche et au centre, l'ennemi ne peut résister. Mortier et Macdonald pénètrent dans le camp par deux côtés différents.

Forcé cependant de se défendre de trois côtés, Blücher ne peut secourir Kleist, dont il ne peut être secouru. Kleist est obligé de reculer devant le maréchal Ney, dont les troupes se répandent jusqu'à Wurtchen; et Blücher, du poste où il se croyait inexpugnable, est enfin précipité dans la plaine. Il bat en retraite, il rallie à lui les corps en déroute, et se réfugie à Weissemberg. A six heures, le camp retranché était envahi par l'armée française, et le quartier-général de l'Empereur Napoléon occupait Klein-Buschwitz, auberge où, pendant la journée, avait été transporté celui de l'empereur Alexandre. La journée de Wurtzen coûta à l'ennemi plus de 20,000 hommes. Notre perte, dans trois journées de combat, s'éleva à 12,000 soldats tués ou blessés.

A peine le soleil paraissait-il à l'horizon, que, le 29 mai, toute l'armée se mit à la poursuite des ennemis, qui se dirigeaient vers la Silésie. Après avoir forcé successivement les positions de Weissemberg, de Rothkrestham, de Schœpp, Napoléon se vit arrêté à colle de Reichembach. Elle fut emportée comme les autres; mais ce succès coûta cher : il fut payé du sang du général Bruyères, l'un de nos meilleurs officiers de cavalerie.

Un autre malheur, non moins grand pour Napoléon que pour l'armée, termina cette laborieuse journée. L'Empereur, qui n'avait pas quitté l'avant-garde, s'impatientait de l'obstination des vaincus, qui, tout en cédant, ne cessaient de lui envoyer des boulets, quand, voyant tomber presque à ses pieds un cavalier de sa garde : *Duroc*, dit-il au grand maréchal du palais, *la fortune nous en veut bien aujourd'hui*. Il en eut bientôt une nouvelle preuve. L'ennemi, en abandonnant sa position, tire trois coups de canon, les derniers qui aient retenti dans cette journée. Renvoyé par un arbre qu'il a frappé près de l'Empereur, un des projectiles vient ricocher dans un groupe où se trouvaient le duc de Vicence, le maréchal Mortier, le général Kirgener et le maréchal Duroc, et renverse ces deux dernier. Le général meurt sur la place. Moins heureux le maréchal survécut quelques heures à une blessure mortelle : on le porta mourant à Matressdorf, où il expira le lendemain dans des souffrances insupportables. Ce jour était presque l'anniversaire de celui où le maréchal Lannes avait été aussi atteint d'un boulet à Essling.

La douleur de Napoléon fut profonde. Son cœur saignait encore du coup qui, vingt jours avant, lui avait enlevé le maréchal Bessières. Frappé deux fois dans ses amis en moins d'un mois, il parut sentir que sa fortune l'abandonnait. Oubliant un moment les intérêts de l'empire : *A demain tout*, répondit-il au général Drouot qui lui demandait ses ordres; et il se renferma dans sa tente, dont l'accès fut interdit à tout le monde. Après avoir reçu les derniers adieux de Duroc, il se remit pourtant au travail; mais ce fut d'abord pour assurer par un décret spécial le sort le plus brillant à la fille de ce maréchal. Faisant pour la mémoire de Duroc ce qu'il avait fait pour celle de Lannes, il décréta que son corps serait transporté à Paris, pour être inhumé aux Invalides. De plus, il ordonna qu'une pierre tumulaire serait placée *à l'endroit même où Duroc avait expiré dans les bras de son Empereur et de son ami;* et achetant de ses propres deniers la maison où il était mort, il en accorda la jouissance à l'ancien propriétaire, pasteur de l'endroit, à condition qu'il veillerait à la conservation du monument, pour les frais duquel il lui fit compter 200 napoléons d'or.

Concevra-t-on que, l'année suivante un général russe, le prince Repnin, n'ait pas eu honte de reprendre au pasteur un don consacré par une si sainte destination? Est-ce là un effet du droit de conquête? Les braves ne se sont-ils pas toujours plu à honorer les braves, même sous l'uniforme ennemi? Napoléon, dont tel était le principe, l'avait proclamé tout récemment encore. Passant à Bruntzlau, où, quelques semaines avant, était mort le vieux Kutusoff, à qui ses compatriotes n'avaient pas élevé de monument : *C'est un oubli*, avait-il dit, *c'est à nous à y suppléer*.

Les victoires de Lutzen et de Wurtzen avaient rétabli la réputation des armées françaises; le roi de Saxe avait été ramené triomphant dans sa capitale; l'ennemi était chassé de Hambourg; un des corps de la grande armée était aux portes de Berlin, et le quartier de Napoléon était à Breslau; les armées russes et prussiennes, découragées, n'avaient plus d'autre parti que de repasser la Vistule, quand l'Autriche, intervenant dans les affaires, conseilla à la France de signer une suspension d'armes. Napoléon retourna à Dresde; l'empereur d'Autriche quitta Vienne el se rendit en Bohême; celui de Russie et le roi de Prusse s'établirent à Schweidnitz. Les pourparlers commencèrent; le prince de Metternich proposa un congrès à Prague : on l'accepta. Ce n'était de la part de l'Autriche qu'un vain simulacre. Déjà la cour de Vienne avait pris des engagements avec la Russie et la Prusse : elle allait se déclarer, quand les succès inattendus de l'armée française l'obligèrent à mettre plus de réserve dans sa conduite. D'ailleurs, son armée était encore peu nombreuse, mal organisée : un armistice et des négociations lui étaient donc presque indispensables.

Cependant le duc de Vicence se rendit à Prague, et les conférences commencèrent. Mais ce n'était qu'un prétexte pour temporiser et préparer des moyens d'attaque. Aussi, après d'inutiles pourparlers, l'Autriche déclara son adhésion à la ligue, et la guerre recommença. Immédiatement après la rupture des négociations, les souverains coalisés avaient publié un manifeste pour annoncer que la voie des armes était la seule qui pût amener le rétablissement de l'équilibre européen; vaine chimère, prétexte dérisoire, qui, après tant de sang versé, ne devait produire que l'accroissement gigantesque de la Russie, de la Prusse et de l'Autriche.

Au moment d'ouvrir la campagne, la totalité de nos forces s'élevait à 300,000 fantassins et 32,000 cavaliers; mais, sur ce nombre, 100,000 hommes se trouvaient dispersés; les places fortes en renfermaient 40,000; le reste était réparti entre le corps d'Augereau, destiné à former à Wurtzbourg une armée d'observation, et celui de Davoust, placé dans les environs de Hambourg.

Depuis que l'Autriche avait fourni son contingent de 150,000 hommes, l'armée coalisée, y compris les 20,000 Suédois qu'amenait le prince royal, était double de la nôtre. C'était avec une masse de forces si imposante que, dans l'espoir de cerner Napoléon à Dresde, les alliés avaient choisi la Bohême pour point d'appui de leurs opérations, et s'apprêtaient à porter les premiers coups sur les derrières de notre armée : tel était le plan adopté d'après les avis de Moreau. L'arrivée de ce général au quartier général du czar était considérée par les coalisés comme un renfort de 100,000 hommes. Ses rivalités avec Napoléon, l'espoir de lui succéder, l'avaient ramené en Europe, pour diriger par ses conseils les ennemis de sa patrie.

L'appel d'un Français dans le camp ennemi est un des faits les plus honorables pour notre nation. Malgré l'immense supériorité numérique de leurs forces, malgré nos derniers désastres amenés par des trahisons, par une foule de circonstances qu'il était impossible de prévenir, les alliés ne pouvaient se croire sûrs de la victoire. Ils pensaient qu'un Français seul était capable de rompre le charme attaché jusqu'alors à nos armes : c'est ce qui détermina l'appel fait à Moreau, c'est ce qui flétrit à jamais sa gloire, c'est ce qui a jeté l'opprobre sur son nom (1).

Les alliés, ayant dénoncé l'armistice le 10 août, nous attaquèrent le 14; après plusieurs engagements à leur désavantage, leur armée pé-

(1) Enivré de l'encens que l'on prodigue volontiers aux hommes dont on a besoin, Moreau était accouru plein de l'espoir de succéder à Napoléon et d'épouser la grande-duchesse d'Oldembourg. Mais si la reconnaissance avait enchaîné la France au char de l'Empereur pour ses services éminents, jamais elle n'aurait reconnu pour souverain un soldat qui n'était plus pour elle qu'un traître qu'elle méprisait.

nétra dans la Saxe, et assaillit le maréchal Gouvion-Saint-Cyr, qui se retira dans un camp retranché sous les murs de Dresde.

Les coalisés pensèrent que le moment était favorable pour attaquer la capitale de la Saxe. La grande armée austro-prusso-russe, forte de plus de 200,000 hommes, déboucha de la Bohême le 22 août. Le prince de Schwartzemberg, commandant le contingent autrichien, en était devenu le général en chef; il dirigeait aussi le centre. Barclay de Tolly, avec deux corps, l'un russe et l'autre prussien, formait l'aile droite; Klenau, avec les Prussiens, devait former l'aile gauche.

Gouvion-Saint-Cyr n'avait que 17,000 Français pour résister à cette masse d'assaillants; il replia ses postes derrière ses lignes retranchées, et le 25, les coalisés cernèrent la ville, sur la rive gauche de l'Elbe. Malgré la supériorité de ses forces, le général ennemi différa l'attaque pour donner le temps à ses réserves d'arriver. En attendant, il fit resserrer de plus en plus les avant-postes français, et des dispositions furent prises pour enlever de vive force le corps de la place.

Napoléon n'apprit que le 20 août la jonction des troupes autrichiennes opérée le 13 avec les Prussiens et les Russes. Dès le 21, il reprenait l'offensive, repoussait Blücher, et le 23, enlevait la forte position de Goldberg; mais, averti que les alliés, conseillés par le général Moreau, tendaient sur Dresde, il confia au duc de Tarente l'armée de Silésie, et se porta en toute hâte avec sa garde sur la capitale de la Saxe. Il arriva le 26 à Dresde, avant sa garde, à dix heures du matin.

L'attaque eut lieu le même jour, à quatre heures de l'après-midi. Ignorant le retour de Napoléon, et comptant n'avoir affaire qu'au corps de Gouvion Saint-Cyr, les coalisés formés en six colonnes, s'avancèrent avec résolution. La confiance des Allemands de notre parti en fut ébranlée. Deux régiments de hussards westphaliens passèrent à l'ennemi. Le combat fut acharné et opiniâtre : chaque colonne marchait précédée de 50 pièces d'artillerie; de nombreuses batteries croisaient leur feu sur la ville. En vain, l'artillerie de nos redoutes avancées sillonnait par des décharges redoublées ces redoutables colonnes; rien, dans le premier moment, ne pouvait arrêter l'ardeur et l'impétuosité des assaillants : ils arrivèrent jusqu'aux palissades, et bientôt toutes les réserves de Gouvion Saint-Cyr furent engagées. Déjà, au centre, les Hongrois de Colloredo avaient enlevé plusieurs ouvrages, l'artillerie autrichienne éteignait le feu des batteries françaises, et les Russes et les Prussiens pénétraient dans un de ses faubourgs...

Les habitants, consternés, se barricadèrent dans leurs maisons; l'ennemi se croyait sûr de la victoire. C'est en criant : *A Paris! à Paris!* que ses premières colonnes couraient forcer la porte de Plauen. Cette porte s'ouvrit : ce fut comme l'éruption d'un volcan. Les bataillons de la garde impériale, commandés par Tyndal, par Cambronne, et dirigés par le général Dumoustier, s'élancèrent; le feu des murs crénelés soutint leur sortie; celui des redoutes prit à revers les colonnes autrichiennes; de toutes parts, une grêle de balles, de boulets couvrent la plaine. L'ennemi recule épouvanté; ses pièces sont enlevées au pas de course, et les canonniers tués sur leurs affuts; de toutes les portes de Dresde, des sorties décisives eurent lieu simultanément : les Français reprirent l'offensive. Les redoutes enlevées par l'ennemi furent reprises. Notre cavalerie nettoya la plaine, que l'Empereur parcourut au galop, au milieu des balles et des boulets, qui blessaient à ses côtés ses officiers et ses aides-de-camp; il se montra aussi sur toute la ligne : sa présence fut électrique. Aux clameurs de triomphe de l'ennemi, succèdent des cris de détresse, et les coalisés, protégés par leurs batteries, qui ne cessèrent de tirer qu'à neuf heures du soir, revinrent en désordre se réfugier derrière les hauteurs où leur artillerie était placée.

Le lendemain 27, à la pointe du jour, Napoléon, à la tête de 110,000 hommes, commandant le centre, et ayant le roi de Naples à l'aile gauche, présente le combat à 180,000 Russes, Prussiens et Autrichiens. Apercevant un vide dans leur ordre de bataille, l'Empereur se met en devoir d'en profiter, et donne le signal du combat avant que l'ennemi puisse réparer sa faute : l'attaque est aussi vive que la pensée qui l'a conçue; les corps ennemis sont repoussés, désunis, rejetés en arrière, laissant 15,000 hommes sur le champ de bataille, et 15,000 prisonniers, presque tous Autrichiens. Napoléon remportait en même temps une double victoire : l'empereur Alexandre fuyait devant lui, et un boulet frappait le général Moreau.

Cet ex-général français, qui n'avait jamais été blessé en servant sa patrie, tombait ainsi au milieu de l'état-major russe, et rendait le dernier soupir sur un brancard que les cosaques lui firent de leurs armes. Triste et déplorable fin pour le vainqueur de Hohenlinden!

Le lendemain, Napoléon se disposait, pour désorganiser l'armée battue, à la poursuivre l'épée dans les reins; malheureusement, une indisposition violente le saisit et le força de rentrer à Dresde.

Dès lors il n'y eut plus ni précision dans les ordres, ni ensemble dans les mouvements. Vandamme, victime de sa témérité, veut arrêter les colonnes ennemies, dans la vallée de Tœplitz, jusqu'à l'arrivée des corps qui le poursuivent, et finir ainsi la guerre d'un seul coup.

L'avant-garde française n'était plus qu'à une demi-lieue de Tœplitz, quand le comte Ostermann, qui s'était jusque-là retiré lentement, fit halte tout à coup, et commença la plus opiniâtre résistance. Vandamme multiplia ses attaques furieuses, et fut forcé d'avoir enfin recours à ses dernières réserves qu'il fit descendre des hauteurs de Péterswald dans la profonde vallée, entre Culm et Tœplitz. Ostermann perdit un bras, et ses grenadiers souffrirent beaucoup; mais ils avaient gagné le temps nécessaire. Barclay de Tolly, qui s'approchait alors du lieu de l'action, amenait les premières colonnes de Russes. Schwartzemberg envoya d'autres secours, et Vandamme, accablé à son tour par le nombre, se retira à Culm aux approches de la nuit. Le 3, au point du jour, il se vit attaqué par plus de 100,000 hommes. Il résista vaillamment, et se mit en retraite pour regagner les hauteurs de Péterswald. Mais, tandis que sa troupe les gravissait, elle aperçut le sommet qu'elle se proposait d'atteindre occupé par des soldats prussiens, dans un état de désordre qui annonçait qu'ils échappaient à quelque danger pressant, ou qu'ils couraient à quelque attaque précipitée. C'était le corps du général Kleist, qui, poursuivi par Saint-Cyr, était parvenu à échapper en se jetant dans le bois de Schœnvald, d'où il débouchait. Quand les Prussiens découvrirent les Français, ils crurent qu'ils étaient là pour leur couper le chemin, et au lieu de prendre position pour intercepter la retraite à Vandamme, ils résolurent de se frayer un passage à travers ses troupes, et de les repousser sur Tœplitz. De leur côté, les Français se voyant fermer le passage, prirent la même résolution à l'égard du corps de Kleist. Les Prussiens s'élancèrent de la colline, tandis que les Français la gravissaient avec un courage que balançait l'avantage du terrain.

Les deux armées étaient ainsi l'une sur l'autre, comme une foule tumultueuse dans un chemin étroit et creux. L'attaque de la cavalerie française, sous Corbineau, fut si terrible, qu'elle passa outre, quoique la pente qu'elle gravissait n'eût pas été facile à monter au trot dans dans d'autres circonstances; et les canons des Prussiens furent un moment entre les mains des Français, qui leur tuèrent beaucoup d'artilleurs. Cependant les Prussiens se rallièrent bientôt, et les combattants se mêlèrent encore, moins pour la victoire ou le carnage que pour s'ouvrir une route à travers les uns des autres. Tout était en confusion : les généraux prussiens au milieu des Français, les officiers français au centre des Prussiens. Mais l'armée russe, qui était à la poursuite de Vandamme, mit fin à ce singulier combat. Les généraux Vandamme, Haxo et Guyot furent pris avec deux aigles et 7,000 soldats, outre un grand nombre de tués et blessés.

Ce désastre qui nous ferma l'entrée de la Bohême, ralentit les généraux français dans l'ardeur de leur poursuite.

Napoléon apprit cette calamité inattendue avec le calme imperturbable qui était une de ses qualités distinctives, mais il a vu d'un coup d'œil toutes les conséquences de l'événement : « Eh bien ! dit-il au duc de Bassano, vous venez d'entendre ! Voilà la guerre : bien haut le le matin, et bien bas le soir ! »

Ce désastre commença pour lui une série de revers qui ne fut plus interrompue. L'armée de Silésie, commandée par Macdonald, éprouve une perte de 25,000 hommes contre Blücher, et fut refoulée de Lusace : celle qui marchait sur Berlin, sous les ordres de Ney, fut battue par Bernadotte; dès lors, les trois armées ennemies du Nord, de Silésie et de Bohême, pouvaient se concentrer pour nous écraser. Une quatrième armée formée en Pologne surgit encore contre nous, en même temps que la Bavière, jetant enfin le masque, accédait à la coalition, et lui fournissait un contingent de 30,000 hommes. Cette défection devait faire pressentir celle des autres princes de la confédération.

Pendant le mois de septembre, Napoléon refoula les alliés sur tous les points par des manœuvres savantes; puis tenant toutes les divisions sous sa main, il attendit les mouvements des masses ennemies.

Dans les premiers jours d'octobre, plus de 300,000 alliés, répandus sur la rive gauche d'Elbe, marchaient du nord au midi sur la ville de Leipsig. Alors Napoléon, partant de Dresde où il laissait Gouvion Saint-Cyr, avec ordre d'y résister jusqu'à la dernière extrémité, se dirigea vers Leipzig, avec 150,000 hommes, qui formaient toutes ses forces. Un moment la présence des ennemis sur la rive gauche de l'Elbe lui inspira une grande pensée.

Il songea à se lancer sur la rive droite, à prendre l'Elbe pour base d'opération ; à marcher sur Berlin, laissé à découvert; à rallier toutes les garnisons qui tenaient les places de l'Oder et de la Vistule ; à revenir, ainsi fortifié, sur les alliés; à leur passer sur le ventre et à reprendre en triomphateur la route de France ; mais ce plan audacieux effraya ses lieutenants. Fatigués de la guerre, ils voulaient revoir la France ; ils ne faisaient plus qu'à regret chaque pas qui les éloignait d'elle. Seul contre tous, Napoléon abandonna son plan ; il s'en repentit plus tard. Ce fut ainsi pour la seconde fois, depuis le départ de Moscou, que Napoléon, n'écoutant que les impulsions d'un cœur généreux, l'affection qu'il portait à ceux qu'il appelait ses compagnons d'armes, abandonna à leur faiblesse les hautes pensées qui auraient pu prévenir tant de désastres. De tous les points de l'horizon, les Français et les alliés se dirigeaient à marches forcées, sur Leipzig. Les Français arrivèrent les premiers, le 15 octobre, et firent aussitôt volte-face de tous les côtés; l'ennemi les suivait de près.

Le 16, trois immenses colonnes, précédées d'une formidable artillerie, s'avancèrent à la fois sur Dœlitz, Wachau, et Liberwolvitz. Nos forces numériques étaient dans une disproportion effrayante avec celles de l'ennemi, et cette bataille était décisive. En suivant sur la carte, avec le doigt, son tracé de bataille, l'Empereur dit ; « Il n'y a pas de savantes dispositions qui compensent à ce point le vide des cadres. Nous succomberons sous le nombre. 125,000 hommes contre 350,000 en bataille rangée !... Ils l'ont voulu !... »

Le 16 octobre, dès les premières lueurs du jour, trois batailles s'engagèrent autour de Leipzig. Au sud de la ville, du fond de la Bohême, accouraient 114,000 alliés sous les ordres du prince de Schwartzemberg : Napoléon le reçut à la tête de 96,000 hommes. Quand la nuit mit fin au combat, les Français conservaient leurs positions; c'était encore une victoire. Au nord de Leipzig, Blücher lançait 70,000 alliés contre 25,000 soldats, commandés par le maréchal Ney; la lutte dura toute la journée, sans autre résultat qu'un fâcheux carnage : c'était encore une victoire. A l'ouest de Leipzig, 20,000 Autrichiens, sous les ordres du général Guilay, voulurent enlever la route de la France à 15,000 hommes que commandait le général Bertrand; la route resta au pouvoir des Français.

La journée du 17 octobre se passa sans combats. Les alliés attendaient leurs renforts; Napoléon préparait sa résistance.

Napoléon, dans la supposition qu'une nouvelle bataille ne tarderait pas à lui être offerte, voulut choisir une position plus favorable; il se rapprocha donc de Leipzig et fit garder le passage de la Saale. Les alliés, voyant que les Français retiraient leurs postes, pensèrent qu'ils se disposaient à la retraite, et se préparèrent à l'attaque.

On amena à l'Empereur le général autrichien Meerfeld, culbuté et défait avec toute sa division, à Dœlitz, par les Polonais et la vieille garde. Meerfeld, actuellement prisonnier, était un des négociateurs de Campo-Formio. A Austerlitz, il avait porté les premières paroles d'un armistice. L'Empereur, qui, contre toute évidence, plaçait encore l'espoir dans de nouvelles ouvertures à tenter envers l'Autriche, chargea Meerfeld de faire goûter à l'empereur François les considérations qui devaient faire fléchir sa politique devant la perte imminente de sa fille et de son petit-fils. Il demandait un armistice à des conditions raisonnables; Meerfeld partit du camp français et ne reparut plus.

Dans la nuit du 17 au 18, l'Empereur, entouré de son état-major, donna des ordres et expédia des ordonnances à tous les chefs de corps d'armée. Le jour commençait, et le carnage allait aussi commencer.

« Ce jour, dit l'Empereur en montant à cheval, ce jour va résoudre une grande question. Les destinées de la France se décideront sur le champ de bataille de Leipzig. Si nous sommes vainqueurs, tout peut encore se réparer; si nous sommes vaincus, il est impossible de prévoir où s'arrêteront les conséquences d'une défaite. » Toute l'escorte put entendre ces paroles.

Vers midi, nous étions attaqués sur tous les points par toutes les forces réunies des alliés. L'armée, réduite à moins de 100,000 hommes, avait devant elle 350,000 combattants, serrés en masse, dans un demi-cercle de trois à quatre lieues, avec 1,200 pièces de canon. Des réserves fraîches remplaçaient à mesure les trouées faites par notre mitraille.

On annonça successivement la mort des généraux Vial et Rochambeau. Le brouillard, la fumée, le tumulte de la mêlée permettaient à peine de se reconnaître. Il était fort difficile de suivre l'Empereur; à chaque instant, on le perdait de vue. Il était partout, bravant les plus grands dangers, et dédaignant la vie sans la victoire.

Jusqu'ici, on combattit avec des chances diverses. Un aide de camp de Regnier arrive; il annonce que l'armée saxonne et la cavalerie wurtembergeoise du général Normann, c'est-à-dire 12,000 hommes et 40 pièces de canon, ont passé du côté de Bernadotte. D'après l'ordre de ce dernier, le commandant de l'artillerie Saxonne a tourné ses canons et tiré au moment même sur les Français. L'Empereur, immobile sur son cheval, lève les yeux au ciel, comme pour en appeler à la justice de Dieu. « Infamie ! » s'écrie-t-il d'une voix tonnante. Mille voix couvrent la sienne; des imprécations, des rugissements de rage retentissent de toutes parts. L'Empereur, ému, dit : « Qu'il y a de ressources dans notre France avec de tels hommes ! » Et sa physionomie sombre et glacée s'éclaircit un moment.

Tant d'admirable valeur, tant de bravoure ne peuvent vaincre la destinée. Nos munitions sont épuisées avant le reste de notre sang. Pour la première fois, nous quittons le champ de bataille sans avoir vaincu, et nous allons commencer cette fatale retraite, où les malheureux échappés à une mort glorieuse trouveront une mort sans gloire dans les eaux de l'Elster. Là périra aussi Poniatowski, l'idole et le drapeau des braves et dévoués Polonais.

A neuf heures du soir, Napoléon ordonna la retraite sur Erfurth et rentra à Leipzig. Cette ville pouvait servir de tête de pont pour protéger le départ de nos troupes. Si Napoléon eût voulu la brûler, il aurait assuré et couvert sa retraite, sans avoir de combat à livrer. L'incendie lui eût servi d'arrière-garde; mais la guerre en barbare lui répugnait. Rostopchin n'avait pas été retenu par d'aussi généreuses répugnances en évacuant Moscou, et cependant Moscou était une ville russe : c'était sa patrie, tandis que Leipzig n'était pour Napoléon qu'une ville ennemie. Mais Rostopchin n'était qu'un barbare, Napoléon avait un cœur français. Chacun faisait la guerre comme il la comprenait.

La garde du pont de l'Elster fut confiée à des sapeurs, qui reçurent l'ordre de le faire sauter lorsque tous les corps français auraient atteint la rive gauche.

Effrayés de leurs pertes, étonnés de l'opiniâtreté héroïque des Français, les alliés étaient décidés à ne pas renouveler l'attaque sur Leipzig; mais lorsqu'ils s'aperçurent des mouvements rétrogrades de Napoléon, l'audace et la confiance leur revinrent, et ils se précipitèrent sur la ville avec fureur.

Une nouvelle trahison de la part des Saxons, qui, du haut des remparts de Leipzig, tirèrent sur nos soldats, obligèrent ceux-ci à accélérer la retraite. Le défilé de Lindenau était obstrué par les bagages, l'artillerie et la foule entassée, qui cherchait à se faire jour, au milieu de ces embarras; Napoléon lui-même ne parvint qu'avec beaucoup de peine à se frayer un passage. La fusillade continuait encore dans plusieurs faubourgs; mais les alliés, certains d'être bientôt maîtres de la ville, ne paraissaient pas vouloir sacrifier leurs soldats : tout faisait croire que notre arrière-garde pourrait s'échapper sans être inquiétée, quand, à l'apparition de quelques tirailleurs russes, le chef des sapeurs qui avaient miné le pont de Lindenau pensa qu'il était temps de le faire sauter. Par cette explosion, près de 20,000 hommes et 60 canons, restés en deçà de Leipzig, se trouvèrent séparés de l'armée : cet accident les livra au plus affreux désespoir. Les uns jurèrent de mourir plutôt que de se rendre; d'autres, voyant que toute résistance était inutile, se jetèrent dans le Pleiss, qu'ils franchirent sans difficulté; mais, pour le plus grand nombre, les eaux bourbeuses de l'Elster devinrent un gouffre dans lequel ils disparurent à jamais.

Plus de 30,000 Français et plus de 80,000 alliés, tués et blessés, jonchèrent les champs de bataille de Leipzig : c'était le cinquième des combattants. Cette effroyable boucherie, consommée par 1,600 pièces de canon, fut le résultat des calculs stratégiques des alliés. Ils réduisaient toutes les combinaisons à une supputation exacte des forces respectives des deux armées; convaincus de leur énorme supériorité numérique, ils firent homme pour homme autant qu'ils le purent, et donnèrent un peu plus de deux alliés pour un Français. En jouant ce jeu jusqu'à la fin, il leur serait resté un excédant de 100,000 hommes; ils calculaient donc avec justesse et logique, mais ils dérogeaient aux maximes d'humanité qui surchargeaient tous leurs manifestes.

La bataille d'Austerlitz avait été appelée *la bataille des Empereurs;* celle de Leipzig fut nommée *la bataille des Nations*. Le prix du combat était le sceptre de l'Europe; il passa des mains de la France aux mains de la Russie, de l'Autriche, de l'Angleterre et de la Prusse. Les destinées de la France furent accomplies sur les rives de l'Elster, plus qu'aux bords de la Bérésina.

Napoléon s'arrêta, le 19, dans la plaine de Lutzen, pour y recueillir les débris de ses troupes, que Murat quitta à Erfurth pour courir, disait-il, à la défense de ses propres Etats.

Le 23 octobre, l'armée, réduite à 90,000 hommes, arrive à Erfurth, dont l'arsenal répara les pertes de notre artillerie. L'Empereur n'a rien négligé à cet égard; il a réorganisé ses batteries, et nos parcs ont rempli leurs caissons au moment de quitter l'Allemagne. On ne peut s'empêcher de jeter un dernier regard sur les braves qui sont enfermés dans les places fortes; ce sont : à Dresde, le 1er et le 14e corps aux ordres du maréchal Gouvion Saint-Cyr; à Hausbourg, le 13e aux ordres du prince d'Eckmülh, et dans les forteresses de Magdebourg, de Wittenberg et de Torgau, des garnisons devenues d'autant plus nombreuses, qu'elles se sont accrues de tous les blessés, malades et hommes isolés qui n'ont pu suivre les derniers mouvements de l'armée.

Leur perte sera la plus grave de la campagne; mais l'Empereur se refuse à l'idée que 80,000 Français qui se trouvent dans la même vallée, distribués par masses de 30, de 15 et de 10,000 hommes, et formant, sous la protection du fleuve et des forteresses, une seule et même ligne, puissent jamais être à la merci d'un ennemi dont la force ne se compose que de nouvelles levées et de landwerth. Il est persuadé que le prince d'Eckmülh et le maréchal Saint-Cyr n'auront négligé aucune précaution pour être bien informés, et qu'aussitôt qu'ils auront connu les événements, ils ne se seront plus occupés de se faire jour d'un côté ou d'un autre. « S'ils s'entendent, dit l'Empereur, s'ils sortent de leurs murailles, s'ils se réunissent, ils sont sauvés : 80,000 Français passent partout! ».

L'armée poursuivit sa route. Le 25 mars, Napoléon n'avait point encore quitté Erfurth lorsqu'il apprit que les Bavarois, réunis aux Autrichiens, étaient déjà en marche sur Wurtzbourg, pour inquiéter la retraite de l'armée française. Ainsi, non-seulement les Bavarois ont abandonné notre cause, mais ils sont décidément ennemis, et ne perdent pas de temps pour nous le prouver. Cette inimitié impromptue qui éclate avec tant de violence étonne l'Empereur et bouleverse toutes les idées qu'il s'était faites sur la défection de la Bavière.

La réunion des deux armées autrichienne et bavaroise avait accru les forces de la coalition d'une nouvelle armée de 62,000 hommes, sous le commandement du général de Wrède, qui avait gagné son illustration, l'ingrat! en combattant pendant dix années sous les drapeaux français. Parvenu le 27 à Aschaffenbourg, il détacha 10,000 Bavarois sur Francfort, et, avec le reste de son armée, il alla s'établir, le 29, à Hanau, afin de barrer aux Français le passage de la vallée du Mein : « C'était une parodie de la Bérésina; ainsi, après le désastre de Leipzig, l'armée française rentrait en France entre deux défections, comme elle rentrait en Allemagne, après celui de Moscou. Un reste de pudeur de la part de deux alliés, tels que les souverains de l'Autriche et de la Bavière, aurait au moins dû respecter le retour de Napoléon dans sa patrie.... »

Les alliés ne nous suivaient plus que de loin; ils semblaient abandonner aux cosaques le soin de profiter de leurs avantages. En présence de la manœuvre audacieuse de de Wrède, il n'y avait pas à tergiverser : il fallait se hâter de se frayer un chemin à travers ces nouveaux ennemis, pour ne pas donner le temps à ceux qui suivaient d'arriver. Blücher, quittant la chaussée d'Eitenach, s'était élevé au nord, par Hersefeld, vers les sources de la Nidda, pour attaquer l'armée française par son flanc gauche. Bobna suivait toujours l'armée en queue, et la grande armée alliée gagnait la droite des Français par les montagnes de la Franconie. La situation était critique : Napoléon s'éleva à la hauteur des dangers, et, loin de perdre courage, marcha vivement vers Hanau.

Une épaisse forêt que la route traverse couvre les approches de Hanau. Au delà du bois, la Kintzig forme un coude qui resserre le débouché de la forêt. La ville se présente sur la rive opposée. La route la laisse sur la gauche, en suivant les contours de la rivière, pour gagner la chaussée de Francfort. Tel était le long défilé dont il fallait forcer le passage.

Quelques coups de mitraille et une charge de cavalerie dissipèrent l'avant-garde ennemie qui se tenait à l'entrée du bois. Nos tirailleurs s'engagèrent sur les Bavarois; ils les poussèrent d'arbre en arbre. Les étincelles d'une vive fusillade brillaient au loin dans les ombres de la forêt, et la bataille commençait comme une grande partie de chasse. La cavalerie profitait de toutes les clairières pour charger l'ennemi. — En peu de temps les Français parvinrent au débouché de la forêt; mais alors une ligne de 40,000 hommes s'offrit à la vue des tirailleurs et les arrêta. L'armée ennemie avait son front couvert par 80 bouches à feu.

Le général de Wrède était persuadé que l'armée française n'avait pas cessé, depuis Leipzig, d'être poursuivie à outrance par la grande armée des alliés : il s'imaginait trouver des troupes rompues, exténuées, hors d'haleine, devant lesquelles il n'aurait qu'à se présenter pour leur faire déposer les armes. Dans son empressement, négligeant toute considération de prudence, il attendait l'armée de Napoléon sur la lisière du bois, en ayant la rivière à droite.

Si les 80,000 Français, débris de l'armée qui avait combattu à Leipzig, s'étaient trouvés en ce moment rangés par bataillons, par divisions et par corps d'armée, de Wrède aurait payé cher sa témérité. Un mouvement vigoureux aurait suffi pour lui enlever le pont de Lamboy, le seul qu'il eut pour retraite, et aurait mis son armée à la discrétion de l'Empereur. Mais les corps du général Bertrand et du duc de Raguse étaient encore éloignés; l'arrière-garde du duc de Trévise ne faisait même que d'arriver à Hunefeld. Napoléon ne pouvait réellement disposer que des braves qui s'étaient portés à l'avant-garde, et on n'en comptait pas plus de 10,000.

Cependant, à mesure que l'artillerie de la garde arrivait, le général Drouot faisait placer les pièces en batterie. Il commença à tirer avec 15 pièces; sa ligne s'accrut bientôt et finit par présenter 50 bouches à feu. Cette grande batterie s'avançait en tirant, sans qu'aucunes troupes fussent derrière elle pour la soutenir. Mais, à travers l'épaisse fumée qu'elle vomissait, l'ennemi voyait sortir de la forêt l'armée française tout entière. Les Bavarois furent frappés de terreur quand ils reconnurent les bonnets à poil de la vieille garde. C'était en effet le général Curial qui débouchait avec quelques bataillons. Après le premier moment d'hésitation, de Wrède se décida à faire charger sa cavalerie sur l'artillerie, et bientôt une nuée de chevaux environna les batteries; mais les canonniers français, saisissant leurs carabines, restèrent inabordables derrière leurs affûts. Le général Drouot, l'épée à la main, leur donnait l'exemple de la fermeté et du calme; le secours, d'ailleurs, ne se fit pas longtemps attendre. Sur l'ordre de l'Empereur, la cavalerie de la garde s'élança, conduite par Nansouty; en un instant, elle dégagea cette partie du champ de bataille. Les dragons, commandés par Lefort; les grenadiers, conduits par Laferière-Levêque; les vieux cuirassiers, aux ordres du général Saint-Germain; les jeunes gardes d'honneur, commandées par de Saluces, se précipitèrent sur les carrés d'infanterie et les enfoncèrent, après avoir dispersé à coups de sabre la cavalerie ennemie. Les cosaques de Czernizeff essayèrent de soutenir une charge et furent culbutés.

Bientôt, la ligne austro-bavaroise fut en déroute. De Wrède se trouvait dans la position la plus critique : il ne lui restait d'autre ressource que de porter tous ses efforts sur sa droite, afin de dégager sa gauche, et de donner à sa ligne de bataille le temps de gagner le pont de la Kintzig.

Les troupes en marche arrivaient successivement; elles s'entassaient au milieu de la forêt, où l'Empereur lui-même était arrêté. Une foule inquiète entourait Napoléon, qui se promenait sur le chemin, donnant des ordres et causant avec le duc de Vicence. Tout à coup, un obus tomba près d'eux, dans le fossé bordant la route. Le duc de Vicence s'élança et se plaça entre Napoléon et le danger. La conversation de l'Empereur et du général continua, comme si rien ne les menaçait. Autour d'eux, on respirait à peine. Heureusement, l'obus, enfoncé dans la terre, n'éclata pas. La forêt retentissait du bruit du canon. Les boulets sifflaient dans les branchages, et les rameaux hachés tombaient avec fracas. L'œil cherchait en vain à percer la profondeur du bois; à peine pouvait-on entrevoir la lueur des décharges d'artillerie, qui brillaient par intervalles. Dans cette situation, la bataille paraissait longue. Tout à coup, la fusillade se rapprocha sur la gauche; la cîme des arbres fut agitée plus violemment par les boulets, et les cris des combattants se firent entendre : c'était l'attaque désespérée que le général de Wrède tentait par sa droite. L'Empereur dirigea de ce côté les grenadiers de la vieille garde, commandés par le général Friant, et bientôt ils eurent triomphé de ce dernier effort de l'ennemi. De Wrède, pour ne pas être acculé à la Kintzig, se hâta d'abandonner le champ de bataille et de passer la rivière avant que la cavalerie française, qui gagnait toujours du terrain, prît en flanc son aile droite. Il rallia son armée près de la ferme de Lehrhof, sous la protection de la place de Hanau, que ses troupes occupaient encore, mais dont il ordonna l'évacuation pendant la nuit.

La cavalerie du général Sébastiani avait pris les devants pour gagner Francfort. Quelques colonnes la suivaient; mais la plus grande partie de l'armée passa la nuit dans la forêt, attendant avec anxiété le résultat des événements. On ignorait la force et les intentions de l'ennemi; le moindre retard pouvait livrer Napoléon aux alliés qui le suivaient de près; il était important de s'assurer si, à la faveur des ténèbres, on ne pouvait pas joindre la route de Hochstadt à Francfort. L'Empereur lui-même, à la tête de son état-major, s'avança à travers le bois, jusque sous les murs de Hanau. Une torche, portée par le duc de Vicence, éclairait sa marche ; les pas des chevaux troublaient seuls le profond silence de la nuit. Au moment ou Napoléon arrivait sur les bords de la rivière, une décharge soudaine de mousqueterie vint l'assaillir; aussitôt la lumière s'éteint, le cortège s'égare, et, après avoir erré pendant plus d'une heure, se retrouve au point d'où il était parti. Les domestiques allumèrent un grand feu, et Napoléon, au milieu de ses généraux, qui, l'épée à la main, se formèrent en cercle autour de lui, s'assied d'un air calme, mais triste. Ses mains étaient jointes, ses jambes allongées vers le feu et sa tête inclinée sur sa poitrine; on eût cru qu'il dormait. Pendant cette situation, la plus étrange peut-être, d'une vie dont toutes les circonstances furent extraordinaires, le général Cuzial arrive, et frappant sur l'épaule de l'Empereur, lui présente un officier qui, ayant pénétré par le trou d'un moulin dans les premières maisons de Hanau, avait appris des habitants que l'ennemi allait évacuer la ville. A cette nouvelle, Napoléon bondit sur sa chaise, et appelant son secrétaire, il lui dicte ces mots : « Le duc de Raguse se portera à l'instant sur Hanau; il fera jouer tous ses obusiers, et, si l'incendie de la ville est nécessaire, il la brûlera sans pitié. » Le maréchal ayant reçu cet ordre, fit ses dispositions pour l'exécuter, et déjà les obus tombaient dans les murs de Hanau, lorsque le préfet, accompagné des autres autorités, fit ouvrir les portes et vint trouver Napoléon dans la forêt pour implorer sa clémence. « Les habitants de Hanau, lui dit l'Empereur, ont reçu avec enthousiasme les Autrichiens et les Bavarois; mais ils seront assez punis ; je les laisse sous le joug des cosaques. »

Au jour, toute l'armée continua à défiler, laissant sur la gauche la ville de Hanau, et le 31, elle se trouvait à peine à quelques lieues de là lorsque l'Empereur apprit que la bataille recommençait.

Les Bavarois, voyant l'armée française plus pressée de regagner le Rhin que de les poursuivre, avaient repris confiance et étaient revenus sur leurs pas; mais le général Bertrand et le duc de Raguse s'étaient portés à Hanau, et attendaient l'ennemi. Ils laissèrent les Bavarois s'engager encore une fois au delà de la Kintzig, et les têtes de colonne de de Wrède, reçues à la baïonnette par les divisions Morand et Guillemot, furent culbutées; le général bavarois lui-même fut atteint d'une balle; son gendre, le prince d'Œttengen, fut tué. Le premier soin du général autrichien Frénel, à qui échut le commandement, fut d'ordonner la retraite.

La justice et la gloire marquèrent ainsi les adieux de la France à l'Allemagne. Le 2 novembre, l'armée avait repassé cette grande limite que la nature a donnée à la France.

Les derniers mois de 1813 furent marqués par les événements les plus sinistres; la plupart des places fortes, dont l'ennemi nous avait séparés, venaient de succomber ou touchaient à leur chute. Saint-Cyr, à Dresde, se trouvant complétement abandonné à ses seules ressources, capitula le 11 novembre. Pour évacuer la place avec sa garnison, il devait avoir un sauf-conduit pour la France, sous la condition de ne pas combattre les alliés pendant six mois. Schwartzenberg osa refuser de ratifier la capitulation comme trop favorable aux assiégés; il à offrit Saint-Cyr, qui avait déjà quitté Dresde, de le remettre dans le même état de défense où il se trouvait au moment de la convention. C'était une chose impossible et contraire aux lois de la guerre. Le général français, victime de la mauvaise foi et de la lâcheté de son ennemi, fut fait prisonnier avec sa garnison de 35,000 hommes.

Stellin se rendit le 21 novembre, après un blocus de huit mois.

« *J'aurai besoin de toi à Dantzick*, » avait dit Napoléon à Rapp pendant la retraite de Moscou, en lui refusant une mission périlleuse. La confiance prophétique de l'Empereur ne fut point trompée; Rapp ne lui manqua pas à Dantzick.

Le 10 juin, l'armistice conclu par Napoléon, avait amené la suspension des hostilités; les clauses de cet armistice, relatives au ravitaillement des places bloquées, furent déloyalement exécutées par les assiégeants, et pour que les assiégés obtinssent les vivres qui leur devaient être fournis, il fallut que Rapp menaçât de reprendre les armes. Les deux mois d'armistice furent consacrés à préparer, à tout événement, une résistance désespérée. Les hostilités, reprises sur l'Elbe, dans les premiers jours d'août, le furent, sous les murs de Dantzick, le 25 du même mois. Pendant tout le mois de septembre, quoique la garnison s'affaiblit de plus en plus, tandis qu'au contraire des renforts arrivaient chaque jour aux assiégeants, Rapp, par d'habiles et audacieuses sorties, parvint à tenir l'ennemi éloigné de la ville même. Ce ne fut que vers le milieu d'octobre que les premières bombes tombèrent dans la place; mais alors le feu devint si terrible qu'en vingt-quatre heures il y eut pour plus de 9,000,000 de dégâts. La disette, la maladie, le fer et la désertion détruisaient peu à peu la garnison, dont la plus faible moitié était française. La première parallèle s'ouvrit le 3 novembre, et le siége régulier commença. Ce ne fut que le 29 que Rapp consentit enfin, après avoir épuisé toute possibilité matérielle d'une plus longue résistance, à écouter les propositions que le duc de Wurtemberg, commandant en chef les assiégeants, lui renouvelait tous les jours, et à entrer en négociations. Les conditions de la capitulation étaient honorables; Rapp devait avoir le bonheur et la gloire de ramener librement en France les débris de l'héroïque garnison, réduite alors à 15,000 hommes; mais les clauses de ce traité solennel furent lâchement violées par cet Alexandre dont on a vanté la modération généreuse. Au lieu d'être rendue à la France, la garnison fut conduite prisonnière de guerre en Russie. Tous les soldats étrangers en avaient été préalablement séparés; les Français seuls furent réservés pour les douleurs de la captivité russe. La défense de Dantzick ne fut pas moins glorieuse pour les Français que ne l'avait été l'attaque de 1807. C'est une des plus belles pages de la vie du général Rapp, qu'il ne faut pas juger sur les plaintes des habitants de Dantzick. La résistance prolongée du gouverneur français fut désastreuse pour la ville; mais son premier devoir était de défendre jusqu'à la dernière extrémité, et à tout prix, le poste qui lui avait été confié.

Torgau, avec une garnison de 26,000 Français, réduite à 5,000 par une affreuse épidémie, était tombée au pouvoir des Prussiens, ainsi que Modlin, et Zamosc. Le corps du maréchal Davoust concentré, autour de Hambourg, conserva cette place jusqu'à la fin de la guerre malgré tous les efforts de l'ennemi et le mauvais vouloir de la population. Magdebourg, Wittemberg, Custrin, Glogau, et les citadelles d'Erfurth et de Wurtzbourg, dont les villes avaient été évacuées, étaient à la fin de 1813 les dernières places qui restassent aux Français en arrière des alliés. Erfurth fut obligée de capituler faute de vivres et Wittemberg fut enlevée d'assaut le 12 janvier.

A l'approche des Prussiens, la Hollande s'était soulevée en faveur du prince d'Orange, qui fit, le 31 décembre, son entrée à Amsterdam; et Bernadotte, après avoir renversé le royaume de Westphalie et rétabli en Hanôvre l'ancienne régence, avait forcé les Danois à entrer dans la coalition, pendant que les Anglais et les Hollandais, se rendant maîtres des bouches de l'Escaut, bloquaient Anvers.

Cependunt le prince Eugène, à la tête de 40,000 hommes, conservait toute l'Italie; nos soldats ignoraient encore la conduite incertaine du roi de Naples, la défection des Bavarois et les désastres de Napoléon; mais lorsque ces événements furent révélés, la brave armée d'Italie, dont le nom glorieux ne rappelait que des triomphes, triste et abattue quoique intacte et victorieuse, reprit sa marche rétrograde, se mit en position derrière l'Adige sur le plateau de Rivoli, et enfin, le 4 novembre, elle se concentra en avant de Vérone.

L'ennemi continuellement renforcé, faisait des progrès de toutes parts; après la plus honorable résistance, le général Ruizi, qui défendait Zara en Dalmatie, capitula le 6 décembre, et rentra en France avec sa garnison, sous la condition de ne servir qu'après échange. Venise tenait encore, mais étroitement bloquée, et n'ayant plus aucune communication avec le continent. A la fin de 1813, l'armée d'Italie, avec les divers détachements de toutes armes venant d'Espagne et d'Allemagne, se trouvait encore forte de 43,320 hommes, dont 3,300 de cavalerie, sous le commandement des généraux Grenier et Verdier.

La péninsule espagnole offrait une perspective bien plus alarmante. Les désastres de 1812 avaient forcé Napoléon d'y désorganiser en quelque sorte ses corps. Wellington, retiré en Portugal, fut informé, vers le milieu de mai 1813, de la situation morale et matérielle de nos forces, et se résolut aussitôt à reprendre l'offensive. Pour arrêter son mouvement d'agression, le roi Joseph se hâta de concentrer ses troupes sur l'Ebre; mais, serré de près par des forces supérieures, il fut obligé d'abandonner ses positions, et ne se trouva plus séparé de l'ennemi que par une chaîne de hauteurs faciles à franchir. Le 21 juin eut lieu la bataille de Vittoria, que nous perdîmes par le manque d'ordre et d'ensemble dans les dispositions. Joseph se vit forcé de rentrer en France, et Napoléon, jugeant indispensable d'opposer à Wellington un adversaire aussi habile que prudent, ordonna au maréchal Soult de voler vers les Pyrénées, et de rallier nos soldats sur ces frontières, que le général anglais avait déjà commencé d'envahir.

CHAPITRE XV.

Invasion de la France par les Alliés. — Préparatifs de résistance. — Napoléon part de Paris. — Ouverture de la campagne de 1814. — Victoires et revers de l'armée française. — Rupture des conférences. — Marche des alliés sur Paris. — Bataille et capitulation de Paris. — Faction royaliste. — Napoléon se retire à Fontainebleau. — Trahison de Marmont, duc de Raguse. — Abdication de Napoléon. — Ses adieux. — Son départ pour l'île d'Elbe.

La France, après avoir pendant 20 ans porté la guerre chez les divers peuples de l'Europe, voyait ses propres frontières menacées. Quelque désastreuse cependant, qu'eût été la retraite de Moscou, quelques pertes qu'elle eût essuyées en Saxe, peut-être aurait-elle pu lutter avec quelque succès contre l'Europe conjurée, si l'Empereur avait été énergiquement secondé dans l'étonnante activité qu'il déployait à réparer nos malheurs. Mais, au milieu des immenses dangers qui nous environnaient, le corps législatif où les Bourbons (1) avaient de secrètes pratiques avec quelques membres influents, commit la faute de ne pas se rallier fortement à Napoléon pour l'aider à sauver le pays. La dissolution de cette assemblée, suite naturelle de la mésintelligence survenue, ne laissa plus entre la nation et le chef de l'Etat, que le Sénat conservateur. Ce corps accorda libéralement tout ce qui lui fut demandé; malheureusement, il n'était pas dans des conditions nécessaires pour prêter au gouvernement de l'appui politique et de la puissance d'opinion. D'un autre côté, on songea trop tard à appeler le peuple à coopérer au salut commun, et à réveiller un en-

(1) Depuis le mois de mars 1813, une confédération royaliste s'était organisée dans le cœur de la France. Les ducs de Duras, de la Trémouille et de Fitz-James, MM. de Polignac, Ferrand, de Montmorency, Sosthène de Larochefoucault, de Sesmaisons en étaient l'âme; Le comte Lynck, à Bordeaux, lié avec le député Lamé, unissent leurs efforts pour servir la puissance du roi. (*Histoire de 1814, par de Beauchamp.*)

thousiasme qui eut été fatal aux ennemis de la France. La plupart de nos chefs étaient fatigués, mais le feu sacré animait toujours la jeunesse française; c'était le dernier espoir de la patrie. Napoléon se trouva donc presque seul avec une armée de 100,000 combattants, faible débris qui lui restait de tant d'héroïques phalanges, pour soutenir une lutte de plusieurs mois avec des armées immenses qui allaient pénétrer au cœur de la France. Peu s'en fallut toutefois, que son génie, plus admirable que jamais, ne triomphât pour la dernière fois; peu s'en fallut que toutes les légions de l'Europe ne fussent contraintes de reculer devant une poignée d'hommes et un grand capitaine, qui aurait alors dicté une paix glorieuse à l'Europe. Il suffirait de la campagne de 1814, pour créer à jamais la plus haute réputation militaire. L'ascendant de Napoléon produisit tout ce que pouvait produire l'un de ces hommes privilégiés qui semblent avoir reculé les bornes de notre nature; nouvel Antée, il lui aura suffi de toucher le sol natal pour retrouver toute sa force, toute l'énergie de ses plus jeunes et de ses plus belles années.

La barrière du Rhin arrêta, jusqu'à la fin de 1812, les armées étrangères; le prestige de gloire qui environnait nos armes défendait nos frontières, car les bataillons qui étaient rentrés sur le sol natal étaient trop peu nombreux pour garder tous les passages. Mais l'invasion de la France fut décidée dans une réunion des souverains tenue à Francfort. Il y eut bien alors des pourparlers de paix, mais ce ne fut de la part de la diplomatie étrangère, qu'une ruse pour mieux abuser les peuples; car, malgré les sacrifices de territoire imposés à l'Empereur, et auxquels il se résignait, il ne put obtenir que pendant les négociations, les opérations militaires fussent suspendues. A mesure que le plénipotentiaire français acceptait ce qu'on offrait, une nouvelle prétention s'élevait à la suite d'une difficulté vaincue. (1)

Les avis du comité organisé à Paris pour renverser le gouvernement impérial, réagissaient comme une puissance dirigeante dans les délibérations des alliés. Les destinées de la France étaient entre les mains d'une coterie inhabile, malheureusement secondée par les der-

(1) Les ministres des souverains alliés avaient mis pour conditions de la paix que le Rhin, les Alpes et les Pyrénées seraient les limites naturelles de l'empire français. L'indépendance de l'Allemagne et le rétablissement de l'ancienne dynastie espagnole étaient exigés; enfin l'Italie devait être libre. Le conseil des alliés pensait que l'Empereur des Français rejeterait ces ouvertures. Il trompa leur attente. Alors on fit naître de nouvelles difficultés: il les leva, et Manheim fut désignée pour l'ouverture d'un nouveau congrès. Mais les coalisés étaient bien loin de vouloir un rapprochement, et, s'ils renouaient les fils de la diplomatie, ce n'était que pour organiser, au sein de la France, des intrigues, des complots et des trahisons, qui, à défaut de victoires, devaient livrer à leurs caprices et à leurs intérêts l'indépendance de notre patrie.

nières défaites qui avaient épuisé nos forces, et la trahison, organisée dans le sein de la capitale, livrait à l'ennemi le secret de ses derniers moyens de défense, lui donnait le chiffre exact de nos cadres, et indiquait avec une atroce précision le terme de la résistance possible....

Il fallut donc se résoudre à combattre; et ce fut alors que pour la première fois, opposant aux volontés de l'Empereur une résistance inopportune et un courage facile, quelques membres du corps législatif se plaignirent de la constitution de l'État et de l'abus du pouvoir (1). Cet acte, d'une tardive indépendance, n'était qu'un mouvement inconsidéré, et dont les suites ne pouvaient être que funestes, quand 200,000 cosaques accouraient au rendez-vous qu'ils s'étaient donné dans les plaines de la Champagne.

Napoléon brisa l'instrument qui apportait à ses volontés une résistance inaccoutumée et faussait l'opinion au lieu de l'éclairer, et, dans l'allocution impétueuse qui suivit ce premier mouvement, il n'hésita point à signaler quelques députés, notamment M. Lainé, comme des factieux et des traîtres. Quelque vif que fut cet éclat, le député Lainé retourna dans ses foyers, aussi libre que ses collègues (2).

Tandis que l'année 1814 s'ouvrait au milieu de ces graves dissensions, les nouvelles les plus alarmantes arrivaient des divers points de la frontière. Napoléon, abusé par les trompeuses manœuvres des diplomates de Francfort, avait perdu un temps précieux. Fermement

(1) Napoléon avait fait mettre sous les yeux du sénat et du corps législatif les pièces relatives aux négociations, déclarant qu'il ferait sans regret les sacrifices que comportaient les bases parlementaires proposées par les alliés. Le corps législatif nomma une commission de cinq membres pour examiner ces actes et en faire un rapport. Ce rapport, fait pour irriter Napoléon, lui fut présenté par une députation, à laquelle il adressa une réplique aussi énergique qu'elle était fondée, et qu'il terminait ainsi : « L'adresse était indigne de moi et du corps législatif; un jour je la ferai imprimer, mais ce sera pour faire honte à ceux qui l'ont présentée. »

Napoléon se rendit ensuite au conseil d'Etat : « Vous connaissez, dit-il, la situation des choses et les dangers de la patrie. J'ai cru, sans y être obligé, devoir en donner connaissance aux députés du corps législatif. J'ai voulu les associer à nos intérêts les plus chers; mais ils ont fait de cet acte de ma confiance une arme contre moi, c'est-à-dire contre la patrie. Au lieu de me seconder, ils ont entravé mes efforts. Notre attitude seule pouvait arrêter l'ennemi ; leur conduite l'appelle ; au lieu de lui montrer un front d'airain, ils lui découvrent nos blessures. Ils me demandent la paix à grands cris, lorsque le seul moyen pour l'obtenir était de me demander la guerre ; ils se plaignent de moi, ils parlent de leurs griefs ; mais quel temps, quel lieu prennent-ils? N'était-ce pas en famille, et non en présence de l'ennemi, qu'ils devaient traiter de pareils objets? Etais-je donc inabordable pour eux? Me suis-je jamais montré incapable d'entendre la raison? Toutefois, il faut prendre un parti ; le corps législatif, au lieu de m'aider à sauver la France, concourt à précipiter sa ruine : il trahit ses devoirs; je remplis les miens, je le dissous !... »

(2) Il semble que la restauration, en répandant, quelques mois après, ses grâces sur les mêmes hommes, ait eu à cœur de justifier les paroles de l'Empereur.

persuadé que les puissances coalisées ne franchiraient le Rhin qu- dans le cas où il rejetterait leurs propositions de paix, il ne s'était oce cupé de la réorganisation, que pour donner plus de poids aux offres de son plénipotentiaire. Il n'avait pas songé que la trahison, en favorisant les secrètes ambitions de la Prusse et de la Russie, leur ferait oublier de nobles promesses ; et l'invasion le prit pour ainsi dire au dépourvu. Ce fut presque coup sur coup qu'il apprit le passage du Rhin, sur plusieurs points, la marche de Wellington sur Bayonne, la remise de Genève à Bubna, ses projets sur Lyon, l'occupation de la Belgique par Bulow et l'insurrection de la Hollande provoquée par la présence de Bernadotte (1). Frappé d'un développement si prompt, et sentant la nécessité d'opposer une digue à l'inondation, il ordonna une levée en masse sur toute la partie du territoire menacé par l'ennemi. Des commissaires extraordinaires furent expédiés pour organiser cette levée, et présider aux mesures de défense (2), mais il était déjà trop tard ; l'Isère et le Mont-Blanc seuls étaient libres ; quant aux autres départements, l'ennemi les occupait avant que les commissaires pussent y parvenir. On ne dut donc compter que sur les corps affaiblis des ducs de Raguse et de Trévise, et sur quatre divisions d'infanterie et de cavalerie qu'on emprunta aux armées d'Espagne, et qu'on fit arriver en grande hâte. On y ajouta quelques milliers de conscrits, fruit de la nouvelle levée, et des détachements de

(1) Les alliés avaient sept armées actives, deux restèrent en Italie, sous les ordres du comte de Bellegarde et de Joachim Murat, qui, en sa qualité de roi de Naples, se joignit à la ligue européenne ; cinq entrèrent immédiatement sur notre territoire :

La grande armée austro-russe, commandée par le prince de Schwartzemberg, en pénétrant par la Suisse ; Napoléon comptait sur sa neutralité ; elle fut indignement violée ;

La grande armée de Silésie ou prussienne, sous le maréchal Blücher, en passant le haut et le moyen Rhin ;

La grande armée suédoise, sous les ordres de Bernadotte, prince royal de Suède, en traversant le Bas-Rhin ;

L'armée anglo-batave, conduite par sir Graham, qui prit possession de la Hollande ; marcha jusqu'à l'Escaut, et attaqua les places que nous possédions dans ces contrées ;

L'armée anglo-espagnole et portugaise passa les Pyrénées, ayant à sa tête lord Wellington.

Les forces des alliés s'élevaient à plus de 600,000 hommes ; mais, par le retard de plusieurs colonnes et de nombreux blocus, ils ne pénétrèrent dans le centre de la France qu'avec 250 à 300,000 combattants.

(2) « Français, » disait Napoléon dans la proclamation dont ces commissaires étaient porteurs, « Français, un dernier effort ! J'appelle ceux de Paris, de la Bretagne, de la Normandie, de la Champagne, de la Bourgogne et des autres départements au secours de leurs frères de la Lorraine et de l'Alsace ! A l'aspect de tous ces peuples en armes, l'étranger fuira ou demandera la paix. »

gardes nationales de l'Ouest, soldats sans expérience il est vrai, mais pleins de courage et de dévouement, et qu'une large part attendait dans les dangers et la gloire de la campagne.

En Hollande et en Belgique, les mesures n'avaient été ni plus promptes ni plus complètes. On put à peine jeter quelques hommes dans les places de Berg-op-Zoom et d'Anvers. Carnot fut chargé de la défense de cette dernière ville en remplacement du général Maison, occupé à former en Belgique une nouvelle armée du Nord.

Cependant, l'ennemi développe autour de nous un cercle de plus de 600,000 hommes. Certes, quelque audace qu'on lui suppose, Napoléon n'aurait pas entrepris de lutter contre de telles forces, si elles avaient dû se présenter toutes à la fois, mais elles sont échelonnées sur trois lignes principales de communication, qui de Berlin, de Varsovie et de Vienne, aboutissent au Rhin. Napoléon, convaincu que l'ennemi ne peut commencer les opérations de cette campagne qu'avec 250,000 combattants, et qu'en gagnant du terrain cette armée s'affaiblira par la nécessité de laisser des corps considérables dans les villes où elle entrera, ou devant les forteresses dont elle ne pourrait se dispenser de former le blocus, avait recommandé à ses généraux d'éviter les affaires partielles, et de converger sur Châlonsen Champagne. Attendant que les coalisés se rapprochent de Paris, il espère que sur un champ de bataille préparé d'avance, et en manœuvrant avec vivacité au centre de leurs marches, il rencontrera des corps isolés les uns des autres, et qu'il les battra d'autant plus facilement, qu'ils se trouveront engagés plus avant au fond de nos provinces, et qu'alors, au signal donné par la victoire, les garnisons et toute cette population belliqueuse qu'ils auront laissés derrière eux, se lèveront en masse pour les exterminer.

Pendant que Napoléon passe les jours et les nuits, soit à poursuivre les chances qui lui restent pour un accommodement, soit à se préparer des ressources pour une dernière campagne, les Autrichiens interceptent la route du Simplon; le Valais est enlevé à la France, et la Savoie menacée d'être rendue au roi de Sardaigne.

De ce côté, c'est le duc de Castiglione qui est chargé d'organiser la défense; il se rend à Lyon, et résiste quelque temps à l'envahissement au moyen des détachements qui lui sont envoyés de l'armée de Catalogne et des dépôts des Alpes.

Bientôt l'invasion ennemie fait de nouveaux progrès. Schwartzemberg a forcé les passages des Vosges, il étend sa gauche le long de la Saône, il avance son centre sur Langres, et dirige sa droite sur Nancy, rendez-vous assigné aux Prussiens. Blücher ne tarde pas à paraître au milieu des places de la Lorraine. York se présente devant Metz, et Sacken arrive à Nancy. Depuis le 31 janvier, les souverains alliés sont sur le territoire français ; leur quartier-général suit la marche de l'armée autrichienne. Le duc de Raguse, qui s'était arrêté sous le canon de Metz, se voyant serré de trop près, vient d'abandonner ce boulevard de la France à ses propres forces. Le général Durutte en a pris le commandement, et le général Rogniat, l'un de nos plus habiles ingénieurs, s'y est renfermé. Le 14 janvier, le prince de la Moskowa avait évacué Nancy; le 16, le duc de Trévise avait quitté Langres; le 19, le duc de Raguse était en retraite sur Verdun.

Au Midi, les talents du maréchal Soult et la bravoure française opposaient aux Anglais, réunis aux Espagnols et aux Portugais, sur les bords de l'Adour, une barrière plus forte que n'avait été celle des Pyrénées.

Le duc d'Albufera est le seul de nos maréchaux que l'adversité n'ait pas encore atteint. Étonné de voir l'Espagne prendre une attitude victorieuse, et ne pouvant se résoudre à reculer devant un ennemi qu'il a toujours battu, il maintint son quartier-général à Barcelone.

En Italie, Rome est encore la seconde ville de l'Empire français. Les Autrichiens n'ont pu forcer le passage de l'Adige. Le prince Eugène est à Verone avec 80,000 Français et Italiens, qu'il oppose à l'armée autrichienne de Bellegarde. Si le roi de Naples veut se rallier à lui, non-seulement l'Italie est sauvée, mais une imposante diversion peut descendre encore une fois du sommet des Alpes-Juliennes jusqu'à Vienne. Les intrigues et les séductions de l'ennemi semblent nous menacer de ce côté de plus de dangers que ses armées : des insinuations ont été faites au prince Eugène, et n'ont pu l'ébranler. Les mêmes attaques assiégent la vanité du roi de Naples. Les troupes dont il nous promet le secours vont arriver à Bologne; Napoléon et le prince Eugène ne peuvent croire que c'est un nouvel ennemi qui s'avance !

200,000 Français sont à l'extérieur ainsi dispersés : 50,000 sur l'Elbe, 100,000 au pied des Pyrénées et 50,000 au delà des Alpes. S'ils ne peuvent concourir à l'action principale, du moins font-ils des diversions utiles, et ces armées lointaines empêchent l'arrivée sur nos frontières de nouvelles masses d'ennemis. D'ailleurs, Napoléon craint qu'en retirant maintenant toutes ses troupes de leurs positions respectives elles ne soient compromises dans leur retraite, qu'elles n'arrivent qu'après l'événement, et qu'à des calculs militaires incertains, on ne sacrifie des compensations qui deviennent chaque jour plus précieuses.

Les événements se pressent de plus en plus ; on répand les bruits les plus sinistres ; la consternation est générale ; l'ennemi est aux portes de Troyes; la moitié de la France est envahie, et l'Empereur n'a point encore quitté son palais. L'armée le réclame à grands cris, certaine que lui seul peut la réconcilier avec la victoire.

Depuis longtemps, le départ de Napoléon était annoncé, lorsque le 25 janvier, à la suite d'une grande revue, le corps des officiers de la garde nationale fut admis aux Tuileries. Napoléon, se plaçant au milieu de ces citoyens, prit un ton conforme à sa situation, et leur dit « qu'une partie du territoire français étant envahie, il allait se mettre à la tête de l'armée, et qu'avec l'aide de Dieu et la valeur de ses troupes, il espérait rejeter l'ennemi au delà des frontières. » Puis, tournant ses regards sur Marie-Louise et son fils qu'elle portait dans ses bras, il ajouta d'une voix attendrie : « Je confie ma femme et mon enfant à ma fidèle ville de Paris; je lui donne la plus grande marque d'estime, en laissant sous sa garde les objets de mes plus chères affections, après la France. » dit-il deux fois. « On me passera sur le corps avant d'arriver jusqu'à vous. » Ces paroles, que les circonstances rendaient si éloquentes, l'aspect d'un monarque époux et père, si longtemps victorieux et alors abandonné par la fortune, pénétrèrent d'attendrissement tous les cœurs; l'émotion devint encore plus forte lorsqu'on vît Marie-Louise, portant le roi de Rome dans ses bras, verser des larmes en songeant aux malheurs qui menaçaient son fils et aux dangers qu'allait courir son époux. Les officiers éclatèrent par des transports unanimes : tous jurèrent spontanément de protéger et de défendre le dépôt sacré qui leur était confié, et tous promirent que désormais *Délivrance du territoire* serait leur cri de ralliement. Cet enthousiasme qu'il eut été utile d'étendre jusqu'aux départements, ne fut pas propagée au delà des Tuileries.

Le jour même où cette scène touchante eut lieu, Napoléon fit le sacrifice des prétentions qui, depuis quatre ans, avaient nourri ses querelles avec le pape et avec le prince Ferdinand d'Espagne. En calmant ainsi les inimitiés du midi de l'Europe, il pense pouvoir, avec moins d'inconvénients, affaiblir ses armées d'Italie et des Pyrénées. Le pape put donc quitter Fontainebleau pour se rendre en Italie. Quant à Ferdinand, il recouvra sa liberté aux conditions suivantes qu'il accepta avec empressement : 1° qu'il paierait exactement sa pension au roi son père; 2° qu'il nous rendrait nos prisonniers en échange des siens vingt fois plus nombreux; 3° enfin que, soustrait au joug de la France, il n'irait pas se mettre sous celui de l'Angleterre.

Avant de s'éloigner, Napoléon prévoyant que, pendant son absence, il serait possible que des corps isolés vinssent porter l'alarme jusque sous les murs de Paris, ordonna de fortifier les hauteurs de Montmartre, de palissader les principales barrières, et, dans un cas extrême, de distribuer 50,000 fusils au peuple des faubourgs. Marie-Louise fut confiée à Joseph Bonaparte. L'Empereur, plein de confiance dans le dévouement de son frère, de ses ministres et du sénat, quitta la capitale le 25 janvier. (1)

L'approche de l'ennemi avait jeté sur la route une espèce de stu-

(1) Cependant pressentant déjà dans cet instant décisif, des perfidies funestes, et

peur, que le passage de Napoléon a suspendue tout à coup : c'est l'effet ordinaire de sa présence. Dans le danger commun, son arrivée à l'armée offre les seuls moyens de salut auxquels l'imagination du peuple puisse se confier. Napoléon arriva le 25 aux avant-postes, et aussitôt s'ouvrit cette terrible campagne où il devait retrouver tous les talents, toute l'énergie de sa jeunesse et reproduire les miracles des belles guerres d'Italie.

Les maréchaux Ney et Victor formaient l'avant-garde à Vitry-le-Français; Marmont était derrière la Meuse, entre Saint-Mihiel et Vitry; le duc de Trévise, sur la droite, à Vaudœuvre, rétrogradait vers Troyes avec la vieille garde, en disputant le terrain pied à pied devant le corps principal de l'armée autrichienne de Schwartzemberg. Le général Alix occupait l'extrême droite à Auxerre. Enfin, Macdonald, dont la marche a été retardée dans les Ardennes, s'avançait sur Châlons.

La réunion de ces troupes portait les forces disponibles, sous les ordres immédiats de l'Empereur, à 70,000 hommes. Napoléon, arrivé à Châlons, se fit rendre compte de la position des alliés, et apprit que la tête de l'*armée de Silésie* marchait sur l'Aube et venait d'arriver à Brienne, que son centre occupait Saint-Dizier, attendant, pour quitter cette position, que sa gauche eût passé la Meuse à Saint-Mihiel et fût venue le remplacer. La *grande armée* austro-russe approchait de Troyes; son avant-garde était arrivée à Bar-sur-Aube. Dans deux jours, les deux armées alliées peuvent opérer leur jonction. Il n'y avait pas un instant à perdre. Napoléon résolut de percer l'armée de Silésie par son centre, en débouchant par Saint-Dizier, de se rabattre, par Joinville et Chaumont sur Langres, où il comptait encore trouver le reste de l'armée austro-russe; mais déjà celle-ci s'était avancée sur Troyes, pour soutenir l'armée de Silésie, de sorte que Napoléon allait se heurter contre des masses énormes, croyant n'avoir à faire qu'à des têtes de colonnes. Le 27 janvier, Napoléon marcha donc sur Saint-Dizier, et en déposta la division russe de Laudskoy, qui se retira sur Brienne, par Joinville.

Les Prussiens s'enfuirent si précipitamment, qu'ils n'eurent pas le temps de faire sauter les ponts pour se mettre à l'abri de la poursuite. Les habitants, délivrés des vexations les plus violentes, accoururent au devant de Napoléon. Les cris sincères de *vive l'Empereur!* reten-

les plus noires trahisons, Napoléon résolut de s'assurer de la personne de Talleyrand. Mais il en fut empêché par les représentations, et l'on pouvait même dire l'offre de garantie personnelle de quelques ministres, qui lui démontrèrent que Talleyrand était du nombre des hommes qui devaient le plus redouter les Bourbons; Napoléon leur céda, mais il leur dit plusieurs fois qu'il était bien à craindre, qu'eux et lui n'eussent à s'en repentir.

tirent dans les airs; la foule se pressait autour de lui, chacun voulait le voir, le toucher, lui parler. Les uns baisaient ses pieds, d'autres cherchaient à caresser son cheval; souvent même on voyait des groupes de femmes et d'enfants s'agenouiller devant lui. Exaspérés par l'effet de leurs souffrances, ces infortunés répétaient au milieu des sanglots : *Vive notre bon Napoléon! Soyez le bienvenu! c'est Dieu qui vous envoie! Délivrez-nous des cosaques!* Le lendemain, ne laissant à Saint-Dizier qu'une partie du corps de Marmont pour couvrir sa marche, Napoléon se porta, avec le reste de ses troupes, sur Blücher, à travers la forêt de Der, par les chemins les plus difficiles et que le mauvais temps semblait devoir rendre impraticables. En dépit de tant d'obstacles, l'armée française avance, et le quartier-général s'établit à Montiérauder, dans la nuit du 28 au 29.

Napoléon passe la nuit à recevoir les habitants des environs qui viennent lui apporter des nouvelles de l'ennemi. Il lui en arrive de toutes les directions. De leurs différents rapports, il résulte que Blücher a été retenu à Brienne par la nécessité de rétablir le pont de Lesmon-sur-l'Aube, et que son arrière-garde n'est qu'à trois lieues de nous. Au point du jour, on reprend le chemin de Brienne; et le 29, à huit heures du matin, la cavalerie Milhaud rencontre l'ennemi dans les bois de Maizières. On délogeait les hussards prussiens de ce village, lorsque le curé s'en échappe et vient se jeter à la botte de Napoléon, qui retrouve en lui un de ses anciens maîtres du collége de Brienne. Napoléon le prend aussitôt pour guide.

A mesure qu'on s'approche de Brienne, le combat s'engage plus vivement. Averti de notre marche, le général prussien voulut se diriger sur la forte position de Trannes, par où devait déboucher la grande armée alliée. Au moment où il allait exécuter cette résolution, notre avant-garde parut, et il n'y eut plus moyen d'éluder la bataille. Mais déjà la communication était établie, par Bar-sur-Aube, entre les deux armées des alliés. Blücher, après avoir donné au généralissime avis de l'approche des Français, s'était fortifié sur les hauteurs de Brienne, pour attendre les renforts qu'il le pressait de lui envoyer; et dans tous les cas, il avait fait ses dispositions pour se ménager une retraite vers eux, s'il y était forcé. Schwartzemberg, répondant à cet appel, avait dirigé sur ce point les gardes russes et prussiennes avec les réserves. Heureusement pour l'armée française, ces troupes d'élite n'arrivèrent pas à temps pour prendre part à l'action.

Les dispositions de Blücher, tant sur la hauteur où s'élève le château de Brienne, que dans la plaine, autour de la ville, arrêtèrent quelque temps l'Empereur, qui crut devoir attendre l'arrivée de toutes ses forces pour attaquer. L'infanterie, retardée par le mauvais état des chemins, était restée en arrière; une partie seulement put rejoindre vers trois heures. L'action s'engagea alors; elle fut terrible.

Malgré les prodiges de valeur de la part du maréchal Ney et des généraux Grouchy, Lefebvre-Desnouettes et Duhesme, elle était encore indécise à cinq heures, lorsque deux bataillons de la jeune garde, guidés par l'intrépide général Chateau, pénétrèrent dans le parc, et parvinrent à enlever la position si vivement, que le feld-maréchal Blücher et son état-major eurent à peine le temps d'en sortir. Sur ces entrefaites, le contre-amiral Baste forçait l'entrée de la Ville-Basse, au pied de la montée du château; il y reçoit la mort; ses troupes n'en soutiennent pas moins vigoureusement le combat. En montant la rue du Château, nos tirailleurs se trouvent tête à tête avec un groupe d'officiers prussiens qui descendaient en toute hâte dans la ville; on fait main basse sur plusieurs : dans le nombre des prisonniers se trouve le jeune d'Ardemberg, neveu du chancelier de Prusse; et l'on apprend par lui qu'il vient d'être pris au milieu de l'état-major prussien, à côté du maréchal Blücher lui-même. Notre vieil ennemi l'avait échappé belle. Le gros de l'armée ennemie sort enfin de Brienne pour se porter sur la route de Bar-sur-Aube, à la rencontre des Autrichiens; mais l'arrière-garde prussienne, qui reste maîtresse d'une partie de la ville, s'obstine à reprendre le château. Nos troupes s'y défendent avec la même obstination. L'embrasement de la ville et la mousqueterie ne purent vaincre l'opiniâtreté de cette lutte, qui se prolongea encore pendant trois heures. (1)

Tandis que cette position nous était ainsi disputée, l'armée française établissait ses bivouacs dans la plaine qui est entre Brienne et les bois de Maizières, et Napoléon, après avoir donné ses derniers ordres, retournait à son quartier-général de Maizières, suivi des généraux de sa maison. La nuit était fort obscure, et, dans la confusion de ce campement, on ne pouvait guère se reconnaître que de loin en loin, à la lueur de quelques feux. Dans ce moment, une bande de cosaques, attirée par l'appât du butin, se glisse à travers les ombres du camp et parvient jusqu'à la route. Le général Dejean se sent pressé brusquement; il se retourne et crie : *Aux cosaques!* En même temps, il veut plonger son sabre dans la gorge de l'ennemi qu'il croit tenir;

(1) Napoléon, élevé à Brienne, ne put échapper aux souvenirs que ce lieu lui rappelait ; il reconnaissait les principaux points de vue de la campagne, et les retrouvaient en proie aux désastres de la guerre. Il chercha du moins, à force de libéralités sur sa cassette, à soulager les nombreuses infortunes qui l'environnaient. La dévastation du château et l'incendie de la ville l'affligeaient au-delà de toute expression. Le soir, retiré dans son appartement, il fait le projet de rebâtir la ville, d'acheter le château, d'y fonder, soit une résidence impériale, soit une école militaire, soit l'un et l'autre. Le sommeil vient le surprendre dans les calculs et les illusions de ce projet! (*Baron Fain.*)

mais celui-ci échappe et s'élance sur le cavalier en redingote grise qui marche en tête. Corbineau se jette à la traverse; Gourgaud a fait le même mouvement, et, d'un coup de pistolet à bout portant, il abat le cosaque aux pieds de Napoléon. L'escorte accourt; on se presse, on sabre quelques cosaques; mais le reste de la bande, se voyant reconnu, saute le fossé et disparait.

Il est dix heures du soir, quand Napoléon est de retour à Maizières. Le prince de Neufchâtel arrive après tout le monde; on le ramène couvert de boue : il était tombé dans un fossé. Le curé de Maizières était également méconnaissable sous la boue qui couvrait sa soutane; il avait eu son cheval tué d'une balle derrière Napoléon.

Le 30, à la pointe du jour, l'armée française se trouve entièrement maîtresse de la position de Brienne, et les Prussiens sont en pleine retraite sur Bar-sur-Aube. Napoléon, attribuant cette retraite à la crainte d'un nouveau combat, donna ordre aussitôt qu'on se mît à leur poursuite. Mais les Prussiens, parvenus à Trannes le 31, s'y arrêtèrent en rencontrant les corps de Giulay, du prince de Wurtemberg, et les réserves commandées par Barclay de Tolly. Blücher, fort de cet appui, résolut d'attaquer l'Empereur le 1er février, et vint présenter la bataille dans la plaine entre Bar-sur-Aube et Brienne. Les coalisés comptaient 123,000 hommes; Napoléon qui, en comprenant la réserve du prince de la Moskowa, n'en réunissait que 36,000, accepta le combat qu'au reste il ne pouvait guère refuser. Pour se rabattre sur Troyes, il eût fallu attendre que l'on eût rétabli, le pont de Lesmont coupé pour arrêter Blücher lorsqu'il marchait sur Troyes; on demande encore 24 heures pour l'achever : nos sapeurs redoublent d'activité, mais en attendant il faut se préparer à recevoir l'ennemi. La bataille se livre à la Rothiere, et quoique soutenue par des troupes à peu près épuisées, contre des forces presque quadruples, elle n'amena pas de déroute; Napoléon y commande, les souverains alliés y sont aussi. La nuit seule met fin à l'action et favorise la retraite des Français sur Troyes, et ce n'est que le lendemain à la pointe du jour, que l'ennemi reconnaît l'abandon de nos lignes. Napoléon avait quitté le château de Brienne à quatre heures du matin. La bataille de la Rothiere, dont l'issue n'avait pas été difficile à prévoir, exalta l'ardeur des alliés. Un avantage remporté en France même, et sur une armée commandée par l'Empereur en personne, devait en effet enfler démesurément des hommes qu'il avait eus pendant dix ans à sa merci. Ils crurent en conséquence que le moment était venu de jeter le masque; et ils ouvrirent un congrès, non de l'autre côté du Rhin, comme l'avait demandé Napoléon lors des conférences de Francfort, mais au centre de la France, à Châtillon.

La composition seule de ce congrès, le dernier où Napoléon dut figurer comme l'un des souverains de l'Europe, indiquait assez quel esprit y présiderait. L'Autriche y était représentée par le comte de Stadion, et la Russie par le comte de Razoumowski ; c'était particulièrement à l'instigation de ces deux hommes que s'étaient allumées les dernières guerres contre la France. Le premier, d'ailleurs, avait été écarté du cabinet autrichien, dont il faisait partie, sur les observations de Napoléon, qui avait également demandé que le second se retirât de l'ambassade de Vienne. Indépendamment de leurs antipathies nationales, tous les deux avaient donc une injure personnelle à venger ; et ce qu'ils virent avant tout dans l'Empereur, ce fut un souverain qui les avait humiliés.

L'Angleterre, sans doute comme puissance soldante, avait délégué trois plénipotentiaires : lord Aberdeen, lord Cathcart, et sir Charles Stewart. Le premier était déjà connu pour l'influence qu'il avait exercée sur le cabinet de Vienne, en l'amenant à signer le traité de Tœplitz, par lequel l'Autriche s'alliait à l'Angleterre contre la France ; le second était l'instrument dont la politique anglaise se servait quand elle avait quelque acte honteux à commettre : il s'était chargé de l'incendie de la flotte danoise à Copenhague. Quant au général Stewart, c'était le frère d'un des plus implacables ennemis de la France, de lord Castelreagh qui assistait lui-même au congrès ; il n'y apportait spécialement aucun caractère officiel ; on devine le but de sa présence. La Prusse y était représentée par le baron de Humboldt, que son gouvernement n'eût pas envoyé là, s'il n'eût partagé les longs ressentiments de la nation prussienne contre Napoléon.

Le duc de Vicence (Caulaincourt) fut chargé d'y défendre les intérêts et l'honneur de la France.

Le premier jour se passa en formalités et visites d'usage, ainsi qu'il est constaté par le protocole : le 5 février seulement, les plénipotentiaires prirent séance ; ceux des cours alliées annoncèrent qu'ils étaient chargés de traiter de la paix *avec la France au nom de l'Europe*, ne formant qu'un *seul tout ;* et le surlendemain, 7 février, ils déclarèrent que la condition du traité, c'était que la France rentrât dans les limites qu'elle avait avant la révolution.

Quelle différence entre ces propositions et celles du congrès de Prague, ou même celles de Francfort ! mais aussi combien la face des affaires n'était-elle pas changée? A Prague, Napoléon, maître de Dresde, vainqueur dans trois batailles, commandait encore à 250,000 hommes ; aujourd'hui, le lieu du congrès est presque au centre de la France, où se croisent les armées étrangères.

Les plénipotentiaires délibéraient sous l'influence des événements militaires qui se passaient autour d'eux. Leurs prétentions croissaient avec l'infortune de nos armes.

Depuis le départ de Paris, on n'avait pas encore envoyé de bulletin de l'armée; l'espérance de débuter par une victoire avait fait différer le départ des nouvelles jusqu'après l'issue de la marche entreprise contre Blücher. On ne peut plus retarder cet envoi davantage; mais la chance a tourné de telle manière, que c'est le récit de la bataille perdue à Brienne qui commence la série des bulletins de cette campagne. Les premiers courriers qui partent de Troyes pour Paris en sont porteurs.

Napoléon apprit à Troyes la défection de Murat et les progrès des alliés qui pénétraient au cœur de la France, malgré les négociations ouvertes à Châtillon pour traiter de la paix. Faisant encore un pas rétrograde, l'Empereur plaça son quartier-général à Nogent; c'est là que les courriers venus du nord l'instruisirent de la perte de la Belgique, par suite de la retraite du général Maison en deçà de l'ancienne frontière. Carnot s'était enfermé à Anvers, que bloquait un corps d'anglo-prussiens. Napoléon apprend en même temps que Blücher et Schwartzemberg, encouragés par leurs premiers succès, se sont de nouveau séparés, et marchent à l'envi l'un de l'autre sur Paris; le premier, à la tête de l'armée de Silésie, grossie de renforts considérables, se dirige par la grande route de Châlons; le second suit le cours de la Seine.

C'est parmi les alarmes nées de cette position critique que Napoléon reçut du duc de Vicence le protocole des conférences de Châtillon, du 7 février.

Napoléon, après avoir lu ses dépêches, se renferme dans sa chambre et garde le plus morne silence. Cependant il faut une réponse pour le duc de Vicence; les alliés la demandent catégorique et prompte, le courrier l'attend. Le prince de Neufchâtel et le duc de Bassano réunissent leurs instances; Napoléon est enfin forcé de s'expliquer : « Quoi! leur dit-il avec vivacité, vous voulez que je signe un pareil traité, que je foule aux pieds mon serment de conserver l'intégralité du territoire! Des revers inouïs ont pu m'arracher la promesse de renoncer aux conquêtes que j'ai faites; mais que j'abandonne aussi celles qui ont été faites avant moi; que je viole le dépôt qui m'a été remis avec tant de confiance; que, pour prix de tant d'efforts, de sang et de victoires, je laisse la France plus petite que je ne l'ai trouvée? jamais! Le pourrai-je sans trahison ou sans lâcheté?... Vous êtes effrayés de la continuation de la guerre, et moi je le suis des dangers plus certains que vous ne voyez pas. Si nous renonçons à la limite du Rhin, ce n'est pas seulement la France qui recule, c'est l'Autriche et la Prusse qui s'avancent... La France a besoin de la paix; mais celle qu'on veut lui imposer entraînera plus de malheurs que la guerre la plus acharnée! Songez-y. Que serai-je pour les Français quand j'aurai signé leur humiliation? Que pourrai-je répondre aux républicains du Sénat, quand ils viendront me redemander leurs barrières du Rhin?...

Dieu me préserve de tels affronts!... Répondez à Caulincourt puisque vous le voulez; mais dites-lui que je rejette ce traité. Je préfère courir les chances les plus rigoureuses de la guerre! »

Après ce premier mouvement, Napoléon se jette sur un lit de camp; le duc de Bassano reste auprès de lui; il passe une partie de la nuit debout à son chevet, et, profitant d'un moment plus calme, il obtient enfin la permission d'écrire au duc de Vicence dans des termes qui lui permettent de continuer la négociation. Napoléon devait signer à sept heures du matin les dépêches qui autorisaient le duc de Vicence à faire des concessions pour obtenir la paix, lorsqu'il reçut à cinq heures un rapport sur les mouvements de l'armée russe et prussienne qui lui fit juger que des événements glorieux allaient changer la face des choses; il ajourna les instructions au duc de Vicence, et partit pour Champ-Aubert. La marche de flanc de l'armée de Blücher que Napoléon épiait en secret, avait enfin lieu; le moment était devenu favorable pour l'attaquer.

Napoléon s'élance à travers les vastes plaines qui séparent Nogent de Montmirail, et qui n'ont pas moins de douze grandes lieues. Il laisse à Nogent le général Bourmont, sous les ordres du duc de Bellune; il laisse au pont de Bray-sur-Seine le duc de Reggio, et leur recommande de retenir les Autrichiens le plus longtemps qu'ils pourront au passage de la Seine. Le 9 février, Napoléon arrive à Sézanne avec le gros de ses troupes. Le soir même de ce jour, les coureurs français rencontrent quelques cavaliers prussiens sur les bords de la rivière du Petit-Morin, entre Sézanne et Champ-Aubert. Tous les rapports s'accordent à dire que les troupes prussiennes couvrent les routes depuis Châlons jusqu'à la Ferté, et qu'elles marchent dans la sécurité la plus parfaite. Quatre lieues en séparent encore Napoléon; il les franchit avec la rapidité de l'éclair.

Le 10 au matin, le duc de Raguse, qui d'abord trouvant les chemins trop mauvais, était revenu en arrière, passe les défilés de Saint-Gond sous les yeux de Napoléon, et enlève à l'ennemi le village de Baye. Dans l'après-midi, l'armée parvient au village de Champ-Aubert, débouche sur la grande route de Châlons, et y bat à plate couture les colonnes que le général Alsusiew (le même qui défendait Brienne) a ralliées trop tard contre nous. La déroute est telle que les forces de l'ennemi se séparent : les uns fuient du côté de Montmirail et sont poursuivis par la cavalerie du général Nansouty; les autres fuient sur Etoges et sur Châlons, et sont poursuivis par le duc de Raguse. 1,200 hommes restèrent sur le champ de bataille; plus de 300 se noyèrent dans les étangs du Désert, contre lesquels le général Bordesoulle avec ses cuirassiers les avait acculés; 2,300 furent faits prisonniers. Parmi ceux-ci se trouvaient le général Alsusiew et deux autres généraux. Sur 24 bouches à feu qu'avait la division russe, 21 restèrent en notre pouvoir. Notre perte ne s'éleva pas au delà de 600 tués ou blessés.

Maître de Champ-Aubert, Napoléon s'y loge dans une chaumière qui est sur la route, au coin de la grande rue du village. C'est là qu'on amène les généraux ennemis qui viennent d'être pris : il les fait dîner avec lui.

Depuis l'ouverture de la campagne, nous avions toujours été malheureux; avec quelle joie nous voyons briller sur nos armes cette première lueur de succès! Napoléon sent renaître bien des espérances. L'armée prussienne, coupée encore une fois dans sa marche, n'oppose plus que deux tronçons dont il compte tirer bon parti; et déjà il craint que le duc de Vicence, usant de la latitude des pouvoirs qui lui ont été confiés, ne se soit trop hâté d'humilier l'orgueil national aux pieds de la coalition. Il lui fait écrire qu'un changement brillant est survenu dans nos affaires, que de nouveaux avantages se préparent, et que le plénipotentiaire de la France peut prendre au congrès une attitude moins humiliée.

Les Français retrouvaient leur force en reprenant l'attitude offensive. Napoléon, replacé comme eux dans sa vraie position, en calcule tous les avantages, et poursuit l'ennemi avec son habileté ordinaire.

Le 11, il arrive en avant de Montmirail. Le général Nansouty était en position avec la cavalerie de la garde, et contenait l'armée de Sacken, qui était accourue pendant la nuit, en apprenant l'échec de Champ-Aubert. Le général York avait également quitté Château-Thierry. A onze heures, les alliés se formèrent en bataille : les divisions françaises arrivaient successivement. Napoléon aurait voulu les attendre toutes; mais à trois heures, la nuit approchant, il fit déboucher le duc de Trévise par Montmirail. Le général Friant, avec quatre bataillons de la vieille garde, reçut ordre d'attaquer la ferme des Gréneaux, position d'où dépendait le succès de la journée, et que les alliés défendaient avec 40 pièces de canon.

Alors les troupes russes et prussiennes du centre furent abordées au pas de course par la vieille garde, ayant le maréchal Ney en tête. Les tirailleurs se retirèrent épouvantés sur les masses; l'artillerie ne put plus jouer, mais la fusillade devint effroyable; le succès était encore indécis lorsque les lanciers, les dragons, les grenadiers de la vieille garde arrivèrent au grand trot sur les derrières des masses d'infanterie ennemie, les rompirent, les mirent en désordre, et tuèrent tout ce qui ne fut pas fait prisonnier. Le duc de Trévise s'empara du village de Fontenelle, celui de Marchais fut mis entre deux feux; tout ce qui s'y trouvait fut pris ou tué. En moins d'un quart d'heure, le plus profond silence succéda à la fusillade. Les alliés ne cherchèrent plus leur salut que dans la fuite, et perdirent 8,000 hommes tués ou prisonniers; notre perte fut de 2,000 blessés. Cette journée, si glorieuse pour l'armée française, ranima encore la confiance de nos soldats et retraça aux ennemis effrayés l'image des hommes d'Austerlitz et de Iéna.

Le lendemain, c'était au tour des Prussiens d'être battus; Napoléon fit poursuivre les alliés sur la route de Château-Thierry : ils soutenaient leur retraite avec huit bataillons qui n'avaient pas donné la veille, étant arrivés trop tard; ces bataillons étaient appuyés par quelques escadrons et par 3 pièces d'artillerie. Le général Nansouty, avec deux divisions de cavalerie, se porta par un mouvement à droite entre Château-Thierry et l'arrière-garde des alliés. Le général Lefort, avec une division de dragons de la garde, s'élança sur leurs flancs. Toute cette arrière-garde fut enveloppée; on en fit un horrible carnage : 2,000 hommes furent faits prisonniers. En ce moment, le prince Guillaume de Prusse, qui était resté à Château-Thierry avec 2,000 hommes, s'avança à la tête des faubourgs pour protéger les fuyards. Deux bataillons de la garde impériale arrivèrent au pas de course, et les foubourgs furent nettoyés (1); alors la réserve des alliés brûla ses ponts et s'établit sur la rive droite de la Marne, où elle démasqua une batterie. Ne pouvant se retirer sur la route d'Epernay, ni sur celle de Soissons, qui leur étaient coupées, les alliés furent obligés de prendre la traverse dans la direction de Rheims.

Blücher, comme étourdi de ces chocs rapides et imprévus, demeura trois jours immobile aux Vertus. Le 12 février, il fut rejoint par le corps prussien du général Kleist : il réunit alors les débris des autres corps et marcha avec 20,000 hommes contre le duc de Raguse, resté à Etoges avec la cavalerie du général Grouchy, pour observer la route de Châlons. Se trouvant trop faible devant un corps si nombreux, le maréchal se replia lentement sur Montmirail, et fit prévenir Napoléon, qui venait d'entrer à Château-Thierry.

Après avoir pourvu à la défense de la Marne, Napoléon monte à cheval à minuit pour suivre le mouvement de sa garde et rejoindre le duc de Raguse, Les demandes de secours deviennent d'heure en heure plus pressantes de la part de ce maréchal; il vient d'évacuer la position de Champ-Aubert, et recule encore.

(1) Les alliés s'étaient horriblement conduits à Château-Thierry ; aussi, dans leur retraite, l'acharnement des habitants contre eux était-il extrême. La joie d'être délivrés, la présence presque magique de Napoléon au milieu d'eux, tandis qu'ils le croyaient du côté de Troyes, le tumulte du combat qui venait de se livrer dans les rues de la ville, la confusion inséparable de tels événements, toutes ces circonstances avaient jeté dans l'esprit des habitants une exaltation qui tenait du délire. Les hommes ne parlaient que par imprécations et par menaces, les femmes riaient et pleuraient à la fois ; on en a vu, dit-on, sacrifier à leur vengeance des blessés prussiens tombés sur le pont, en les jetant à la rivière. (*Baron Fain.*)

Le 14 au matin, le maréchal Blücher était au moment d'arriver à Montmirail, lorsque le duc de Raguse fait faire tout à coup volte-face à son corps d'armée, et prend position dans la plaine de Vauchamps : nos troupes de Château-Thierry arrivaient. Bientôt l'ennemi aperçoit derrière le duc de Raguse toute l'armée française se déployant pour livrer bataille. A huit heures du matin, les cris des soldats signalent la présence de l'Empereur lui-même, et la bataille commence.

Dans le premier moment, le maréchal Blücher avait voulu éviter le combat, mais il n'était plus temps. En vain sa retraite est protégée par d'habiles manœuvres de cavalerie ; les charges de notre cavalerie culbutent tous les carrés qui nous sont opposés ; chaque pas rétrograde accélère la retraite de l'ennemi, et bientôt ce n'est qu'une fuite. Dans la soirée, le maréchal Blücher, enveloppé plusieurs fois avec son état-major, ne parvient à se dégager qu'à coups de sabre, et ne nous échappe qu'à la faveur de l'obscurité, qui n'a pas permis de le reconnaître : le duc de Raguse le poursuit tout la nuit.

Toute l'armée de Blücher aurait été prise si le mauvais état des chemins n'eût retardé la marche de l'artillerie. Toutefois, malgré l'obscurité de la nuit, la cavalerie française enfonça et sabra trois carrés de troupes russes, et poursuivit les autres jusqu'à Etoges. Là seulement s'arrêta la poursuite ; l'armée française exténuée de fatigue prit enfin quelque repos. Les tristes débris de l'armée de Silésie continuèrent, pendant la nuit, leur fuite sur Châlons, arrosant la route de leur sang, et la jalonnant de blessés. Le lendemain, ils passèrent la Marne et prirent des cantonnements ; les corps de Sacken et d'Yorck les rejoignirent enfin le 16 ; mais de quelques jours, Blücher, trop maltraité, ne put rien entreprendre.

Ainsi ce général malencontreux, après avoir été témoin passif de la défaite de trois de ses lieutenants, vint se faire écraser lui-même par une attaque étourdiment intempestive.

Telle est la rapide esquisse du combat de Vauchamps, dans lequel, sans avoir perdu plus de 600 hommes, l'armée française prit 20 pièces de canon, 10 drapeaux, fit 5,000 prisonniers, et mit hors de combat plus de 9,000 hommes. Depuis le départ de Troyes la rapidité des opérations militaires n'avaient pas permis d'envoyer à Paris des nouvelles officielles ; la proximité où l'on se trouve de la capitale permet de rendre aux comunications toute leur activités, on en profite pour y expédier dans la nuit les trois bulletins de cette glorieuse semaine ; et bientôt on les fait suivre par une colonne de 8,000 prisonniers Russes et Prussiens, que tout Paris voit défilez sur les boulevards.

Dans cette courte expédition, Napoléon, en se jetant tête baissée avec 26,000 hommes au centre de 84,000 coalisés, en avait détruit le tiers, et en aurait achevé la complète désorganisation, si les progrès des Autrichiens ne l'eussent pas forcé à lâcher prise pour se rapprocher de la Seine.

Déjà, les corps de de Wrède et de Wittgenstein s'étaient déployés jusqu'à Provins. Déjà Plutoff et la cavalerie entraient à Fontainebleau. Napoléon, ralliant au pas de course plusieurs corps d'armée, se dirigea aussitôt contre l'armée autrichienne, que Schwartzemberg pousse vers Nangis, après avoir forcé Nogent, Bray et Montereau. Le 16 au soir, le quartier impérial est à Guignes; la marche des Autrichiens s'arrête : le lendemain matin le canon français les réveille.

Le général Gérard déboucha sur le village de Mormant : les dragons du général Treilhard, arrivant d'Espagne, le tournèrent par sa gauche; le général Milhaud déborda sur la droite; le comte Drouot s'avança avec de nombreuses batteries et le fameux 52e régiment de ligne y pénétra la baïonnette en avant. En peu d'instants, tout fut décidé; les carrés formés par les divisions russes furent enfoncés; tout fut pris, généraux, officiers. La perte de l'ennemi, dans cette action qu'on appela le combat de Nangis, fut de 6,000 prisonniers, 10,000 fusils, 16 pièces de canon et 40 caissons; notre cavalerie harrassée par trente-six heures de marche, ne put compléter les succès de l'infanterie. L'armée austro-russe fuyait en se morcelant : l'autrichien Bianchi se retirait sur Sens; Wittgenstein opérant sa retraite par Provins, allait établir son quartier général à Sordun. L'Empereur ordonna de se mettre immédiatement à leur poursuite; Macdonald et Oudinot se mirent en marche sur les traces du général russe. Le duc de Bellune fut chargé de lui couper la retraite par un mouvement précipité sur Montereau, avec ordre de s'emparer le soir du pont de cette ville. La garde impériale bivaque autour de Nangis. L'Empereur couche au château.

Dans la soirée, un envoyé du général autrichien se présente aux avant-postes : c'est le comte de Parr; il demande une suspension d'hostilités. Cette démarche inspire à Napoléon l'espoir d'une négociation directe avec son beau-père : il se flatte de terminer ce grand débat, comme il a pu le faire à Prague, sans l'intermédiaire d'un congrès.

Napoléon écrit lui-même à l'empereur d'Autriche; il lui manifeste un vif désir d'entrer en accomomdement, mais il attend des conditions moins défavorables que celles qu'on lui a proposées, et auxquelles le changement survenu dans les affaires ne permet plus de s'arrêter.

A la fin de février, Napoléon avait reçu le projet du traité remis par les alliés à Châtillon.

Mais Napoléon rejeta cette proposition, ainsi qu'un autre acte préliminaire, dont les bases ne pouvaient être présentées dans une circonstance moins opportune. Les alliés conservaient à Napoléon la France telle qu'elle était sous ses rois; mais ils exigeaient l'occupation de Besançon, de Béfort et d'Huningue; il répondit à l'agent diplomatique qui lui remettait la minute d'un traité si onéreux : « C'est trop exiger! les alliés oublient que je suis plus près de Munich qu'eux de Paris. »

Abandonner les conquêtes de l'empire, Napoléon pouvait s'y résoudre; mais celles de la France républicaine, il ne se croyait pas le droit de consentir à un tel sacrifice; il l'aurait fait cependant, car le salut de la patrie impose des devoirs qui passent avant tout, si un traité de paix définitif eût été le résultat de cet abandon; mais ce n'était pas un traité définitif qu'on lui proposait : c'étaient des préliminaires de paix, c'était un armistice les armes à la main, ou plutôt c'était un armistice par lequel la France aurait mis bas les armes, tandis que ses ennemis auraient occupé les parties de son territoire qu'ils avaient envahies, et les forteresses d'Huningue, Béfort et Besançon, dont ils exigeaient la remise, quoiqu'elles fussent situées dans le pays qu'ils n'occupaient pas. Un tel traité n'était, aux yeux de Napoléon, qu'une capitulation déshonorante.

Des instructions furent donc expédiées au duc de Vicence pour la rédaction d'un contre-projet. La proposition des alliés fut envoyée à l'Impératrice avec ordre de la soumettre à un conseil extraordinaire convoqué à cet effet, et composé principalement des hommes qui avaient exercé de l'influence aux différentes époques de la révolution, et qui avaient été élevés aux grandes fonctions de l'empire. Un seul, (Lacuée-de-Cessac) repoussa le projet avec indignation, comme la proposition la plus déshonorante dont l'histoire de France eût jamais fait mention, et comme une loi honteuse à laquelle l'honneur même ne permettait pas aux Français de rester soumis; les autres furent d'avis d'obéir à la nécessité.

Dans sa dépêche au duc de Vicence, Napoléon s'exprimait ainsi :

« Je vous ai donné carte blanche pour sauver Paris et éviter une bataille qui était la dernière espérance de la nation. La bataille a eu lieu; la Providence a béni nos armes : j'ai fait 30 à 40,000 prisonniers; j'ai pris 200 pièces de canon, un grand nombre de généraux, et détruit plusieurs armées presque sans coup férir. J'ai entamé hier l'armée de Schwartzemberg, que j'espère détruire avant qu'elle ait repassé nos frontières. Votre attitude doit être la même; vous devez tout faire pour la paix; mon intention est que vous ne signiez rien sans mon ordre, parce que seul je connais ma position. En général, je ne désire qu'une paix solide et honorable; et elle ne peut être telle que sur les bases proposées à Francfort, etc. »

Le lendemain, Napoléon écrivait au prince Eugène; et sa lettre prouve que, loin de renoncer aux limites du Rhin, il ne désespérait pas encore de conserver l'Italie. La victoire de Nangis lui avait mis tant de confiance dans le cœur, qu'il disait : « Je suis plus près de Vienne que mon beau-père ne l'est de Paris. »

Cependant les ordres qu'a donnés Napoléon, après l'affaire de Nangis, n'ont pu être exécutés à temps par le duc de Bellune, qui, au lieu d'accomplir la manœuvre importante ordonnée par l'empereur, a commis l'incroyable faute de rester inactif à Salins, pendant que le corps autrichien de Bianchi passait le pont de Montereau sans être inquiété. L'Empereur avait combiné ses dispositions de telle sorte que la prise de ce pont, en arrêtant les Autrichiens, lui donnait le temps et la facilité de se jeter avec toutes ses forces au milieu de l'armée austro-russe, partagée en deux moitiés : on voit toute la gravité de la négligence du duc de Bellune.

Le généralissime Schwartzemberg eut à peine appris le résultat du combat de Mormant, que, prévoyant le danger où devait être le corps de Bianchi, il envoya le prince de Wurtemberg à Montereau, afin de couvrir sa retraite. Mais l'Empereur, convaincu de la nécessité de forcer ce passage, même tardivement, renouvela au duc de Bellune l'ordre d'y courir sur-le-champ, et de s'en emparer : c'était le 18 *février*. Le maréchal s'y rendit en effet avec les généraux Château et Duhesme. Pendant ce temps, le corps autrichien de Bianchi, avancé de l'autre côté de la Seine jusqu'à Fontainebleau, et craignant de se trouver compromis par les progrès de l'avant-garde française, s'était hâté de rétrograder sur Fossard, Villeneuve-le-Guyard et Sens : les Wurtembergeois couvraient ce mouvement.

Le duc de Bellune fait de vains efforts pour leur enlever la position. Le lendemain, au point du jour, le gènéral Château recommence l'attaque avec impétuosité. Malgré l'habileté de ses dispositions et la valeur de ses soldats, il est repoussé : trois fois il revient à la charge ; mais à la dernière, il tombe mortellement blessé. Cependant le général Gérard, à qui le commandement en chef venait d'être donné par Napoléon, débouchant avec son corps d'armée par la route de Nangis, arrive à temps pour soutenir le combat ; bientôt après Napoléon paraît lui-même à la tête de la gendarmerie de la vieille garde pour décider la victoire. Alors 30,000 de nos braves s'avancent à la fois et sont suivis par la division du général Pajol accourant par la route de Melun. En voyant ces dernières troupes, composées en grande partie des gardes nationales de la Bretagne et du Poitou, l'Empereur leur dit avec feu « *Montrez de quoi sont capables les hommes de l'Ouest, ils furent de tout temps les défenseurs de leur pays et les plus fermes appuis de la monarchie.* » Ces paroles électrisent les Vendéens ; ils gravissent les flancs du côteau qu'occupaient les alliés, et les attaquent avec fureur. On s'empare des hauteurs de Surville, que domine le confluent de la Seine et de l'Yonne ; on y place en batterie l'artillerie de la garde, qui foudroie les Wurtembergeois dans Montereau. Napoléon pointe lui-même les pièces, commande lui-même les décharges ;

l'ennemi fait de vains efforts pour démonter nos batteries; ses boulets sifflent sur le plateau de Surville comme les vents déchaînés : mais le soldat murmure de ce que Napoléon, cédant à l'attrait de son ancien métier, reste ainsi exposé aux coups de l'ennemi. C'est dans cette circonstance qu'il leur dit gaiement ce mot que tous les canonniers de l'armée ont retenu : « *Allez, mes amis, ne craignez rien; le boulet qui me tuera n'est pas encore fondu.* »

Le feu de nos pièces redouble, et pas une vitre du petit château de Surville ne résiste à la commotion. Protégées par cette redoutable artillerie, les gardes nationales bretonnes s'emparent du faubourg de Melun, et le général Pajol enlève le pont par une charge de cavalerie tellement vive, que l'ennemi n'a pas même le temps de faire sauter une arche. Les Wurtembergeois appellent en vain les Autrichiens à leur secours : acculés à la Seine, entassés pêle-mêle dans le faubourg, ils sont brisés sur ce point par le feu de nos pièces. Au même instant, les habitants, irrités des mauvais traitements qu'ils avaient reçus de ces étrangers, barricadent les rues, pendant que les femmes et les enfants font pleuvoir sur eux les tuiles et les pierres. Les uns arrachent les armes aux prisonniers, et s'en servent pour exercer de justes représailles contre ceux qui résistaient encore; d'autres se présentent à nos soldats pour les guider à travers les sentiers. La ville fut transformée en un véritable champ de carnage. Dans ce sanglant combat, l'un des plus brillants de la campagne, nous prîmes 4 drapeaux, 6 canons et un général; l'un des princes de la famille Hohenloe fut tué. On estima la perte totale de l'ennemi à près de 5,000 soldats. Napoléon, heureux d'un second triomphe, aussi inopiné que le premier, s'écria : « *Mon cœur est soulagé, je viens de sauver la capitale de mon empire!* »

Après la victoire, Napoléon croit avoir à exercer un acte de justice sévère. Si le duc de Bellune eût exécuté ponctuellement ses ordres, le sang français n'eût pas coulé. Napoléon lui ôte son commandement, et *lui permet de se retirer chez lui*. Le duc se hâte de se rendre auprès de l'Empereur. D'abord il essuie de violents reproches. Quand il voit que toute justification est impossible, il s'écrie, les larmes aux yeux : « Si j'ai fait une grande faute militaire, je l'ai payée bien cher, Sire, par la mort de mon gendre, le général Château... » A ce mot, l'Empereur l'interrompt vivement. et s'informe si l'on conserve quelque espoir de sauver le général. Le duc de Bellune, reprenant courage, proteste de nouveau qu'il ne quittera pas l'armée. « Je vais prendre un fusil, dit-il; je n'ai pas oublié mon ancien métier : Victor se placera dans les rangs de la garde. » — « Restez, Victor, restez, » lui dit Napoléon, en lui tendant la main; « je ne puis vous rendre votre corps d'armée, puisque je l'ai donné à Gérard; mais je vous donne deux visions de la garde; allez en prendre le commandement, et qu'il ne soit plus question de rien entre nous. » C'est ainsi que Napoléon se fâchait; c'est ainsi qu'on l'apaisait (1).

L'échec terrible de Mormant et la déroute de Montereau, réunis aux avantages immenses obtenus par nos troupes les jours suivants, commençaient à dessiller les yeux des souverains alliés. Chassés jusqu'à Chaumont, ils ordonnèrent en passant, à leurs plénipotentiaires, de demander une prompte réponse, afin de discuter les articles préliminaires, tandis que, de leur côté, ils resserraient les liens de la coalition par un traité nouveau. Battus par nos soldats, pourchassés par les habitants des campagnes, sans nouvelles depuis quelques jours du comité conspirateur de Paris, la peur les avait rendus hautains ; il n'était plus question de dernier mot, d'*ultimatum;* ils offraient de mettre leurs propositions en discussion ; le courage leur reviendra bientôt.

Conformément à ce qu'ils s'étaient promis en fuyant, les souverains alliés arrêtèrent le 1er mars, à Chaumont, les dispositions par lesquelles ils s'engageaient entre eux à consacrer tous leurs moyens respectifs à la poursuite de la guerre contre la France, dans le cas où elle rejetterait les conditions de la paix ; et comme il fallait être conséquent avec ses antécédents, on ajouta que l'objet qu'on se proposait était une paix générale, sous la protection de laquelle *les droits et la liberté de toutes les nations devaient être établis et assurés.* D'autres dispositions

(1) Pendant que nos succès réjouissaient la constance infatigable de nos soldats, redoublaient l'ardeur civique des habitants de la campagne et portaient jusqu'à l'exaltation le dévouement de nos jeunes officiers, on remarquait avec inquiétude qu'un retour d'espérance n'avait pas encore pénétré dans le cœur de la plupart des chefs de l'armée. Plus les événements venaient de nous être favorables, plus ils craignaient l'avenir. Chez eux, la prudence a grandi avec la fortune ; les plus pauvres sont au contraire les plus confiants. Cette différence dans la résolution avec laquelle chacun mesurait ainsi les événements offrait des contrastes pénibles pour le *bienfaiteur*, et il en ressentait toute l'amertume. Il a à se plaindre des plus braves!... Au combat de Nangis, un mouvement de cavalerie, qui aurait été fatal aux Bavarois, a manqué, et on en fait reproche à un général connu par son intrépidité, le général L'Héritier. La nuit dernière, l'ennemi nous a surpris quelques pièces d'artillerie au bivouac, et elles étaient sous la garde du brave général Guyot, commandant les chasseurs de la garde ! A Surville, au moment le plus chaud du combat, les batteries ont manqué de munitions ; et cette négligence, qui est un crime selon les lois rigoureuses de l'artillerie, semble retomber sur un de nos officiers d'artillerie les plus distingués, sur le général Digeon ! La forêt de Fontainebleau vient d'être abandonnée sans résistance aux Cosaques ; et le général qu'on accuse de n'avoir tiré aucun avantage, ni d'une pareille position, ni de tels adversaires, c'est Montbrun ! Enfin, peut-être le combat de Montereau n'aurait-il pas été nécessaire, et tant de sang répandu aurait-il été épargné, si, la veille, on eût marché assez vite pour surprendre le pont ; mais la fatigue a empêché d'arriver ; et c'est le duc de Bellune, autrefois l'infatigable Victor, qui a le malheur d'avoir à donner cette excuse. (*Baron Fain.*)

relatives aux subsides de l'Angleterre et aux mesures défensives à prendre contre Napoléon, dans le cas de paix, terminaient la convention.

La lettre écrite par Napoléon à l'empereur d'Autriche avait en grande partie provoqué ce traité. La Russie, la Prusse et surtout l'Angleterre craignirent que leur allié ne se laissât aller aux sollicitations de son gendre, et ils se lièrent plus étroitement. Ainsi une démarche tentée par Napoléon dans l'espoir d'améliorer sa position ne contribua qu'à la rendre plus difficile. Ce n'était pas, au reste, la première fois que son alliance avec l'empereur d'Autriche lui devint fatale.

La journée suivante fut employée à expédier des ordres pour que, sur toutes les routes, les différentes colonnes de l'ennemi fussent harcelées sans relâche dans leur retraite, et qu'un mouvement général des nôtres les poursuivît jusqu'à Troyes. Pendant les vingt-quatre heures qu'on a passées à Troyes, on n'a cessé par l'envoi d'estafettes de rassurer Paris où le canon de Montereau retentit.

Dans la journée du 20, Napoléon, avec le gros de son armée, remonte la rive gauche de la Seine par la route de Montereau à Nogent; il déjeune à Bray dans la maison que l'empereur de Russie a quittée la veille ; et le 22 au soir il se retrouve à Nogent, avec le corps d'armée du duc de Reggio, qui arrive par la route de Provins. Nogent avait cruellement souffert. Le général Bourmont et les braves troupes qu'il commandait y avaient disputé, pendant les journées du 10, du 11 et du 12, le passage de la Seine à toute l'armée de Schwartzemberg; ils n'avaient cédé qu'à la dernière extrémité. Aussi la ville n'offre-t-elle plus que des débris d'incendie, des murs percés par des créneaux et des boulets; çà et là, quelques habitants qui n'ont plus que la vie à perdre ! Au milieu de ce désordre, les sœurs de la Charité de Nogent étaient restées dans leur hôpital pour recueillir les blessés! Le dévouement imperturbable de ces bonnes sœurs leur avait valu l'estime et le respect des généraux ennemis, et nos blessés s'en étaient ressentis. Napoléon veut voir les sœurs et le curé; il les fait appeler, les remercie au nom de la patrie, et leur accorde sur sa cassette un premier secours de cent napoléons.

Le 22 au matin, ayant fait avancer les troupes qui défilent, l'Empereur continue sa marche pour suivre l'ennemi vers Troyes. Sa retraite se changeait en déroute à mesure que ses colonnes venaient aboutir sur le grand chemin : l'accroissement des masses dans ce défilé, au lieu de réunir plus de forces, donnait lieu à plus d'encombrement et de désordre. La peur a des aîles, et bientôt les routes des Vosges se couvrirent de voitures, de charretiers, de blessés et de fuyards qui reculèrent jusqu'au Rhin ! 100,000 hommes fuyaient devant Napoléon à la tête de 40,000 Français.

Cependant, sur la gauche, entre la Seine et l'Aube, un corps ennemi se présente, qui ne paraît pas entraîné dans la retraite générale des alliés. C'était celui de Blücher, que ses défaites successives ne décourageaient pas, et qui, après avoir été refoulé sur la rive droite de la Marne, s'était arrêté à Châlons, où il avait réuni les débris de l'armée de Silésie. Toujours préoccupé de l'idée d'arriver le premier à Paris, il allait marcher de nouveau sur cette ville dont les corps affaiblis de, Marmont et de Mortier lui fermaient seuls la route, lorsqu'un ordre de Schwartzemberg le força d'ajourner ses projets ambitieux : il s'agissait de venir en aide à l'armée austro-russe, que Napoléon poursuivait avec vivacité. Le généralissime espérait entraver la course du vainqueur en le faisant attaquer en flanc par les Prussiens; Blücher dut en conséquence se porter sur Troyes, en se faisant précéder par Sacken et l'émigré Langeron avec 36,000 hommes. Sacken avait dépassé Méry-sur-Seine, lorsque l'Empereur, averti de ce mouvement, donna l'ordre à la division Boyer de se porter à sa rencontre : c'était le 22 février. Nos soldats repoussèrent l'ennemi avec leur vivacité ordinaire. Les Prussiens, en se réfugiant dans la ville, mirent le feu au pont, qu'ils n'eurent pas le temps de faire sauter. Du pont, les flammes gagnant les maisons voisines, enveloppèrent bientôt la cité entière; cet obstacle n'arrêta point nos troupes ; la route enflammée est franchie en un moment. Par un de ces mouvements de gaieté qui caractérisent le soldat français, quelques hommes de la brigade Bruyère, apercevant à leur entrée dans la ville un magasin rempli de masques, se jetèrent dessus et se battirent masqués : il leur sembla piquant de courir sur les Prussiens comme on court au bal. Le corps de Sacken, après une perte assez considérable, se retira précipitamment et rejoignit Blücher, qui avait reculé lui-même jusqu'à une demi-lieue de Méry, sur la route d'Arcis.

Maintenant que les Prussiens n'ont plus à douter du mauvais état de l'armée autrichienne, on conjecture qu'ils vont s'abandonner à un mouvement général de retraite. On se garde donc bien de se laisser détourner par cette rencontre du parti qu'on a pris de poursuivre les Autrichiens à outrance. On se contente de faire observer les troupes de Blücher dans leur marche rétrograde : bientôt on est certain qu'elles ont repassé l'Aube à Baudemont et à Anglure, et on croit qu'elles ne font ce détour que pour reprendre plus sûrement la route de Châlons. On ne pense donc plus qu'à arriver promptement à Troyes.

Cependant les souverains alliés étaient consternés du refoulement de leur avant-garde. Indépendamment des motifs de découragement puisés dans les derniers succès des invincibles bataillons français, ils étaient instruits qu'Augereau, stationné sur le Rhône, où il se bornait à échanger quelques coups de fusils avec l'autrichien Bubna, venait de reprendre sérieusement l'offensive, à la tête d'un corps de vieux soldats arrivés d'Espagne. Ce maréchal donnait des inquiétudes de plus d'une nature à la coalition ; Chambéry avait cédé ; les généraux Marchand et Desaix s'étaient emparés de Carouge et menaçaient Genève ; Bubna demandait des renforts, en déclarant qu'il ne lui était plus possible de tenir ; le duc de Castiglione pouvait s'emparer de la Suisse. En raisonnant dans l'hypothèse d'un revers, que devenait l'armée coalisée?

Un conseil de guerre, dans lequel furent examinés ces divers sujets de crainte, et où domina surtout la peur qu'on avait de Napoléon, décida que le mouvement de retraite continuerait, et que les armées de la coalition se concerteraient derrière Bar-sur-Aube. Toutefois on crut prudent d'amuser l'Empereur par des négociations.

Napoléon, continuant sa marche sur Troyes, avait passé la nuit du 22 au 23 dans la chaumière d'un charron. Le 23 au matin, le prince Wentzel-Lichtenstein se présente de la part de Schwartzemberg, dont il est aide de camp. Napoléon le reçoit entre les quatre murs du charron. Cet envoyé demande une suspension d'armes, dans l'intention, disait-il, de donner du temps à de sérieuses négociations de paix. Napoléon, mettant à profit les formes conciliantes de l'aide de camp autrichien, engage avec lui une conversation assez longue. Il se plaint des encouragements donnés aux partisans des Bourbons contre lui. « Est-ce donc une guerre de trône, dit-il, au lieu d'une guerre de conquérant, qu'on prétend me faire? Le comte d'Artois est à Vesoul au milieu de vos troupes, et on le tolère! Le duc d'Angoulême est au quartier général de lord Wellington, et on lui laisse adresser de là des proclamations au midi de l'empire, et à mes propres soldats! Dois-je croire mon beau-père l'empereur François assez aveugle ou assez dénaturé pour conspirer le détrônement de sa propre fille et le déshéritement de son propre fils? Le prince rejeta vivement ces bruits comme n'étant pas fondés, et jura que le rôle qu'on faisait jouer aux Bourbons n'était que comme un moyen de guerre à l'aide duquel on espère opérer quelques diversions dans nos provinces ; qu'on désire la paix, et que la preuve en est dans la mission qu'il vient remplir.

Napoléon prévient M. de Lichtenstein qu'il comptait coucher le soir même à Troyes, et le congédia en promettant d'envoyer dès le lendemain un général français aux avant-postes pour négocier l'armistice. En un instant, arriva de Paris le baron de Saint-Aignan, le même qui, au mois de novembre dernier, avait été chargé des propositions de Francfort. Il se trouvait chargé par divers personnages de présenter à Napoléon le tableau vrai des angoisses que la capitale éprouve, nonobstant les brillants succès que les armées viennent d'obtenir sur tous les points. M. de Saint-Aignan supplie donc l'Empereur d'accueillir les vœux que l'on forme à Paris pour la paix. Sire, s'écrie-t-il en terminant, la paix sera assez bonne si elle est assez prompte ! — Elle arrivera assez tôt si elle est honteuse ! réplique Napoléon. Son front se rembrunit, et M. de Saint-Aignan est brusquement congédié. Bientôt ces derniers mots se répètent. On monte à cheval, et chacun suit en silence la route de Troyes.

Le 23 février l'armée étant arrivée devant Troyes, le corps du général Gérard se trouva en présence de l'arrière-garde ennemie, sa cavalerie atteignit celle du prince Lichtenstein ; deux escadrons de dragons, appuyés par la cavalerie légère, s'élançèrent avec audace sur la ligne ennemie, et lui prirent 6 pièces de canon attelées et 300 cavaliers montés. Les fuyards se réfugièrent dans Troyes, mais le prince de Schwartzemberg fit continuer ses mouvements derrière la Seine.

Napoléon, voulant troubler sa retraite, ordonna les dispositions nécessaires pour l'assaut ; déjà les colonnes françaises s'avançaient pour pénétrer dans la ville, lorsqu'un parlementaire vint annoncer qu'elle serait évacuée dans la nuit. L'Empereur, afin de sauver Troyes d'une destruction certaine, contremanda l'attaque, et le lendemain l'armée française entra dans la ville, l'Empereur en tête. On l'accueille par les acclamations les plus vives ; c'est à qui pressera ses bottes et baisera ses mains. Cependant, au milieu de l'expansion générale, des plaintes s'élèvent : on parle de traîtres, on dénonce des coupables.

Napoléon, forcé par la foule de s'arrêter à chaque pas, apprend ainsi, au milieu des rues, du haut de son cheval, et de la bouche des principaux habitants dont il est entouré, que plusieurs royalistes, désavouant les couleurs sous lesquelles la France combattait, avaient osé arborer la cocarde blanche, afin de rappeler à la fois sur les Bourbons l'attention des Français et des souverains alliés. Napoléon partage le mécontentement qui agite le peuple ; il promet hautement de faire prompte justice, et, à peine est-il descendu à son logement, que, jetant ses gants sur sa table, et le fouet encore à la main, il ordonne qu'on réunisse un conseil de guerre.

Napoléon s'était jusqu'alors refusé à sévir, tant le remède des supplices lui inspirait de dégoût ! La raison d'État parle enfin si haut qu'il est forcé de l'entendre. On vient d'apprendre l'entrée du comte d'Artois en Franche-Comté. Non-seulement ce prince et ses fils, placés sur les frontières les plus opposées, sous l'égide des ennemis de la France, semblent se présenter pour appeler à eux leurs indignes fanatiques et troubler le pays ; mais Louis XVIII lui-même est parvenu à faire circuler dans Paris ses paroles, ses insinuations, ses pardons et ses promesses, que s'empressent d'accueillir plusieurs hauts fonctionnaires de l'Empire, des membres du conseil et de la magistrature! Des rumeurs souterraines commencent à se faire entendre dans la capitale, tandis que la conjuration éclate dans les provinces occupées par l'ennemi, et surtout dans le Midi... Telle est la substance des derniers rapports qu'on reçoit de toutes parts.

Cet état de choses n'aggrave que trop le crime des royalistes de Troyes, et quand, chaque jour et à chaque instant, quelques-uns des nôtres tombent sous les coups de l'ennemi, la vie d'un obscur conjuré pèse à peine dans les balances sanglantes de la guerre. Parmi les noms des coupables que la clameur publique vient de signaler, on a retenu ceux de deux anciens émigrés, que toute la ville accuse, non-seulement d'avoir porté la cocarde blanche et repris la croix de Saint-Louis, mais encore d'avoir fait des démarches auprès de l'empereur de Russie en faveur de la cause des Bourbons; ce sont les nommés Gouaut et Vidranges. Ce dernier s'est réfugié à Chaumont; mais l'autre est resté. La foudre qu'il a voulu braver tombe sur lui : il est traduit au conseil de guerre, et servira d'exemple.

Napoléon, harassé de fatigue, venait de se retirer dans sa chambre, lorsque la famille du condamné se présente aux portes pour demander grâce. Napoléon ne savait pas résister à ces cris de miséricorde : des rémissions éclatantes et nombreuses attestent assez sa clémence; mais cette fois, déterminé à ne pas se laisser fléchir, il avait pris des précautions contre lui-même, et n'avait trouvé d'autres moyens que de ne pas se laisser approcher. Cependant, à peine Napoléon est-il réveillé, que le placet de Gouaut est présenté; mais est-il temps encore? Le prince de Neufchâtel, interrogé, répond que la sentence a dû être exécutée. Napoléon ordonne qu'on s'en assure. Un officier d'ordonnance part et revient bientôt : il est trop tard. Le sieur de Gouaut venait d'être fusillé avec cet écriteau sur la poitrine : Traître à la patrie. Napoléon garde un long silence et le rompt enfin, en disant : « *La loi le condamnait !* »

Napoléon rendit à cette époque un décret d'après lequel tous les Français qui seraient trouvés dans les armées étrangères, ou qui porteraient les signes ou les décorations de l'ancienne dynastie, encourraient la peine capitale et la confiscation des biens. Ces mesures, quoique rigoureuses, furent généralement approuvées, parce que le sentiment de l'honneur national remplissait tous les cœurs. On ne pouvait pardonner à deux guerriers célèbres qui n'avaient pas rougi de lever leurs étendards contre d'anciens compagnons d'armes, les artisans de leur gloire et de leur élévation; on était indigné que des Français se confondissent avec ceux qui, en promettant de délivrer la patrie, venaient pour l'humilier, restreindre ses limites, et tarir la source de ses prospérités.

Cependant, les hostilités continuaient toujours, et ce fût vainement que des commissaires nommés par toutes les parties belligérantes furent réunis à Lusigny pour traiter des conditions d'une suspension d'armes; ils ne purent s'entendre sur la ligne de démarcation.

Pendant que les destinées de la France flottaient incertaines, le prince Eugène, en Italie, fixait les regards de l'Europe par l'habileté de ses manœuvres et la loyauté de ses actions. Obligé, par la défection des Napolitains, de se concentrer entre le Mincio et le Pô, il se replia dans l'ordre le plus parfait, et livra près de Valeggio une bataille des plus remarquables par la disposition singulière des combattants. Les Autrichiens, qui avaient montré des forces triples des siennes, furent battus.

Les opérations militaires sur la frontière d'Espagne n'étaient pas conduites avec moins de talent qu'en Italie; mais elles n'étaient plus favorisées par la fortune. Suchet, dont l'armée venait d'être affaiblie de 15,000 hommes d'élite, que l'on avait dirigés sur Lyon, ne pouvait plus se maintenir en Catalogne, où il avait affaire à la fois : à une population implacable, aux troupes anglaises et aux corps des généraux Saartzfeld et d'Eroles.

La situation du maréchal Soult était tout aussi critique que celle de Suchet; son armée, stationnée sur l'Adour et la Bidouze, entre Bayonne et Saint-Jean-de-Port, dans des provinces épuisées, était dépourvue de tout. Celle de Wellington, au contraire, en possession du riche bassin qu'entourent les Pyrénées, la Bidouze et l'Adour, nageait dans l'abondance; les habitants, séduits par l'or que les Anglais répandaient avec profusion, leur apportaient des vivres et des fourrages, tandis qu'ils refusaient du pain à nos soldats. Wellington resta deux mois dans ces fertiles contrées; puis, ayant reçu des renforts considérables, il se détermina enfin à poursuivre le cours de ses opérations.

Le 14 février, il fit un mouvement offensif; Soult n'avait que 35,000 hommes à opposer : les généraux Harispe et Paris, attaqués les premiers, se replièrent et prirent position sur les hauteurs qui dominent la ville d'Orthez. Le général Clauzel commandait la gauche, le général Reille la droite, et le général Drouot le centre.

Les Anglais ne tardèrent pas à se montrer : l'action s'engagea au point du jour, elle fut meurtrière et longtemps indécise; nos soldats luttèrent avec la plus grande intrépidité contre les colonnes formidables des généraux Béresford, Hill et Picton; mais l'un de nos généraux, le brave Béchaud, ayant perdu la vie, et le général Foy ayant été blessé, le désordre se mit dans nos rangs. Le maréchal Soult, pour prévenir une déroute, ordonna alors la retraite et céda la victoire.

L'armée française ne s'arrêta qu'à Aires, où elle soutint un combat acharné contre deux divisions anglaises. Le maréchal Soult, par une manœuvre habile, se porta ensuite sur Tarbes, feignant de vouloir aller à la rencontre du maréchal Suchet, dont on annonçait le prochain retour. Wellington, déconcerté par ce mouvement, aussi hardi qu'imprévu, ne dépassa pas Saint-Sever.

Les royalistes du Midi, témoin des progrès des Anglais, faisaient tout ce qui dépendait d'eux pour les accélérer : pour prouver leur dévouement à l'ancienne monarchie, ils répandirent, sous le nom de Wellington, une proclamation que ce général se trouva dans l'impossibilité de désavouer. Le maréchal Soult s'efforça en vain d'atténuer l'effet de ces écrits; qui, pour la plupart, partaient de Toulouse et de Bordeaux. Les habitants de cette dernière ville propageaient le manifeste du duc d'Angoulême, et organisaient en secret des corps prêts à agir, aussitôt que l'apparition de ce prince légitimerait un soulèvement.

Tel était l'état des choses, lorsque de nouveaux événements vinrent compliquer les embarras déjà si graves de la guerre et la politique. Après le combat de Vauchamps, le maréchal Blücher, séparé de ses lieutenants, battu comme eux, avait fait en toute hâte retraite vers Châlons-sur-Marne, ne sachant trop où sa déroute pouvait le mener; mais la fortune ne lui tint pas longtemps rigueur.

Dès le lendemain, Napoléon, rappelé vers Nangis et Montereau, cessa de peser sur lui. Blücher ne fut plus poursuivi que par le duc de Raguse, et bientôt celui-ci se vit obligé lui-même de lâcher prise, pour revenir sur Montmirail combattre un corps de troupes que le prince de Schwartzemberg avait fait avancer au secours des Prussiens. Tandis que le duc de Raguse, occupé à poursuivre cette troupe, était allé prendre position à Sézanne, Blücher mit les moments à profit et rallia à lui les corps de Sacken et de Yorck. Ceux-ci avaient échappé, de leur côté, à la poursuite du duc de Trévise, par un concours de circonstances non moins heureuses que celles qui avaient débarrassé leur général en chef.

Les corps prussiens de Bulow et les divisions russes de Wintzingerode et de Woronzof, après avoir pris possession de la Belgique, avaient franchi notre ancienne frontière du Nord. Leur avant-garde, pénétrant à travers les Ardennes, s'était avancée jusqu'aux portes de Soissons, dont la mort du brave commandant Rusca leur ouvrit les portes. Peu de jours après, ils en furent chassés par le duc de Trévise, et allèrent, par la route de Reims, guetter les troupes de Blücher. Celui-ci, ayant réussi à réunir toutes ses forces, et se voyant au moment d'en recevoir de nouvelles qui arrivaient de Mayence, s'était décidé, dans l'impossibilité de rejoindre l'armée de Schwartzemberg aux environs de Troyes, à repasser l'Aube et à s'avancer encore une fois sur Paris, pour opérer une diversion en faveur de l'armée autrichienne. Ainsi, pendant que l'armée française était autour de Troyes, occupée d'armistice et de paix, les troupes prussiennes descendaient rapidement les deux rives de la Marne. Le duc de Raguse, forcé, le 24, d'abandonner Sezanne, se retirait par Laferté-Gaucher, sur Laferté-sous-Jouarre; et de l'autre côté de la Marne, le duc de Trévise, après avoir laissé garnison dans Soissons, se retirait également sur Laferté-sous-Jouarre.

L'empereur Napoléon, apprenant ces mouvements, laissa les corps de Macdonald, Oudinot, Gérard en position sur les routes de Châtillon et de Bar-sur-Aube, pour observer l'armée autrichienne, et, avec le reste de ses troupes, se mit, le 27 au matin, à la poursuite de Blücher.

Le prince de Schwartzemberg, profitant aussitôt de l'éloignement de Napoléon, quitta la défensive, et, reprenant l'offensive, attaqua le jour même le corps laissé devant lui sur l'Aube. Après le combat de Bar-sur-Aube, où 50,000 alliés ne gagnèrent que le champ de bataille sur 15,000 Français, presque sans artillerie, un nouvel engagement eût lieu à Bar-sur-Seine, entre le prince royal de Wurtemberg et le maréchal Macdonald. Les deux corps français, qui ne comptaient pas au delà de 25,000 hommes, trop faibles pour soutenir le choc d'un ennemi quatre fois plus nombreux, se replièrent sur Troyes, qu'ils ne purent conserver et qui fut de nouveau occupé par l'ennemi.

Pendant que l'Empereur se dirigeait, par Arcis-sur-Aube, sur Sezanne, les ducs de Trévise et de Raguse, trop faibles encore, malgré leur jonction, pour arrêter les forces de Blücher, continuèrent de reculer jusqu'à Meaux. Napoléon pressait sa marche pour sauver cette ville, si voisine de la capitale. L'armée était harassée; mais l'ardeur de vaincre la soutenait. Arrivée enfin sur les hauteurs de Jouarre, elle découvrit à ses pieds la ville de Laferté, les sinuosités de la vallée, et, de l'autre côté de la Marne, l'armée prussienne qui lui échappait.

Blücher avait été informé sans doute de l'approche de Napoléon; il avait évacué aussitôt la Marne, et, réuni à ses troupes de la rive droite, il avait coupé les ponts et venait de mettre la rivière entre son armée et celle qui le poursuivait.

Dans la nuit du 2 au 3 mars, l'armée française effectua le passage de la Marne sur un pont qui fut rétabli à laferté : mais tout à coup le temps changea ; une forte gelée succéda à la pluie, et l'ennemi vit se convertir en routes solides et faciles les mêmes boues d'où, quelques heures auparavant, il désespérait de sortir.

Malgré ce contre-temps, toutes les chances d'un grand succès n'étaient pas perdues. Dans la direction que l'ennemi était forcé de suivre pour opérer sa retraite, le cours de l'Aisne lui barrait le passage. Soissons était la clef de cette barrière, Soissons, dont les fortifications avaient été relevées, et dont 1,400 Polonais formaient la garnison. L'ennemi ne pouvait espérer de l'enlever par un coup de main. Les troupes de Blücher, éparses dans les plaines, ayant devant elles l'Aisne, derrière elles la Marne, pressées à gauche par les ducs de Trévise et de Raguse, à droite par l'armée de Napoléon, couraient donc grand risque d'être acculées sur Soissons, et d'être forcées de déposer armes et bagages, aux pieds des remparts de cette ville.

Plein de ces espérances, Napoléon déboucha, le 3 mars, par le nouveau pont de la Ferté ; il porta rapidement ses troupes sur la grande route de Châlons jusqu'à Château-Thierry ; et là, trouvant à gauche la route de Soissons, il la fit prendre à son armée qu'il ramena ainsi sur les flancs de l'ennemi.

Tandis que la droite de l'armée française s'avançait ainsi par la route de Château-Thierry à Soissons, la gauche, formée des troupes du duc de Trévise, et du duc de Raguse, tournait l'ennemi, et marchait également sur Soissons par Villers-Cotterêts et par Neuilly-Saint-Front.

Dans ce moment critique les ponts-levis de Soissons s'abaissèrent, devant l'armée prussienne étonnée. Ce passage inespéré lui fut ouvert par les généraux Brunow et Woronzof, que le hasard venait d'amener sur l'autre rive de l'Aisne.

Soissons, prise le 14 février, avait été, ainsi que nous l'avons vu, évacuée par les Russes et réoccupée par une garnison française de 12 à 1,500 Polonais.

Les généraux Woronzof et Bulow se présentèrent devant cette place le 2 mars, et, après quelques coups de canon tirés, la sommèrent d'ouvrir ses portes. Considérant la force de l'ennemi, le commandant français crut devoir capituler, sous condition qu'il lui serait loisible de rejoindre l'armée française avec sa garnison et ses pièces de campagne (1). Cette convention, très avantageuse aux Prussiens, manqua d'être rompue par leur déloyauté : au mépris des termes dans lesquels elle était conçue, ils ne voulaient laisser sortir que deux pièces de campagne. La garnison allait se révolter, et défendre la place malgré son général, lorsque Woronzow aplanit les difficultés, en faisant sentir aux Prussiens l'injustice et le danger de leurs prétentions : « Donnez-leur, dit-il, toutes les pièces qu'ils réclament, et les miennes même, s'ils les exigent ; mais qu'ils partent tout de suite : nous aurons encore fait un bon marché. »

Le calcul de Woronzof était juste. A peine la garnison fut-elle hors

(1) Le commandant de Soissons portait un nom fatal à nos armes ; il s'appelait Moerau.

des faubourgs, que les têtes de colonne de l'armée de Blücher y entrèrent dans le plus grand désordre, vivement poursuivies par l'armée sous les ordres de Napoléon. Blücher était sauvé, car il put passer l'Aisne sans obstacle. Si Soissons eût tenu seulement trois ou quatre jours, la perte de ce général était certaine. Pressé par les maréchaux Mortier et Marmont, poussé sur son flanc gauche par Napoléon, arrêté par la rivière de l'Aisne, il aurait été forcé de mettre bas les armes en rase campagne, comme à Schwartau, dans la guerre de 1806. Pour cette fois, le hasard vint au secours de son imprudence.

Napoléon, en parcourant entre l'Ourcq et la Marne le pays qui avait été occupé par l'ennemi, vit partout les traces de la dévastation et de la violence; l'excès des maux que les habitants avaient soufferts, le porta à penser qu'il suffisait d'en publier un récit fidèle pour soulever toute la France. « Armez-vous pour défendre vos biens et vos familles, » disait-il aux citoyens des contrées qui étaient délivrées. Ceux qui gémissaient sous le poids de l'invasion, il les exhorta à sonner le tocsin dès qu'ils entendraient le canon de nos troupes; il leur prescrivait de se rassembler, de fouiller les bois, de couper les ponts, d'intercepter les routes, et de tomber sur les flancs et sur les derrières de l'ennemi lorsqu'il battrait en retraite. Il décréta que tout fonctionnaire public et tout habitant qui dissuaderait les citoyens d'une légitime défense, serait puni comme traître à la patrie. Il annonça en même temps que, si les généraux étrangers faisaient fusiller les Français pris les armes à la main, leur mort serait immédiatement vengée par celle d'un nombre égal de prisonniers.

Pendant que le gros de l'armée française, sous les ordres de l'empereur Napoléon, poussait l'armée de Silésie de la Marne sur l'Aisne le général Corbineau, à la tête de quatre cents hommes de cavalerie de la garde impériale, se portait par des chemins de traverse sur Reims, et y faisait son entrée après avoir fait mettre bas les armes à quatre bataillons ennemis, postés sur le plateau de Sainte-Geneviève. La possession de Reims coupa la communication entre l'armée de Silésie et l'armée austro-russe, restée sur la Seine. Mais la jonction de l'armée de Silésie avec les corps des généraux Bulow, Woronzof et Wintzingerod, qui venait de s'effectuer sur l'Aisne, portait les forces réunies sous les ordres de Blücher à 100,000 hommes. Napoléon, après sa réunion avec les maréchaux Mortier et Marmont, pouvait disposer d'à peu près 35,000 hommes; malgré son infériorité numérique, il se disposa à donner une seconde leçon de tactique au général Blücher. Son projet était de couper à l'armée Silésie de la route de Belgique, en la tournant par sa gauche, et, à cet effet, de la prévenir à Laon.

L'armée française, passant l'Aisne sur le pont de Bery-au-Bac, qu'avait forcé la cavalerie Exelmans et la brigade polonaise de Pacsz, prit position à Corbeny. Blücher, se voyant ainsi menacé par sa gauche, se hâta d'arrêter sa retraite, et ordonna à ses divers corps de se réunir sur le plateau de Craonne, pour s'opposer à la marche de l'armée française sur Laon.

Les divisions russes de Sacken et Wintzingerod avaient pris position sur les hauteurs de Craonne, et les corps prussiens sur les hauteurs de Laon. Napoléon arriva le 6 mars devant les Russes, les hauteurs de Craonne furent attaquées et enlevées. Les Russes se retirèrent et prirent possession le 7 sur une autre hauteur, ayant leur droite et leur gauche appuyées à deux ravins, et un troisième ravin devant eux. Un seul passage d'une centaine de toises joignait cette position au plateau de Craonne, mais il était défendu par 60 pièces de canon. Le maréchal Victor, avec deux divisions de la jeune garde, chassa les Russes de l'abbaye de Vaucler, à laquelle ils avaient mis le feu, et passa le défilé. Le général Drouot la franchit aussitôt avec plusieurs batteries. Au même instant, le maréchal Ney passa le ravin de gauche, et déboucha sur la droite des alliés. Pendant une heure, la canonnade fut épouvantable. Le général Grouchy déboucha alors avec sa cavalerie, et le général Nansouty passa le ravin à droite. Une fois le défilé franchi, les alliés, forcés dans leur position, furent poursuivis pendant quatre heures, et canonnés par 80 pièces de canon à mitraille. Ils éprouvèrent une perte immense; mais les ravins dont ils étaient entourés les préservèrent d'être débordés et entamés par la cavalerie française.

A l'issue de ce sanglant combat, on annonce à l'Empereur des dépêches de Châtillon : elles portent en substance que le congrès a repris ses séances suspendues pendant quelques jours par les conférences militaires de Lusigny; que les plénipotentiaires étrangers y déplorent la rigueur de leurs nouvelles instructions, et parlent hautement de se séparer si la condition des anciennes limites n'est point acceptée. Le duc de Vicence sollicitait vivement pour qu'on lui envoyât des instructions définitives. Napoléon ne s'attendait qu'à des conditions pénibles, mais du moins il ne veut pas ajouter à nos humiliations celle de les provoquer par un acte émané de lui-même. M. de Rumigny, l'envoyé de Caulincourt repart pour Châtillon, sans autre réponse que les paroles qu'il a recueillies de l'Empereur, et celui-ci va rejoindre la tête de ses colonnes.

Ney avait poursuivi les Russes jusqu'au village d'Etouvile, et leur jonction avec les Prussiens s'effectua le lendemain sur le plateau de Laon.

Nous allions avec 19,000 hommes et 5,000 chevaux, attaquer la position de Laon défendue par 53,000 fantassins et 23,000 cavaliers; car l'éternelle armée de Silésie, détruite presque en entier par chacun des combats de février, semblait à chaque déroute, renaître plus nombreuse et plus redoutable.

La disproportion des forces n'eût pas empêché peut-être la ville de Laon de tomber au pouvoir de nos armes, mais l'étoile de l'Empereur pâlissait; le terme de ses prospérités semblait arrivé; et par un surcroît de fatalité, ses lieutenants n'avaient jamais commis des fautes plus graves que dans ces moments où ils avaient besoin de toute leur capacité. Marmont devait avoir son jour inexplicable à Laon, comme Victor avait eu le sien à Montereau.

Un brouillard épais enveloppait les combattants, lorsque Mortier et le maréchal Ney, prenant l'offensive, s'élancèrent avec impétuosité contre les masses de Blücher. L'obscurité jeta d'abord un peu d'hésitation dans les manœuvres de celui-ci; l'Empereur en profita pour s'emparer de deux villages que les canons de l'ennemi tirant à peu près au hasard, ne purent protéger. Vers le milieu du jour, le brouillard s'était dissipé, Blücher pût se convaincre de notre faiblesse numérique; il n'hésita plus, les colonnes russo-prussiennes combattirent avec plus d'ensemble et de régularité; les villages furent repris, et les divisions qui les occupaient se retirèrent après quelques pertes, refoulées sur leur ligne de bataille. Une charge du général Belliard répara en partie cet échec en repoussant les Russes à leur tour. Cependant, le duc de Raguse, qui avait l'ordre d'opérer une diversion sur l'aile gauche de Blücher, venait d'arriver et se battait avec le corps du général Yorck; de son côté comme du côté de Napoléon, l'acharnement était le même, et les revers et les avantages se succédaient sans aucun résultat décisif. La nuit, en surprenant les combattants, suspendit les hostilités. Marmont, croyant avoir décidé la victoire, avait déjà établi ses bivacs : tout à coup, vingt-quatre escadrons fondent sur ses derrières, lui enlèvent son parc de réserve, et font main basse sur nos soldats. Au milieu d'une surprise qu'il pouvait éviter, Marmont s'efforce de réparer sa faute, il accourt; mais assailli par le prince Guillaume de Prusse, et par les corps d'Yorck et de Kleist, il éprouve tous les désavantages d'un combat nocturne. Les Français dans l'obscurité, se fusillent entre eux. Bientôt la déroute est à son comble; les uns se réfugient dans les bois, les autres suivent encore leur aigle; mais dans un si grand désordre, qu'ils ne se rallient qu'au point du jour. Quarante canons, cent caissons et plus de 1,200 prisonniers des corps de Marmont et d'Arrighi, tombèrent au pouvoir des Prussiens.

Le lendemain, Blücher, voyant notre armée rangée en bataille en avant de Clacy, résolut d'enlever ce village; mais, après l'avoir attaqué sept fois consécutives, il fut obligé d'y renoncer. Nos troupes inébranlables sur ce point, commençaient à prendre une attitude victorieuse. L'Empereur encouragé par ce succès, voulut tenter un dernier effort sur le plateau de Laon; mais les généreux Curial et Meusnier, ayant échoué dans cette entreprise, il demeura convaincu qu'il était impossible de forcer le camp retranché des alliés, et pendant que le général Marmont se retirait sur Fismes, il se décida lui-même à se replier sur Soissons. C'était la première fois qu'il pensait avoir rencontré un obstacle insurmontable.

Blücher, voyant s'éloigner notre armée, reprit ses positions entre Laon et Craonne. Napoléon, favorisé par la timidité de ses adversaires, effectua sa retraite sur Soissons, que le corps de Langeron avait évacué. Son armée pourra y reprendre haleine pendant trois jours. Quant à lui qui ne se repose jamais, il profitera de ce court loisir pour inventer des combinaisons nouvelles.

Sur ces entrefaites, un Français, qui se battait contre son pays au profit de l'étranger, le comte de Saint-Priest s'avança à la tête de 16,000 hommes, de Châlons sur Reims, place fermée seulement par un mur en partie abattu, et n'ayant pour garnison qu'une centaine de chevaux de la garde impériale, cinquante gendarmes et les cadres de trois bataillons, sous les ordres du général Corbineau.

Le 12 mars, l'ennemi surprit à la pointe du jour la petite garnison qui eût été prisonnière sans le généreux dévouement de la garde urbaine, qui facilita son évasion en la soutenant vaillamment dans plusieurs quartiers. Cette poignée de braves résistèrent aux poursuites de dix escadrons ennemis et parvinrent à se joindre à la division des gardes d'honneur du général Defrance qui accourait, mais trop tard, pour secourir Reims.

L'empereur Napoléon, instruit de ces événements, qui avaient permis à Blücher, au moment où celui-ci venait de faire sa jonction avec Bernadotte, de renouer ses communications avec Schwartzemberg, quitta Soissons, et se porta rapidement sur Reims. Il reprit la ville, tua beaucoup de monde à l'ennemi, lui fit 3,000 prisonniers, et lui enleva 11 bouches à feu, 100 chariots de munitions et un équipage de pont. La déroute de l'ennemi fut complète, et les troupes, n'écoutant plus les généraux, se sauvèrent à la débandade dans toutes les directions.

Il semblerait que la justice divine poursuit l'homme qui combat contre son pays; Saint-Priest reçût une blessure, mortelle et l'on prétendit que le coup était parti de cette même batterie qui avait tué le général Moreau.

Napoléon entra dans Reims à une heure du matin. La ville fut spontanément illuminée; le peuple, dans l'ivresse de la joie, se précipita au devant de l'Empereur, et le conduisit en triomphe à l'hôtel de ville. L'armée obtint trois jours de repos à Reims, après lesquels Napoléon retourna sur l'Aube et la Seine, pour opérer contre l'armée austro-russe de Schwartzemberg, en laissant sur l'Aisne divers corps, afin d'observer Blücher.

Le grand drame diplomatique et militaire touchait à son terme : il n'était plus possible au représentant de la France de prolonger les séances de Châtillon. Vainement il avait sollicité des instructions nouvelles pour le contre-projet que lui demandaient les plénipotentiaires étrangers. On connaît la réponse que Napoléon avait faite à son envoyé sur le champ de bataille même de Craonne. Dans la soirée du 18 mars, M. de Rumigny reparaît encore au quartier-général : il annonce à Napoléon que les alliés, n'ayant plus d'inquiétude sur le sort de Blücher, ont renfermé aussitôt le duc de Vicence dans un délai de trois jours pour souscrire aux conditions proposées ; ainsi pressé, le plénipotentiaire de France a remis le 15 un contre projet; mais, dans une pareille démarche, et lorsqu'il ne s'agit plus que de concessions et d'humiliations, le duc de Vicence s'est renfermé strictement dans la limite de ses pouvoirs; il est donc probable que son contre-projet, quelque modéré qu'il puisse être, va devenir le signal de la rupture. Tandis que nos derniers courriers font mille détours, au gré des caprices des commandants des troupes alliées, le délai fatal doit avoir expiré.

En effet, la séance de clôture de ce congrès, ouvert le 5 février précédent, avait eu lieu le 19 mars; le protocole avait reçu les dernières déclarations des puissances, et, quelques jours après, le duc de Vicence était de retour auprès de Napoléon.

Forcé de renoncer à tout espoir de négociation, Napoléon, malgré le découragement des chefs de l'armée, se fie encore à la victoire. Il vaincra, mais sans aucun profit pour lui-même ni pour la France.

Le prince de Schwartzemberg, généralissime de la coalition, et commandant de la grande armée austro-russe, venait, en passant sur la rive droite de la Seine, de contraindre le duc de Tarente à se replier sur Provins ; il marchait sur Paris, lorsqu'il reçut du général Blücher un courrier l'informant du résultat de la bataille de Laon et de l'approche de Napoléon.

Schwartzemberg, croyant trouver une occasion favorable pour livrer bataille à son adversaire, affaibli par son expédition sur l'Aisne, et qu'il supposait serré de près Blücher, concentra son armée, forte alors d'à peu près 100,000 hommes, aux environs d'Arcis-sur-Aube, dans l'intention de se porter sur la Marne et d'y arrêter le mouvement de l'Empereur ; mais, au moment où il se berçait de cette flatteuse espérance, Napoléon avait passé cette rivière, et déjà forçait à se replier les avant-postes de l'armée austro-russe sur l'Aube.

Dérouté par la rapidité de cette marche, instruit d'ailleurs que Blücher, restant maladroitement de l'autre côté de la Marne, ne l'avait point suivi. Le généralissime renonça à son premier projet et prit le parti de se retirer vers Bar-sur-Aube, dans la position de la Rothière, où la fortune lui avait, en février, été plus favorable qu'ailleurs. Cependant, à peine ce mouvement rétrograde était-il commencé, que l'attaque des Français, lui ayant fait connaître qu'ils voulaient se porter, par Plancy et Méry, sur Troyes, afin de déborder sa gauche et de menacer ses communications, il revint à son premier plan et résolut de marcher au devant d'eux, afin de s'opposer à leur mouvement. En conséquence, il arrêta ses colonnes en retraite et les porta sur Arcis.

Napoléon, trompé par la faible résistance qu'il avait trouvée en arrivant sur la Seine et sur l'Aube, et par différents rapports qui affirmaient que l'ennemi se retirait, le supposa en pleine retraite et résolut de le pousser à outrance. Il ordonna donc au général Sébastiani, commandant les divisions de cavalerie Excelmans, Colbert et Letort, et à l'infanterie du maréchal Ney, prince de la Moskowa, de se porter sur Arcis le 20 au matin.

A peine le général Sébastiani était-il en mouvement, qu'il reconnut le changement de résolution de l'armée. Il en avertit Napoléon, qui refusa de le croire; mais bientôt toute l'armée austro-russe se porta sur Arcis et replia nos avant-postes. Déjà les fuyards, poussés par la cavalerie ennemie, décuple de la nôtre, se précipitaient sur le pont, lorsque Napoléon, qui était accouru, dès qu'il n'avait plus douté de l'attaque, l'épée à la main, se jeta au-devant d'eux : « Voyons, dit-il, qui de vous passera devant moi. » Ces paroles suffirent pour arrêter le désordre. Une division de la vieille garde, commandée par le général Friant, traversa rapidement l'Aube, et, se formant en dehors d'Arcis. arrêta les assaillants et ramena confiance.

La présence de l'Empereur au milieu d'eux, les dangers qu'il court, électrisent ces braves. Leurs efforts redoublent : ils forcent la position, en chassent l'ennemi. et laissent à cette seule place plus de 400 des leurs.

Il est de la dernière évidence que l'Empereur, dans cette bataille, a cherché la mort. Effrayés des dangers qu'il courait, l'état-major et les escadrons de service se rapprochaient de lui et le serraient de près ; mais à chaque instant l'Empereur se portait en avant. Epouvanté de son intention, qu'il pénétrait, le duc de Vicence se hasarda à lui faire observer que, le débouché servant de point de mire à l'ennemi, il se trouvait horriblement exposé à cette place : « Je me trouve bien, lui répondit-il brièvement. » Ce ne fut qu'au moment où il s'élança l'épée à la main au devant des cosaques qu'il quitta cette dangereuse position, Durant cette affaire, enveloppé plusieurs fois dans le tourbillon des charges, son escorte ne put le rejoindre. Un obus tombe à ses pieds, et il disparaît dans un nuage de poussière et de fumée. Des cris de terreur s'élèvent de toutes parts : on le croit perdu ! il se relève, se jette sur un autre cheval, et va se placer sous le feu d'une battrie que quelques bataillons de la vieille et de la jeune garde cherchaient en vain à débusquer.

Ce combat se prolongea toute la journée, sans avoir aucun résultat décisif. Les deux armées conservèrent leur même position.

Napoléon, ayant été rejoint dans la soirée par le corps du général Oudinot, attendait le lendemain avec impatience. Au point du jour, un mouvement rétrograde des alliés lui ayant fait croire qu'ils se retiraient, il s'avança pour les poursuivre; mais il les trouva campés sur les hauteurs avec des forces plus considérables que celles de la veille, et dans une attitude plus menaçante. Les deux armées restèrent quelque temps en présence, et tout annonçait qu'on allait livrer bataille.

Malgré l'extrême disproportion des forces, Napoléon avait ordonné une attaque générale, et la cavalerie s'y portait avec intrépidité. Cependant le prince de la Moskowa et le général Sébastiani, jugeant que l'ennemi était assez nombreux pour les occuper de front, et envoyer en même temps un corps convenable s'emparer d'Arcis, engagèrent Napoléon à ne pas persister dans son dessein. Il se rendit enfin à l'évidence, et ordonna la retraite.

L'armée ennemie se porta en avant ; mais ses attaques furent si maladroitement dirigées, si mollement exécutées, que le duc de Reggio, chargé de défendre Arcis, afin de laisser à l'armée la facilité de traverser les ponts sur l'Aube et un long défilé qui vient après, se maintint longtemps, lorsqu'il aurait pu être enlevé du premier choc. Enfin, la retraite de toute l'armée étant effectuée, ce maréchal passa l'Aube à son tour et en détruisit les ponts. L'ennemi ne poussa pas au delà.

Cette dernière affaire achève de convaincre l'armée qu'elle est trop faible pour lutter corps à corps contre les ennemis. N'ayant pu leur barrer le passage de l'Aube, pouvions-nous penser à leur disputer le chemin de la capitale. Napoléon ne veut point reculer devant Schwartzenberg jusqu'aux barrières de Charenton. Il abandonne la route de Paris, en se ménageant avec soin, toutefois, celle de la rive gauche de la Seine, pour s'en servir au besoin, et opérer sa retraite par les chemins de traverse qui conduisent du côté de Vitry-le-Français et de la Lorraine.

CHAPITRE XVI.

Marche des alliés sur Paris. — Napoléon amène l'armée sur la capitale. — Bataille et capitulation de Paris. — Faction royaliste. — Trahison de Marmont. — Abdication de Napoléon. — Ses adieux à l'armée. — Son départ pour l'île d'Elbe.

Les sublimes efforts du génie militaire du grand capitaine, les prodiges de dévouement, la constance inébranlable de cette poignée de soldats qui, de la rivière d'Yonne à la rivière d'Aisne, tenaient ferme, depuis deux mois, devant deux armées combinées de 300,000 hommes incessamment renforcées; la stratégie audacieuse qui, d'un revers d'épée, avait séparé, par deux fois, la masse assaillante en deux tronçons, rejetés à cinquante lieues l'un de l'autre; Brienne, Champ-Aubert, Montmirail, Montereau, Craonne; tant de marches forcées à travers les boues et les neiges de la Bourgogne et de la Champagne; tant de privations surhumaines, tant de périls et de gloire devaient être inutiles : l'arrêt suprême était prononcé! Le clairon des barbares, résonnant dans Paris, allait annoncer au monde étonné que la France était trahie et livrée, que la révolution était vaincue, par l'alliance monstrueuse des peuples et des rois.

Spectacle admirable! sur le vaste demi-cercle qui s'étend de Montereau à Reims, 60,000 Français, présents partout et partout invincibles, tiennent immobiles au bout de leurs baïonnettes 300,000 alliés.

La route de Paris est fermée. Le premier flot de l'invasion, qui semblait devoir tout emporter sur son passage, a trouvé une digue insurmontable.

Dans cette campagne sacrée, où chacun défendait le sol qui l'avait vu naître, chaque jour voyait des scènes cruelles ou attendrissantes : tantôt, malgré nos efforts, il fallait abandonner aux barbares nos villes, nos villages et leurs habitants; d'autres fois, nous y rentrions en vainqueurs, et alors, malgré les pillages et les incendies, ces nobles paysans venaient offrir à nos héroïques soldats leurs dernières ressources. Souvent on voyait du milieu d'épaisses forêts s'élever des colonnes de fumée : c'étaient des vivres qui cuisaient pour eux; on les apportait à la faveur de la nuit, à travers mille périls, à nos colonnes harassées. Habitants des campagnes, vous êtes la partie la plus vénérable du peuple français! Que n'auriez-vous pas fait, si les préventions funestes de l'Empereur, au lieu de vous tenir désormais de longue main, en eussent appelé plutôt à votre énergie et à votre patriotisme!... Il fallut les hasards de la campagne de 1814, ainsi que le contact inattendu où elle mit Napoléon avec les paysans de la Champagne et de la Bourgogne, pour lui faire découvrir les ressources que lui offraient le courage et le patriotisme inépuisables de ces classes si nationales, si fortes et pourtant si dédaignées.

Ce n'était point assez pour Napoléon d'avoir arrêté, à quarante-huit lieues de la capitale de la France, Blücher et Schwartzemberg : le salut de l'empire était à plus haut prix.

De toutes parts à l'horizon, si loin que la vue s'étende, l'œil aperçoit de longues colonnes d'hommes armés se dirigeant vers la France. Des steppes de la Russie aux monts asturiens, l'Europe soulevée est en armes, se ruant aux rives de la Seine; et du sein de ces masses guerrières, un cri unanime, formidable, s'élève : Guerre, haine à la France! Enveloppée dans les plis dorés de son manteau impérial, la nation révolutionnaire a été méconnue; le glaive qui prépare l'affranchissement de l'Europe n'apparaît plus aux yeux des nations que comme l'instrument d'une conquête ambitieuse. Fatale erreur qui coûtera cher à la France, cher à son chef, et que les peuples expieront durement!

Bientôt, pénétrant par nos frontières ouvertes, un million d'hommes viendra se joindre aux nombreuses armées qui déjà étreignent la France et touchent à Paris. Pour les arrêter dans leur marche, il faut donc frapper un coup qui les étonne et les intimide, faire plus que tenir en échec la double armée de Blücher et de Schwartzemberg; il faut la disperser, l'anéantir; et, devant un si grand désastre, ces auxiliaires qui accourent des confins de l'Europe n'oseront pas s'aventurer sans doute sur le sol brûlant qui aura dévoré tant de légions : la coalition sera rompue.

Ce coup de génie et d'audace, Napoléon l'a conçu, et il s'est résolu à le tenter. Il abandonne sa base d'opérations; il va s'appuyer aux places fortes de l'est, aux populations dévouées de l'Alsace, de la Lorraine, de la Bourgogne, de la Champagne; il va porter la guerre sur les derrières de l'ennemi, en coupant ses lignes d'opérations, ses communications, en l'isolant de ses dépôts et de ses renforts. Augereau remontera simultanément la vallée de la Saône, prendra à revers la gauche de Schwartzemberg, et coopérera à l'exécution de cette grande combinaison militaire. Déjà les généreuses provinces sur qui a compté Napoléon ont lancé des milliers de partisans sur toutes les routes. Malgré la lâcheté, la trahison des grands fonctionnaires qui les gouvernent, leur courage et leur patriotisme ont surgi sous la pression de l'invasion : que sera-ce donc quand l'armée sera au milieu d'elles, quand Napoléon lui-même activera leur énergie, dirigera leurs efforts?

Paris est ainsi livré à ses propres forces. Napoléon a pensé, les yeux fixés sur un passé glorieux, que la capitale de France saurait, au besoin, pourvoir à sa défense. Si l'ennemi osait, avait-il dit, entreprendre contre Paris, Paris se défendrait sur les hauteurs qui le couronnent et le protégent; il combattrait jusque dans ses faubourgs, dans ses maisons crénelées, dans ses rues barricadées. Sa résistance serait assez prolongée pour donner à l'armée le temps d'arriver à son secours, et alors les coalisés, pressés entre nos bataillons et la population parisienne, éprouveraient une défaite certaine.

Les moments sont précieux; l'exécution a suivi immédiatement la pensée. Libre de ses mouvements dans la grande trouée qu'il a pratiquée entre Blücher et Schwartzemberg, Napoléon s'est porté sur Vitry, poussant une division jusqu'à Chaumont. Maintenant, Marmont, la fatalité de la campagne, viendra-t-il le rejoindre? Augereau répondra-t-il à la confiance du chef? (1) Si Paris est attaqué, verra-t-il luire encore ces jours de grandeur et d'énergie où, à l'approche de Brunswick, il lança soudain aux rives de la Marne 48 bataillons recrutés dans ses murs? De la solution de ces questions, de la dernière surtout, dépend le salut de la patrie.

Vitry, occupé en force, a résisté aux sommations; Napoléon a passé outre, a couru à Doulevent battre un corps austro-russe. Marmont s'est laissé couper et rejeter sur Paris; n'importe, Napoléon poursuit ses desseins, et bientôt il atteint le russe Vinzingerod et 10,000 hommes, qui sont culbutés. Victoire inutile! Dans la nuit du 27 au 28 mars, trente-six heures après ce dernier succès de nos armes, l'armée française occupait Saint-Dizier et ses alentours. Vers deux heures du matin, tout était calme au bivouac. Épuisés de fatigue, hommes et chevaux gisaient étendus sur la terre durcie par la gelée, se préparant, par un sommeil de quelques heures, aux rudes travaux de la journée qui allait suivre. Autour de la flamme vacillante des feux qui vont s'éteindre, les fantassins, enveloppés dans leurs capotes grises, les cavaliers, roulés dans leurs manteaux, demeurent immobiles et silencieux.

Au quartier-général du chef, dont le génie commande à ces légions

(1) Pendant que Napoléon payait héroïquement de sa personne devant Arcis, Augereau terminait sa carrière militaire par une lâcheté qui avait toutes les apparences d'une trahison. Le 21 mars, il livrait, sans combat, aux Autrichiens, la ville qu'on avait confiée à sa bravoure et à son patriotisme, et se retirait sur Valence. Ainsi, l'ennemi était maître des principales villes de France, après sa capitale; les Angalis occupaient Bordeaux, et les Autrichiens venaient d'entrer à Lyon.

mutilées, tout est plongé aussi dans un silence profond, qu'interrompt à peine le pas précipité de quelques soldats qui gardent, par une froide nuit, la demeure passagère de l'homme du destin.

Tout à coup, suivi d'une faible escorte, un cavalier arrive au galop, traverse les gardes, met pied à terre, et pénètre précipitamment à l'intérieur du quartier-général. Il entre dans une salle basse où veillent quelques officiers de service, il jette de côté le manteau qui le couvre : c'est Caulincourt, le négociateur malheureux de Châtillon. Il a quitté Châlons, le 20 mars. Les derniers ordres de l'Empereur ne lui sont parvenus qu'après la rupture du congrès, et, pour revenir jusqu'au quartier-général de Napoléon, il a dû subir les nombreux détours que l'ennemi lui a prescrits. Il paraît en proie à une agitation profonde. D'un ton bref, il dit, s'adressant à un des officiers qui sont là : « Réveillez le grand-maréchal ; il faut que je lui parle sur-le-champ ; allez vite ! » L'officier obéit ; mais, sans plus attendre, Caulincourt le suit et arrive en même temps dans la chambre où le grand-maréchal dormait tout habillé. Caulincourt, congédiant d'un geste son guide, referme brusquement la porte.

Quelques minutes après, Bertrand et Caulincourt sortent et vont droit à un salon situé sur le même palier, où repose l'Empereur. Napoléon avait travaillé jusqu'à une heure fort avancée de la nuit ; il sommeillait à peine depuis trois quarts d'heure ; mais, à la voix du grand-maréchal qui lui annonça l'arrivée inopinée de Caulincourt, il fut bientôt debout, tout prêt à écouter son plénipotentiaire. « Eh bien, Caulincourt, dit Napoléon, quelles nouvelles ? J'ai reçu vos dernières dépêches : le congrès est rompu ; *ils* ne veulent pas la paix ; *ils* ne l'ont jamais voulue ; soit : la guerre va continuer, et nous la ferons bonne. — Sire, reprit Caulincourt d'une voix émue, ce que j'ai à vous apprendre est plus grave encore que ce que vous savez. » Napoléon croisa les bras sur sa poitrine, en regardant Caulincourt d'un air de surprise. Celui-ci continua, et raconta que, d'après des rapports certains, l'armée de Schwartzemberg avait passé l'Aube au moment même où l'Empereur marchait contre Vitry, rejoint sur la Marne l'armée de Silésie, et, de concert avec elle, s'avançait sur Paris. C'est Alexandre qui a emporté cette décision dans le conseil des coalisés, en montrant les avis que lui ont fait parvenir de Paris quelques misérables, à la tête desquels se trouvent Talleyrand, Delberg, Montesquiou, etc., « et, ajouta Caulaincourt, au moment où je parle, les deux armées réunies ne sont peut-être pas à vingt-cinq lieues de Paris. Le corps de Winzingerod, que vous avez battu le 26, n'avait été laissé devant vous que pour masquer la grande opération qui menace la capitale. » (1)

(1) Un conseil de guerre se tint le 23 mars à Pouzy chez l'Empereur Alexandre

Ce récit concordait avec les renseignements donnés par des prisonniers du corps de Winzingerod. Ce qui n'était encore qu'un doute devenait une certitude terrible. A cette désastreuse nouvelle, Napoléon resta impassible ; on eût cherché en vain sur sa figure, dans ses gestes, la trace de la plus légère émotion. Après que Caulincourt eût fini de parler, il parcourut deux ou trois fois le salon dans sa longueur, livré à ses réflexions; puis il dit d'une voix calme : « Bertrand, mes cartes. »

Une carte du théâtre de la guerre fut étendue sur le plancher, et, une bougie d'une main, un compas dans l'autre, Napoléon l'examina d'un œil tranquille, se faisant répéter avec tous les détails le récit qu'il venait d'écouter, discutant les preuves, les renseignements qui lui étaient fournis, supputant les distances, évaluant froidement les chances qui lui restaient dans cette nouvelle phase de la lutte.

Au bout d'une heure, la diane retentissait dans le camp et dans la ville : l'armée avait reçu l'ordre de se mettre en marche sur Troyes. De là, elle devait se porter au secours de Paris.

Le jour commençait à peine à poindre, que déjà les colonnes étaient formées et s'ébranlaient pour converger au point assigné. Suivant une habitude qu'il avait prise dans cette campagne, Napoléon avait voulu voir défiler sa garde au départ. Il s'était placé près d'un feu de bivouac allumé tout exprès à quelques pas, hors de Saint-Dizier, à droite de la chaussée qui conduit de cette ville à Troyes, par Montiérender. Là, il contemplait au passage les restes de ses redoutables phalanges. A côté de lui se tenaient Bertrand et Caulaincourt, à deux ou trois pas

Suivra-t-on Napoléon parallèlement, ou essaiera-t-on de le tourner en ouvrant une ligne d'opérations par la Belgique? Voilà les deux questions qu'on agite : après quelque hésitation, la majorité se range à l'avis d'Alexandre qui, mieux informé de ce qui se passe à l'hôtel de Talleyrand, et craignant de s'éloigner trop de la capitale, se prononce pour sa marche parallèle. On arrête donc qu'on ira par Châlons à la rencontre de l'armée de Blücher, et qu'on manœuvrera sur les flancs et sur les derrières de Napoléon. Toutefois, ce plan fut modifié par une décision nouvelle, prise lorsqu'on eut rallié le général prussien ; elle portait : « que l'on marcherait sur Paris dont les chemins venaient d'être ouverts ; la grande armée par Vitry, Sezanne et Coulommiers, celle de Silésie par Montmirail et la Ferté-sous-Jouarre ; que toutes deux se réuniraient à Meaux, le 28, pour arriver ensemble devant Paris ; que le général Wintzingerod avec toute sa cavalerie et son artillerie, suivrait Napoléon sur Saint-Dizier et constamment en queue, en prenant toutes les mesures imaginables pour lui persuader que la grand armée le poursuivait. » La cause de ce changement soudain émanait du comité conspirateur. Au moment ou les alliés étaient prêts de se mettre en route, Vitrolles avait apporté à l'empereur Alexandre un billet de Talleyrand ainsi conçu : « *Vous pouvez tout, et vous n'osez rien ; osez-donc une fois!* » Le laconisme obligé de ce billet n'embarrassa aucun des chefs de la coalition. Il leur parut démontré que tous les moyens de résistance seraient paralysés ; et ils se hâtèrent d'arriver sous les murs de Paris ; de sorte que la manœuvre qui devait sauver la capitale et le trône impérial fut précisément ce qui perdit l'une et l'autre.

en arrière, quelques officiers formés en groupe, et plus en arrière les escadrons de service.

Cette garde, quoiqu'elle fût incessamment recrutée dans les autres troupes, présentait des vides immenses dans ses cadres, et qu'on essayait en vain de dissimuler, en formant l'infanterie sur deux rangs, au lieu de trois, en réduisant la longueur du front des pelotons de la cavalerie. Des compagnies de 50 ou de 60 hommes à peine, des régiments de cavalerie de moins de 300 chevaux attestaient avec une triste éloquence les luttes gigantesques soutenues, depuis trop longtemps, contre les hommes et contre les éléments. Officiers et soldats portaient sur leur figure la dure empreinte des souffrances endurées et des malheurs de la patrie. Une boue blanchâtre, fixée par la gelée des derniers jours, couvrait leurs vêtements usés et déchirés. Puis, çà et là, dans les rangs apparaissaient des têtes enveloppées de linge passant sous le casque et le schako, des visages balafrés, des bras en écharpe; et, ce qui accusait encore bien clairement tant de fatigues, de privations, et de plus, bien des pertes cruelles, des jeunes gens jaunis par la fièvre, au corps débile et exténué, se trouvaient mêlés à ces vieux débris.

Cependant rien en ces hommes éprouvés n'annonçait le découragement; et, au moment où ils passaient devant le chef dont le regard était fixé sur eux, on les voyait tous jusqu'aux plus faibles soldats se redresser fièrement, et jeter de son côté un coup d'œil assuré. Pour eux et pour lui, cela voulait dire : Aujourd'hui, comme hier, tu peux compter sur nous.

Napoléon assistait pourtant, en apparence, à ce défilé de sa garde comme à une parade au Carrousel du temps de sa puissance. La physionomie calme et ouverte, il adressait, de temps à autre, la parole à Bertrand et à Caulaincourt, saluait les drapeaux qui s'inclinaient devant lui, faisait appeler quelques généraux, quelques colonels pour leur poser de ces questions auxquelles il fallait être toujours prêt à répondre : Combien d'hommes dans le rang? Combien de cartouches dans la giberne? Combien de coups à tirer dans les caissons? La confiance du chef fait la force du soldat. Mais, autour de l'Empereur les figures étaient soucieuses; on échangeait tout bas de pénibles réflexions : la fatale nouvelle avait circulé dans l'état-major, on la commentait avec une anxiété qui ne pouvait guère se déguiser. Le grand-maréchal surtout avait un air de tristesse indicible. En devinant l'objet, et voulant sans doute faire passer un peu de sa confiance au cœur de son entourage, Napoléon interpella tout à coup ce noble compagnon de sa bonne et de sa mauvaise fortune : « Eh bien! Bertrand, à quoi pensez-vous donc ainsi depuis une heure? voyons, dites-moi le sujet de vos graves réflexions? » — Le grand-maréchal resta muet et embarrassé. Napoléon ajouta en souriant et un peu impatient :

« Allons, parlez-donc, Bertrand, et parlez franchement. — Sire, puisque vous l'exigez... je pensais qu'au moment où nous sommes ici, l'ennemi était peut-être entré dans Paris. — Eh bien ! Bertrand, » dit Napoléon, en élevant la voix pour être entendu de son état-major, « si l'ennemi est entré dans Paris, nous l'en chasserons. Les Parisiens, et ces soldats, qui seront dans quatre jours sous Paris, suffiront à la besogne. » Ces mots furent prononcés d'une voix vibrante, d'un ton d'assurance qui n'admettait pas la réplique; et cette confiance n'était pas affectée : le grand capitaine avait foi en son génie, en ses soldats, en la population de Paris. A quoi a-t-il tenu que les faits l'aient justifiée ?

Après le défilé, Napoléon prit le galop, et gagna bientôt la tête de la colonne, disant à mi-voix aux colonels et aux généraux à côté desquels il passait : « Allons ! allons ! dépêchons-nous ! des jambes ! des jambes ! » Le soir la garde était à Montiérender, après une journée affreuse de pluie et de boue. Le reste de l'armée suivait le mouvement.

Le lendemain, 29 mars, cette marche pénible continua. Tous les soldats savaient le but de ce mouvement rétrograde et précipité. Aussi, pas une plainte, pas un murmure dans leur bouche. Cependant des soldats, des officiers même, sortaient parfois des flancs des colonnes qui marchaient à travers champs et sur des chemins défoncés, jetaient leurs sacs et leurs armes pour s'étendre sur le sol boueux, abandonnant le drapeau; mais ceux-là, ce n'était pas le cœur, c'était la force physique qui leur faisait défaut. Oh ! qui dira jamais les souffrances, la résignation, l'intrépide patriotisme de ces conscrits, de ces gardes nationaux levés à la hâte, de ces vétérans qui, fidèles jusqu'à la dernière heure à la fortune de la France, ne désespéraient pas de son salut, alors même que la défection avait déjà éclaté dans les hautes classes de la nation?

Napoléon marchait à la tête de la cavalerie de la garde, il arrivait au pont de Toulencourt, quand un courrier expédié de Paris, et accourant à bride abattue, lui apporta, avec la nouvelle de l'entrée des alliés à Meaux, des renseignements circonstanciés sur les menées des royalistes auxiliaires de l'étranger. Alors Napoléon redoubla de vitesse, et le soir même, il entrait dans Troyes. Il avait fait 20 lieues dans la journée. L'armée et l'infanterie de la garde n'avaient pu le suivre si loin; celle-ci, abîmée de fatigue, s'était arrêtée à 3 lieues de Troyes, et il y avait encore des divisions à dix lieues en arrière !

Mais, pour sauver Paris, il ne s'agissait que de montrer des têtes de colonne à ses barrières. Un coup de canon tiré sur les hauteurs de Villejuif par une batterie de la garde, Napoléon dans Paris, et l'armée coalisée battait en retraite devant les aigles impériales pour la deuxième fois. La garde se remit donc en route après une courte nuit de repos. Neuf heures de marche la portèrent à Villeneuve-l'Archevêque ; mais là, elle s'arrêta encore : hommes et chevaux tombaient épuisés ; il fallut attendre au lendemain pour continuer la route. Cette avant-garde de l'armée n'était donc plus qu'à trois journées de Paris ; le 2 avril au plus tard, elle pouvait être rangée en bataille dans la plaine de Saint-Denis ; mais ces trois jours, la fortune les accorderait-elle à la France ? Doute affreux, doute terrible qui avait envahi tous les cœurs, et qui pénétra enfin jusqu'à Napoléon.

L'armée a besoin de trois jours ; mais lui, dans douze heures il peut être à Paris ; il peut parcourir la ville et ses faubourgs, soulever le peuple en lui criant *Aux armes !* de cette voix puissante qui, depuis vingt années, retentit dans tout le monde. Sa seule présence intimidera les traîtres, encouragera les timides, enhardira les braves. Sous l'empire de ces pensées, Napoléon n'hésite plus : laissant ses troupes, sûr de les retrouver au rendez-vous d'honneur, il s'élance sur la route qui conduit à Paris. Dans une ville française, au centre de la France, on n'a pas trouvé une seule voiture pour transporter l'Empereur ; les équipages sont en arrière !... Qu'importe à cet homme de fer? il a déjà parcouru en ce jour 10 lieues à cheval ; il en parcoura ainsi 30 encore, s'il le faut. Deux ou trois escadrons à peine peuvent lui servir d'escorte ; il s'expose à se faire enlever par une partie de cosaques dans cette course aventureuse... Qu'importe encore ? il a levé les yeux au ciel, et son étoile semble y briller toujours. Lui qui, il y a huit jours, poussait son cheval sur la fusée brûlante d'un obus, ne craint pas quelques lances cosaques.

Pressé par l'éperon qui lui déchire le flanc, son cheval arabe vole plutôt qu'il ne marche sur le sol fangeux ; et il est encore trop lent au gré de la pensée impatiente qui dévore l'espace. Paris ! Paris ! 10 années de sa vie, sa gloire passée, les trésors des Tuileries, Napoléon les donnerait pour franchir d'un bond les quelques lieues interposées par la fortune infidèle entre Paris et lui. Une espèce de rage s'est emparée des cavaliers d'escorte, à la vue de l'Empereur les gagnant incessamment de vitesse et sur le point de disparaître à leurs yeux. Les cris, les jurements, les coups d'éperon et les coups de sabre sollicitent avec fureur l'ardeur défaillante de leurs montures. Mais les malheureux animaux ne répondent bientôt plus aux nobles passions de leurs maîtres. Au bout d'une heure de cette course rapide, plusieurs tombent harassés, exténués, et ne se relèvent plus ; les autres continuent à suivre de plus ou moins loin le cheval blanc qui galope en avant ; mais peu à peu la plupart tombent à leur tour, ou bien s'arrêtent haletants. Quelques-uns, sans doute, arriveront à Villeneuve-le-Guiard, ayant fourni une carrière de 12 heures à peine ; mais ni cavaliers ni chevaux ne peuvent aller plus loin. Cependant Napoléon a trouvé un cheval qui remplace le sien, et il continue à courir ventre à terre, escorté seulement de Bertrand et de sept ou huit généraux de son état-major.

Il poursuivra ainsi jusqu'à Fontainebleau, où il se rencontrera enfin deux voitures et des chevaux pour le service du chef de l'empire et de sa suite.

Lorsqu'après la bataille d'Arcis-sur-Aube, Napoléon prit la résolution de découvrir Paris, pour manœuvrer sur les derrières de l'armée russe, il avait enjoint aux maréchaux Mortier et Marmont de venir le joindre, avec leurs troupes, vers Saint-Dizier. En exécution de ces ordres, le corps de Marmont se réunit près de Fismes à celui de Mortier, venant de Reims, qu'il avait été forcé d'évacuer, et les deux maréchaux se mirent en marche le 24 mars; mais tous les malheurs devaient nous accabler à la fois. Les deux maréchaux, persuadés que Napoléon faisait sa retraite sur eux, avaient cru devoir se porter au devant de lui. Le lendemain, aux environs de Fère-Champenoise, ils tombèrent dans le gros des armées alliées qui, bien loin de suivre Napoléon, se portaient en masse sur Paris. Le combat était trop inégal pour être douteux; les corps français, enfoncés et mis en déroute, furent vivement dispersés, ne parvinrent à se rallier qu'à la nuit; et ne pouvant dès lors exécuter leurs instructions, ils se retirèrent sur Sézanne, abandonnant des canons, des bagages et des prisonniers.

Dans le même temps, les divisions Pactod et Amery, composées de gardes nationaux, escortant un immense convoi d'artillerie et de munitions de toute espèce, envoyé à Napoléon par le ministre de la guerre, livrées à elles-mêmes par l'évacuation de Fère-Champenoise, furent enveloppées de toutes parts par plus de 100,000 hommes. Ces deux divisions n'en combattirent pas moins avec résolution. Dans la position désespérée où il se trouvait, le général Pactod harangua ses gardes nationaux, et leur montrant la honte de capituler en rase campagne, leur fit jurer de vendre chèrement leur vie. Ces intrépides citoyens, qui, pour la plupart, voyaient le feu pour la première fois, immobiles comme des rocs, écartèrent par un feu roulant l'innombrable cavalerie ennemie qui s'épuisait en vaines charges. À cette masse de cavalerie, à l'effroyable mitraille vomie par 60 bouches à feu, sur ces 7,000 braves, se joignirent les attaques de l'infanterie. Les divisions françaises, écrasées par un feu aussi violent, n'en furent point ébranlées et résistèrent avec une égale audace.

Ce furieux combat durait depuis plus de quatre heures, lorsque l'empereur de Russie et le roi de Prusse réunirent toute la cavalerie de l'armée austro-russe, celle des corps de Sacken et de Laugeron, de l'armée de Silésie. Environ 40,000 hommes s'élancèrent à la fois sur ces deux divisions : cette fois, ils les enfoncèrent et en firent une horrible boucherie; peu d'hommes échappèrent au tranchant du sabre; car, quoique enfoncés, les gardes nationaux, combattant toujours à la baïonnette, ne voulurent point recevoir de quartier. L'antiquité n'offre rien de plus sublime que ce dévouement.

Les généraux Pactod, Amery, Jamin, Delord, Bonté et Thévenet se trouvaient au nombre des prisonniers; ils furent présentés à l'empereur Alexandre, qui les accueillit avec tous les égards dus à la valeur malheureuse.

La perte des Français, dans cette sanglante journée, fut de 9,000 hommes, 60 pièces de canon, 150 caissons; celle des alliés s'éleva à 4,000 hommes.

Les corps des maréchaux Mortier et Marmont, ainsi que la cavalerie du général Belliard, s'étant fait jour dans Sézanne à travers les Prussiens, se retirèrent précipitamment par la route de Meaux. La division Compans franchit la Marne à Trilport; mais au moment où les autres colonnes voulurent à leur tour effectuer le passage, elles en furent subitement empêchées par les troupes d'Yorck et de Kleist, qui débouchèrent sur la Ferté-Gaucher. Le maréchal Mortier, avec une division de la garde, entreprit de renverser les obstacles qu'on lui opposait; mais, ayant échoué dans cette tentative, il se porta à travers champs sur Provins. Alors le maréchal Marmont, qui suivait le mouvement, envoya à Nogent la division Souham, afin de conserver le seul pont par lequel Napoléon pût traverser la Seine, si, comme il est vraisemblable, il arrivait par Troyes. Après s'être séparés auprès de Nangis, les deux généraux se rejoignirent à Brie-Comte-Robert, et se dirigèrent ensemble vers Charenton.

Depuis plusieurs jours, Paris était sans nouvelles de l'Empereur, et le récit de ses derniers triomphes avait trouvé peu de créance. Tout à coup, une foule de villageois, fuyant devant les cosaques et les soldats de Blücher, se présente avec toutes les marques du désespoir aux barrières de Paris. Tous leurs rapports annoncent l'arrivée d'ennemis innombrables; ils les ont vus en marche sur Paris.

A cette dernière nouvelle, (1) le roi Joseph se hâta de convoquer aux Tuileries tous les membres du conseil de régence. Ce conseil, nommé lors du départ de l'Empereur pour l'armée, comptait seize membres, non compris l'impératrice; il était ainsi composé : l'impératrice, le roi Joseph; les princes Cambacérès, Lebrun et de Talleyrand; les ducs de Massa (Régnier), président du corps législatif; de Gaëte (Gaudin), ministre des finances; de Rovigo (Savary), ministre de la police; de Feltre (Clarke), ministre de la guerre; de Cadore (Champagny); les

(1) Ces détails, d'une parfaite exactitude sont empruntés à l'ouvrage de M. Vaulabelle, *Histoire des deux Restaurations.*

comtes Mollien, ministre du Trésor; Montalivet, ministre de l'intérieur; Daru, Boulay (de la Meurthe), Regnault (de Saint-Jean-d'Angely), Defermont et Sussy.

Lorsque tous ces personnages furent réunis sous la présidence de Marie-Louise, Cambacérès, au nom de la régente, posa cette question : « L'impératrice et le roi de Rome doivent-ils rester à Paris ou se retirer à Blois? »

Joseph s'empressa d'opiner pour le départ. Appuyé avec chaleur par Cambacérès et par Clarke, il fut combattu par le duc de Cadore, par MM. de Talleyrand et Boulay (de la Meurthe). Le conseil se trouva d'abord partagé : l'ex-consul Lebrun, le duc de Massa, MM. Montalivet, Sussy et Regnault (de Saint-Jean-d'Angély), s'étaient rangés à l'avis des premiers; les ducs de Gaëte et de Rovigo, MM. Daru, Mollien et Defermont se trouvaient avec les seconds. Ils étaient huit contre huit. La discussion continua. Joseph ne conseillait pas le départ, il l'exigeait. Cambacérès s'exprima dans le même sens avec une véhémence qu'on ne lui connaissait pas. Clarke s'emporta; Clarke, a-t-on dit, était inspiré par la coalition : il n'était inspiré que par la peur. Cambacérès et lui, doués du même courage, s'irritaient à la pensée de rester à Paris quand l'ennemi s'avançait; ils voulaient fuir. L'un et l'autre s'appuyaient exclusivement, ainsi que Joseph, sur les intentions de l'Empereur; elles étaient connues, disaient-ils, et la désobéissance serait criminelle. Puis ils ajoutaient, pour dernier argument : « La France est dans l'impératrice et son fils; les exposer à tomber entre les mains des alliés, c'est vouloir livrer la patrie à l'ennemi. »

La majorité se trouvait opposée au départ. Le conseil allait donc décider que Marie-Louise et son fils ne quitteraient point Paris, lorsque Joseph, exhiba une lettre de l'Empereur, dont voici les passages essentiels :

« Vous ne devez permettre, en aucun cas, que l'impératrice et le roi de Rome tombent entre les mains de l'ennemi. Vous serez plusieurs jours sans avoir de mes nouvelles. Si l'ennemi s'avance sur Paris avec des forces telles que toute résistance devienne inutile, faites partir dans la direction de la Loire la régente, mon fils, les grands dignitaires, les ministres, les officiers du sénat, les présidents du conseil d'État, les grands officiers de la couronne, le baron de la Bouillerie et le trésor. Ne quittez pas mon fils, et rappelez-vous que je préférerais le savoir dans la Seine plutôt qu'entre les mains des ennemis de la France. Le sort d'Astyanax prisonnier des Grecs m'a toujours paru le sort le plus malheureux de l'histoire. »

Cette communication attéra la majorité du conseil.

— Sire, dit aussitôt le duc de Cadore à Joseph, je connaissais la lettre que vient de lire Votre Majesté. Cette lettre a été écrite pour une circonstance différente de celle qui se présente; elle ne saurait donc modifier l'opinion du conseil.

— Cette lettre a deux mois de date, ajouta M. de Talleyrand. Depuis cette époque, la même menace de danger qui nous fait délibérer s'est produite : les alliés se sont approchés de la capitale; cependant, l'impératrice est toujours restée. L'Empereur n'a jamais blâmé Sa Majesté ni ses conseillers. Cette approbation tacite équivaut à un changement d'instructions. Dans tous les cas, Sa Majesté ne saurait courir le moindre péril, et il est impossible qu'elle n'obtienne pas de l'empereur son père et des souverains alliés des conditions meilleures que celles qu'ils accorderaient si elle était à cinquante lieues de Paris.

Mais l'Empereur avait parlé; M. de Talleyrand et le duc de Cadore restèrent à peu près seuls du parti de la désobéissance. Le départ fut décidé.

La nuit du 28 au 29 mars se passa tout entière en préparatifs pour le départ de Marie-Louise et de son fils. A dix heures et demie, l'impératrice, vêtue d'une amazone de couleur brune, prit place avec le roi de Rome dans une voiture qu'entourait un fort détachement de la garde impériale, et que suivait une ligne interminable d'équipages, où se trouvaient quelques-uns des grands dignitaires, ainsi que les personnes attachées à la maison de Marie-Louise et à la personne de son fils. Cet immense et triste cortége, qui emportait la fortune de l'Empereur, défila au milieu d'une double haie de spectateurs étonnés et silencieux, et franchit la barrière de Passy à la même heure, au même moment où les têtes de colonnes des maréchaux Mortier et Marmont, battant en retraite de Fère-Champenoise, arrivaient par le pont de Charenton, et quand, du haut des collines qui couronnent le côté opposé de Paris, les habitants de Montmartre et de Belleville voyaient l'avant-garde des coalisés débouchant de la forêt de Bondy.

Vers deux heures, des crieurs circulèrent sur toute cette ligne, vendant un sou la proclamation suivante :

Le roi Joseph, lieutenant-général de l'Empereur, commandant en chef de la garde nationale, aux citoyens de Paris :

« Citoyens de Paris, une colonne ennemie s'est portée sur Meaux. Elle s'avance par la route d'Allemagne; mais l'Empereur la suit de près, à tête d'une armée victorieuse. Le conseil de régence a pourvu à la sûreté de l'impératrice et du roi de Rome. Je reste avec vous?

« Armons-nous pour défendre cette ville, ses monuments, ses richesses, nos femmes, nos enfants, tout ce qui nous est cher! Que cette vaste cité devienne un camp pour quelques instants, et que l'ennemi trouve sa honte sous ces murs, qu'il espère franchir en triomphe ! L'Empereur marche à notre secours. Secondez-le par une courte et vive résistance, et conservons l'honneur français !

« Paris, ce 29 mars 1814.

« JOSEPH. »

Malgré des trahisons ruineuses, malgré des fautes pires que des trahisons, Paris pouvait être défendu, et pour cela les moyens ne manquaient pas : on ne comptait pas moins de 400 pièces d'artillerie de gros calibre, suffisamment approvisionnées, soit à Vincennes, soit à l'Ecole-Militaire ou au Champ-de-Mars, soit au dépôt central ; 20,000 fusils neufs existaient, en outre, dans ce dépôt ; voilà pour le matériel. 80 pièces de plus fort calibre, transportées de Cherbourg au Havre, où elles furent embarquées sur la Seine, et destinées à la défense de Paris, attendaient depuis plus de trois semaines à Meulan des moyens de transport qui n'arrivèrent pas. Elles y furent oubliées par le ministre Clarke. Quant aux hommes, le gouvernement pouvait disposer, outre les corps ramenés par Marmont et Mortier, de 7 à 8,000 hommes casernés à Paris, appartenant aux dépôts de la garde impériale ou de la ligne ; de 6 à 7,000 soldats de cavalerie, conscrits ou soldats de dépôt, destinés aux régiments de ligne ou de garde nationale active, casernés à Saint-Denis, à Courbevoie et dans d'autres villages épars autour de Paris ; de plus de 2,000 officiers sans emploi, qui, le 28 et le jour même du 29, vinrent offrir leurs services au ministre de la guerre ; de 15 à 20,000 ouvriers, tous anciens soldats, qui auraient répondu au moindre appel ; enfin, de 12,000 gardes nationaux, tous équipés et en partie armés. Ces forces réunies pouvaient présenter un effectif de 65 à 70,000 combattants, qu'il était facile de rassembler et d'armer en quelques heures.

Aucune de ces ressources ne fut, pour ainsi dire, mise en œuvre. Les canons restèrent dans leurs parcs, moins quelques pièces placées le 28 et 29 aux barrières du nord et sur deux ou trois points des hauteurs qui commandent Paris de ce côté ; les fusils ne quittèrent point leurs râteliers ; les 6 à 7,000 cavaliers démontés, de Versailles, ne furent point appelés, bien qu'une députation d'officiers fût venue solliciter de Clarke, au nom de ces corps, la faveur de prendre part à la défense de la capitale ; les 15 à 18,000 conscrits casernés dans la banlieue restèrent dans leurs dépôts ; le concours des 2,000 officiers fut repoussé ; les ouvriers, malgré leurs énergiques réclamations, durent se borner au rôle de spectateurs ; enfin la garde nationale, réorganisée au mois de janvier précédent, avant le départ de l'Empereur, avait été désarmée dès le mois de février par le général Hullin, sous prétexte que ses fusils étaient nécessaires à l'armement des troupes. Vainement Moncey, major-général de cette garde, avait-il réclamé, Hullin ne voulut rien rendre; il lui fallait, disait-il, un ordre de l'Empereur; l'ordre ne vint jamais.... Il y a plus : le 29, au matin, lorsqu'on ne connaissait pas encore aux Tuileries le hasard providentiel qui amenait sous Paris les deux corps de Marmont et de Mortier, Clarke faisaient sortir de cette capitale la partie la plus vigoureuse des dépôts de la garde impériale pour former à l'impératrice une escorte inutile; près de 4,000 de ces soldats d'élite, fantassins et cavaliers, nous l'avons dit, sortaient par la barrière de Passy, se rendant à Blois, à la même heure, au même moment où l'avant-garde des alliés établissait déjà quelques batteries sur le canal Saint-Martin et s'emparait des approches de Romainville.

Les abords de Paris, sur un cinquième environ de sa circonférence, sont défendus par une chaîne de collines abruptes, continues, qui s'étendent depuis Rosny, à la hauteur des villages de Montreuil et de Charonne jusqu'au faubourg de la Villette. Le point saillant et central de cette chaîne est Romainville. Le sol ne présente aucun accident entre la Villette et Montmartre; ce terrain est seulement défendu par les deux faubourgs et par les nombreuses maisons bâties en dehors des barrières qui séparent ces deux points. De Montmartre à Neuilly, les avenues du mur de l'octroi ne sont également protégées que par les édifices et les enclos construits entre ces deux villages. On sait que, de l'autre côté de la Seine, Paris est facilement abordable sur tous les points. Ce fut précisément par la ligne des fortifications naturelles, comprise entre Rosny et la Villette, que les alliés attaquèrent les approches de Paris, et le point sur lequel ils se portèrent le premier, fut le saillant de Romainville. Quelques fortifications de campagne, un petit nombre de batteries suffisamment approvisionnées et bien servies, auraient arrêté le premier effort de l'ennemi. Malheureusement, il n'existait des retranchements nulle part; toutes les avenues de la capitale avaient été laissées ouvertes; aucune résistance n'était préparée; on n'avait pas donné un seul coup de pioche, percé ou crénelé un seul mur; pas un arbre n'était abattu. Quelques tambours en bois établis en avant de cinq ou six barrières, quelques canons placés en arrière des canaux Saint-Denis et Saint-Martin, voilà tous les préparatifs que depuis deux mois avait inspirés au gouvernement de la régente la présence, à quatre reprises différentes et à moins de quinze lieues de Paris, des têtes de colonnes de Blücher et de Schwartzemberg. L'ennemi n'eût donc qu'à se présenter pour s'emparer du village de Noisy, au pied des hauteurs de Romainville, et pour se loger dans le village de ce nom. S'il eût continué sa marche, il serait arrivé sans coup férir aux murs de l'octroi; Paris aurait été occupé dès le 29. Mais, dans leur ignorance des moyens de défense réunis sur les collines qui se dressaient devant elles, les têtes de colonnes des alliés s'arrêtèrent pour attendre le gros de l'armée. Cette halte devait donner à Marmont et à Mortier le temps d'arriver sur le terrain.

Il était à peu près trois heures de l'après midi lorsque Romainville et Noisy furent occupés.

D'un autre côté, Marmont et Mortier, que les hasards d'une retraite venaient d'amener sous les murs de Paris, franchissaient, on l'a vu, la Marne au pont de Charenton, et, tournant Paris par Saint-Mandé et Charonne, s'avançaient vers la chaîne de collines dont nous venons de parler, en même temps que les alliés prenaient position au pied et sur une partie de ces hauteurs. Marmont, vers le soir, visita les buttes de Chaumont et de Belleville, qu'il n'avait jamais étudiées comme position militaire. Trouvant un terrain coupé dans toutes les directions par de nombreux murs de jardins, il lui parut indispensable d'y pratiquer de larges ouvertures pour faciliter les mouvements de la cavalerie et de l'artillerie. Ses soldats, harassés de fatigue, étaient en outre sans pain. Il fallait ménager les forces qui leur restaient pour la lutte qui allait s'ouvrir; il se rendit donc de sa personne au ministère de la guerre, afin de demander des vivres pour les hommes, du fourrage pour les chevaux, et d'obtenir que quelques travaux fussent faits pendant la nuit. Clarke fut invisible. Marmont, quelles que fussent ses instances, ne put parler qu'au secrétaire du ministre, auquel il laissa, en désespoir de cause, un mot que le duc de Feltre lut seulement le lendemain.

Voilà sous quels auspices s'ouvrit, à quelques heures de là, le 30 mars, au matin, la lutte désespérée connue sous le nom de *Bataille de Paris*.

Les hommes sur lesquels Napoléon comptait le plus avaient oublié ses volontés les plus expresses, et au zèle qu'ils consacreraient à sa prospérité, pourtant si fructueuse pour eux, avait succédé une torpeur sans exemple. Rien n'avait été organisé suivant ses intentions ; la garde nationale elle-même, qui aurait pu s'élever à 30,000 hommes, en offrait à peine 12,000, dont la moitié seulement avait des fusils de munition ; le reste n'était qu'un véritable corps de parade, plus capable de nuire que de contribuer à la défense. Pour en tirer parti, il eût fallu en exclure tous les hommes coutumiers du repos et de toutes les aisances de la vie, dont la plupart n'avaient revêtu l'uniforme que par cette espèce de coquetterie qui recherche des illusions de jeunesse, ou bien encore par cette étrange vanité qui se complaît dans des apparences martiales. Tant qu'on leur avait parlé de victoires, ils avaient paru les plus dévoués ; mais dès qu'ils virent refluer vers Paris des milliers de soldats blessés et toute la population des campagnes environnantes, lorsqu'ils virent toutes les routes couvertes de paysans traînant après eux leurs familles éplorées et leurs troupeaux, l'aspect de ces fugitifs et de leur misère les glaça d'effroi. A les entendre, c'était un million de soldats qui se précipitaient sur Paris. Bientôt la consternation devint générale; chacun enfouissait ses richesses. Les banques, les boutiques, les magasins ne s'ouvraient plus; les maisons de jeu même étaient fermées. Jamais les Parisiens n'avaient été en proie à de plus vives anxiétés. Depuis l'invasion des Normands, ils n'avaient pas vu déployer dans leurs murs l'appareil des combats contre des armées étrangères. Quand pour la première fois, au milieu de la nuit, ils furent éveillés par la marche pesante des canons et le bruit d'un attirail de guerre, ils se crurent perdus; pour les rassurer, les efforts d'un gouvernement qui les avait trompés tant de fois par des bulletins mensongers, furent impuissants. La confiance avait fait place à l'incrédulité la plus complète, et le petit nombre de dispositions que l'on faisait pour la défense étaient vues d'un œil dérisoire, tant on révoquait en doute leur succès.

Les troupes des ducs de Raguse et de Trévise, réunies aux deux petits corps des généraux Arrighi et Compans, furent les seules qui prirent une part sérieuse à cette journée avec plusieurs bataillons tirés des dépôts de la garde impériale, quelques centaines de gardes nationaux parisiens, les élèves de l'école polytechnique et plusieurs détachements d'artillerie de la garde, de la marine et des invalides. Les soldats des deux maréchaux ne s'élevaient pas au delà se 7 à 8,000 hommes d'infanterie et de 2,500 cavaliers; ceux des généraux Compans et Arrighi allaient à 3,000. Si l'on ajoute à ces chiffres 2,500 à 3,000 hommes de la garde, 12 à 1,500 hommes fournis par les gardes nationaux volontaires, les élèves et les détachement d'artillerie dont nous venons de parler, puis environ 5,000 soldats de toutes armes, convalescents, etc., placés directement sous les ordres du ministre de la guerre et du général commandant la division, on trouve, pour les forces actives qui, le 30 mars, furent destinées à concourir à la défense de Paris, un total de 21 à 23,000 baïonnettes ou sabres. Ces forces obéissaient à six ou sept chefs différents, tous jaloux de leur indépendance, et agissant, sans direction commune, isolément les uns des autres. De là, le décousu et le désordre que l'on put remarquer dans la défense; de là, des envois de munitions pour pièces de douze à des pièces de huit ou de quatre; pour pièces de huit à des canons de quatre ou de douze; et, par suite, tous ces bruits de cartouches pleines de cendres et de gargousses remplies de son. Ce défaut d'unité dans le commandement fit encore que toutes les troupes ne furent pas également engagées; que des détachements nombreux restèrent toute la journée l'arme au pied, et que les positions de Marmont et de Mortier furent les seules qui offrirent une défense sérieuse. La forte position de Montmartre, entre autres, resta, pour ainsi dire, désarmée et ne fut pas défendue.

Les 12 à 13,000 combattants placés sous les ordres directs des deux maréchaux se trouvèrent eux-mêmes fort inégalement répartis.

Marmont avait le commandement effectif des deux corps. Ce maréchal se chargea de défendre toute la partie des approches de Paris qui s'étend depuis le canal de l'Ourcq jusqu'à la Marne, c'est-à-dire depuis le faubourg de La Villette jusqu'à Charenton; il abandonna au duc, son collègue, le soin de garder la gauche du canal jusqu'à la basse Seine, c'est-à-dire toute la ligne enfermée entre le faubourg de La Chapelle-Saint-Denis et Neuilly....

Pendant que le duc de Raguse disposait ses régiments, le canon tonnait au pied des buttes....

L'ennemi, dans la plaine, venait de prendre l'offensive; sur les plateaux, ce fut à Marmont qu'elle appartint.

Le maréchal, quand il eut terminé ses dispositions, voulut chasser les alliés du village et du bois de Romainville, et les rejeter au delà des hauteurs; il lança ses troupes. L'ennemi, attaqué avec impétuosité, fut culbuté sur tous les points. Nos régiments se logeaient déjà dans le village, quand la venue de nouvelles colonnes alliées obligea nos soldats de se défendre à leur tour. La lutte, alors, devint furieuse, acharnée. La nature du sol, sur ce point, empêchait les engagements par masses : on se battait par détachements, par pelotons. Le nombre pourtant l'emporta; les régiments de Marmont reculèrent. Refoulé sur un terrain plus découvert, le maréchal essaie d'arrêter l'ennemi. Il prend plusieurs bataillons, les forme en colonne d'attaque, se met à leur tête, et marche sur une batterie de 12 pièces que les alliés venaient d'établir en avant des jardins de Romainville. Les pièces tirent à mitraille; leur feu est appuyé par une attaque de la division des grenadiers russes de Rajewski, qui n'avaient pas encore combattu dans cette campagne, et par la charge d'un corps nombreux de grosse cavalerie russe, dont faisaient partie plusieurs détachements de chevaliers-gardes, conduits par le général Miloradovich. La colonne du duc de Raguse, ébranlée par la mitraille, désunie par les charges des cavaliers et des fantassins russes, se retire bientôt en désordre; les autres troupes du maréchal sont également repoussées dans toutes les directions. A sept heures et demie, les soldats de Marmont sont rejetés sur les premières maisons de Belleville, à cinq cents toises au delà de leurs premières positions. De nombreux murs de jardins, des haies épaisses leur permettent alors de s'arrêter. Le maréchal réforme sa ligne. Sa droite, dans cette nouvelle position, s'appuie à Ménilmontant; sa gauche s'étend vers les prés Saint-Gervais. Vainement l'ennemi redouble ses attaques : toutes sont repoussées; ses efforts, durant une heure, sont brisés par la résistance de nos soldats; ses morts couvrent le terrain.

Les alliés n'étaient pas arrivés, le 29, avec toutes leurs forces. 70 à 80,000 hommes de toutes les nations, commandés par Schwartzemberg, avaient seuls engagé l'action. La garde royale prussienne, plusieurs corps détachés et l'armée de Blücher, composant un total de plus de 100,000 autres combattants, ayant traversé Meaux et Claye, avec Alexandre et le roi de Prusse, la veille au soir ou durant la nuit, devaient successivement arriver sur le terrain. Les attaques du généralissime autrichien, quelles que fussent ses pertes, pouvaient donc se renouveler sans péril. A neuf heures, il ordonne un nouvel et furieux effort contre la nouvelle ligne du duc de Raguse; ses troupes sont encore repoussées. Le nombre de leurs morts et de leurs blessés, cette fois, est si considérable, que Schwartzemberg se hâte d'appeler à son aide la garde royale prussienne, dont on vient de lui annoncer l'arrivée en arrière de Pantin.

Cette garde, forte de 12 à 13,000 soldats d'élite qui avaient peu souffert dans cette campagne, prit la tête d'une nouvelle et nombreuse colonne. Mais, au lieu de déboucher par le plateau de Romainville et d'attaquer de front les positions de Marmont, les Prussiens s'avancèrent par la plaine, et reçurent l'ordre d'aborder les troupes du maréchal par les pentes découvertes des premières buttes de Belleville. Averti de ce mouvement sur son flanc gauche, le duc de Raguse fit immédiatement couronner les hauteurs par son artillerie. Les Prussiens s'avancèrent avec une grande bravoure. Quand ils furent à portée, les conscrits et les invalides des batteries de Belleville accueillirent ces nouveaux adversaires avec un feu si vif et si nourri, que la colonne, obligée de se retirer dans le plus grand désordre, ne put se rallier, toujours poursuivie par nos boulets, qu'à l'abri des maisons de Pantin. Il était dix heures et demie. A onze heures, la garde prussienne se présenta une seconde fois en ligne, appuyée par des forces encore plus nombreuses que celles qui l'avaient déjà secondée. Ses coups, toutefois, changèrent de direction; ce nouvel effort porta sur les buttes Chaumont; il n'eut pas un meilleur succès que le premier. Les marins qui servaient les 38 pièces placées sur cette position, reçurent, à leur tour, la garde du roi de Prusse avec un feu si terrible et si soutenu, que ce corps, ainsi que les masses qui l'appuyaient, furent encore une fois obligés de reculer. Notre cavalerie ne se contenta pas de les regarder fuir : elle s'élança à leur poursuite. Pantin fut enlevé.

Il était onze heures et demie quand nos soldats avaient pénétré dans Pantin. Depuis quatre heures et demie du matin, ils luttaient 8 à 9,000 contre des forces presque décuples, sans autre appui que les mouvements naturels du sol. Tant d'efforts avaient lassé les plus robustes; l'ennemi lui-même avait besoin de se reposer. A midi, la canonade se ralentit des deux parts; le bruit de la mousqueterie diminua; durant quelques instants, chaque parti sembla d'accord pour suspendre la lutte. Ce repos devait seulement profiter aux alliés. Vers une heure, les Français, postés sur les hauteurs, purent apercevoir au fond de la plaine qui s'étendait à leurs pieds, des masses noires, profondes, qui s'avançaient lentement dans la direction de Noisy et de Pantin. A mesure qu'elles approchaient, ces masses se partageaient en trois colonnes : celle de droite s'étendait dans la direction de la basse Seine, vers Aubervilliers, Saint-Ouen et Clichy; celle du centre, et c'était la plus compacte, venait droit sur Pantin; celle de gauche se dirigeait vers Romainville. Ces masses étaient une nouvelle armée : c'étaient près de 100,000 soldats nouveaux que Blücher venait lancer contre les débris héroïques qui, depuis l'aube du jour, disputaient à Schwartzemberg l'entrée ouverte de la capitale française.

Blücher, qui pour sa part d'opération avait été chargé d'attaquer Montmartre, et le prince de Wurtemberg, auquel on avait ordonné d'occuper Charenton et de débloquer Vincennes, n'étaient pas encore entrés en ligne. L'ennemi, découragé par les pertes énormes que lui avaient causées l'opiniâtreté du 6e corps, commandé par Raguse, attendit, pour recommencer une attaque tant de fois infructueuse et toujours si chèrement payée, que toutes ses forces pussent agir simultanément et de concert.

Joseph, établi à Clignancourt, suivait avec attention les mouvements des deux armées. M. Allenc, chef d'état-major de la garde nationale, vint bientôt lui apprendre que les alliés préparaient toutes leurs forces. Peu après, M. Peyre, capitaine du génie, arriva auprès de lui. Il s'était chargé d'aller reconnaître les positions de l'ennemi, lorsqu'arrivé à Pantin il fut fait prisonnier. Conduit devant l'empereur Alexandre, celui-ci le renvoya à Joseph, après lui avoir remis une proclamation pacifique adressée aux Parisiens, et qui démontrait que l'ennemi comptait sur une révolution intérieure, préparée par Talleyrand, les royalistes et les grands dignitaires qui s'étaient laissés corrompre. Or, n'ayant prévu ni une conspiration dans les murs de Paris, ni une agglomération de troupes aussi considérables hors de son enceinte, voyant d'ailleurs les flots de l'ennemi parvenus au pied de Montmartre, le roi Joseph expédia aux deux maréchaux l'autorisation de conclure une convention pour l'évacuation de Paris, et partit aussitôt pour aller rejoindre le gouvernement sur la Loire. Son départ fut presque immédiatement suivi de celui du ministre de la guerre, Clarke, à qui M. Peyre, en prenant congé de Joseph, était allé communiquer ce qu'il avait vu, ainsi que la proclamation des alliés.

Dans ce moment, un officier-général, accourant à franc étrier, arrive à Montmartre et s'élance à la poursuite du frère de l'Empereur.

Napoléon, à quelques lieues au delà de Doulevent, à Doulencourt, avait dépêché son aide de camp, le général Dejean, à Joseph, pour annoncer son retour à Paris et enjoindre au lieutenant-général de l'empire de *tenir jusque-là*. « Votre Majesté n'a rien de particulier à me prescrire pour la défense de la capitale, » avait dit le général Dejean en quittant l'Empereur. — « Non, avaït répondu ce prince, *tous mes ordres sont donnés à cet égard.* » C'était ce général qui venait d'arriver. Il atteignit Joseph au milieu du bois de Boulogne et lui rendit compte de sa mission. « Il est trop tard, lui dit Joseph. Je viens de donner des ordres pour traiter avec l'ennemi. Allez trouver les deux maréchaux. » Le général Dejean, revenu à Paris, erra quelque temps à la recherche des deux maréchaux; vers trois heures, il arriva enfin sur les positions du maréchal Mortier.

Le duc de Trévise, nous l'avons dit, était chargé de défendre la ligne comprise entre le canal et la basse Seine. Séparées de Marmont et des masses alliées par les deux faubourgs de La Chapelle-Saint-Denis et de La Villette, réunies entre le premier de ces villages et Montmartre, le petit nombre de troupes dont Mortier disposait était resté, pour ainsi dire, sans adversaire durant tout le matin. Ce fut seulement vers les onze heures qu'elles eurent à repousser l'attaque de plusieurs corps avancés. Des charges de cavalerie et une vive canonnade suffirent longtemps pour arrêter l'ennemi dans cette direction. Le maréchal se tenait de sa personne dans la partie de la plaine comprise entre Clignancourt et La Chapelle. C'est là que le trouva le général Dejean. Il était dans une extrême irritation lorsque ce dernier se présenta; son artillerie, sa principale force, venait de cesser le feu faute de munitions. Le général lui fit connaître les ordres de l'Empereur. A ce moment un officier apportait la dépêche, Cet ordre, formulé dans les mêmes termes pour les deux maréchaux, était ainsi conçu :

« Si M. le maréchal duc de Raguse et M. le maréchal duc de Trévise ne peuvent plus tenir, ils sont autorisés à entrer en pourparlers avec le prince de Schwartzemberg et l'empereur de Russie qui sont devant eux.

« JOSEPH. »

« Montmartre, ce 30 mars 1814, à *midi un quart*. Il se retireront sur la Loire. »

Le duc de Raguse n'en continua pas moins à se battre. Il avait alors à soutenir l'effort non-seulement des troupes de Schwartzemberg, mais encore du centre de l'armée de Silésie que venait d'amener Giülay. Cette armée, nous l'avons dit, s'était partagée en trois colonnes : celle de droite, conduite par Blücher en personne, se portait à pas comptés, par Aubervilliers et Clichy, sur la butte de Montmartre, tandis que celle de gauche, aux ordres du prince de Wurtemberg, après avoir traversé le bois et le village de Romainville, s'avançait, partie sur Ménilmontant, partie sur Charonne et la Chaussée de Vincennes que défendait une batterie de vingt-huit pièces manœuvrées par les élèves de l'Ecole Polytechnique, au nombre de 216, et pointées par des artilleurs de la vieille garde...

A dix heures du soir, ces braves adolescents faisaient encore feu lorsqu'on vint leur donner l'ordre de rentrer à l'école.

Blücher ne devait pas rencontrer la même résistance. Ne pouvant croire que Montmartre n'était pas fortifié, il ne s'en approcha, nous l'avons dit, qu'avec les précautions les plus grandes. Ce fut à trois heures et demie seulement que ses premiers détachements parurent au pied de la butte. Quelques obus et quelques boulets furent lancés contre eux; mais, à quatre heures, il ne restait plus un seul homme armé sur ce point, Blücher l'occupa immédiatement en force, et, à quatre heures et demie, les batteries que nos soldats y avaient laissées étaient tournées contre nos régiments, sur les faubourgs les plus rapprochés des boulets et des obus.

Il était près de quatre heures lorsque Marmont connut le double mouvement de Blücher et du prince de Wurtemberg; près de se voir forcé en tête, tourné sur sa gauche et sur sa droite, ne sachant rien de la prochaine arrivée de l'Empereur, il jugea le moment venu de faire usage de l'autorisation de Joseph. Le colonel Charles de Labédoyère reçut l'ordre de traverser les lignes des deux armées, précédé d'un trompette, de gagner le quartier-général des alliés et de proposer aux souverains une suspension d'armes. Labédoyère partit; il ne tarda pas à reparaître : son cheval et celui de son trompette venaient d'être tués. « Passer, disait-il, était presque impossible; l'ennemi, devant les positions du maréchal, se trouvait trop nombreux, le terrain était trop difficile et le feu trop vivement engagé. »

Le général Compans, au bas des buttes, à La Villette, était plus favorablemant placé, ses avant-postes tenaient l'entrée de la grande route. Le duc de Raguse lui envoya l'ordre de tenter la négociation. Compans fit successivement partir trois parlementaires, le premier fut tué, le second grièvement blessé; le troisième, M. de Quelen, son aide de camp, put enfin arriver au château de Bondy où se trouvaient Alexandre et le roi de Prusse. Il leur exposa sa mission.

La suspension d'armes fut consentie, et deux officiers revinrent, avec M. de Quelen, à la Villette pour en arrêter les termes. La conférence se tint dans un pauvre cabaret portant l'enseigne du *Petit-Jardinet*; et à cinq heures du soir, un armistice de quatre heures destiné à régler la retraite des troupes ainsi que les conditions d'une capitulation pour Paris, était convenu et signé.

Il était temps : Blücher hérissait déjà de batteries toutes les plates-formes de Montmartre ; les hauteurs de Mont-Louis, à la droite de Ménilmontant, se couvraient également de canons alliés ; enfin, Marmont, après la lutte la plus désespérée, se voyait littéralement acculé au mur de l'octroi, mais sans avoir laissé, assure-t-on, ni un canon ni un prironnier entre les mains de l'ennemi. On raconte que dans les derniers instants, enveloppé dans la grande rue de Belleville par les corps alliés qui venaient de ramener sa droite depuis Bagnolet, il dut combattre en simple soldat. On se fusillait des croisées, de chaque côté de la rue où il était enfermé. Les généraux Ricart et Pelleport furent blessés près de lui ; onze hommes tombèrent à ses côtés percés de coups de baïonnettes ; son chapeau, ses habits furent troués de balles. Ce fut à pied, une épée nue à la seule main qui lui restât libre, et à la tête seulement de quarante grenadiers qu'il parvint à se faire jour et à gagner la barrière. C'est là que, pour sa gloire, ce maréchal aurait dû mourir.

La continuation du combat, lorsqu'on savait qu'un armistice venait d'être conclu, répandit dans Paris une soudaine terreur. On crut qu'il ne s'agissait rien moins que du sac de la ville, et chacun attendait avec effroi l'issue de cette crise déplorable. Au milieu de cette épouvante, les moins timides allaient et venaient à la recherche des nouvelles, et accueillaient, dans leur anxiété, les récits les plus absurdes et les plus contradictoires; tantôt on annonçait que l'ennemi venait d'être repoussé; tantôt, pour exciter un soulèvement, les agents du pouvoir impérial renouvelaient le bruit de l'arrivée de Napoléon. Son nom inspirait encore une si grande confiance que, quoique tardive, l'apparition de ce foudre de guerre eût certainement opéré des prodiges et changé en cyprès les lauriers de nos ennemis.

Ce désarroi, cet abandon général inspiraient les craintes les plus vives à la partie riche de la population de Paris; ils préoccupaient vingt-cinq à trente personnes, banquiers, commerçants, propriétaires, qui attendaient Marmont, lorsqu'à six heures du soir, après avoir fait avertir le duc de Trévise, par le général Meynadier, de la signature de l'armistice, il parut dans le salon de son hôtel de la rue de Paradis-Poissonnière. Il était à peine reconnaissable, a dit un témoin oculaire; sa barbe avait huit jours, la redingote qui recouvrait son uniforme était en lambeaux; de la tête aux pieds il était noir de poudre. Il annonça la suspension d'armes. « C'est bien pour l'armée, s'écria-t-on autour de lui; mais Paris, qui le garantira des excès de l'ennemi? Il faut une capitulation pour le sauver ! » Marmont en convint. — « L'armistice, ajouta-t-il, a précisément pour objet de faciliter un arrangement particulier à la capitale. Mais je suis sans autorité peur traiter en son nom ; je ne la commande pas ; je ne suis pas le gouvernement. Simple chef de corps, je n'ai à m'occuper que des troupes sous mes ordres. Elles ne peuvent plus rien ; elles ont fait tout ce que l'on pouvait humainement exiger d'elles. On vient de m'annoncer le retour de l'Empereur par la route de Fontainebleau ; je vais me replier sur cette ville et laisser, à qui doit le prendre, le soin d'une capitulation spéciale pour Paris. — Mais qui la proposera, qui la signera ? répliqua-t-on tout d'une voix. Le Gouvernement, toutes les hautes autorités nous ont abandonnés ; il ne reste plus personne ! Ce n'est pas le conseil municipal qui peut traiter directement avec l'empereur de Russie et le roi de Prusse ; ces princes ne connaissent, pas même de nom, un seul de ses membres. Les maréchaux, après avoir défendu la ville, auraient-ils l'inhumanité de l'abandonner à toutes les exigences, à toute la colère du vainqueur ? Puisqu'ils ont conclu l'armistice, que leur coûterait-il de compléter la négociation ? Joseph, d'ailleurs, ne leur a-t-il pas donné carte blanche ? »

Marmont résista longtemps. A la fin, entraîné par les supplications de tout ce qui l'entourait, par les prières d'une députation du corps municipal qui vint le conjurer de s'entremettre, il consentit à prendre la responsabilité d'un acte que tous lui signalaient comme l'unique moyen de salut pour Paris. Deux aides de camp furent chargés de conclure en son nom. Les troupes commencèrent leur mouvement de retraite sur Fontainebleau. Ce furent les détachements les premiers partis, que l'Empereur rencontra à Fromenteau.

Dans la nuit qui succéda à ce jour fatal, les 16 ou 18,000 hommes, restes de la faible armée qui vient de lutter contre les masses alliées, traversent Paris en frémissant, en battant en retraite sur la route d'Italie ; ils doivent prendre position sur les hauteurs de Villejuif. A une heure et demie du matin, quelques centaines de blessés de la bataille avec l'avant-garde y étaient déjà établis, et le feu brillait au loin dans la campagne.

A cette heure même, deux chaises de poste, attelées chacune de six chevaux, arrivaient brûlant le pavé devant la maison de poste de la cour de France, à six heures de Paris ; elles roulaient encore que déjà huit ou dix personnes en étaient sorties précipitamment pour stimuler le zèle des postillons de relai, pour activer le départ. L'une d'elles cependant a jeté les yeux dans la direction de Paris, et reste un instant immobile, fixant avec anxiété des feux allumés sur les hauteurs qui bornent l'horizon : c'est Napoléon ! Il arrête brusquement au passage un valet d'écurie, et lui montrant de la main les lueurs :

« Quels sont ces feux ? lui dit-il. — C'est le bivouac des blessés de la bataille de Paris. — Il y a donc eu une bataille à Paris ? — Toute la journée nous avons entendu la canonnade de ce côté, et des voyageurs qui ont passé ici, il y a une dimi-heure, ont dit..... — Et à quelle heure avez-vous cessé d'entendre le canon? — Vers six heures. — C'est bientôt, » dit à mi-voix Napoléon; puis, se tournant vers un des officiers de sa suite qui s'était rapproché de lui, il lui donna l'ordre d'appeler immédiatement le maître de poste.

Mais en ce moment arrivait de Paris Belliard, un des généraux combattants de la journée, chargé de lui annoncer la capitulation des maréchaux. A la clarté de la nuit étoilée, le général reconnut immédiatement l'Empereur, et lui raconta le combat auquel il venait de prendre part, les faibles ressources de la défense, l'inaction des autorités civiles, les incroyables dispositions prises par les autorités militaires de la capitale, et il ajouta : « Une capitulation a été signée, il y a cinq heures, par les ducs de Trévise et de Raguse : leurs corps d'armée, avec toutes les autres troupes, doivent évacuer Paris dans la nuit, et ce matin, à sept heures, les alliés y entreront. — Non, général, ils n'y entreront pas, s'écria Napoléon qui avait écouté jusque-là sans mot dire; et, tirant sa montre : « Il est une heure et demie, à trois heures, je serai dans Paris; le tocsin sonnera dans toutes les églises; la générale battra dans les rues; je me montrerai au peuple, je lui parlerai, en deux heures j'aurai levé une armée. Ah! vous ne savez pas ce que vaut la population de Paris; vous ne vous doutez pas de ce qu'elle peut quand elle veut; et, avec moi, elle voudra. Des barricades dans les rues, des pavés sur les toits, des tirailleurs aux fenêtres, et les alliés en ont pour un mois avant de parvenir à l'Hôtel-de-Ville. Marmont et Mortier sont encore, m'avez-vous dit, à la tête de 15 ou 18,000 hommes, je vais les ramener; ma garde sera à Paris après-demain, et toute l'armée le jour d'après : c'est plus qu'il n'en faut pour sauver Paris, pour sauver la France. Allons, messieurs, partons. — Mais, Sire, dit le général Belliard, j'ai eu l'honneur de vous prévenir qu'il y avait une capitulation... — Ça, répliqua Napoléon avec un sourire indicible de mépris, c'est un acte nul, sans valeur aucune. — Mais Paris lui-même est engagé, dit encore Belliard; les préfets Chabrol et Pasquier, des maires sont allés au quartier-général de l'empereur Alexandre solliciter pour Paris, faire sa soumission. — Et croyez-vous, dit l'Empereur, pouvez-vous croire, général, que le peuple de Paris ne soit pas indigné d'une pareille démarche? C'est le faubourg Saint-Germain, c'est l'aristocratie, ce sont quelques émigrés, quelques traîtres qui l'ont provoquée. Mais Paris n'est pas tout entier dans le faubourg Saint-Germain; et, grâce à Dieu, le peuple, le vrai peuple, les braves ouvriers des faubourgs, les jeunes gens des écoles et des ateliers ont au cœur un dévouement inépuisable, un courage sans bornes au service de la patrie. Ils frémissent de colère à l'idée de la souillure que l'étranger va imprimer à la capitale; ils feront tout pour lui épargner ce déshonneur, pour empêcher la ruine de la patrie. Ils ne s'abaisseront jamais, eux, à solliciter la générosité des ennemis de la France; ils n'en veulent pas, ils n'en ont pas besoin. Ce qui manque à leur courage, c'est un chef en qui ils aient confiance, un chef résolu à combattre à leur tête, à mourir, s'il le faut, avec eux... Qu'ils apprennent que je suis dans Paris; qu'ils entendent le tocsin, et vous verrez comment ils acceptent cette capitulation, la pitié protectrice des souverains alliés. »

En parlant ainsi, Napoléon s'était animé par degrés; sa pâle figure avait pris une vive teinte; sa voix s'était élevée; du geste, il montrait Paris; et ce n'était pas de la colère qui brillait dans ses regards : c'était du courage, c'était une confiance sans bornes dans le dévouement populaire.

Prenant le bras de Belliard, il hâte le pas pour rejoindre les voitures qui sont restées attelées devant la maison de poste : « Sire, lui dit de nouveau ce général, chemin faisant, je puis certifier à Votre Majesté qu'à l'heure qu'il est, il ne doit plus y avoir de troupes dans la capitale, que 130,000 étrangers l'entourent, que Votre Majesté s'expose à se faire prendre.... »

A ces mots, l'Empereur s'arrête, et, pressant avec force le bras de Belliard :

« Moi!... prisonnier d'un Russe ou d'un Prussien! Moi! s'écria-t-il d'un ton de dédain, jamais! entendez-vous, Belliard! » Puis il ajouta avec douceur : « Vous ne songez pas à ce que vous dites. Je sais le moyen d'échapper à une telle infamie, croyez-le bien... Vous allez venir avec moi, n'est-ce pas? — Sire, je ne le puis; je suis sorti de Paris avec mes troupes; il y a une convention signée; je n'y puis rentrer ni moi ni mes troupes. » Après de nouvelles instances de Napoléon pour marcher en avant, et de nouvelles représentations de Belliard, auquel s'étaient joints Berthier et Caulaincourt pour le dissuader de son projet, l'Empereur dit d'un ton de résolution et de mépris tout à la fois : « Allons! je vois bien que tout le monde a perdu la tête. Joseph est... un ...... et Clarke un traître; car je commence à croire ce que me disait Savary, l'année dernière, à pareille époque, en me parlant de M. le ministre de la guerre. » En ce moment, l'avant-garde de la colonne d'infanterie du maréchal Mortier parut sur la route. Le prince de Neufchâtel, voyant que l'Empereur ne prenait aucun parti, et que le temps s'écoulait, car le jour commençait à poindre, le pressa d'envoyer à Paris M. Caulaincourt pour traiter avec les coalisés : « Sire, lui dit-il, rien n'est désespéré. Il n'y a encore de signé qu'une convention; M. le duc de Vicence... »

Ici le major-général fut interrompu par le duc de Vicence lui-même, qui se hâta de s'adresser à l'Empereur en lui disant :

« Sire, je pense que l'envoi de M. le prince de Neufchâtel serait préférable; lié comme il l'est avec M. Schwartzemberg, il sera plus à même de servir Votre Majesté auprès des souverains alliés. » Napoléon resta quelque temps sans répondre; puis enfin, paraissant faire un effort sur lui-même, il dit à M. de Caulaincourt : « Monsieur le duc, Berthier a raison. Partez à l'instant; voyez l'empereur Alexandre; peut-être m'est-il encore possible d'intervenir. Je vous donne carte blanche. Allez, Caulaincourt, et songez cette fois que l'honneur et la dignité de la France sont en vos mains. » Napoléon remonta dans sa voiture, et tous ceux qui l'avaient rejoint prirent la route de Fontainebleau.

Déjà l'empereur de Russie avait recueilli ces prémices de la victoire qui manquèrent à Napoléon aux portes de Moscou : le conseil municipal, le préfet de la Seine et celui de police en tête, étaient arrivés au quartier-général des souverains alliés, pour recommander la capitale à leur générosité. Alexandre, en parlant à la députation, dévoila de plus en plus le projet de séparer entièrement Napoléon de la France. Cette conduite était un hommage que la peur rendait au génie. Napoléon n'avait pas eu à redouter les talents militaires ni du roi de Prusse, ni de l'empereur d'Autriche; il les laissa sur le trône.

Le corps municipal congédié, le czar, dans l'impatience de jouir de sa conquête, renvoya à la suite de son entrée dans Paris l'entretien que Caulaincourt était venu lui demander, et qui fut sans résultat pour Napoléon. Cette entrée eut lieu à midi. Les colonnes ennemies, à la tête desquelles se trouvaient Alexandre et le roi de Prusse (1), le grand-duc Constantin et le prince de Schwartzemberg, défilèrent au milieu d'une immense population entassée sur leur passage, le long des faubourgs et des boulevards. « Certes, a écrit M. Tissot, à qui nous empruntons ces réflexions patriotiques, les Parisiens, qui cédèrent, il est vrai, à la nouveauté du spectacle, ne pouvaient cependant le voir avec les yeux de la joie et de l'enthousiasme. Mais la France, depuis longtemps, recelait dans son sein un parti qui n'a jamais cru trouver pour ses projets ambitieux de meilleur appui que celui de l'étranger. Grâce à ce parti, un roi d'Angleterre régna jadis à Paris, et plus tard

(1) L'empereur d'Autriche seul y manquait; repoussé jusqu'à Dijon par les mouvements de l'armée française dans les journées précédentes, et arrêté dans sa marche sur Paris par celle de Napoléon sur Fontainebleau, il dut à cette circonstance de ne pas entrer en même temps que les Alliés dans la capitale de son gendre. Le général autrichien Schwartzemberg, qui, en l'absence de son maître, devait montrer le plus de circonspection dans cette grande circonstance, fut, avec un empressement inexplicable, un des premiers au contraire à se prononcer contre la cause de Napoléon.

les Espagnols vinrent aider la Ligue à repousser Henri IV du trône, et de même encore, dès les premiers jours de la révolution, des Français, que l'histoire jugera, allèrent dans toute l'Europe susciter des ennemis à leur patrie. Ce furent ces hommes ou leurs pareils qui poussèrent, à l'aspect des alliés, des cris que démentaient assez la consternation de tout ce qui portait un cœur généreux. Le peuple n'écoutait qu'avec étonnement ou indifférence des acclamations qu'un silence de vingt ans avait frappées de désuétude et livrées à l'oubli. Mais se souciait-on du peuple? Il ne s'agissait que de faire mentir l'opinion publique, et de persuader aux souverains alliés que la France entière partageait les vœux d'une faction. »

Plusieurs circonstances aidèrent puissamment à son triomphe. Déjà le prince de Schwartzemberg avait, dans une proclamation, invité les Parisiens à imiter la conduite des Bordelais. En outre, les soldats de la coalition portaient une écharpe blanche au bras gauche; cette particularité, peu importante en elle-même, facilita les succès des royalistes : ils affectèrent d'en tirer la conséquence que les ennemis arboraient les couleurs de la maison de Bourbon, et ceux qui, depuis deux mois, s'occupaient de sa cause ne manquèrent pas d'accréditer cette mensongère opinion. En effet, l'écharpe blanche des soldats n'avait rien de politique : à Fère-Champenoise, trompés par la variété des uniformes, ils s'étaient chargés les uns sur les autres, et on leur avait fait prendre ce signe afin de leur éviter à l'avenir de semblables méprises.

Ce prétendu indice de la volonté des étrangers donna de l'énergie aux partisans des Bourbons, et fit entrevoir aux opposants un obstacle invincible. Ces derniers conservèrent une morne dignité; les autres s'abandonnèrent sans réserve à toute l'expansion de la plus vive allégresse. « Ils parcouraient, dit l'auteur déjà cité, les rues en agitant des drapeaux blancs et en jetant des cocardes blanches avec profusion. Alors on vit des fmemes (1), parmi lesquelles on comptait des dames du palais de Marie-Louise et des veuves d'officiers qui étaient tombés sous les coups des Russes, secouer toute pudeur, se précipiter avec hardiesse au milieu des groupes, se jeter à travers les chevaux, et fatiguer même Alexandre de l'inconvenance de leurs exclamations. Alors on entendit ces cris : *Vive l'empereur de Russie! vive le roi de Prusse! vivent nos libérateurs!* espèce de jeu de mots sanglants, à la vue des Tartares qui traversaient notre capitale avec tout l'orgueil du triomphe. Tant de honte ne devient concevable que lorsqu'on réfléchit que, si les grandes émotions du monde politique sont ordinairement accompagnées de dévouements généreux, d'actions héroïques et su-

(1) La comtesse Edmond de Périgord, depuis duchesse de Dino, se promena dans la soirée, assise à cheval derrière un Cosaque. DE VAULABELLE.

blimes qui honorent l'humanité, elles portent en même temps une sorte de perturbation dans les lois du monde moral, et permettent au cœur humain de dérouler les plis les plus secrets où il cache les sentiments les plus honteux. »

Cependant, si l'on en excepte quelques vieillards, demeurés tristement fidèles à leurs souvenirs, et quelques rejetons des familles de l'ancien régime, élevés au milieu des préjugés et des haines de l'émigration, le nom de Bourbon, comme nous l'avons déjà dit, inconnu pour ainsi dire à la génération actuelle, ne devait éveiller en France aucune sympathie. Aussi, malgré des allocutions sentimentales à la multitude en faveur de Louis XVIII et de *son auguste famille*, malgré les basses injures dont les mêmes orateurs couvraient le nom de l'homme qui était encore le chef de l'empire, les prosélytes ne se montraient nulle part, si ce n'est aux fenêtres où quelques femmes agitaient leurs mouchoirs. Quant à la cocarde blanche, le petit nombre de ceux qui, entraînés par l'exemple et les sollicitations, l'attachaient à leur chapeau, se hâtaient de la remettre en poche aussitôt qu'un garde national venait à paraître.

Jusque-là, les royalistes n'avaient été que ridicules: ils voulurent se montrer lâches. Arrivés à la hauteur de la place Vendôme, l'aspect de la colonne ajoute un degré de plus à leur exaltation. Munis de cordes, ils courent furieux vers le monument, forcent la porte de fer et pénètrent dans l'intérieur malgré la résistance du gardien : il s'agit d'arracher la statue de Napoléon et de la traîner dans la fange des rues ; mais plus zélés qu'intelligents les chefs de la bande s'étaient imaginés que, le cable fixé une fois à la figure, il suffirait de le faire tirer par des chevaux et de s'y atteler eux-mêmes avec leurs recrues pour amener sa chûte. Ils se trompèrent : la statue, en bronze comme la colonne, et fortement scellée à son sommet, résista constamment à ces sacriléges efforts. A la honte d'avoir entrepris une mauvaise action, ils dûrent ajouter la honte de ne l'avoir pu consommer.

Les tentatives infructueuses se renouvelèrent plusieurs jours de suite contre la colonne; exaspérés à la fin par leur impuissance, les royalistes allaient employer la mine et faire sauter le monument tout entier, lorsque l'autorité étrangère crut de son honneur d'intervenir et d'empêcher cet acte de vandalisme. Cependant, il ne faudrait pas s'y tromper; l'intention des alliés ne fut pas de respecter la statue : ils voulurent seulement que son enlèvement fût accompagné de formes méthodiques et presque légales. Instruits que l'artiste qui l'avait fondue, possédait seul le secret de sa résistance, ils lui ordonnèrent *sous peine de mort* de procéder à cette opération. Le 7 avril, la statue à Napoléon, descendue de son glorieux piedestal, rentra dans les ateliers du fondeur.

Aussitôt que les troupes alliées eurent pris leurs campements, le czar, à qui le prince de Schwartzemberg, au nom de l'Autriche, avait déjà déclaré qu'il regardait l'existence de Napoléon comme incompatible avec le repos du reste de l'Europe, et qu'il n'y avait rien de mieux à faire que de rétablir la dynastie des Bourbons, rassembla un grand conseil afin de connaître les dispositions des Français, et protesta que la majorité serait appuyé par toutes les forces de la coalition. L'opinion du prince de Talleyrand, qui affirma que la majorité était royaliste, prévalut. Alexandre déclara alors qu'il ne traiterait plus avec Napoléon, ni avec aucun membre de sa famille. Les souverains proclamèrent en même temps qu'ils respecteraient l'intégrité de l'ancienne France, et qu'ils garantissaient la constitution que la nation se donnerait. Sur-le-champ un manifeste, rédigé dans cet esprit, fut imprimé et affiché dans tout Paris.

Le corps municipal fut le premier à exprimer le vœu que la monarchie fut rétablie dans la personne de Louis XVIII. Le 3 avril, le sénat, convoqué par l'Empereur Alexandre, pour créer un gouvernement provisoire, et préparer une nouvelle constitution, nomma le prince de Talleyrand, le duc d'Alberg, les comtes Beurnonville, Jaucours et M. de Montesquiou, pour remplacer l'autorité impériale. Il prononça en même temps la déchéance de Napoléon, et délia le peuple et l'armée du serment de fidélité. Mais toutes les âmes généreuses se sentirent révoltées de l'ingratitude de quelques hommes qui insultaient leur bienfaiteur jusque dans l'abîme où ils avaient contribué à le précipiter (1).

Cependant Napoléon rassemblait ses troupes à Fontainebleau ; son avant-garde était à 8 lieues de la capitale, et 40,000 hommes, au moins, toute une armée se trouvait sous sa main. Pénétrer seul dans la ville, le 30 mars au soir, comme il voulait le faire l'avant-veille, aurait été peut-être un acte de témérité ; son armée était encore en marche. Mais la position de l'ennemi, depuis le 31, était changée ; il avait commis la faute de quitter cette ligne de hauteurs si difficilement abordables, pour descendre dans Paris et pour s'éparpiller sur les quais et les promenades, sur les boulevards extérieurs et sur les différents chemins conduisant à Fontainebleau. Dans ces conditions, un effort prompt, furieux, aidé par le soulèvement de quelques quartiers du centre et des faubourgs aurait eu pour résultat d'empêcher la jonction de ces tronçons épars, d'isoler les principaux chefs et de jeter dans chaque

(1) « La plupart d'entre eux avaient été comblés des bienfaits de l'empereur ; ils avaient trouvé de grands avantages dans ses victoires ; mais plus leur fortune était devenue brillante, plus ils s'occupaient d'échapper au malheur commun... Comblez un homme de bienfaits, la première idée que vous lui inspirez, c'est de chercher les moyens de les conserver. » MONTESQUIEU.

colonne, ainsi séparée, une épouvante et une démoralisation assez fortes pour paralyser toute résistance sérieuse.

Ce coup d'audace, le général Bonaparte l'aurait immédiatement tenté; l'empereur Napoléon, durant quatre jours qui furent quatre siècles pour sa cause, hésita et attendit. Il essaya de négocier (1).

Le lendemain de la capitulation de Paris, Marmont, après avoir accompagné ses troupes jusqu'à Essonne, sur l'ordre de l'Empereur, se rendit le soir même à Fontainebleau. Il soupa avec lui. Napoléon lui donna les plus grands éloges sur sa belle défense de Paris. Après souper, le maréchal rejoignit son corps d'armée à Essonne, et six heures après, l'Empereur y arriva pour visiter les lignes.

Le maréchal, en quittant Paris, y avait laissé les colonels Fabvier et Denys pour veiller à l'exécution de la capitulation, en rendant la ville aux alliés.

L'Empereur laissa le maréchal à Essonne, repartit immédiatement pour Fontainebleau, et alla, au point du jour, visiter les avant-postes. A son aspect, les troupes frémissaient de joie et semblaient chercher, par la vivacité de leurs acclamations, à dissiper les nuages dont son front paraissait obscurci. Ému de cet accueil : « Officiers, sous-officiers et soldats, leur dit-il, l'ennemi nous a dérobé trois marches, et il est arrivé à Paris avant nous. Quelques factieux, restes d'émigrés à qui j'avais pardonné, ont entouré l'empereur de Russie ; ils ont arboré la cocarde blanche, et ils veulent nous forcer à la prendre. Depuis la révolution, la France a été maîtresse chez elle, souvent chez les autres, mais toujours chez elle. J'ai offert la paix ; j'ai proposé de laisser la France dans ses anciennes limites, en perdant tout ce qu'elle a acquis. On a tout refusé. Dans peu de jours, j'attaquerai l'ennemi ; je le forcerai de quitter notre capitale. J'ai compté sur vous; ai-je eu raison. — Oui, oui ! s'écrièrent les braves, comptez sur nous ! Vive l'Empereur ! Notre cocarde est tricolore ; plutôt que d'y renoncer, nous périrons sur notre sol. »

Cette voix connue de la victoire, qu'ils ont entendue sur les bords du Tibre, du Nil et du Danube, n'a rien perdu de son empire sur l'âme des soldats. Des pleurs roulent dans leurs yeux. Ils agitent leurs armes, ils appellent les combats ; ils brûlent d'arracher la capitale au au joug de l'étranger, et leur cœur bondit d'enthousiasme et d'impatience. Il n'en est pas de même parmi les généraux : presque tous demeurèrent froids et silencieux. Dans la nuit du 3 au 4 avril, on reçut à Fontainebleau, par un exprès du duc de Raguse, le sénatus-consulte qui prononçait la déchéance de l'Empereur, et en même temps le maréchal Macdonald arriva de Troyes : « Duc de Tarente, lui dit

(1) De Vaulabelle.

l'Empereur, quelles nouvelles? — De bien tristes, sire : Paris est aux mains de l'étranger, et on dit que Votre Majesté veut marcher sur la capitale. — Eh bien? — On craint que la seule tentative d'une bataille ne la livre à toutes les horreurs d'une ville prise d'assaut. L'armée paraît découragée, et les populations demandent la paix. » Le visage de Napoléon se rembrunit, et ses yeux se promenèrent avec sollicitude sur ses anciens compagnons d'armes : « Eh bien! messieurs, reprend-il, vous ne voulez donc plus vous battre? — Il est trop tard, sire, répond un maréchal. — Et que pourriez-vous faire, sire? dit un autre maréchal. Brûler Paris? Mais cette ville renferme nos femmes, nos enfants! » Enfin, un troisième, après avoir fait une peinture énergique des maux que la guerre civile entraînerait pour la patrie, ose parler d'abdication. Une seule voix s'élève pour protester contre ce mot. Napoléon réplique avec émotion et dignité : « Vous croyez que c'est le vœu de la France? — Oui, sire. — Que c'est le vœu de l'armée? — Oui, sire. — Ah! du moins, si j'abdiquais, vous seriez d'avis de faire passer la couronne sur la tête du roi de Rome? Mon fils et la régente pourraient faire encore le bonheur de la France. — Oui, oui! s'écrièrent les maréchaux. Cette proposition, soutenue par l'armée, dissipera sans peine les intrigues commencées en faveur des Bourbons. La France ne les connaît plus; mais elle connaît le fils de l'Empereur. Elle l'aime; elle l'adoptera, et l'Autriche le verra couronner avec plaisir. Sire, il faut se hâter. Les alliés n'ont encore rien arrêté. Il n'y a pas un instant à perdre. — Qui chargerai-je de cette négociation? — Le duc de Vicence, le prince de la Moskowa, le duc de Raguse... Oui, ces messieurs vont partir pour Paris. Je vais leur faire donner leurs pouvoirs... Et cependant, ajoute-t-il en se jetant sur un canapé, et comme ressaisissant l'adhésion qui vient de lui échapper, je suis sûr que nous les battrions! Ce dernier cri du héros, qui eût, dans tout autre temps, électrisé ses lieutenants, expire inécouté. Se relevant alors avec majesté, Napoléon fait comprendre par son geste qu'il veut rester seul; les maréchaux se retirent.

Cependant, l'Empereur a réfléchi que le duc de Raguse, qui commandait en chef le quartier-général d'Essonne, serait plus utile à son poste qu'à Paris. C'est le maréchal Macdonald qui le remplacera comme plénipotentiaire. Les trois commissaires partent pour Paris, afin de négocier un traité de paix, avec ordre de le communiquer à l'Empereur avant de le signer. Ils sont porteurs de la notification suivante :

« Les puissances alliées ayant proclamé que l'empereur Napoléon était le seul obstacle au rétablissement de la paix en Europe, l'empereur Napoléon, fidèle à son serment, déclare qu'il est prêt à descendre du trône, à quitter la France, et même la vie, pour le bien de sa patrie, inséparable des droits de son fils, de ceux de la régence de l'impératrice et du maintien des lois de l'empire.

« Fait en notre palais de Fontainebleau, le 4 avril 1814.

« NAPOLÉON. »

Les plénipotentiaires trouvent à Essonne le duc de Raguse, qui leur apprend qu'en vertu d'ordres émanés de la régence, il a eu des pourparlers avec le prince de Schwartzemberg, mais que, pour ne pas entraver le succès de leur mission, pour la seconder même, il va les suivre à Paris. Parvenus aux avant-postes, les commissaires y sont reçus affectueusement par le prince de Schwartzemberg, avec lequel ils s'entretiennent de leur mission, dans l'espoir que le généralissime autrichien se montrera favorable à la fille de son souverain; mais, à leur grand étonnement, le prince paraît opposé à leurs pressentiments. Au milieu de cet entretien, un officier vint demander le prince. Il sort, et, quelques instants après, revient suivi du duc de Raguse, qui s'était tenu à l'écart à son arrivée aux avant-postes. Il explique à ses collègues qu'il avait été bien aise de parler au prince de Schwartzemberg, afin de suspendre les préliminaires de ses négociations, et qu'il allait retourner à Essonne. Les commissaires se remettent en route, et, arrivés à Paris, se rendent chez l'empereur Alexandre. Après avoir traversé un salon où le gouvernement provisoire était réuni, entouré de plusieurs généraux de l'empire, qui s'étaient déjà brusquement tournés vers le soleil du Nord, ils entrent dans le cabinet des souverains. Alexandre, l'air soucieux, causait avec le roi de Prusse dans l'embrasure d'une croisée. A la gauche de Guillaume, un peu en arrière, se tenait le général Beurnonville. La discussion paraissait animée, et le roi de Prusse, dans sa réplique, semblait interpeller son *acolyte*, qui, par un salut obséquieux, oppose sans doute ses idées à à celles d'Alexandre. On a su depuis que ce général, en portant au roi de Prusse l'importante nouvelle de la défection de Marmont, l'avait décidé à rejeter avec fermeté la régence, qui allait être proposée au conseil par les plénipotentiaires de Napoléon.

L'arrivée des plénipotentiaires fit cesser les conversations particulières. L'empereur de Russie et le roi de Prusse s'assirent devant une grande table, et chacun se plaça. Le duc de Vicence remit à l'empereur Alexandre l'acte d'abdication de l'empereur Napoléon en faveur de son fils, le roi de Rome, et de l'impératrice Marie-Louise, régente.

Le roi Guillaume prit froidement l'initiative et répondit, en termes mesurés, que des événements subséquents ne permettaient plus aux puissances de traiter avec l'empereur Napoléon. Les vœux de la France pour le retour de ses anciens souverains se manifestaient, dit-il, de toutes parts. Le premier corps de l'Etat, le sénat, appuyé de l'assentiment de ses concitoyens, ayant déclaré Napoléon déchu du trône, il n'appartenait pas aux souverains alliés de s'immiscer dans les affaires du gouvernement français, et, contrairement à la déclaration du sénat, de reconnaître à l'empereur Napoléon déchu du trône le droit de disposer de la couronne de France.

Le maréchal Macdonald exposa avec force les hautes considérations politiques qui devaient décider les puissances alliées à accepter l'acte d'abdication en faveur de l'impératrice et de son fils : « L'armée, dit-il, toute dévouée à son chef, est encore debout, et prête à verser jusqu'à la dernière goutte de son sang pour soutenir les droits de son souverain. »

Un sourire imperceptiblement dédaigneux accueillit cette déclaration; des chuchottements se firent entendre dans une certaine partie du salon. Au même instant on annonça ; « M. le maréchal duc de Raguse. » Il entra la tête haute, le sourire sur les lèvres. Des poignées de mains, des félicitations sont échangées entre lui et quelques personnages qui se portent à sa rencontre. Il se manifesta comme un sentiment de stupeur dans la majorité de l'Assemblée; mais l'intérêt personnel devait l'emporter sur les émotions généreuses.

L'arrivée de Marmont avait tellement simplifié la discussion, qu'elle ne fut pas reprise. Les considérations que les commissaires avaient essayé de faire prévaloir n'avaient pas de valeur, et les explications, de part et d'autre, devenaient oiseuses.

« Messieurs, dit Alexandre aux commissaires d'un ton décidé, les alliés déclarent ne vouloir traiter ni avec Napoléon, ni avec aucun membre de sa famille; mais ils feront tout pour sa personne. Qu'a-t-il demandé? Que désire-t-il? — Rien, sire, répondirent les commissaires. L'empereur Napoléon a défendu qu'on stipulât rien pour sa personne. — Je l'en estime davantage, » répondit l'empereur. Et, après avoir lu les instructions que le duc de Vicence met sous ses yeux, et qui contenaient, entre autres, cette manifestation de la volonté de Napoléon, il ne peut revenir de cette abnégation magnanime. — « Non, non, dit-il, nous voulons qu'il soit indépendant, qu'il ait une souveraineté à lui ou autre chose. Si cela ne lui convient pas, qu'il vienne en Russie; je l'y traiterai en souverain. »

Le maréchal Macdonald fait observer avec dignité à l'empereur que leur mission est finie; ils n'avaient pouvoir de traiter que pour la régence; ils vont reporter à l'empereur Napoléon la réponse des alliés. Le duc de Vicence demande à Alexandre un mot de sa main pour Napoléon. Après quelque hésitation, ce prince fait écrire quelques lignes où se retrouvent ces deux mots : *L'île d'Elbe, ou autre chose;*

et les commissaires prennent congé de l'empereur, après avoir obtenu une suspension d'armes de quarante-huit heures.

Ils étaient réunis chez le maréchal Ney, lorsqu'ils furent rejoints par le duc de Raguse. Tout à coup, un officier vient lui annoncer que son corps d'armée tout entier a abandonné Essonne! Marmont disparaît, et les commissaires, stupéfaits, se regardent sans proférer une parole. L'âme inquiète et abattue, tous trois regagnent Fontainebleau.

Napoléon croyait à la générosité de l'empereur Alexandre; et il se confiait surtout dans le dévouement de l'armée qui était réunie à Essonne. Il était loin de s'attendre au coup qui le menaçait. La vieille garde venait d'arriver, à marches forcées, dans les environs de Fontainebleau. Le général Friant avait dit au général Petit, commandant des grenadiers à pied, de se tenir prêt à repartir à deux heures du matin. Son sommeil se prolongea jusqu'à cinq heures : « Ah? mon Dieu! s'écria-t-il, je suis en retard! Comment ne m'a-t-on pas réveillé? — Le général Friant l'a défendu, lui répond un de ses aides de camp; on ne marche plus sur Ponthierry : le corps d'armée du duc de Raguse a quitté Essonne; ses troupes mises en mouvement par des ordres inconnus, traversent en ce moment les cantonnements des Russes, et Fontainebleau reste à découvert.

Cette nouvelle fut un coup de foudre pour le brave général Petit. Il la transmit sur le champ à Fontainebleau. L'Empereur n'y voulait pas croire; mais enfin, trop convaincu, il s'écria : « L'ingrat! il sera plus malheureux que moi! »

Les commissaires, revenus à Fontainebleau, exposèrent franchement la situation des choses, leur voyage à Paris, le peu de succès de leur mission, et enfin la désertion du corps d'armée d'Essonne. Aussitôt, une discussion très animée donna cours à toutes les opinions qui partageaient les esprits diversement passionnés; quelques-uns, qui frémissaient au seul nom d'étrangers, voulaient encore tenter la fortune des armes; mais la majorité, effrayée de l'état déplorable où le départ du duc de Raguse laissait Fontainebleau, l'Empereur et les débris de l'armée, fut unanime pour reconnaître que ce noble désespoir ne pourrait qu'entraîner la ruine de Paris, et peut-être le partage de la France; enfin on déclara qu'au nom même de sa gloire, l'Empereur devait se sacrifier pour sauver la patrie.

C'est sous ces impressions que les commissaires se rendirent auprès de Napoléon, qui les attendait dans son cabinet. Il se lève, et, marchant à grands pas : « me croient-ils donc vaincu, parce qu'un de mes lieutenants m'abandonne? Me croient-ils sans ressources? Ne puis-je réunir les 50,000 hommes de Soult, les 15,000 de Suchet, les 20,000 du prince Eugène, les 15,000 d'Augereau? Ne puis-je pas me retirer sur la Loire? J'ai encore là l'épée d'Austerlitz, et je leur vendrai cher mon sang et ma vie. » Ce réveil du lion remue au fond du cœur des maréchaux les souvenirs de Wagram et de la Moskowa, mais sans éblouir leur raison. « La guerre, toujours la guerre, sire ! mais il vous faudrait des soldats, et vous n'avez plus d'armée. Vous abaisserez-vous à n'être qu'un chef de partisans ? La fatigue, les intérêts personnels, l'amour de la famille, le besoin du repos, tout se réunit contre vous, et la France veut la paix. — Eh bien ! reprend l'Empereur, puisqu'il faut renoncer à défendre la France, l'Italie ne m'offre-t-elle pas une retraite digne de moi ? Marchons vers les Alpes. On s'y souvient encore d'Arcole et de Marengo. Veut-on m'y suivre ?... Vous gardez le silence, vous voulez du repos, ayez-en donc ! Hélas ! vous ne savez pas combien de chagrins vous attendent sur vos lits de duvets : quelques années de cette paix que vous allez payer si cher en moissonneront un plus grand nombre d'entre vous que n'aurait fait la guerre. »

Et après ces paroles prophétiques, il tire à lui un guéridon, et trace de sa main la seconde formule de son abdication.

« Les puissances alliées, ayant proclamé que l'Empereur Napoléon était le seul obstacle au rétablissement de la paix en Europe, l'Empereur, fidèle à son serment, déclare qu'il renonce, pour lui et ses successeurs, au trône de France et d'Italie, et qu'il n'est aucun sacrifice personnel, même celui de la vie, qu'il ne soit prêt à faire aux intérêts de la France.

« Napoléon, Empereur des Français. »

Une dernière tentative fut encore faite par Napoléon auprès des souverains alliés pour obtenir le maintien des droits de sa femme et de son fils ; mais elle fut définitivement repoussée. A cette nouvelle, l'Empereur ne prononça pas un mot, et, congédiant tout le monde, il se retira de bonne heure et se coucha. A minuit, il sonna ; il venait de délayer dans un verre d'eau, et boire une poudre contenue dans le petit sachet qu'il portait suspendu à son cou au bout d'un ruban noir, depuis la campagne d'Espagne.

« Je vais mourir ! dit-il à ceux qui s'empressèrent d'arriver. On a traîné mes aigles dans la boue... ; Marmont m'a porté le dernier coup !... L'abandon de Berthier m'a navré !... Mes vieux amis..., mes compagnons d'armes... » Quelques mouvements convulsifs agitèrent sa figure, et un léger vomissement suivit cette crise. On le supplia de prendre une potion calmante ; il repoussa tous les efforts. Mais le docteur Yvan, devinant que l'Empereur avait voulu s'empoisonner, et que le poison, conservé depuis longtemps, avait perdu de son efficacité, obtint à la fin que l'Empereur bût une tasse de thé, après laquelle il s'assoupit, et à son réveil, le danger avait disparu. Son teint était livide, ses yeux enfoncés. « La mort ne veut pas de moi! » dit-il; et son âme reprit toute son énergie.

Par un traité signé à Fontainebleau, l'Empereur, l'Impératrice et tous les membres de la famille impériale devaient conserver leurs titres et leurs qualités. L'île d'Elbe était accordée en toute souveraineté à Napoléon, avec deux millions de revenu. On donnait à l'Impératrice les duchés de Parme, Plaisance et Guastalla; ces duchés devaient passer à son fils. 2,500,000 francs étaient accordés aux membres de la famille impériale; on assignait 1,000,000 au traitement de l'impératrice Joséphine; et un établissement était assuré au prince Eugène. L'empereur Napoléon pouvait emmener et conserver pour sa garde 400 hommes...

L'empereur d'Autriche enleva à Napoléon sa femme et son fils. On ne sait rien sur la résistance que Marie-Louise peut avoir opposée à son père pour remplir ses devoirs d'épouse et de mère. Quant à Joséphine, elle mourut à la suite d'une courte maladie, un mois à peine après l'abdication de Napoléon.

Le 16 avril, les commissaires chargés d'accompagner l'Empereur jusqu'au lieu de son embarquement pour l'île d'Elbe, arrivèrent. Napoléon embrassa ses amis; il descendit les degrés du palais et se trouva au milieu de sa garde. Elle était rangée dans la cour du palais: ces vieux soldats, flétris et cicatrisés par tant d'illustres travaux, tenaient leurs regards baissés. Napoléon, à leur vue, se rappelle toutes ses victoires, et leur laisse voir son visage couvert de larmes. Ils pleuraient aussi. Alors Napoléon leur dit:

« Soldats de ma vieille garde, je vous fais mes adieux! Depuis vingt ans, je vous ai trouvés constamment sur le chemin de l'honneur et de la gloire. Avec des hommes tels que vous, notre cause n'était pas perdue; mais la guerre était interminable. C'eût été la guerre civile, et la France n'en serait devenue que plus malheureuse. J'ai donc sacrifié tous nos intérêts à ceux de la patrie; je pars. Vous, mes amis, continuez de servir la France, son bonheur était mon unique pensée; il sera toujours l'objet de mes vœux. Ne plaignez pas mon sort; si j'ai consenti à me survivre, c'est pour servir encore à votre gloire. Je veux écrire les grandes choses que nous avons faites ensemble?... Adieu mes enfants; je voudrais vous presser tous sur mon cœur; que j'embrasse du moins votre drapeau!... »

A ces mots, le général Petit, saisissant l'aigle, s'avança; Napoléon reçut le général dans ses bras, et baisa le drapeau. Le silence d'admiration que cette grande scène inspirait, n'était interrompu que par les sanglots des soldats. Napoléon, dont l'émotion croissante était visible, fit un effort, et reprit d'une voix plus ferme: « Adieu encore une fois, mes vieux compagnons; que ce dernier baiser passe dans vos cœurs !... » Il dit ; puis s'arrachant au groupe qui l'entourait, il s'élança dans sa voiture, au fond de laquelle le général Bertrand était déjà placé, et partit.

Ce ne fut que le 7 avril que le gouvernement provisoire considéra l'abdication comme définitive, et déclara nul tout ce que Napoléon avait fait en qualité d'Empereur, postérieurement à la déchéance prononcée par le sénat. Le même jour on envoya aux différents corps une convention qui réglait la suspension des hostilités.

Tandis qu'on proscrivait la cocarde tricolore à Paris, on se battait pour elle dans le midi de la France. Le maréchal Soult, à la tête d'un poignée de braves, échappant sans cesse à un ennemi infiniment supérieur en nombre, arriva le 24 mars à Toulouse, et concentra son armée autour de la ville.

Soult y trouva des ressources très utiles aux besoins de son armée. Pour éviter toute surprise de la part de l'ennemi, il profita de tous les accidents de terrain, et disposa ses troupes sur les points les plus avantageux. La marche de Wellington fut lente et circonspecte. Enfin, il se trouva en vue des troupes françaises, qui, campées sur des hauteurs, virent une forte colonne, avec du canon, passer la rive droite de la Garonne. L'état affreux des chemins arrêta le chef anglais sur la ligne qu'il s'était tracée. Il fut obligé de rallier sa colonne sur la rive gauche.

Le duc de Dalmatie, qui avait étudié tous les mouvements de l'ennemi, porta son attention vers l'embouchure du canal. Il fit couvrir tous ses ponts d'ouvrages avancés, fit créneler les habitations et construire divers fortins sur les hauteurs de Montrave.

Enfin, le 8 au matin, diverses escarmouches de cavalerie eurent lieu au quartier-général des Anglais. Les voltigeurs français répondirent vigoureusement au feu de l'ennemi ; mais, trop faibles en nombre, ils furent obligés de se replier. Vers deux heures après midi, une vedette française ayant été enlevée, l'ennemi attaqua inopinément la brigade Vial. Le général Soult faillit être enlevé avec son état major, et ne dut sa liberté qu'à la bravoure du 2e régiment de hussards.

Une bataille décisive était devenue inévitable. Tous la désiraient. Elle fut provoquée par des feux qui éclatèrent sur tous les points où notre armée, éparpillée, s'était placée en défense. Dans ces attaques multipliées, la valeur de nos soldats sut les protéger contre le nombre, et les rendit même victorieux plusieurs fois. Vers le côté du pont Matabiau, les assaillants, trompés par le silence qui y régnait, s'avancèrent sans défiance et éprouvèrent à bout portant un feu terrible.

Profitant de cet avantage, quatre régiments, sous les ordres du général Darmagnac, s'élancèrent sur le flanc gauche des Espagnols, les attaquèrent à la baïonnette et les culbutèrent, tandis que les batteries de la tête de pont les foudroyaient en face. Le désordre fut bientôt parmi les ennemis qui, en moins d'une demi-heure, eurent 2,000 hommes hors de combat. Sur plusieurs autres points, l'armée française avait vu ses efforts couronnés de succès. Tout présageait les meilleurs résultats, et l'honneur et les intérêts des alliés semblaient devoir être infailliblement compromis. Mais une attaque dirigée contre Beresford, entre les redoutes de Lavour et de Caraman, devint nuisible à nos troupes. Par l'ordre du maréchal Soult, le général de division Taupin se prépara à exécuter un mouvement. Emporté par trop d'audace, car, ainsi que tous ses soldats, il brûlait d'en venir aux mains, il ne prit pas le temps de déployer toute sa brigade pour attaquer les assaillants. Alors il les masqua involontairement et empêcha le feu de nos ouvrages de se diriger sur eux. Le général Taupin se battit avec un courage héroïque, fit des prodiges; mais son élan fut arrêté par une blessure mortelle qui priva l'armée d'un de ses plus nobles soutiens. Cet événement sinistre jeta le découragement et l'alarme parmi les défenseurs de la redoute, qui fut bientôt évacuée et tomba au pouvoir des Anglais. Cette nouvelle ne produisit pas le même effet sur tous les autres points; elle doubla, au contraire, le courage, et les Français se surpassèrent, quoique luttant contre des forces infiniment supérieures en nombre. Mais tant de valeur déployée pour la patrie n'eut pas sa digne récompense, et, après divers combats tous glorieux pour nous, les retranchements furent abandonnés.

On s'attendait le lendemain à de nouvelles hostilités; mais un conseil de guerre avait été tenu et le résultat de sa délibération fut l'évacuation de Toulouse et de son territoire. La retraite fut ordonnée le 11 au soir à dix heures. Les alliés occupèrent Toulouse le 12 au matin. Sur 12,000 hommes restés sur le champ de bataille, 8,000 appartenaient aux Anglais.

Le 19 avril, le maréchal Soult adhéra aux actes du sénat et du gouvernement provisoire, et la guerre cessa dans le midi de la France.

Ce n'est pas toujours le courage et le patriotisme qui produisent le gain d'une bataille.

Le traité du 13 avril, qui devait régler l'avenir de Napoléon et dont les conditions ne devaient pas être observées par ceux-là mêmes qui l'avaient signé, fut suivi de la dispersion de la famille impériale.

C'est ici le lieu de parler d'un complot qui, si l'on s'en rapporte aux révélations du principal acteur, n'avait rien moins pour but que l'assassinat de Napoléon. Il s'agit de l'affaire Maubreuil.

Le zèle incroyable de Maubreuil, celui-là même que l'on avait vu, au milieu des démonstrations royalistes du 31 mars, attacher la croix de la légion d'honneur à la queue de son cheval, n'avait point échappé à Talleyrand; celui-ci, l'ayant fait demander, lui fit entendre par l'intermédiaire d'un avocat nommé Roux-Laborie, l'un des deux secrétaires du gouvernement provisoire, qu'il n'y aurait jamais aucune sécurité pour ceux qui avaient embrassé la cause des Bourbons, tant que Napoléon existerait, qu'il était de la plus indispensable nécessité de se défaire d'un tel homme, et de mettre son fils dans l'impossibilité d'arriver au trône, toutefois en se servant de moyens moins violents. Après beaucoup d'autres précautions oratoires, il finit par insinuer à Maubreuil que, s'il voulait se charger de l'expédition, on lui accorderait le titre de lieutenant-général, le gouvernement d'une province et 200,000 francs de rente.

Il n'est pas surprenant que celui qui commandait l'assassinat de Napoléon, ait joui d'une grande faveur sous la restauration. Mais que cette faveur se soit prolongée plus tard ; que cet homme, sans honneur et sans probité politique, qui s'était parjuré vingt fois, qui avait trahi tous les pouvoirs, ait été choisi par Louis-Philippe pour pour réprésenter la France à un congrès, voilà ce qu'il y a d'étonnant.

Maubreuil demanda à réfléchir, et promit de revenir le lendemain.

Ayant accepté la négociation proposée, il s'occupa aussitôt de recruter des complices. Mais les jours suivants, hésitant sans doute devant le danger de l'entreprise, il ne montrait nulle impatience d'en finir. Sur ces entrefaites Maubreuil apprit que Catherine de Wurtemberg, épouse de Jérôme, allait partir de l'hôtel du cardinal Fesch, pour l'Allemagne, et dans la pensée du royaliste, cette princesse devait nécessairement emporter sa part des millions que l'Empereur, disait-on calomnieusement, avait distribués à tous ses frères. Il vit là une occasion de faire une fortune bien moins périlleuse et bien plus sûre qu'une attaque à force ouverte contre Napoléon. Il affecta alors plus vivement que jamais de vouloir réaliser le projet proposé, et réclama les ordres promis ; on les lui donna au nombre de cinq, signés par Anglès, préfet de police, Dupont, tenant le portefeuille de la guerre, Bourienne, directeur provisoire des postes, par le général Saken, gouverneur de Paris, et le général prussien Brokenhausen ; ils mettaient à la disposition de Maubreuil la police et les postes de France, ainsi que toutes les troupes nationales et alliées. Mais au lieu d'aller se poster dans la forêt de Fontainebleau, où devait passer l'Empereur, Maubreuil, suivi d'un nommé Dasies qu'il affubla du titre de *commissaire royal*, épia le départ de l'ex-reine, la suivit en voiture de poste, ne la quittant pas de vue, et s'arrêtant où elle s'arrêtait. La belle-sœur de Napoléon, qui avait d'abord pris la route d'Orléans, changea de direction pour continuer son chemin par la Bourgogne. Maubreuil prit aussitôt les devants et alla l'attendre à Fossard, maison de poste distante de Montereau d'une demi-lieue et où vinrent le joindre quelques pelotons de cavalerie française, sur la présentation des ordres qu'on s'était empressé de mettre à sa disposition. Maubreuil alla droit à la reine de Westphalie, lui dit qu'il était chargé de s'emparer des trésors qu'elle emportait et réclama impérieusement la clef de ses coffres. La reine, femme énergique, les refusa. Maubreuil alors, se précipitant sur elle s'empara de ses clefs après quelques moments d'une vive résistance. On prit à la princesse 84,000 francs en or et des diamants pour une valeur de 160,000 francs. Tous ces objets furent envoyés à Paris, chez un sieur de Semallé.

Cependant Catherine de Wurtemberg, justement indignée de cet attentat, écrivit sur-le-champ à l'empereur Alexandre, dont elle était parente, se plaignant à la fois et du vol qui venait de lui être fait et des circonstances odieuses qui l'avaient accompagné.

Alexandre, violemment irrité, exigea la plus éclatante réparation. M. de Talleyrand et les autres signataires n'étaient pas gens à s'immoler pour leur mandataire. Maubreuil fut impitoyablement sacrifié et jeté en prison, comme prévenu de *n'avoir pas fidèlement exécuté les ordres d'autorité militaire supérieure, puis comme accusé de vol à main armée sur une grande route.*

On a vu quels étaient ces ordres d'autorité militaire supérieure, et de qui ils émanaient. Le ministre de la guerre Dupont était le même qui, à la tête d'une armée nombreuse et brave, avait signé, par trahison, impéritie ou lâcheté, la honteuse capitulation de Baylen. Il eut le triste avantage d'être le premier à faire subir une humiliation aux aigles françaises. C'était un titre à la reconnaissance et à la faveur des Bourbons.

Maubreuil comparut devant la chambre de police correctionnelle de la cour royale de Douai, le 18 décembre 1817. A quelque temps de là, il parvint à s'évader et à se réfugier en Angleterre, sans doute avec l'aide de ceux qui lui avaient commandé l'assassinat, et qui pouvaient craindre de dangereuses révélations. Le 6 mai 1818, un arrêt le condamna, par contumace, à cinq ans de prison et à 500 francs d'amende, comme dépositaire infidèle.

A ce fait caractéristique de la probité de ceux qui entourèrent la restauration à son début, il faut y joindre la dilapidation des trésors rapportés de Blois par M. de la Bouillerie, et qui s'élevaient à environ 60 millions. Les courtisans, prétendant que ces fonds étaient la propriété de l'ex-Empereur, s'en partagèrent une bonne partie avant leur rentrée au trésor.

Les commissaires des puissances étrangères désignés pour accompagner Napoléon jusqu'à son embarquement étaient arrivés depuis le 16. Il avait accueilli ceux de la Russie et de l'Autriche avec indifférence; il n'en fut pas de même du commissaire prussien : Napoléon lui dit fort sèchement : « Est-ce qu'il y a des Prussiens dans mon « escorte? — Non, sire. — Eh bien, pourquoi prenez-vous donc la « peine de m'accompagner? — Sire, ce n'est pas une peine, mais un « honneur. — Ce sont des mots que tout cela. Vous n'avez que faire « ici. — Sire, il m'est impossible de me démettre de l'honorable mis- « sion dont m'a chargé le roi mon maître. » A ces mots, Napoléon tourna le dos au baron de Truchess.

Jusqu'au Dauphiné, Napoléon eut la consolation de ne recevoir sur son passage que des témoignages d'amour et de respect; son cœur s'épanouit en voyant se manifester tous les regrets que causait son départ. Après avoir dépassé Lyon, il rencontra sur sa route le maréchal Augereau, qu'il avait fait duc de Castiglione. Ce général venait de trahir sa confiance et de signer une proclamation insultante contre la plus grande réputation militaire du siècle, parce que la fortune lui était infidèle! Napoléon, trop grand pour se souvenir des injures et de la trahison, ne vit dans ce coupable qu'un vieux compagnon d'armes, dont il avait reçu autrefois de bons services. Il l'aborde, prolonge la conférence, et prouve par la noblesse des sentiments qu'il exprime et par sa magnanimité, la supériorité d'une âme grande et généreuse sur la brutalité qui a trahi ses devoirs et qui court au devant d'une nouvelle fortune.

Napoléon avait entendu très peu de cris sur la route de Valence à Avignon; au dernier relais, avant cette dernière ville, un homme vêtu d'habits grossiers, mais dont les souliers fins et les bas de soie contrastaient avec le reste de son costume, et plus remarquable encore par ses lunettes à branches d'or, arriva auprès de la voiture de l'Empereur, après avoir traversé les champs en toute hâte; cet homme monta sur les épaules d'un autre individu, et se pencha dans la voiture, comme pour reconnaître quelqu'un. Pélard, valet de chambre de l'Empereur, l'apercevant, lui reprocha son inconvenance, et l'invita à se retirer; mais, comme cet individu ne tenait aucun compte de cet avertissement, un fourrier de l'Empereur, qui était sur le siége de la voiture, lui montra un pistolet, et mit ainsi un terme à cette étrange curiosité. Quelques cris injurieux se firent entendre là; mais ce n'était qu'un prélude aux scènes qui attendaient Napoléon à Orgon.

S'il fût arrivé à Avignon trois heures plus tard, il n'est pas douteux que c'en eût été fait de lui; on ne relaya pas à Avignon, où l'Empereur arriva à cinq heures du matin; mais une heure plus tard, à Saint-Andiol, l'Empereur, qui était fatigué de la voiture, descendit avec le colonel Campbell et le général Bertrand, et monta avec eux la première côte. Son valet de chambre, aussi à pied, l'avait devancé de quelques pas, lorsqu'il rencontra un courrier de la malle qui lui dit :

« Ce sont les voitures de l'Empereur qui viennent là-bas? — Non; ce sont les équipages des alliés. — Je vous dis que ce sont les voitures de l'Empereur. Vous ne savez pas que je suis un vieux soldat; j'ai fait la campagne d'Égypte, et je veux sauver la vie à mon général. — Je vous répète que ce ne sont pas les équipages de l'Empereur. — Il ne s'agit pas de me tromper : je suis sûr de ce que je dis; je « viens de passer à Orgon; l'Empereur y est pendu en effigie, et s'il y est reconnu, il est mort. Les misérables ont élevé une potence à laquelle ils ont attaché un mannequin revêtu d'un uniforme français couvert de sang; ils ont placé sur sa poitrine cette inscription : Voilà comme tu seras un jour. Je ne sais, dit le courrier, ce qui peut m'arriver de cette confidence; mais n'importe, profitez-en. » Il remonta dans sa malle, et partit au galop. Les commissaires, justement effrayés, tinrent une espèce de conseil sur la grande route, et il fut décidé que l'Empereur partirait en avant. On demanda à son valet de chambre s'il avait des habits dans la voiture; celui-ci lui remit une longue capote bleue et un chapeau rond; on voulait y mettre une cocarde blanche, Napoléon n'en voulut pas. Il partit en courrier, avec Amaudru, un des deux piqueurs qui escortaient sa voiture, et *brûla* encore la poste d'Orgon. Lorsque les commissaires arrivèrent dans cette ville, toute la population des environs était assemblée et criait : A bas le Corse! à bas le brigand! Le maire d'Orgon, celui qu'on avait vu à genoux devant le général Bonaparte, à son retour d'Égypte, s'adressa à Pélard, valet de chambre de l'Empereur, et lui dit : « Est-ce que vous suivez ce coquin-là, monsieur?—Non, lui répondit-il, je suis attaché aux commissaires des puissances alliées.—Ah! vous faites bien. »

Nous nous abstenons de reproduire les grossières injures proférées par ce misérable et par quelques-uns de ses semblables, dans de pareilles occasions. Bien que depuis longtemps l'indignation publique en ait fait justice, nous croyons devoir en épargner le dégoût à nos lecteurs.

La populace augmentait à vue d'œil; elle vociférait avec cette fureur par laquelle les habitants du Midi manifestent leur joie ou leur haine. Des forcenés voulurent forcer le cocher de Napoléon à crier *Vive le roi*; sur son courageux refus, déjà un sabre le menaçait, lorsque, heureusement, les chevaux étant attelés, les postillons enlevèrent la voiture au galop. Les commissaires ne rejoignirent l'Empereur qu'à la Calade, où ils le trouvèrent arrêté, depuis un quart d'heure, avec Amaudru. Il était debout, près du feu, dans la cuisine de l'auberge, et causait avec la maîtresse du logis. Celle-ci lui demandait si le tyran allait bientôt passer. Après s'être répandue en invectives, la bonne femme leva la tête, et s'aperçut que la seule personne qui n'eût pas le chapeau à la main était celle à qui elle parlait. Le saisissement qu'elle éprouva d'avoir parlé ainsi de l'Empereur à l'Empereur lui-même, fit au même moment évanouir toute sa colère. L'aspect de cette physionomie noble, sereine et calme, la fit revenir à des sentiments tout opposés à ceux que ses préventions venaient de lui faire exprimer. Elle fit entrer toutes les voitures dans sa cour, et fermer la porte de l'auberge, et avertit même l'Empereur qu'il ne serait pas prudent de passer par Aix, où une population de plus de 20,000 âmes l'attendait pour le lapider.

Au milieu de toute cette inquiétude, on servit le dîner, et l'Empereur se mit à table. Il prit admirablement le dessus de l'agitation qu'il devait éprouver; et toutes les personnes qui avaient assisté à ce bizarre couvert, ont été d'accord pour assurer que jamais il n'avait fait autant de frais d'amabilité. Il captiva tout le monde par la richesse de ses souvenirs et de son imagination, et finit cependant par dire avec une négligence, peut-être affectée : « Je crois que c'est le nouveau « gouvernement français qui en veut à mes jours. » Alors mille projets se heurtèrent dans cette tête toujours pleine de tempêtes, et il songea à éviter le peuple d'Aix, qui, lui avait-on dit, devait se trouver en grande foule à la poste.

Pendant que les commissaires, instruits de ce qui passait à Aix, se disposaient à envoyer au maire l'ordre d'en fermer les portes, et de veiller à la tranquillité publique, des individus à visages sinistres se rassemblaient autour de l'auberge. Il y en avait déjà plus de cinquante, lorsqu'un homme, qui ne se nommait pas, demande à parler aux commissaires, et à porter lui-même une lettre au maire d'Aix. Dans cette lettre, les commissaires prévenaient ce magistrat que, si les portes de la ville n'étaient pas fermées dans une heure, ils passeraient avec deux régiments de hulans et six pièces de canon, et mitrailleraient tout ce qui s'opposerait à leur passage. Une telle menace eut tout l'effet qu'on en attendait, et l'inconnu revint dire aux commissaires que les portes étaient fermées, et que le maire prenait tout ce qui pouvait se passer sous sa responsabilité.

On évitait bien ainsi les dangers qui avaient menacé l'Empereur à Aix; mais il en restait encore d'autres à braver par suite de sept ou huit heures passées à l'auberge de la Calade. Le nombre des curieux s'était considérablement accru, et ils laissaient assez voir à quels excès ils auraient pu se porter, si les portes de l'auberge n'eussent pas été soigneusement barricadées. La plupart tenaient dans leurs mains des pièces de cinq francs à l'effigie de l'empereur pour tâcher de le reconnaître par la ressemblance.

On vint dire que tout était prêt pour partir; mais on décida que Napoléon prendrait la pelisse et le bonnet de fourrure du général Kohler, qui était beaucoup plus grand que lui, et qu'il monterait dans la voiture du commissaire autrichien. L'Empereur, ainsi déguisé, quitta l'auberge de la Calade, et gagna sa voiture, entre deux haies de *curieux* qui cherchèrent en vain à le reconnaître.

On partit en tournant les murs d'Aix. Napoléon eut encore la douleur d'entendre les cris : « A bas le tyran ! à bas Nicolas ! » Une partie de la population était montée dans les arbres, où il pouvait la voir de sa voiture.

Napoléon, attristé de ces témoignages de haine, dit d'un ton de douleur et de mépris en même temps : « Les hommes de ce pays sont » toujours les mêmes, des braillards et des furieux. Ces Provençaux » ont commis d'affreux massacres au commencement de la révolution. » Il y a dix-huit ans, j'arrivai dans ce pays avec quelques milliers » d'hommes, pour délivrer deux royalistes qui devaient être pendus. » Quel était leur crime ! d'avoir porté la cocarde blanche. Je les sauvai ; mais ce ne fut pas sans peine que je les arrachai des mains de » ces enragés ; et, aujourd'hui, vous les voyez qui recommenceraient » les mêmes excès contre celui d'entre eux qui se refuserait à porter » la cocarde blanche ! » A une lieue environ d'Aix, on trouva des chevaux et une escorte de gendarmerie qui suivit jusqu'au Luc.

Près du Luc, dans une maison de campagne se trouvait alors la princesse Pauline Borghèse. Déplorant les malheurs de son frère, auxquels elle s'étonna qu'il eût pu résister, elle résolut de l'accompagner à l'île d'Elbe, et elle se rendit à Fréjus pour s'y embarquer avec lui.

Napoléon arriva enfin au port de Saint-Raphau, où, quatorze ans auparavant, il était débarqué à son retour d'Égypte. La frégate française la *Dryade* et le brick l'*Inconstant* étaient venus de Toulon et se tenaient prêts à le recevoir; il préféra monter à bord du vaisseau de Sa Majesté britannique l'*Intrépide*, mis à la disposition du commissaire anglais. Le 28, à onze heures du soir, Napoléon s'embarqua ; il fut salué de 21 coups de canon. « Adieu, César et sa fortune, » dit l'envoyé russe. Les commissaires anglais et autrichien l'accompagnèrent dans la traversée.

Elle fut courte et heureuse : le 4 mai on arriva en vue de Porto-Ferrajo. L'Empereur, à son débarquement, fut reçu par le préfet, par les magistrats de l'île et par le général Dalesme, commandant français. « Général, lui dit l'Empereur, j'ai sacrifié mes droits aux intérêts de ma patrie, et je me suis réservé la propriété et la souveraineté de l'île d'Elbe ; faites connaître aux habitants le choix que j'ai fait de leur île pour mon séjour, dites leur qu'ils seront toujours pour moi l'objet de l'intérêt le plus vif. » Le maire présenta les clefs de la ville à Napoléon, qui choisit la mairie pour son palais. Le grand-maréchal du palais, Bertrand, le général d'artillerie, Drouet, le général Cambronne et quelques autres braves restés fidèles, formèrent d'abord la cour du nouveau souverain. Bientôt sa mère et sa sœur, la princesse Borghèse, vinrent partager et adoucir son exil.

CHAPITRE XVII.

Première restauration. — Mécontentement général. — Napoléon apprend qu'il est question de le transporter à Sainte-Hélène. — Il part de l'île d'Elbe et reparaît sur le continent. — Ses proclamations. — Le peuple se précipite partout sur ses pas. — Il rentre à Paris le 20 mars. — Situation des affaires intérieures et extérieures. — Préparatifs de guerre. — Bataille de Fleurus. — De Waterloo. — Nouvelle abdication de Napoléon. — L'île de Sainte-Hélène est choisie pour le lieu de son exil. — Persécutions contre sa personne. — Sa mort. — Translation de ses cendres à Paris en 1840.

Napoléon sur le trône est la négation de la légitimité; aussi les rois ont-ils juré de le renverser en frappant la nation française.

En 1814, les armées de la coalition avaient triomphé. Paris, vendu avant d'être attaqué, avait souscrit au marché de Raguse, et consacré par une capitulation précipitée les résultats encore incertains de l'invasion. La paix et les Bourbons avaient été salués comme le bonheur et la liberté; mais le bonheur est incompatible avec l'humiliation, et le principe d'une charte octroyée avait été impuissant contre de vieilles prétentions qui ne tardèrent pas à se faire valoir. La liberté, selon la charte, n'était qu'une grâce accordée par prudence, en attendant la possibilité de la révoquer sans danger; et quoique le gouvernement fût appelé représentatif, il n'y avait de représenté que l'élément aristocratique, que les possesseurs de parchemins et de la fortune.

Effrayé de la mâle énergie d'un grand peuple, le gouvernement de Louis XVIII écartait avec soin tout ce qui pouvait contribuer à exalter l'honneur national, à élever l'esprit public; il comprimait l'essor des sentiments généreux; il fomentait l'esprit de désordre et de haine; sa marche était tortueuse, rétrograde; ses mesures, ses actes, ses écrits, ses idées, tout chez lui était marqué du sceau de la petitesse et de la fausseté.

Ainsi, la restauration, corrompue dans sa source, égarée dans sa direction, marchait contre son but; elle n'était plus que le triomphe d'un parti! parti faible, odieux, antinational; sédiment que les flots d'une inondation de cosaques avaient déposé sur le sol de la patrie, comme une trace impure et durable de leur rapide passage.

Depuis que la guerre avait cessé, les représentants des principaux Etats de l'Europe s'étaient réunis à Vienne pour y régler les intérêts compliqués qui s'étaient élevés pendant les longues vicissitudes de vingt-cinq ans de guerre. On attendait de cette assemblée européenne de nobles décisions, d'importantes, mais justes modifications; on n'y vit qu'égoïsme, avidité, manque de foi. Tout devait être fondé sur le principe de la *légitimité;* et, par une conséquence de l'obscurité de ce mot talismanique, chacun l'interprétant suivant ses vues, l'Autriche adjugea le trône de Ferdinand de Naples à Murat, son allié, et se donna la république de Venise; la Russie maintint la couronne de Gustave à Bernadotte et prit la Pologne; la Prusse demanda les Etats du roi de Saxe; l'Angleterre obtint la république de Hollande pour le prince d'Orange; celle de Gènes échut au roi de Sardaigne; enfin Ferdinand VII fut reconnu roi d'Espagne, malgré les réclamations de son père, détrôné par des factieux à Aranjuez. Tant de prétentions en présence, le choc de si grands intérêts devaient produire une rupture générale; elle éclata partiellement.

L'attention du congrès se porta sur le royaume de Naples; et Talleyrand, en particulier, insista sur ce point que, conserver à Murat la souveraineté de ce beau royaume, c'était compromettre la paix future de l'Europe pour consolider un empire fondé sur les principes de Napoléon et gouverné par son beau-frère. La France, par son organe, demandait à l'Autriche de lui sacrifier Murat; elle s'offrait même d'aller le détrôner.

Murat, alarmé de ces démonstrations d'intentions hostiles, se prépara à défendre sa couronne contre les entreprises injustes des souverains alliés.

Au milieu de cette crise, le maréchal Soult fut appelé au ministère de la guerre. Sa nomination, au moment où les courtisans se montraient le plus acharnés à flétrir la gloire et à déprécier les services des guerriers nationaux, produisit en général dans l'armée l'effet d'une défection.

Les appréhensions de l'armée étaient fondées; l'espoir de l'émigration fut rempli. Le maréchal signala son avénement au pouvoir par l'injustice et l'arbitraire.

L'armée, trompée par des promesses qui ne se réalisaient pas, l'armée, injuriée, licenciée, maltraitée, n'avait pas oublié le chef qui l'avait tant de fois conduite à la victoire : soldats, officiers, généraux, tous tournaient leurs regards vers cette île d'Elbe où Napoléon, dans l'exil, expiait notre gloire et ses revers; ils l'appelèrent, ainsi que tous les amis de la patrie; car maintenant, mieux que jamais, tous comprenaient que le dogme de l'égalité devait rester sans application avec une famille qui ne pouvait cesser de se considérer comme un des éléments sacrés de l'ancien ordre de choses. Dès lors, le retour de Napoléon fut le but de toutes les espérances, l'objet de tous les vœux. Les choses en étaient à ce point, lorsque le bruit se répandit que Napoléon, échappé de l'île d'Elbe, venait de débarquer au golfe Juan après les cent-jours; les royalistes ne manquèrent pas de dire que l'irruption de l'Empereur sur le continent avait été l'ouvrage des libéraux; et ils imaginèrent une conspiration. Deux motifs les portaient à l'expliquer ainsi : d'abord, en attribuant la révolution du 20 mars à leurs adversaires, ils se dispensaient d'avouer qu'elle n'était que le résultat de leurs fautes; ensuite, ils donnaient un prétexte à leurs vengeances; et les atroces réactions de 1815 et 1816 se trouvaient ainsi justifiées, au moins à leurs yeux. Une conspiration implique habituellement le silence et le mystère. Or, il n'existait ni mystère ni silence dans les projets de renversement multiples, souvent opposés, que plusieurs milliers de personnes agitaient. Le gouvernement seul ne savait rien, ne voyait rien. On conspirait, comme on dit, sur les bornes, au coin des rues; personne, si ce n'est les ministres, n'ignorait ce qui se passait. Toute la conspiration se borna à quelques soirées données par la comtesse de Saint-Leu (Eugénie-Hortense de Beauharnais), où le duc de Bassano (Maret), le comte Regnault de Saint-Jean-d'Angely, et quelques autres sommités impérialistes délaissées par la restauration, s'en dédommageaient à force d'épigrammes et de plaisanteries sur la cour et les actes ministériels; il faut y ajouter quelques lettres adressées, de temps en temps, à l'Empereur sur la marche et l'état des affaires. Mais qu'ont de commun des causeries de salon et quelques notes avec une conspiration vaste et soigneusement ourdie, comme les royalistes prétendaient qu'elle existait? Quels administrateurs, quels députés, quels généraux, quelles troupes avaient été gagnées? Malgré les nombreuses procédures qui ont accompagné les assassinats politiques de la seconde restauration, on n'a pu établir qu'une seule des victimes eût trempé dans un complot antérieur au retour de Napoléon; et pourtant on ne s'est pas épargné les recherches. Quatre généraux, Lefebvre, Desnouettes, d'Erlon et les frères Lallemand avaient eu, il est vrai, quelques entrevues au sujet de l'Empereur, vers le mois de janvier, et durent s'entendre, disait-on, avec Maret; mais il est plus que douteux que l'Empereur en ait jamais eu connaissance; et lorsque, le 10 mars, les généraux tentèrent de soulever les troupes, ce fut le résultat d'une résolution spontanée, à laquelle l'Empereur resta étranger. La non-existence des preuves judiciaires suffisait seule pour détruire toute idée de conspiration.

Nous le répétons donc, les fautes sans nombre des royalistes seuls firent sortir l'Empereur de l'île d'Elbe. Le vœu de la nation fut entendu : l'aigle impériale reprit son essor; elle fut saluée par l'enthousiasme des populations; la tourbe bourbonnienne se dispersa devant elle comme balayée par un coup de vent.

Napoléon a confirmé lui-même un fait qui n'était douteux pour personne. Le jour où il signait son abdication à Fontainebleau, il prévoyait déjà la possibilité de son retour en France : « Si les Bourbons, disait-il, veulent commencer une cinquième dynastie, je n'ai plus rien à faire ici, mon rôle est fini; mais s'ils s'obstinaient, par hasard, à vouloir recontinuer la troisième, je ne tarderais pas à reparaître.

« Je suis venu, a-t-il dit aussi lui-même à Benjamin Constant, je suis venu sans intelligences, sans concert, sans préparation aucune, tenant en main les journaux de Paris et les discours de M. Ferrand. Lorsque j'ai vu ce que l'on écrivait sur l'armée et les biens nationaux, sur la ligne droite et sur la ligne courbe, je me suis dit : La France est à moi. »

Napoléon n'ignorait pas d'ailleurs que déjà le congrès de Vienne se disposait à le faire enlever de l'île d'Elbe, pour le transporter à Sainte-Hélène.

Les plénipotentiaires de France et d'Angleterre s'étonnaient sans cesse de l'imprudence commise par les souverains en plaçant Napoléon aussi près du premier théâtre de sa gloire et des populations qu'il avait longtemps gouvernées. La faute, au surplus, ne leur paraissait pas irréparable. Les alliés avaient donné l'île d'Elbe à l'Empereur, ils pouvaient la lui retirer, et confiner ce souverain assez loin, ou sur un point assez sûr pour qu'il lui fût désormais impossible de conspirer contre la tranquillité de l'Europe. Le repos de l'Italie et de la France, étaient, disaient-ils, à ce prix. On les entendait même discuter les lieux de déportation les plus convenables; les noms de l'île de Malte et de l'île Sainte-Hélène étaient le plus souvent prononcés. D'ailleurs, on ne tenait aucune des conditions du traité qui l'avait exilé; ainsi, il était entraîné, par l'incitation de sa défense personnelle, à faire un coup d'éclat. Il fit acheter des munitions de guerre à Naples, des armes à Alger, des transports à Gênes. Une troupe de 1,100 hommes, dont 600 de sa garde, 200 chasseurs corses, 200 hommes d'infanterie et 100 chevau-légers polonais, reçut l'ordre d'embarquer le 26 février, à huit heures du matin.

Napoléon profitait du jour où le commandant de la station anglaise était parti pour Livourne; afin d'éloigner tout soupçon, il donnait lui-même une fête, dont sa mère et sa sœur faisaient les honneurs, et à laquelle il se déroba. « Le sort en est jeté, » s'écria-t-il comme César, en mettant le pied sur le bâtiment : c'était le brick l'*Inconstant;* il portait 26 canons et 400 grenadiers. Six autres bâtiments légers composaient la flottille impériale. Excepté les généraux Bertrand, Drouet, Cambronne, personne ne connaissait le but du voyage; cependant l'opinion commune des officiers et des soldats était qu'ils allaient débarquer à Naples ou sur quelque autre point de l'Italie. Au bout d'une heure de marche, Napoléon rompit le silence : « Grenadiers, dit-il, nous allons en France, nous allons à Paris. » A ces mots, la joie cessa d'être inquiète : tous les visages s'épanouirent, et des cris de *vive la France! vive Napoléon!* retentirent sur les sept bâtiments composant la flottille.

L'Empereur, on l'a vu, n'avait jamais rien reçu des allocations promises par le traité du 11 avril; la tenue de ses soldats se ressentait de la pénurie; ils portaient encore leurs uniformes vieux de la campagne de France; mais les habits usés recouvraient des cœurs intrépides.

Au moment du départ de l'île d'Elbe, la corvette anglaise était à Livourne; on n'avait donc rien à craindre de sa part; mais le lendemain on aperçut un brick de guerre français, qui venait vent arrière sur l'*Inconstant :* c'était le *Zéphyre,* commandé par le capitaine Andrieux. Le capitaine de l'*Inconstant* proposa d'aborder ce brick et de l'enlever; mais Napoléon repoussa cette idée comme absurde, excepté dans le cas où l'on serait forcé d'en venir aux extrémités. Il ordonna à ses grenadiers de se cacher dans l'entrepont. Les deux bricks furent bientôt bord à bord, et se firent les saluts d'usage. Le commandant du *Zéphyre* ayant reconnu le brick de l'île d'Elbe, demanda des nouvelles de l'Empereur, et Napoléon lui répondit lui-même, avec un porte-voix, qu'il se portait fort bien.

Le 1er mars, à trois heures du matin, la flottille mouilla au golfe Juan, et à cinq heures Napoléon mit pied à terre : son bivouac fut établi dans un champ d'oliviers. « Beau présage, dit-il, puisse-t-il se réaliser! »

Dans la soirée, on amena au bivouac un courrier qui venait de Paris, précédant le prince de Monaco. Napoléon le questionna, et reçut de cet homme l'assurance que son nom était dans toutes les bouches, et que partout on le regrettait hautement. Le prince de Monaco arriva bientôt lui-même, et eut un assez long entretien avec l'Empereur, qui interrogea aussi quelques paysans : l'un d'eux, ancien militaire, voulut absolument suivre Napoléon : « Bon, dit en riant l'Empereur au comte Bertrand, voilà déjà un renfort. » Vingt-cinq grenadiers et un officier de la garde furent envoyés à Antibes pour sonder les dispositions de la garnison. Mais, entraînés par leur ardeur, les grenadiers entrèrent dans la place aux cris de *vive l'Empereur!* Le commandant fit lever le pont-levis et les retint prisonniers. En apprenant cet échec, quelques officiers parlèrent de marcher sur Antibes et de l'enlever de vive force, afin de prévenir le mauvais effet que pouvait produire la résistance de cette place.

Napoléon leur fit observer que la prise d'Antibes ne faisait rien à la conquête de la France, que les moments étaient précieux, qu'il fallait voler et remédier à l'événement d'Antibes, en marchant plus vite que la nouvelle.

Les militaires composant le détachement retenu à Antibes furent, quelques jours après, conduits à Toulon et enfermés au fort Lamalgue. Le jour où la réapparition du drapeau tricolore vint combler les vœux des vrais Français, les officiers de la garnison et de la marine allèrent triomphalement recevoir ces braves à la porte du fort, leur donnèrent un banquet splendide, et fêtèrent avec eux le retour de Napoléon et de nos glorieuses couleurs, tandis que la patriotique population de Toulon partageait leur enthousiasme et le manifestait par ses cris de *vive l'Empereur!*

Le bivouac fut rompu au lever de la lune, et Napoléon se mit en route pour Paris à la tête de sa petite troupe.

A mesure que Napoléon avançait, les populations se prononçaien pour lui avec ardeur; mais il n'avait encore vu aucun soldat. Entre la Mure et Vizille, le général Cambronne, marchant à l'avant-garde avec 40 grenadiers, rencontra un bataillon envoyé de Grenoble, et dont le chef refusa de parlementer. Napoléon n'hésita pas; il s'avança seul : sa démarche, son costume simple et si célèbre produisirent un effet magique sur les soldats, qui demeurèrent immobiles. Arrivé à quelques pas d'eux, il s'arrête, efface sa poitrine et s'écrie : « S'il est parmi vous un soldat qui veuille tuer son général, son empereur, il le peut, me voilà! » Le cri unanime de *vive l'Empereur!* fut leur réponse. Napoléon commanda un demi-tour à droite, et tous marchèrent vers Grenoble, aux acclamations de la multitude rangée en haie sur la route. Bientôt de nouveaux cris se firent entendre : c'était le 7e de ligne qui venait se joindre à Napoléon, commandé par le jeune Labédoyère.

Cependant le général Marchand, commandant à Grenoble, et le préfet s'étaient déclarés contre Napoléon. La célérité de sa marche avait déjoué toutes les mesures : il arriva sous les murs de Grenoble à huit heures du soir; on n'avait pas eu le temps de couper les ponts, mais les portes étaient fermées, et le commandant de la place refusa de les ouvrir. Une circonstance qui caractérise singulièrement cette époque sans pareille dans l'histoire, c'est que les soldats ne manquèrent, jusqu'à un certain point, ni de discipline, ni d'obéissance envers leurs chefs; seulement ils opposèrent la force d'inertie, et s'en servirent comme d'un droit qu'ils croyaient devoir leur appartenir. Ainsi l'on vit le premier bataillon exécuter toutes les manœuvres commandées, refuser de communiquer, mais en même temps ne pas charger ses armes : il n'aurait pas tiré. Devant Grenoble, toute la garnison, sur les remparts, criait : *Vive l'Empereur!* On se donnait les mains par les guichets; mais on n'ouvrait pas, parce que les supérieurs l'avaient défendu. Il fallut que Napoléon fît enfoncer les portes, ce qui s'exécuta sous la bouche de dix pièces d'artillerie chargées à mitraille. « Tout est décidé maintenant, dit-il à ses officiers; tout est décidé, nous allons à Paris. »

Napoléon se fit précéder dans sa marche par deux proclamations au peuple et à l'armée, qui, par l'influence qu'elles exercèrent, frayèrent sa route jusqu'à la capitale.

Dans la première, après un tableau rapide de ses dernières victoires, il déclarait qu'à cette époque l'élite de l'armée ennemie allait être perdue sans ressource, quand la double trahison de Marmont et d'Augereau avait changé le destin de la guerre. Il poursuivait :

« Français, après la prise de Paris, mon cœur fut déchiré, mais mon âme est restée inébranlable. Je ne consultai que l'intérêt de ma patrie : je m'exilai sur un rocher au delà des mers. Ma vie vous était et devait encore vous être utile...

« Elevé au trône par votre choix, tout ce qui a été fait sans vous est illégitime. Depuis vingt-cinq ans la France a de nouveaux intérêts, de nouvelles institutions, une nouvelle gloire, qui ne peut être garantie que par un gouvernement national, et par une dynastie née dans ces nouvelles circonstances...

« Un prince qui régnerait sur vous, qui serait assis sur mon trône par la force des mêmes armées qui ont ravagé notre territoire, chercherait en vain à s'étayer des principes du droit féodal; il ne pourrait assurer l'honneur et les droits que d'un petit nombre d'individus ennemis du peuple, qui depuis vingt-cinq ans les a condamnés dans toutes les assemblées nationales...

« Dans mon exil, j'ai entendu vos plaintes et vos vœux : vous réclamez ce gouvernement de votre choix, qui seul est légitime; vous accusez mon long sommeil; vous me reprochez de sacrifier à mon repos les grands intérêts de la patrie. J'ai traversé les mers au milieu des périls de toute espèce; j'arrive parmi vous reprendre mes droits, qui sont aussi les vôtres...

« Français, il n'est aucune nation qui n'ait eu le droit de se soustraire au déshonneur d'obéir à un prince imposé par un ennemi victorieux un moment. Lorsque Charles VII entra dans Paris et renversa le trône éphémère de Henri VI, il reconnut qu'il tenait son trône de la bienveillance de ses braves, et non pas d'un prince régent d'Angleterre. »

Son langage à l'armée était encore plus véhément : « Soldats, nous n'avons pas été vaincus. Deux hommes sortis de nos rangs ont trahi nos lauriers, leur pays, leur prince, leur bienfaiteur.

» Ceux que nous avons vus pendant vingt-cinq ans parcourir toute l'Europe pour nous susciter des ennemis, qui ont passé leur vie à combattre contre nous dans les rangs des armées étrangères en maudissant notre belle France, prétendraient-ils commander et enchaîner nos aigles, eux qui n'ont jamais pu en soutenir les regards? Souffrirons-nous qu'ils héritent des fruits de nos glorieux travaux; qu'ils s'emparent de nos honneurs, de nos biens; qu'ils calomnient notre gloire?... Ils cherchent à rabaisser ce que le monde admire; et s'il reste encore des défenseurs de notre gloire, c'est parmi ces mêmes ennemis que nous avons combattus sur les champs de bataille... Dans mon exil, j'ai entendu votre voix, je suis arrivé à travers tous les obstacles et tous les périls; votre général, appelé au trône par le choix du peuple, et élevé sur vos pavois, vous est rendu, venez le joindre...

» Arrachez cette couleur que la nation a proscrite, et qui, pendant vingt-cinq ans, servit de ralliement à tous les ennemis de la France; arborez cette cocarde tricolore, vous la portiez dans nos grandes journées; reprenez vos aigles... Pensez-vous que cette poignée de Français, aujourd'hui si arrogants, puissent en soutenir la vue? Ils retourneront d'où ils viennent; et là, s'ils le veulent, ils régneront comme ils prétendent avoir régné depuis dix-neuf ans!

» Soldats, venez vous ranger sous les drapaux de votre chef. Ses droits ne sont que ceux du peuple et les vôtres. La victoire marchera au pas de charge. L'aigle, avec les couleurs nationales, volera, de clocher en clocher, jusque sur les tours de Notre-Dame! Honneur aux braves soldats de la patrie! honte éternelle aux Français criminels qui combattirent vingt-cinq ans avec l'étranger, pour déchirer le sein de la France! »

Napoléon savait que le seul moyen de reconquérir le pouvoir, c'était de l'enlever au pas de course. Entré à Grenoble le 7 mars, il en sortit le 9, et le 10 il était à Lyon, presque en même temps que le comte d'Artois, le duc d'Orléans et le maréchal Macdonald, accourus pour défendre cette ville. En arrivant, il apprit qu'on avait barricadé le pont de la Guillotière, et que des troupes étaient rangées en bataille sur le quai. Une reconnaissance de hussards, qu'il envoya, fut accueillie par la population du faubourg aux cris de *vive l'Empereur!* Napoléon mit à profit ce mouvement d'enthousiasme en se portant lui-même au galop vers le faubourg. Lorsque les hussards débouchèrent de la

Guillotière et se présentèrent devant le pont, le maréchal Macdonald contint les soldats pendant quelques moments; mais, entraînés par les provocations du peuple, ils se jetèrent sur les barricades, les brisèrent, et furent bientôt dans les bras et dans les rangs des soldats de leur ancien chef. Napoléon entra dans la ville à sept heures du soir, seul, en avant de ses troupes, mais précédé et suivi d'une foule immense qui faisait retentir l'air de ses cris. Pendant les quatre jours qu'il passa à Lyon, l'enthousiasme populaire conserva toute son ardeur : dans le même sens, mais avec d'autres formes, les classes élevées ne multiplièrent pas moins les preuves de leur dévouement.

Napoléon était descendu à l'archevêché, que venait de quitter le comte d'Artois, et il avait voulu y être gardé par la garde nationale à pied : la garde à cheval s'étant présentée : « Je vous remercie de vos services, lui dit Napoléon : nos institutions ne reconnaissent pas de garde nationale à cheval, et d'ailleurs votre conduite envers M. le comte d'Artois m'apprend ce que vous feriez si la fortune venait à m'abandonner; je ne vous soumettrai pas à cette nouvelle épreuve. » En effet, de tous les nobles dont cette garde était presque entièrement composée, un seul avait suivi le prince jusqu'à ce que sa personne fût hors de tout danger. Napoléon le fit appeler : « Je n'ai jamais laissé, lui dit-il, une belle action sans récompense. Je vous donne la croix de la légion d'honneur. » On sait que les Bourbons, à leur retour, annulèrent toutes les nominations faites par Napoléon pendant les cent jours. Il serait curieux de savoir si la décoration donnée à ce garde national fut comprise dans cette inique mesure. La chose est probable.

Maître de Lyon, Napoléon voyait s'ouvrir la route de la capitale : de tous les maréchaux envoyés contre lui, le seul dont il craignît encore les dispositions, c'était Ney, qui s'était avancé jusqu'à Lons-le-Saulnier. Le 12 mars, il chargea le général Bertrand de lui écrire, et, quelques jours après, l'illustre maréchal vint offrir à Napoléon ses soldats et son épée.

Napoléon quitta Lyon le 13 mars; le soir, il était à Mâcon, et le lendemain à Châlons; il n'avait plus besoin d'attendre aux portes des villes : le peuple et les magistrats accouraient à sa rencontre. A Châlons, il aperçut avec surprise des caissons et de l'artillerie; on lui apprit alors que ces canons étaient destinés à agir contre lui, mais qu'on les avait arrêtés au passage pour les lui présenter.

Napoléon marchait presque en poste : nulle part il n'y avait ni combat, ni lutte, ni opposition; ce n'était, à son aspect, que changement de décorations théâtrales. Quoiqu'il eût appris qu'on avait fait de grands préparatifs pour lui disputer l'approche de la capitale, il n'en continua pas moins sa marche rapide. S'il l'eût voulu, ou qu'il ne s'y fût pas opposé, il aurait pu arriver à Paris avec 2,000,000 de paysans; mais il se borna à s'entourer des troupes qu'il rencontrait sur son passage. Les généraux Girard et Cambronne marchaient en avant avec quelques centaines de braves; cette avant-garde avait des cartouches. L'armée impériale traînait à sa suite une soixantaine de pièces de canon, afin de pouvoir surmonter toute résistance. Napoléon n'avait pas dit au général Cambronne : « Vous ne brûlerez pas une amorce, » puisque cela ne dépendait pas de lui; mais il lui avait dit, sous la forme d'une prédiction : « J'espère que vous ne tirerez pas un coup de fusil. » Et cette prédiction s'accomplit.

Le 20 mars, à minuit, le roi partit du château des Tuileries. A quatre heures du matin, Napoléon arrive à Fontainebleau; à neuf heures du soir, il est à Paris. Mille bras l'enlèvent et l'emportent en triomphe dans le palais; les appartements offraient en ce moment la réunion confuse d'une foule immense de généraux, d'officiers, de fonctionnaires, qui couraient dans tous les sens, s'embrassaient, et épanchaient sans contrainte leur joie et leur ravissement; les salles semblaient métamorphosées en un champ de bataille, où des frères, des amis, échappés inopinément à la mort, se retrouvent après la victoire.

La tête de Napoléon avait été mise à prix par le gouvernement du roi, pendant qu'il décorait celui qui avait accompagné le comte d'Artois. La conduite de la garnison et des habitants de Lyon dut faire perdre toute espérance à ce prince. Le duc d'Angoulême, alors en voyage dans le Midi, organisa, avec le 10e de ligne, quelques gardes nationales et quelques volontaires royaux, un corps d'armée, et entreprit cette campagne de La Palice où, battu par le général Gilly, il signa une capitulation qui lui permettait de s'embarquer à Cette pour se rendre en Espagne. La duchesse d'Angoulême resta à Bordeaux pour contenir, par sa présence, les mauvaises dispositions de la garnison de cette riche cité, et trouver dans sa population un point d'appui contre cette subite invasion; mais c'est vainement qu'elle court aux casernes et harangue les soldats : elle trouve chez eux les mêmes dispositions que le comte d'Artois avait trouvées à Lyon et le duc d'Angoulême dans le Midi. L'armée avait donné l'impulsion au peuple, et tout était entraîné par le torrent.

Les Chambres avaient été convoquées. On ne leur proposa, elles ne prirent aucune mesure de salut. Louis XVIII se voit alors contraint de fuir de sa capitale et d'emmener avec lui la partie de sa famille qui l'entoure; suivi par sa maison militaire, il se dirige sur Lille, qu'il ne peut conserver, et se retire à Gand, en Belgique.

A peine de retour aux Tuileries, Napoléon demanda la paix; mais toute la diplomatie de la coalition était alors en congrès à Vienne, elle mit lui et sa *faction* hors du droit des gens. Les souverains donnèrent

23

le signal à leurs armées qui couvraient encore l'Allemagne, et ils ébranlèrent un million de soldats sous le prétexte de lui arracher *absolument* le pouvoir suprême. Dès lors, il était évident que Napoléon ne pouvait plus se confier qu'à une excessive rapidité, à une extrême audace; il devait aussitôt se porter sur la Belgique, et profiter de la surprise générale pour ressaisir la limite du Rhin. Mais, malgré son incroyable activité et la promptitude de ses desseins, les circonstances ne lui permettaient pas de profiter de ces moyens. L'armée avait été complétement désorganisée pendant les dix mois de séjour à l'île d'Elbe. Il fallait remplacer par des hommes sûrs ceux de ses chefs qui, choisis par les Bourbons dans les rangs de l'émigration, ne pouvaient servir l'empire que pour le trahir; il fallait réunir un matériel d'artillerie et de munitions diminué par les dernières guerres et disséminé sur plusieurs points; il importait encore de remanier l'administration intérieure, et d'en rendre toutes les parties homogènes. Ces soins indispensables et que prescrivait non-seulement la prudence, mais l'impérieuse nécessité, retardèrent l'entrée en campagne et donnèrent aux alliés le temps de faire leurs préparatifs.

D'autre part, tandis que la majorité de la France revoyait avec transport les couleurs nationales, et se montrait animée de la haine de l'étranger, la Vendée et le Midi s'insurgeaient contre le gouvernement impérial, et nécessitaient la diversion funeste d'une partie de ses forces. Cependant le général Lamarque força les Vendéens à se soumettre, et, le 12 avril, le drapeau tricolore fut arboré à Marseille.

Joachim Murat avait conservé sa couronne, et allait être reconnu, par l'Angleterre même, roi légitime de Naples, comme Bernadotte avait été reconnu roi de Suède; Joachim Murat, à la nouvelle du débarquement de son beau-frère, rêva tout à coup le projet d'affranchir l'Italie. Le 28 mars, à la tête de 50,000 Napolitains, il commence une irruption dont il annonce que le résultat doit être l'indépendance. Telle était parmi les peuples d'Italie le besoin de cette indépendance, que plusieurs villes se levèrent à l'appel du roi de Naples; mais le 5 avril, le général autrichien Bellegarde répond de Milan à sa proclamation, et le général anglais Bentinck y répond aussi de Livourne en unissant ses armes à celles de l'Autriche. Les Allemands surpris sont d'abord obligés de se replier, mais les généraux Bianchi et Neipberg combinent leur mouvement, prennent à leur tour l'offensive et chassent bientôt devant eux les troupes napolitaines. Le 2 et 3 mai, il les mettent dans une déroute complète à la bataille de Tolentino. L'intention de Joachim avait été de servir Napoléon, en s'élevant lui-même; mais, par cette entreprise il contribua encore à la ruine de l'Empereur français, en appesantissant le joug autrichien sur cette malheureuse Italie, dont la destinée ne pouvait être décidée que par la victoire ou par la défaite de Napoléon.

Un mot sur Murat, pour ne pas revenir sur ce sujet, ne peut pas être déplacé ici. Après sa défaite, le roi de Naples se rendit à Toulon, où Napoléon lui fit dire d'attendre ses ordres. La catastrophe de Waterloo le contraignit à dérober sa tête aux recherches du marquis de Rivière dont il avait sauvé la vie lors de la conspiration de Cadoudal, dont faisait partie ce royaliste, condamné à mort, Il fut assez heureux pour trouver à travers mille périls des partisans dévoués qui le transportèrent en Corse. On sait quelle fut la fin de sa tentative sur Naples, mais ce qu'on ne sait pas assez, ce qu'on ne saurait assez répéter, c'est que la commission militaire chargée de prononcer sur le sort de l'Achille français, et qui, à l'unanimité opina pour la mort, était composée d'hommes qui lui devaient une riche fortune et une haute position. C'est chose triste à dire; mais elle entre dans les devoirs de l'historien. Revenons maintenant à ce qui concerne plus particulièrement les intérêts du pays.

A son retour, ainsi que nous l'avons dit, Napoléon avait trouvé l'armée française non-seulement désorganisée, mais réduite à 80,000 hommes, tandis que les alliés en comptaient encore plus de 800,000 sous les armes : il en eût fallu autant à la France pour combattre l'Europe. Au 1er juin, l'effectif de nos forces avait été porté à 400,000 hommes : avec deux mois de plus, en septembre, il se fût élevé à 700,000 ; mais la Vendée, la garde des ports et des frontières, les garnisons des places fortes, ne laissaient pas sur la frontière du Nord plus de 120,000 hommes disponibles.

Cependant, les armées autrichiennes et russes étaient éloignées. Près de nos frontières du Nord, dans des cantonnements séparés, se trouvaient celles de Prusse, de l'Angleterre, et les contingents du roi de Hollande et de divers princes, formant un total de 220,000 hommes, qui n'attendaient plus que le signal de franchir la frontière. Napoléon résolut de les prévenir par une vigoureuse offensive. Le 12 juin, il quitta Paris, après avoir pris toutes ses dispositions pour faire de cette capitale et de Lyon deux grands centres de résistance. Son projet était de dissoudre la coalition par un coup de tonnerre; et, s'il échouait dans cette première tentative, de se rabattre sur les deux villes de l'empire, en disputant le terrain pied à pied, afin de laisser à la guerre le temps de se nationaliser, et de prendre un caractère interminable.

Le 13, il arriva à Avesnes; aussitôt il visita les fortifications de la place, et eut une conférence avec les commandants des corps. Le 14 au soir, son quartier-général était à Beaumont, et l'armée française, divisée en corps, était forte de 125,000 combattants. Notre cavalerie comptait 21,500 chevaux, et nous pouvions mettre en batterie 350 pièces de canon.

L'armée prussienne, sous les ordres de Blücher, comptait à elle seule plus de 120,000 hommes, parmi lesquels 18,000 cavaliers. 300 bouches à feu composaient le matériel de son artillerie, et elle était divisée en quatre corps, dont la concentration ne pouvait encore s'effectuer que dans l'intervalle de quinze heures. Le quartier-général prussien était à Namur, à seize lieues de Bruxelles, où les Anglais avaient établi le leur. 100,000 combattants dont 16,000 chevaux formaient l'effectif de l'armée anglo-hollandaise, commandée par Wellington, qui pouvait mettre en batterie plus de 250 pièces de canon. Ces troupes, réparties en deux grands corps, étaient tellement dispersées, que pour les rassembler autour de Charleroi, il ne fallait pas moins de deux jours.

Dans la nuit du 14 au 15, des espions rapportèrent au quartier-général français que tout était tranquille à Namur, à Bruxelles et même à Charleroi. La sécurité des deux armées ennemies donnait l'espoir de les séparer pour les combattre l'une après l'autre : c'était déjà un véritable succès de leur avoir dérobé pendant deux jours la connaissance des mouvements que nous avions faits. Bientôt on eut la certitude que même les hussards de leurs avant-postes étaient sans défiance. Cependant dès la veille, le général Bourmont, chef d'état-major du corps de Gérard, le colonel Clouet et l'officier d'état-major Villontray, étaient passés à l'ennemi : en apprenant cette lâche désertion qui avait jeté de l'inquiétude dans l'esprit du soldat, Napoleon s'écria : « Leurs noms seront en exécration tant que le peuple français formera une nation. »

Napoléon avait calculé que l'armée prussienne serait la première réunie ; il concevait même l'espérance de l'attaquer avant que tous ses corps se fussent joints.

Le 15, au point du jour, toute l'armée se mit en mouvement sur trois colonnes ; les avant-gardes prussiennes furent culbutées. Napoléon entra à Charleroi à onze heures, précédé de la cavalerie du général Pajol, qui sabrait les Prussiens fuyant devant elle. Cette ville venait d'être évacuée à la hâte par le corps prussien du général Ziéthen, qui fut également chassé de Gilly. Napoléon ordonna alors au maréchal Ney de se rendre à Gesselies, d'y prendre le commandement de toute la gauche de l'armée, de donner tête baissée sur tout ce qu'il rencontrerait sur la route de Bruxelles, et de prendre position avec les 40,000 hommes sous ses ordres, au delà des Quatre-Bras. Les Prussiens s'étaient retirés sur Fleurus.

Après avoir entamé le corps de Ziéthen, Napoléon revint à Charleroi pour y recevoir tous les rapports. Dans la nuit du 15 au 16, la gauche de l'armée française, alors sous les ordres du maréchal Ney, avait son quartier-général à Gosselies.

L'armée prussienne avait son premier corps rallié à Fleurus : les trois autres corps étaient en mouvement pour se réunir à leurs points de concentration, afin de se porter ensuite sur Sombref et Ligny. L'armée anglaise venait seulement de recevoir l'ordre de se rallier.

Le 16 au matin, Napoléon donna ordre au général Kellermann de se porter avec son corps de cuirassiers, aux Quatre-Bras, pour y renforcer la gauche. Il fit dire en même temps au maréchal Ney de marcher en avant avec ses troupes, et de prendre une bonne position au delà de celle des Quatre-Bras, puisqu'il ne l'avait pas prise la veille; et, dans le cas où l'armée prussienne recevrait la bataille près de Fleurus ou de Gembloux, de faire un détachement sur le flanc droit des Prussiens. Napoléon marcha sur Fleurus avec tout le centre. La droite sous les ordres du général Gérard, joignit le centre à une heure après midi.

Napoléon ne tarda pas à reconnaître l'armée prussienne, dont la gauche était à Sombref, le centre à Ligny, la droite à Saint-Amand. Cette position de bataille était très forte par elle-même; mais elle parut extraordinaire, car les Quatre-Bras se trouvaient sur les derrières des Prussiens, dont la droite était aussi tout à fait en l'air. L'armée prussienne paraissait forte de 90,000 hommes, et semblait attendre l'arrivée du corps de Bulow, d'une part, et de l'autre, l'arrière-garde de l'armée anglo-hollandaise, aux Quatre-Bras. Napoléon résolut d'attaquer à l'instant. Toute l'armée fit un changement de front, l'aile droite en avant, en pivotant sur l'extrémité de la gauche. De nouveaux ordres furent envoyés au maréchal Ney; il lui était prescrit d'attaquer avec la plus grande vigueur, et de tomber sur les derrières de l'ennemi aussitôt qu'il aurait pris position en avant des Quatre-Bras. Ce mouvement devait causer la ruine totale de l'armée prussienne. Napoléon en était si persuadé, qu'il fit dire à ce maréchal que le sort de la France était entre ses mains.

Cependant, à Namur, Blücher, averti du mouvement des Français, en donna sur-le-champ avis à Wellington, et pressa la concentration de ses forces, qu'il dirigea vers le point menacé. L'alarme fut grande à Bruxelles; le courrier du feld-maréchal surprit Wellington au milieu d'une fête: des ordres furent expédiés à l'instant même pour rassembler l'armée anglaise.

A trois heures, tous les préparatifs étant terminés, Vandamme aborda la droite de l'ennemi à Saint-Amand, que la division Gérard devait tourner. Quelques instants après, Gérard attaqua le centre à Ligny, en même temps que Grouchy rejetait au delà du ruisseau de

Ligny toute la cavalerie ennemie, et forçait la gauche des Prussiens à rentrer dans sa position à Sombref. La canonnade et la fusillade engagées sur toute la ligne, le feu devint très vif. Le village de Ligny fut pris et repris plusieurs fois : à cinq heures et demie, le général Gérard n'en était pas encore maître, Napoléon allait faire une attaque décisive sur ce point important avec toute sa garde et toute la cavalerie, lorsque le général Vandamme l'envoya prévenir qu'à une lieue sur sa gauche, une colonne ennemie, d'une vingtaine de mille hommes, débouchait des bois et tournait les Français, en ayant l'air de se porter sur Fleurus. Ce mouvement paraissait inexplicable : il fallait que ce corps ennemi eût pénétré entre le corps du meréchal Ney et la gauche de l'armée. Napoléon fit faire halte à sa garde, et ordonna diverses dispositions pour recevoir cette colonne ; on vint lui annoncer que c'était le premier corps d'armée, commandé par d'Erlon. L'erreur une fois reconnue, il fallut une demi-heure pour rappeler les réserves, et ce ne fut qu'à sept heures que Napoléon put marcher sur Ligny. L'attaque eut lieu comme elle avait été projetée ; mais cette malheureuse erreur l'avait retardée de deux heures. Ligny fut emporté, les Prussiens, battus partout, ayant leur centre enfoncé, leur droite tournée au delà de Saint-Amand par la division Gérard, abandonnèrent précipitamment le champ de bataille, et se mirent en retraite dans plusieurs directions. 40 pièces de canon, 6 drapeaux et un grand nombre de prisonniers tombèrent au pouvoir des Français. L'obscurité de la nuit ne permit pas d'obtenir tous les résultats qu'on devait espérer de cette victoire.

Dans cette journée, l'armée prussienne, forte de 90,000 mille hommes, fut battue par 60,000 mille Français. Le maréchal Blücher renversé de son cheval, fut quelques instants au pouvoir de nos cuirassiers. Comme il ne portait aucun indice de son grade, ne voyant en lui qu'un homme sans importance, ils dédaignèrent de le ramasser, et passèrent outre.

Blücher opéra sa retraite en deux colonnes, l'une par Tilly, l'autre par Gembloux. C'est là que le général Bulow le rejoignit, dans la nuit, avec 30,000 mille Prussiens qui n'avaient pas pris part à la bataille.

Pendant que le centre et la droite de l'armée française obtenaient ce succès, de grandes fautes se commettaient à la gauche. Déjà le 15, Ney s'était arrêté trop longtemps à Marchiennes, et n'avait pas pris position en avant des Quatre-Bras, ainsi que Napoléon le lui avait prescrit. Le lendemain, 16, il n'exécuta pas l'ordre de se diriger à la pointe du jour sur les Quatre-Bras, position qui n'était alors occupée que par des troupes légères, qui ensuite le fut par une division hollandaise, depuis midi jusqu'à l'arrivée des divisions anglaises, à quatre heures ; de sorte que l'occupation de cette position si importante, qui n'offrait aucun obstacle depuis le point du jour jusqu'à midi, qui était facile de midi à quatre heures, devint impossible aux approches de la nuit.

Les Anglais avaient alors 30,000 hommes aux Quatre-Bras. Il est impossible de se battre avec plus de courage et d'ardeur que le maréchal Ney et ses troupes n'en montrèrent aux Quatre-Bras ; et s'il eût employé la cavalerie de la garde et le corps d'Erlon, cette portion de l'armée entière aurait été détruite et rejetée au delà de la Dyle. Mais, à la nuit, deux nouvelles divisions anglaises vinrent rétablir les affaires des ennemis. Ce renfort porta leurs forces à 50,000 hommes; dès lors, les troupes de Ney furent réduites à ne se battre que pour conserver leur position.

« Dans les autres campagnes, dit Napoléon, ce maréchal eût occupé à six heures du matin la position en avant de Quatre-Baas, eût défait ou pris toute la division belge ; il eût surpris en marche ou détruit les divisions de Brunswick et une division anglaise sur la route de Bruxelles, et de là, eût marché contre deux autres qui accouraient par la chaussée de Nivelles, harassées de fatigue et sans artillerie. »

Dans ces combats, les soldats français se battaient avec la même bravoure et la même confiance en la victoire, qu'ils avaient montrées dans les plus belles journées : mais plusieurs généraux, et le maréchal Ney lui-même, n'étaient plus les mêmes hommes. Ils n'avaient plus cette énergie, cette brillante audace qu'ils avaient si souvent déployées autrefois, et qui avaient eu tant de part aux grands succès.

Napoléon ne rentra à Fleurus, où était son quartier-général, qu'à onze heures du soir. Il reçut le rapport de ce qui s'était passé aux Quatre-Bras, et expédia tout de suite l'ordre au maréchal Ney d'avoir ses troupes prêtes à la pointe du jour, et de poursuivre vivement l'armée anglaise, aussitôt qu'elle commencerait sa retraite, qui devait être la conséquence de la perte de la bataille de Ligny par les Prussiens.

Le lendemain matin, Napoléon mit sous les ordres du maréchal Grouchy deux corps d'armée, et lui donna l'ordre de poursuivre vivement les Prussiens, de culbuter leur arrière-garde, et de les presser au point de ne pas les perdre de vue. Il lui prescrivit surtout de déborder l'aile droite des Prussiens, de manière à être toujours en communication avec le reste de l'armée. Napoléon, avec les autres corps, marcha aussitôt sur les Quatre-Bras, où il arriva avant le maréchal Ney. L'armée française se dirigeait ainsi sur Bruxelles en deux colonnes, l'une de gauche, commandée par Napoléon, et forte de 66,000 hommes et de 250 bouches à feu, y compris le corps du maréchal Ney, ayant devant elle toute l'armée anglo-hollandaise ; l'autre de droite, forte de 36,000 hommes et de 110 bouches à feu, commandée par le maréchal Grouchy, devait passer la Dyle à Wavres.

Le 17, à dix heures du soir, Napoléon croyant Grouchy, à Wavres, lui expédia l'ordre de diriger 7,000 hommes et une batterie du côté de Saint-Lambert, afin de le seconder dans la bataille qu'il allait livrer à Wellington. Bientôt après on reçut des nouvelles de ce maréchal ; il mandait qu'il ignorait la route prise par Blücher ; la dépêche était datée de Gembloux. L'Empereur lui fit adresser là l'ordre précédemment expédié à Wavres. Enfin, un nouveau rapport de Grouchy, parvint, à deux heures du matin, au quartier-général ; il savait que Blücher était à Wavres, et s'apprêtait à l'y poursuivre à la pointe du jour.

L'Empereur, malgré toutes ces dispositions, ne croyait pas à la bataille du lendemain ; il était persuadé que les Anglais et les Prussiens allaient traverser la forêt de Soignes, et opérer leur jonction devant Bruxelles.

C'eût été beaucoup hasarder alors que d'aller combattre au delà de cette forêt des forces plus que doubles, formées en position ; et cependant il fallait se hâter, les Russes, les Autrichiens, les Bavorois allaient passer le Rhin, se porter sur la Marne ; le corps d'observation en Alsace n'était que de 20,000 hommes ! Préoccupé de ces pensées, l'Empereur sortit à pied, à une heure du matin, accompagné seulement du grand maréchal Bertrand. Il parcourut la ligne des grands'gardes ; la forêt de Soignes apparaissait comme un vaste incendie ; la campagne à l'entour resplendissait du feu des bivouacs. Napoléon, agité de la crainte que l'ennemi ne lui échappât, était attentif au moindre signe qui pouvait trahir la retraite des Anglais. Il crut un moment distinguer au loin le retentissement des pas d'une colonne en marche ; mais l'erreur fut courte ; bientôt tout rentra dans le silence, et, malgré la pluie qui continuait de tomber avec violence, le camp ennemi restait enseveli dans un profond sommeil. Vers trois heures et demie, des rapports fidèles donnèrent à Napoléon la certitude qu'aucun mouvement rétrograde ne s'était opéré dans l'armée anglaise, et qu'elle se préparait à la bataille pour le lendemain. Le jour commençait à poindre ; l'Empereur rentra plein de satisfaction à son quartier-général ; sa seule inquiétude était que le mauvais temps ne mît obstacle à ses projets. Mais déjà l'atmosphère s'éclaircissait ; Napoléon, à l'aspect des premiers rayons du soleil, espéra le voir éclairer, avant la fin du jour, la perte de l'armée anglaise et la gloire de la France, prête à se relever plus grande et plus puissante que jamais !

Les Anglo-Hollandais étaient rangés en bataille sur la chaussée de Charleroi à Bruxelles en avant de la forêt de Soignes, occupant une lignes de hauteurs à partir d'un plateau dominant le château de Gomont jusqu'au penchant d'un autre plateau qui couronne les fermes de la Haye et de la Papelotte. A 8 heures et demie, on venait de servir le déjeuner de l'Empereur, le maréchal Ney se présenta en assurant que les colonnes de Wellington étaient en pleine retraite, et commençaient à disparaître dans la forêt. « Vous avez mal vu, répondit l'Empereur; il n'est plus temps; il s'exposerait à une perte certaine; il a jeté les dés, et ils sont pour nous.

On vint alors annoncer à Napoléon que l'artillerie pouvait déjà manœuvrer, mais avec quelques difficultés, qui dans une heure seraient bien diminuées. Aussitôt il monte à cheval, reconnaît la ligne ennemie; après un quart d'heure de réflexion, il dicte le plan de la bataille, que deux généraux écrivent assis par terre; et les aides de camp volent dans toutes les directions, portant des ordres aux divers corps d'armée déjà sous les armes, et pleins d'ardeur et d'impatience.

Peu à peu l'armée s'ébranla et se mit en marche sur onze colonnes; jamais de si grandes masses ne se remuèrent avec tant de facilité; elle était complétement rangée en bataille vers 10 heures et demie. L'Empereur parcourut les rangs; il serait difficile d'exprimer l'enthousiasme des soldats. Les derniers ordres donnés, Napoléon, à la tête de sa garde, se posta sur les hauteurs de Rossomme; il découvrait de là les deux armées; la vue s'étendait fort au loin à droite et à gauche du champ de bataille. Le combat s'engagea d'abord sur la gauche, au bois de Gomont, défendu par les gardes anglaises; Jérôme Bonaparte l'enleva plusieurs fois, et plusieurs fois il en fut repoussé. Ces vicissitudes employèrent une partie de la matinée. Le bois occupé, le château était encore vivement disputé; l'Empereur fit avancer sur ce point une batterie d'obusiers, qui mit le feu aux toits; les Français restèrent maîtres de cette position.

Avant de donner le signal de l'attaque du centre, confié au maréchal Ney, l'Empereur jetant un dernier coup d'œil autour de lui, aperçut du côté de Saint-Lambert un nuage qui lui parut être des troupes. Il consulta le maréchal Soult, son major-général, qui crut distinguer une force de 5 à 6,000 hommes, et jugea que ce devait être le détachement demandé à Grouchy. Les avis se partagèrent dans l'état-major. Napoléon, incertain, ordonna au général Daumont de diriger sur ce point sa division de cavalerie, pour communiquer avec ses troupes, si elles appartenaient au corps de Grouchy, ou pour les contenir, dans le cas où ce seraient des troupes ennemies.

Un quart-d'heure après, une lettre interceptée apprit à l'Empereur que c'était Bulow qui s'avançait de ce côté avec 30,000 Prussiens. Il était 11 heures, l'ordre fut expédié à Grouchy de venir prendre à dos ce corps d'armée, et le comte de Lobau se porta au devant de Bulow à la tête de 10,000 hommes. Par cette position, Napoléon restait avec

59,000 combattants contre 90,000. Il fit alors observer au maréchal Soult que les chances favorables étaient bien diminuées pour l'armée française par l'arrivée des Prussiens : « Mais ajouta-t-il, si Grouchy répare l'horrible faute qu'il a commise de s'amuser à Gembloux, et envoie son détachement avec rapidité, la victoire en sera plus décisive, car le corps de Bulow doit être entièrement perdu. »

A midi, les tirailleurs étaient engagés sur toute la ligne; mais il n'y avait encore eu de combats que sur la gauche, dans le bois et au château de Gomont: Bulow paraissait stationnaire. L'Empereur envoie l'ordre au maréchal Ney d'enlever la ferme de la Haye-Sainte et le village de la Haye, afin de couper la communication de Wellington avec Bulow. Alors 80 bouches à feu vomissaient la mort sur toute la gauche des Anglais; une de leurs divisions est détruite. Cependant une charge de la cavalerie ennemie repousse l'infanterie française, lui enlève deux aigles, et désorganise sept pièces de canon; aussitôt l'empereur lance sur les assaillants une brigade des cuirassiers du général Milhaud. La cavalerie anglaise est rompue, l'artillerie prise, l'infanterie protégé,

Le combat fut terrible sur ce point, et le terrain vaillamment disputé; mais après trois heures d'une lutte opiniâtre, la ferme de la Haye-Sainte était au pouvoir des Français, malgré la belle résistance des Ecossais; la 2me division belge, les 5me et 6me anglaises, étaient écrasées et repoussées avec de grandes pertes, et deux régiments de dragons entièrement détruit: le général Picton avait été tué sur le champ de bataille.

Au milieu de cette horrible mêlée, l'Empereur parcourait les rangs parmi les boulets et la mitraille; le brave général Devaux tombe mort à ses côtés. A quatre heures la victoire paraissait décidée; le désordre était dans l'armée anglaise; les bagages, les blessés pressaient leur retraite par le principal débouché de la forêt; des milliers de fuyards sabrés par la cavalerie se précipitaient en foule sur la chaussée de Bruxelles, quand Bulow, en se rapprochant, opéra sa diversion. Au même instant, l'Empereur, qui fondait tant d'espérances sur l'arrivée du corps de Grouchy, fut informé que ce maréchal n'avait pas encore quitté Gembloux à dix heures du matin !

La canonnade était vivement engagée entre les troupes de Bulow et celles de Lobau. Les Prussiens, marchant droit au centre de la ligne d'opérations de l'armée française, s'avancèrent bientôt à tel point, que leur artillerie labourait la chaussée devant et derrière la Belle-Alliance, où se trouvait l'Empereur. Pour repousser cette attaque, Napoléon ordonne au général Duhesme, commandant deux divisions de la jeune garde, de se porter en avant, avec 24 pièces de canon, formidable batterie, dont le feu commencé un quart d'heure après, a bientôt acquis la supériorité sur celui de l'ennemi. Sa jeune garde est à peine engagée que les Prussiens s'arrêtent; on remarque de l'indécision dans toute leur ligne. Le général Morand s'avance à son tour, suivi des bataillons de la vieille garde; Bulow recule alors: il était en retraite à sept heures du soir.

Déjà le comte d'Erlon s'était emparé des fermes de la Haye et de la Papelotte, débordant la gauche des Anglais et la droite des Prussiens; mais vers cinq heures, pendant l'attaque de Bulow, la cavalerie légère, poursuivant l'ennemi au delà du hameau de la Haye-Sainte, sur le plateau qui se prolonge à droite et à gauche de la chaussée, avait été ramenée par une cavalerie supérieure en nombre. Alors le général Milhaud, à la tête de ses cuirassiers, et Lefèvre-Desnouettes, avec les chasseurs et les lanciers de la garde, gravissent les hauteurs et occupent le plateau: les Anglais, repoussés, abandonnent tout le champ de bataille entre la Haye-Sainte et Mont-Saint-Jean.

A la vue de ces charges brillantes, des cris de victoire s'élèvent autour de l'Empereur. Cependant, peu satisfait de cette occupation prématurée du plateau : « C'est trop tôt d'une heure, dit-il, mais il faut soutenir ce qui est commencé. »

Aussitôt il envoie aux 3,000 cuirassiers de Kellermann l'ordre d'appuyer la cavalerie dans sa position. Pendant cet instant de crise, tout ce qui se trouvait à la portée de Napoléon l'observait avec inquiétude. On cherchait à lire dans ses yeux si l'armée était victorieuse ou en danger; son regard plein de calme ranima la confiance. C'était, depuis vingt ans, la cinquantième bataille rangée qu'il commandait.

Cependant la division de grosse cavalerie de la garde, sous les ordres du général Guyot, en deuxième ligne derrière les cuirassiers Kellermann, suivait au grand trot, et se portait aussi sur le plateau. L'empereur s'en aperçut, et envoya le comte Bertrand pour la rappeler; mais elle était déjà engagée, et tout mouvement rétrograde eût été dangereux. Ainsi, dès cinq heures, Napoléon fut privé de sa réserve de cavalerie, de cette réserve qui, bien employée, lui avait si souvent donné la victoire.

Toutefois, ces forces réunies enfoncent l'ennemi; tout est culbuté devant elles. Enfin, les Anglais et les Prussiens, repoussés, écrasés, et cette brave cavalerie restée maîtresse du plateau qu'elle avait conquis, la bataille était gagnée. L'armée française, moins forte de moitié, venait de battre 120,000 ennemis qui fuyaient devant elle.... Mais tout à coup ils s'arrêtent et se rallient; un événement décisif venait de tout changer : Blücher entrait en ligne avec 30,000 Prussiens.

Si le maréchal Grouchy eût couché devant Wavres, comme il le devait et en avait l'ordre, le soir du 17, Blücher y fût resté en observation avec toutes ses forces. Si le maréchal, comme il l'avait écrit de Gembloux, à deux heures du matin, eût pris les armes à la pointe du jour, il fût du moins arrivé à Wavres assez à temps pour arrêter Blücher, la victoire était encore certaine; mais, parti à dix heures seulement de Gembloux, il se trouva vers midi à moitié chemin de Wavres; là, il entendit l'épouvantable canonnade de Waterloo; aucun militaire exercé ne pouvait s'y tromper, ni douter un moment que l'Empereur ne fût aux prises avec toute l'armée anglaise. Et, cependant, malgré les vives sollicitations des généraux Exelmans et Gérard, qui le pressaient de voler au secours de Napoléon, il continua sa marche sur Wavres; Blücher en était parti le matin, et à sept heures du soir il débouchait sur le champ de bataille, ouvrant la communication entre Bulow et Wellington.

L'un et l'autre se croyaient perdus; ils reprennent courage, et redoublent d'efforts pour regagner du terrain. A cet instant critique, Napoléon conçut et ordonna une belle et brillante manœuvre, dont la réussite devait, malgré l'intervention de Blücher, décider en faveur des Français l'issue de la bataille : c'était un grand changement de front, dans le but de remplacer par des troupes fraîches les régiments des corps les plus maltraités, de dégager et d'appuyer la cavalerie trop aventurée sur le plateau de la Haye-Sainte, et enfin de faire face à la fois aux deux armées ennemies.

La résolution des chefs, la valeur héroïque des soldats, tout seconde dans les premiers moments le dessein de l'Empereur. Le choc est terrible : Ney, démonté, marche à la tête des grenadiers; Napoléon lui-même conduit quatre bataillons de la garde en avant de la Haye-Sainte, et, par son ordre, des aides de camp parcourent toute la ligne, annonçant l'arrivée de Grouchy. Il s'efforçait ainsi d'animer la troupe, tandis que huit autres bataillons de la garde, restés en arrière, accouraient sur ce point. Il était important qu'elle s'engageât tout à la fois; cependant, la cavalerie, étant décontenancée avant d'être immédiatement soutenue par de l'infanterie, l'Empereur fait avancer les quatre premiers bataillons, sous les ordres du général Friant. Ils attaquent avec impétuosité; des charges de cavalerie portent la terreur dans les rangs anglais. Le soleil était couché : le général Friant blessé, passant auprès de l'Empereur, lui dit que tout va bien, que l'ennemi se dispose à la retraite, et qu'elle sera décidée aussitôt que les quatre bataillons de la garde donneront. Ils venaient d'arriver depuis quelques minutes; l'Empereur les range en bataille; ils allaient déboucher; il fallait encore un quart-d'heure.... Mais tout à coup Blücher, parvenu au village de la Haye, culbute la division chargée de le défendre.... Il faisait déjà nuit : c'est là que, du sein des ténèbres, s'éleva ce funeste cri de : *Sauve qui peut!*

Malgré le soin que Napoléon avait mis à épurer son armée, il y restait encore quelques traîtres, dont les uns, comme on sait, passèrent à l'ennemi, la veille même de la bataille, emportant et livrant les plans de la campagne, tandis que d'autres, dans les derniers rangs, poussaient, pour désorganiser l'armée, ce cri, qui n'est pas français, de : *Sauve qui peut!*

A ce signal de détresse, à cette annonce d'une irrémédiable défaite, dont l'avis avait dès cinq heures été répandu sur tous les derrières de notre armée par des hommes à cheval, courant à toute bride, quelques soldats se troublent et reculent : en un clin-d'œil, l'effroi les saisit, il se propage, on fuit; la déroute est complète sur ce point. La trouée faite, la ligne rompue, la cavalerie ennemie inonde le champ de bataille : Bulow revient sur ses pas et attaque de nouveau. Alors la cohue devient telle, qu'il faut ordonner un changement de front à la garde; au même instant, de nouvelles divisions de cavalerie anglaise chargent à leur tour.... Le désordre parvient au comble, il est épouvantable partout à la fois. L'Empereur, les maréchaux Soult et Ney, les généraux Bertrand, Drouot, Flahaut, Labédoyère, Gourgaud, n'eurent que le temps de se jeter dans le carré de la garde, commandé par Cambronne; ce général, atteint d'un éclat d'obus à la tête, est renversé de cheval. La mitraille porte le ravage et la mort dans les rangs éclaircis de ce qui tient encore, et l'obscurité, ajoutant à l'horreur de ce désastre, ravit à l'Empereur tout moyen d'y porter remède.

La nuit voila une foule de beaux faits d'armes et de traits glorieux, dont les récits, recueillis depuis, seront à jamais l'entretien de la France; ils charmèrent alors un moment ses douleurs, et toute la nation répéta ces accents héroïques d'un brave : « La garde meurt, et ne se rend pas! »

C'est ici le cas de noter tout ce qu'il y a de bas et d'ignoble dans l'âme de quelques individus d'un certain parti. L'intrépide Cambronne, blessé à la tête, comme on l'a vu, fut laissé inanimé sur le champ de bataille. Relevé mourant, sans connaissance, par les ennemis, il fut par eux pansé, soigné, fait prisonnier et transporté en Angleterre. Des folliculaires de la restauration ont osé dire, écrire : IL N'EST PAS MORT, ET IL S'EST RENDU. La lâcheté, la haine de ce qui est grand et noble n'ont jamais été aussi loin.

Napoléon resta quelques moments encore sur un mamelon, avec les débris de la garde; mais le feu de l'ennemi se rapprochant de minute en minute, il fallut se décider à la retraite. L'Empereur la fit à travers champs : cavalerie, infanterie, artillerie, tout était pêle-mêle. L'état-major gagna la petite ville de Genape. Là, Napoléon se flattait de rallier du moins un corps d'arrière-garde : il fit de vains efforts, rien n'était plus possible. Napoléon céda à la nécessité : il prit la route de

Charleroi, après avoir expédié plusieurs officiers au maréchal Grouchy, pour lui annoncer la perte de la bataille.

Les pertes que les Français y firent furent très grandes : 19,000 hommes restèrent sur le champ de bataille, 7,000 furent pris, avec la majeure partie du matériel; mais les alliés, malgré leur victoire, y perdirent encore plus de monde, et leurs propres rapports en font monter le nombre à 33,000 hors de combat.

La journée de Waterloo, désastreuse, n'était pas irrémédiable : indépendamment du pont sur la Dyle, au village de Genape, il y en avait plusieurs autres dans les villages voisins; mais, au milieu de l'extrême confusion où était l'armée, tous les fuyards se dirigèrent sur Genape, qui, en un moment, en fut encombré. Tous les corps, toutes les armes étaient confondus : soldats d'infanterie, de cavalerie, d'artillerie, tous se pressaient, s'écartaient mutuellement. Beaucoup de chariots et de caissons étaient renversés, tant sur le pont que dans les rues; plusieurs étaient fixés entre eux, ce qui était un nouvel indice de la malveillance. Napoléon s'arrêta quelques instants pour essayer encore de rétablir un peu d'ordre; mais le tumulte, augmenté par l'obscurité de la nuit, rendit de nouveau toutes ses tentatives inutiles. Il continua donc sa route, et arriva à cinq heures du matin à Charleroi. Il donna ordre aux équipages des ponts et à ceux des vivres, qui étaient restés en arrière de la ville, de partir sur-le-champ pour Philippeville et Avesne, et de là se rendre à Laon.

Napoléon se rendit lui-même à Philippeville, d'où il expédia de nouveau des ordres au maréchal Grouchy pour faire sa retraite par Rethel, sur Laon. Pendant ce temps, les débris de l'armée repassaient la Sambre aux ponts de Marchiennes, de Charleroi et du Châtelet, opérant ainsi la retraite sur plusieurs points, ce qui rendit le ralliement encore plus difficile.

Après avoir expédié tous les ordres que les circonstances rendaient nécessaires, Napoléon quitta Philippeville à deux heures après midi, y laissant le maréchal Soult pour rallier le grand quartier-général, et les corps qui se porteraient sur cette place. Il se mit en marche sur Laon, d'où il expédia plusieurs de ses aides de camp; il se rendit ensuite en toute hâte à Paris, afin de prévenir la commotion politique que la nouvelle du désastre pouvait occasionner, de prendre les mesures les plus promptes pour hâter et terminer tous les préparatifs de défense de la capitale, de préparer les esprits à la grande crise dans laquelle la France allait se trouver, et faire diriger aussitôt sur Laon toutes les troupes, tous les renforts qu'on pourrait tirer des dépôts et des places.

Cependant Grouchy, dont on avait entendu le feu, avait marché sur Wavres et avait occupé les hauteurs. Il n'avait pas cru devoir se porter dans la direction de Saint-Lambert, où l'épouvantable canonnade d'une bataille aurait dû l'appeler; dès qu'il apprit quelle en était la fatale issue, il divisa son armée en deux corps, et, en contenant l'ennemi, il se replia sur Namur, où il soutint un dernier choc, puis traversa Mézières, Rheims, et ne fit halte qu'à Laon, où nos troupes s'étaient ralliées, et présentaient encore un total de 70,000 hommes de cette ville jusqu'à Paris.

Les gardes nationales et les volontaires des départements arrivaient chaque jour, et, à défaut d'expérience, semblaient devoir apporter à la défense du pays toute l'ardeur, tout le zèle du patriotisme. Les corps d'armée de la Mozelle, du Rhin et des Alpes, malgré leur infériorité numérique, défendaient le territoire pied à pied, et, successivement, se retiraient devant l'ennemi ou s'enfermaient dans nos places fortes. Malgré ses revers, le courage de l'armée qui avait combattu à Waterloo n'était point au-dessous des grandes circonstances dans lesquelles elle se trouvait. Cette armée voulait se dévouer pour repousser l'agression étrangère, et la victoire pouvait encore l'illustrer sous les murs d'une ville que ses triomphes antérieurs avaient rendue la capitale de l'Europe. Mais, hélas! il y avait encore des Français dans l'armée, dans le peuple; il n'y en avait plus parmi ceux que Napoléon avait comblés de biens et de faveurs.

Napoléon fut de retour à Paris le 20 juin, à neuf heures et demie du soir, abîmé de douleur et succombant à la fatigue. Il descendit à l'Élysée. Sa respiration oppressée ne laissait échapper de sa bouche que des paroles entrecoupées.

Son intention était de réunir les deux chambres en séance impériale, de leur peindre fidèlement les malheurs de l'armée, de leur demander les moyens de sauver la patrie, et de repartir ensuite pour s'opposer aux progrès des ennemis.

Le duc de Vicence lui ayant représenté que les dispositions des députés étaient des plus hostiles, et que les machinations de 1814 se renouaient sous d'autres formes, « Des traîtres, des traîtres partout! Qu'est devenue l'héroïque France de 93, se levant comme un seul homme pour repousser l'invasion étrangère? Mais, enfin, ces gens-là ont du sang français dans les veines! » Non, ils n'en avaient pas, et Napoléon l'ignorait. Le duc ajouta : « Les chambres ne répondront ni à votre confiance, ni à votre attente... Et, permettez-moi de le dire à Votre Majesté, il ne fallait pas, sire, vous séparer de votre armée : c'est elle qui fait votre force, qui est votre sûreté; au milieu de vos soldats, vous êtes inviolable. — Je n'ai plus d'armée, dit-il avec un accent déchirant; je retrouverai des hommes, mais comment se battront-ils? Je n'ai plus de fusils, plus de matériel, plus de munitions.

Cependant, avec du patriotisme et de l'union, tout pourrait encore se réparer. »

Lucien et Joseph entrèrent. L'Empereur les interrogea avec anxiété sur l'attitude que prenaient les chambres. Ils lui conseillèrent de différer la convocation pour la séance impériale, et de laisser agir préalablement les ministres. L'Empereur passa successivement en revue les moyens de réparer les désastres de Waterloo; il traça à grands traits le tableau des malheurs qui menaçaient la France, et termina par l'exposé d'un admirable plan de défense et d'attaque à opposer à l'envahissement de l'ennemi. Les diverses nuances d'opinion des membres du conseil se fondirent en une seule, et se réunirent pour approuver les dispositions de l'Empereur. Il fut décidé que les ministres se rendraient en corps à la chambre, et feraient une communication officielle, sauf à prendre une résolution suivant l'urgence des circonstances.

Mais, en ce moment, le conseil fut interrompu par un message de la chambre des représentants. La chambre se déclarait en permanence, qualifiait crime de haute trahison toute tentative pour la dissoudre, et traître à la patrie quiconque porterait atteinte aux droits des représentants. Les ministres de la guerre, des relations extérieures et de l'intérieur étaient invités à se rendre sur-le-champ dans le sein de l'assemblée. L'empereur, pâle de colère, se leva et, frappant avec violence sur le bureau, s'écria avec l'accent de l'indignation : « J'aurais dû congédier ces gens-là avant mon départ. Je l'ai prédit, ces factieux perdront la France ! Je mesure toute l'étendue du mal; ils sont en pleine révolte contre l'autorité légitime. J'ai besoin de réfléchir. » Et il leva la séance.

L'Empereur, irrité, envoya Régnault à la chambre des députés, porteur de paroles dignes et convenables, et Carnot à la chambre des Pairs, chargé de la même communication; il y fut écouté avec calme. Regnault, à la chambre des députés, ne put parvenir à obtenir même du silence : on refusa de l'entendre.

Enfin l'abdication fut arrachée à Napoléon; il se démit pour la dernière fois du trône en faveur de son fils. Napoléon annonça ainsi au peuple français le nouveau sacrifice que lui imposait l'attitude des Chambres.

« En commençant la guerre pour l'indépendance nationale, je comptais sur la réunion de tous les efforts, de toutes les volontés, et sur le concours de toutes les autorités nationales. J'étais fondé à en espérer le succès, et j'avais bravé toutes les déclarations des puissances contre moi. Les circonstances me paraissent changées; je m'offre en sacrifice *à la haine des ennemis de la France :* puissent-ils être sincères dans leurs déclarations, et n'en avoir voulu seulement qu'à ma personne! Ma vie politique est terminée, et je proclame mon fils, sous le titre de Napoléon II, empereur des Français. Les ministres actuels formeront provisoirement le conseil du gouvernement. L'intérêt que je porte à mon fils m'engage à inviter les chambres à organiser sans délai la régence par une loi. — *Unissez-vous tous pour le salut public, et pour rester une nation indépendante.* »

Il y aurait ici de longues et sérieuses réflexions à faire sur les événements d'une crise aussi sérieuse. Bornons-nous à les résumer en quelques mots : tout puissant encore par les dévouements qui lui restaient dans le peuple et dans l'armée, Napoléon pouvait, d'un seul mot dissoudre cette assemblée qui se permettait de décider des intérêts de la France, tandis que lui seul pouvait les comprendre et les sauvegarder. La dissolution de la chambre des Députés, l'arrestation des Fouché, des Tailleyrand, des Lafayette, et de quelques autres meneurs traîtres ou imbéciles, pouvaient tout sauver. Que de hontes, que de malheurs nous auraient été épargnés, si Napoléon, cédant moins à la magnanimité de son âme qu'aux besoins réels du moment eut pris ce dernier parti! La suite va faire voir comment tout était prêt pour seconder cette disposition.

Lorsqu'arriva la députation de la chambre des députés, chargée de lui exprimer le respect et la reconnaissance avec lesquels elle acceptait le sacrifice qu'il avait fait à l'indépendance et au bonheur du peuple français, l'Empereur, fier et digne, l'accueillit froidement; mais entraîné par les sentiments qui le débordaient, son discours, fort de raisonnement, plein de hautes et grandes pensées, ses recommandations si nobles pour la prospérité et la gloire nationale, émurent tous les assistants.

Pendant ce temps, l'attitude de la population parisienne était remarquable. L'on sentait fort bien que ce n'était pas avec de furibondes harangues de tribune qu'on sauverait le pays... L'ennemi était à dix lieues de Paris. L'Empereur, prisonnier à l'Elysée, excitait la sympathie du peuple, qui se montrait menaçant et jetait l'épouvante dans la capitale. Des bandes de fédérés parcouraient les rues en faisant entendre des menaces contre les représentants; la force armée, aux ordres de Fouché, entourait la chambre, et protégeait ses délibérations; et les abords de l'Elysée étaient encombrés d'une foule furieuse qui mêlait des cris mort aux cris de *vive l'Empereur* !

De quart d'heure en quart d'heure, il arrivait à l'Empereur des nouvelles de la chambre; l'orage grossissait, la foudre éclata enfin. Qu'on le sache bien, ce ne furent pas les insolentes insinuations des représentants qui décidèrent l'Empereur à quitter la capitale, où les meneurs le voyaient avec effroi. Las du trône, las des hommes, il les méprisait trop pour les redouter; il céda non à la crainte, mais au dégoût que lui inspiraient leurs lâchetés. Il ne voulut pas que le sang coulât dans les rues de Paris pour le triomphe de sa cause.

Le 25 à midi, il partit de l'Élysée pour la Malmaison. Becker fut désigné pour l'accompagner à l'île d'Aix, jusqu'à son embarquement, ou plutôt pour surveiller les mouvements du prisonnier....

Les destinées de la patrie furent remises entre les mains de cinq personnes. Le 23, la commission exécutive se constitue sous la présidence de Fouché, duc d'Otrante, s'empare du gouvernement et des négociations ouvertes avec les chefs des armées de la coalition.

Cependant Fouché a donné des commandements, distribué des emplois, il a mis Masséna à la tête de la garde nationale de Paris et confié à Davoust les respectables débris de nos troupes, alors réunies sous les murs de la capitale.

La trahison et l'absence de Napoléon avaient ouvert Paris à l'Europe en armes, le 31 mars 1814. Le 7 juillet 1815, Paris reçut de nouveau dans ses murs les troupes coalisées, victime cette fois de la trahison et d'une convention intervenue le 3 du même mois, entre le maréchal Davoust d'une part, Wellington et Blücher de l'autre.

Ce farouche Prussien, qu'irritaient la longue humiliation de sa patrie et le souvenir récent de sa défaite à Fleurus, affecta toutes les démonstrations d'une insolente prospérité. Il s'abandonna avec un orgueil ridicule à la vanité d'une procession triomphante dans la capitale. Puis, à défaut de Wellington, qui décline adroitement l'odieux d'une pareille mission, Blücher se chargea de dissoudre à main armée le gouvernement et les chambres. Cette première violence ne doit pas nous arrêter, aujourd'hui qu'un vol fameux et le long cri du sang répandu au mépris de la convention de Paris imposent à l'historien le devoir d'imprimer sur le front des étrangers l'éternelle infamie du parjure, en démontrant que cette convention, qu'il aurait fallu exécuter rigoureusement lors même qu'elle n'eût été qu'un contrat où deux parties trouvent un avantage égal à des concessions réciproques, donnait sans combat aux puissances alliées ce qu'elles auraient à peine obtenu au prix d'une victoire, dont toutes les chances étaient en faveur de la France.

Le corps que le général Grouchy avait ramené sous Paris, comptait 40,000 combattants, qui se grossirent d'une trentaine de mille hommes échappés au désastre de Waterloo, de 10,000 de la garde, et de 8,000 tirés des dépôts voisins. L'armée qui doit couvrir la capitale, déclarée en état de siège par une loi du 28 juin, comptait donc 90,000 hommes environ, dont 25,000 d'excellente cavalerie, et un train d'artillerie de 500 pièces au moins. Il y avait en outre 15 à 18,000 fédérés qui brûlaient de se mesurer avec l'ennemi, et tous les retranchements extérieurs pouvaient être défendus par la garde nationale. Ce n'étaient pas là nos seules ressources contre la coalition; mais, telles que les avaient faites la trahison, l'ineptie ou la lâcheté, elles suffisaient au salut de la France. Nous avions pour nous l'avantage du nombre et de la position et de toutes les connaissances locales. Une exaltation extraordinaire enflammait toute l'armée. Qui pourrait en être surpris? Le sentiment de l'honneur national ne parlait pas plus haut dans le cœur d'un maréchal que dans le dernier soldat français, et pas un ne se fût trouvé qui ne s'indignât à la pensée de passer sous les fourches caudines de la coalition, lorsqu'il avait encore les armes à la main, et que son courage lui répondait de la victoire.

Les Anglais, réunis aux Prussiens, formaient une masse de 60,000 hommes, affaiblis et fatigués de la campagne, dénués de grosse artillerie et loin de tout secours. Les Russes étaient à plus de vingt-cinq journées de marche, les Bavarois à dix, et les Autrichiens n'avaient pas encore passé le Rhin. Cependant, Blücher se convainquit, par une reconnaissance sur les lignes qui couvraient la capitale, qu'il ne parviendrait à les rompre qu'au moyen d'une attaque de vive force et en sacrifiant un grand nombre d'hommes. Dans cet état de choses, l'armée prussienne eut l'imprudence de se séparer de l'armée anglaise pour passer sur la rive gauche de la Seine. Si, pendant cette marche, Blücher ne fut pas anéanti, c'est que les chefs de l'armée française ne le voulurent pas. Néanmoins, l'un des plus distingué par sa valeur et ses talents, le général Exelmans, rencontra la cavalerie prussienne à la hauteur des bois de Verrières, la chargea et la culbuta jusqu'au delà de Versailles, où elle fut entièrement détruite. Mais ce brillant fait d'armes, ne valut au général Exelmans qu'une gloire stérile pour sa patrie; car il attendit en vain les corps qui devaient l'appuyer. Les soldats n'expliquèrent ce défaut d'appui que par la trahison. Dès lors rien ne s'opposa plus à l'investissement de la capitale par les deux rives de la Seine.

Le 3 juillet, l'armée française, animée du plus vif désir d'en venir aux mains et de l'espérance de vaincre, se berçait encore de l'illusion d'une bataille générale. Cependant, dès huit heures du matin, le gouvernement provisoire avait fait demander formellement une suspension d'armes, sous la condition de livrer Paris à l'ennemi. Cette demande fut acceptée, et Saint-Cloud désigné pour le lieu des conférences. Là, dans la nuit, des commissaires français, anglais et prussiens signèrent une capitulation qui stipulait, entre autres choses, la retraite de notre armée derrière la Loire, avec armes et bagages, et la remise de toutes les barrières de Paris aux étrangers. Les événements démontrèrent que l'on traitait avec un ennemi sans foi, qui ne voulait que désarmer nos guerriers. En effet, il était plus commode de s'en débarrasser par la proscription que de les vaincre sur le champ de bataille. Toutefois, bien qu'on eût laissé échapper l'occasion d'une victoire certaine, au prix d'un combat qu'il faudra regretter éternellement de n'avoir pas vu livrer, les représentants de la France avaient encore le droit d'obtenir des garanties formelles pour la nation et pour l'armée. Aussi ils signèrent une capitulation dont il est inutile de rapporter la teneur, parce qu'elle fut foulée aux pieds par les alliés et par Louis XVIII. Un article portait que les habitants ne *pourraient être recherchés, soit en raison des emplois qu'ils occupent ou ont occupés, ou de leur conduite ou opinions politiques.* On sait cependant combien furent emprisonnés, exilés, fusillés ou guillotinés, pour cause de ces emplois ou de ces opinions.

Cependant, la capitulation de Paris évitait une défaite sanglante aux coalisés. Elle leur livrait la ville sans coup férir; elle assurait le retour des Bourbons. Elle était donc pour tous de la plus étroite obligation. C'est une vérité qu'il nous aurait été facile d'entourer de la plus vive lumière, s'il n'avait fallu élargir notre cadre au delà de toute mesure; mais, à défaut de preuves nombreuses et détaillées, nous rapporterons ici, comme un témoignage aussi décisif qu'irrécusable, les paroles de lord Wellington à Louis XVIII, sur la disgrâce de Fouché : « Sire, je suis bien fâché de ce qui arrive au duc d'Otrante; à *lui seul* vous devez d'être rentré dans votre capitale et remonté sur votre trône. *Blücher ni moi n'étaient capables de vous rendre votre couronne. Nous avions affaire à une armée de* 80,000 *enragés qui nous auraient écrasés.* Nous ne pouvions éviter une bataille, si on nous l'eût offerte, et nous étions obligés de battre en retraite pour attendre la coopération des autres puissances, et Votre Majesté sait *quelles étaient alors leurs dispositions.* Le duc d'Otrante a empêché que la bataille n'eût lieu, et c'est à lui que vous devez d'être sur le trône de vos pères. »

Ces paroles de Wellington sont pour la mémoire de Fouché une tache infamante dont on ne se souvient point assez. Elles démontrent que c'est à Fouché que nous avons dû de ne pas chasser nos ennemis et de réparer nos désastres.

En obligeant Napoléon à dépouiller le caractère impérial, on n'avait pu lui enlever les talents militaires qui avaient fait la gloire du général Bonaparte.

Le 27 juin, l'Empereur, à la Malmaison, ayant entendu le canon gronder à quelque distance, électrisé par ce bruit, s'écria : « Qu'on me rende le commandement, et je jure, foi de soldat et de citoyen, de m'éloigner aussitôt que j'aurai délivré la capitale. Je ne veux que battre l'ennemi, l'écraser et le forcer à consentir à des négociations qui ménagent les intérêts de la France. Je ne veux pas ressaisir le pou-

pouvoir, Dieu m'en garde! Je ne veux que me battre pour mon pays. »

Le général Becker fut chargé d'apporter à la commission une lettre qui reproduisait à peu près cette noble détermination; mais les hommes qui venaient de se liguer contre lui ne permirent pas que cette main, qui avait porté le sceptre de l'Empereur, ressaisît l'épée de général. Les meneurs de l'intrigue craignirent évidemment qu'après le triomphe, Napoléon ne voulût reprendre les rênes du gouvernement. On ne doit guère admettre une telle supposition après des promesses aussi solennelles que celles de l'Empereur; mais on peut croire que la France lui aurait pardonné sans peine une infraction à sa parole, car tout le monde, excepté quelques personnes aveugles ou des traîtres entraînés par des intérêts particuliers, sentait profondément le besoin qu'on avait d'un tel défenseur. Peut-être, au lieu de demander une permission qu'on lui refuserait infailliblement, devait-il courir au camp sous Paris et entraîner l'armée.

La sincérité des promesses de Napoléon de ne pas ressaisir le pouvoir, ne pouvait inspirer aucune confiance à un Talleyrand et consorts, qui ayant trahi vingt serments, pétris de duplicité, de fourberie, ne pouvaient pas croire qu'il pût exister quelque bonne foi, quelque sincérité. Aussi les offres généreuses de Napoléon furent-elles repoussées.

Il fallait cependant que Napoléon s'éloignât; il le fallait pour sa propre sûreté. Sur les instances de Decrès et Boulay (de la Meurthe), l'Empereur se décida à partir et envoya le général Flahaut pour concerter avec la commission son départ et son embarquement.

Le départ de l'Empereur pour Rochefort fut enfin irrévocablement arrêté pour le 29 juin, et le 5 juillet il arriva à Rochefort accompagné du général Becher.

Le 6 juillet, les coalisés envahirent Paris, pillèrent les musées et braquèrent leurs canons sur le palais où Louis XVIII rentrait à la faveur de leur victoire.

Le 7, le gouvernement provisoire cesse l'exercice de ses fonctions sans avoir obtenu aucune garantie. Il a abandonné jusqu'aux couleurs nationales, une amnistie n'est pas même proclamée. Tous ceux qui ont pris part à ce qui s'est passé depuis le débarquement de Napoléon, doivent fuir pour mettre leurs têtes à l'abri.

Le 8, la chambre législative ne peut se réunir dans le lieu ordinaire de ses séances, dont les portes lui sont fermées par les baïonnettes étrangères. Quelques membres signent une protestation inutile et tous se séparent emportant le mépris et l'indignation inspirés par leur courte mission, qui fut sans résultat honorable pour la France.

Il y aurait de belles pages à écrire si nous avions à rapporter les faits d'armes, les traits de bravoure et de dévouement qui eurent lieu pour la défense de quelques places de nos frontières, pendant que se passaient les derniers événements qu'on vient de lire. Mais ces détails sont étrangers à l'histoire de Napoléon, et n'entrent point dans le cadre de notre publication. Qu'il nous soit permis toutefois de rappeler à l'admiration de nos lecteurs la conduite héroïque du général Barbanègre commandant la place d'Huningue, et de sa brave garnison. Assiégé, avec une poignée de soldats, dans cette ville presque démantelée par un corps d'armée de 10,000 hommes que commandait l'archiduc Jean, il y soutint quinze jours de bombardement et d'assauts, et finit par obtenir une capitulation honorable. Quand il parut à la tête d'une cinquantaine d'hommes presque tous éclopés ; l'archiduc demanda où était la garnison. Apprenant qu'elle était là tout entière, il ne put retenir les expressions d'enthousiasme que lui inspirait tant de patriotisme et de bravoure ; les soldats de son armée, les nombreux spectateurs qu'avait attirés un spectacle aussi extraordinaire partagèrent ces sentiments. Et cependant, tandis que nos ennemis même, rendaient un juste hommage d'admiration et de respect aux défenseurs d'Huningue, ces héros ne revirent leur patrie que pour y être traîtés de brigands : c'etait en 1815 et sous la dominations des Bourbons.

Les mêmes raisons qui nous ont engagé à ne pas nous occuper des événements politiques ou militaires survenus après la seconde abdication de Napoléon nous engagent encore à ne dire que quelques mots des faits subséquents.

Ainsi, nous ne parlerons en détail ni de la violation de tous les traités, de toutes les conventions, de toutes les garanties foulées aux pieds par les alliés, ni de la spoliation de nos musées, ni de la question souvent débattue de démembrer la France, ni des contributions énormes qui nous furent imposées, ni enfin de ces exécutions à mort, judicaires ou de guet-apens protégées par les Bourbons, et souvent prescrites par leurs amis, russes, cosaques ou prussiens. C'est l'histoire de Napoléon que nous écrivons; nous n'avons pas à nous occuper d'autre chose. Il est pourtant un fait qui, s'il ne se rattache pas à sa personne, se rattache aux souvenirs de patriotisme qu'il laissa dans l'armée, et sur lequel nous devons insister.

L'armée, réduite à de faibles débris par ses longues et glorieuses luttes, par de honteuses défections, par d'infâmes trahisons, n'en existait pas moins encore. Les alliés pouvaient douter de leur triomphe tant qu'il y aurait réunis quelques soldats de ces phalanges qui avaient maîtrisé l'Europe, quelques chefs capables de les commander. Aussi, une de leurs premières pensées fut celle de les dissoudre, et, dans les chefs du nouveau gouvernement, ils trouvèrent sans peine des hommes prêts à les seconder.

Mais revenons à Napoléon.

Il fut donc résolu qu'avant tout débat politique ou financier sur l'interprétation du traité de 1814, qu'au dire des alliés celui de 1815 devait régulariser seulement, on s'occuperait des débris de l'armée. Au nombre de 50,000 hommes à peu près, ils se trouvaient réunis derrière la Loire, sous le commandement du maréchal Davoust, prince d'Eckmühl.

Préliminairement à toute négociation diplomatique, le comte de Nesselrode, au nom de l'empereur Alexandre, remit au ministère une note dans laquelle il était dit « que la convention de Vienne, du 25 mars, avait été dirigée contre Bonaparte, ses adhérents et particulièrement contre l'armée française, dont l'ambition désordonnée et l'esprit insatiable de conquêtes avaient plusieurs fois troublé l'Europe; que Bonaparte était aux mains des alliés; que le roi de France avait pris certaines mesures pour rendre impuissants les efforts des factions. Il ne restait plus dès lors que l'existence de l'armée qui menaçât la tranquillité générale. Déterminé, continuait le ministre russe, par le besoin de la paix universelle, l'empereur de Russie et ses alliés font une condition impérative du licenciement de cette armée, autant dans l'intérêt de Sa Majesté très chrétienne que pour le repos des peuples. »

Le prince d'Eckmühl céda le commandement au maréchal Macdonald, qui établit son quartier-général à Bourges. Ce dernier opéra aussi lentement que possible la désorganisation des vieilles et dernières bandes de la révolution et de l'Empire. C'était tout ce qui restait à la France de vingt-trois ans de guerres et de conquêtes.

Ces légionnaires, que l'esprit de pacte a cru flétrir en les surnommant les *brigands de la Loire*, ces légionnaires se retirèrent dans un calme plein de dignité. Généraux, officiers, simples soldats, ils n'avaient pour la plupart que la demi-solde ou la retraite que leur garantissait le gouvernement. Beaucoup se voyaient sans asile, quelques-uns même sans famille, d'autres sans pain. En se retirant par toutes les routes de France, ils mirent un orgueil bien entendu à respecter les propriétés et à n'étaler leur douleur que par des larmes amères; et cependant, quand le gouvernement, forcé plus tard de réorganiser l'armée, fit un appel à leur patriotisme, les débris de Waterloo donnèrent à tous l'exemple de la subordination.

Deux mois et demi après le licenciement de l'armée eut lieu le mémorable traité du 20 novembre, qui enlevait à la France cinq villes, et restituait à la Savoie et aux Pays-Bas le territoire obtenu par le premier traité de Paris; il fallut en outre raser les fortifications d'Huningue, et recevoir les alliés pendant cinq ans dans seize forteresses.

Une armée d'occupation de 150,000 hommes resta sur le territoire français, et les engagements que la France fut obligée de contracter, y compris l'entretien des troupes, s'élevèrent à près de deux milliards.

Napoléon avait quitté la Malmaison le 29 juin, et était arrivé à Rochefort le 5 juillet, accompagné du général Becker; aussitôt des milliers de citoyens entourèrent la préfecture maritime, que l'on supposait occupée par l'Empereur.

L'on s'entretenait à voix basse des craintes qu'on éprouvait pour la vie de l'illustre proscrit. Les Bourbons de retour, disait-on, ne vont-ils pas encore une fois mettre sa tête à prix?

Les masses parlaient déjà de recourir aux armes; mais, informées que deux frégates étaient à la disposition du monarque, leur irritation se calma. L'Empereur s'avança jusqu'au milieu de la terrasse, accompagné du préfet maritime et des généraux. Un religieux silence s'établit : tous les cœurs battirent avec force, toutes les âmes semblèrent s'identifier avec celle du grand homme et ressentir ses malheurs...

Calme et résigné, il salue la foule avec un sentiment marqué de bonté, et les acclamations vives et frémissantes de *vive l'Empereur! vive le roi de Rome!* éclatèrent sans interruption.

Napoléon ne parut le lendemain qu'à l'une des croisées de ses appartements; les mêmes acclamations l'accueillirent. De nombreuses propositions lui furent adressées pour l'inviter à se placer encore à la tête des armées du Midi; mais il s'y refusa : le premier vœu de son cœur était d'épargner à la France les désastres d'une guerre civile. Son parti était pris d'être la seule victime de la haine des rois.

Le 8 juillet, Napoléon monta à bord de la frégate la *Saale*, mouillée avec la *Méduse* sur la rade de l'île d'Aix, et descendit dans l'île.

Le lendemain, les Anglais n'avaient pas encore paru. Le même dévouement et le même respect grave et religieux qui l'avaient accueilli à Rochefort se manifestèrent dans toute l'île, surtout de la part des militaires. Un grenadier marin lui dit : « Mon Empereur, nous vous portons tous là ! » — « Vive notre Empereur ! A l'armée de la Loire ! » répétèrent les militaires et les citoyens...

L'Empereur se dirigea vers les fortifications, et commença par visiter l'ancienne citadelle. L'émotion qu'il venait d'éprouver était calmée; son âme, toutefois, était visiblement ébranlée à chaque témoignage d'attachement qu'il recevait; mais il s'élevait au-dessus de son infortune.

Peu d'instants après, il retourna à bord de sa frégate, et eut jusqu'à son son canot le 14me régiment de marine tout entier pour escorte.

Cependant dans la journée du 10, le vaisseau anglais le *Bellérophon* vint prendre position sur la rade des Basques, hors de la portée des bombes de la forteresse ; dès lors le passage de nos deux frégates devenaient impraticable.

Le brave commandant de la *Méduse* proposa au commandant de la *Saale* d'appareiller dans la nuit pour profiter d'une brise favorable, tandis qu'il attaquerait le vaisseau ennemi à l'ancre, pour l'empêcher de poursuivre la *Saale* avec quelques chances de succès.

Cette noble et téméraire proposition ne fut pas acceptée, et l'Empereur, prévenu par M. Philibert, commandant de la *Saale*, qu'il craignait de recevoir l'ordre de ne plus le garder à bord, quitta la frégate et descendit dans l'île d'Aix.

Un des lieutenants de vaisseau, commandant l'une des compagnies du 14e régiment de marine, le capitaine Genty, conçut alors le projet d'arracher le mornarque au sort qui le menaçait.

Ce projet consistait à acheter deux petits bâtiments pontés qui faisaient le cabotage à l'île d'Aix, et qui se trouvaient mouillés sur la rade de cette dernière île. Les deux équipages devaient se composer de marins déterminés. Le premier navire de commerce que les fugitifs eussent rencontré en mer, sous quelque pavillon qu'il naviguât, pourvu qu'il ne fût pas francais, eût été abordé, et contraint de faire route pour les Etats-Unis. Ce projet fut communiqué à l'Empereur, qui l'approuva et donna l'ordre de traiter de suite de l'achat de ces deux petits bâtiments. Le 15, tout étant disposé à onze heures du soir, les deux petits bâtiments mirent sous voiles, et, se tenant très près de terre, ils attendirent son arrivée. La troisième heure d'une impatiente attente venait de s'écouler et personne n'avait encore paru au point convenu. Dès ce moment, il fallut renoncer au dernier moyen de salut pour l'Empereur; le jour allait paraître.

De jeunes officiers, de jeunes aspirants de marine, tous dévoués à la France et à son Empereur, vinrent s'offrir pour partager la gloire et les dangers de cette expédition. La fatalité ne permit pas que leur zèle fut mis à pareille épreuve. Mais ils en furent recompensés; la restauration les raya des cadres de la marine.

Sur ces entrefaites, le roi Joseph vint prévenir son frère qu'un navire américain était à Bordeaux, prêt à faire voile pour les Etats-Unis ; que sa voiture était sur l'une des rives de la Charente, d'où elle pouvait en quelques heures atteindre la Gironde; mais cette proposition fut encore rejetée.

Dans la soirée, on fut informé que Napoléon allait prendre passage sur le *Bellérophon*, pour se rendre en Angleterre, et le 14, à trois heures et demi du matin, il monta à bord du brick l'*Epervier* pour atteindre le mouillage du *Bellérophon* avant le reflux. Dans son impatience, l'officier anglais expédia ses péniches, qui vinrent à la rencontre de l'*Epervier ;* et le sacrifice fut consommé !

Le même jour, une frégate anglaise, sur laquelle était embarqué le général Gourgaud, appareilla et mit à la voile vers l'Angleterre. Le capitaine Maitland écrivit, par la voie de cette frégate, aux lords commissaires de l'amirauté que « Napoléon lui ayant fait proposer de le recevoir à son bord, se remettant lui-même à la générosité du prince régent, il avait accédé à cette proposition, s'y croyant autorisé par l'ordre *secret* de LL. Seigneuries. » — Il ajoutait que, pour éviter tout mal entendu, il avait annoncé clairement qu'il n'était autorisé en aucune manière à accorder des conditions d'aucune espèce ; que tout ce qu'il pouvait faire était de conduire Napoléon à sa suite en Angleterre, pour y être reçu de la manière que le prince régent trouverait convenable.

La lettre pour le prince régent, dont M. Gourgaud fut chargé, était ainsi conçue :

« Altesse Royale, .

» En butte aux dissensions qui divisent mon pays et à l'inimitié des puissances de l'Europe, je termine ma carrière politique. Je viens, comme Thémistocle, m'asseoir au foyer du peuple britannique. Je viens me mettre sous la protection de ses lois, que je réclame de V. A. R., comme du plus puissant, du plus constant et du plus généreux de mes ennemis.

» Napoléon. »

Fouché, le premier dans Paris, instruit de l'embarquement sur le *Bellérophon* par la voie du télégraphe, s'empressa d'écrire le billet suivant au lord Castlereagh, qui venait d'arriver à Paris.

« J'ai l'honneur d'informer Votre Seigneurie que Napoléon Bonaparte, ne pouvant échapper aux croiseurs anglais, ni aux gardes mises sur les côtes, a pris la résolution de se rendre à bord du vaisseau anglais le *Bellérophon*, capitaine Maitlan...

» J'ai l'honneur d'être, etc.

» Signé, duc d'Otrante. »

Lord Castlereagh eut ainsi la facilité de régler d'avance la direction du ministère anglais.

Gourgaud revint, il ne lui avait pas été permis de parvenir jusqu'au prince régent. Dès lors, l'Empereur ne se fit plus d'illusion ; il connut qu'il était livré à ses ennemis. Lord Keith enfin se rendit à bord du *Bellérophon*, et remit à Napoléon une déclaration ministérielle où on lisait :

« Il ne peut convenir ni à nos devoirs envers notre pays, ni à nos alliés, que le général Bonaparte conserve le moyen de troubler la paix du continent. L'île de Sainte-Hélène a été choisie pour sa future résidence. *Le climat est sain,* et la situation locale permettra qu'on l'y traite avec plus d'indulgence qu'on ne le pourrait faire ailleurs, *vu les précautions indispensables qu'on serait obligé d'employer pour s'assurer de sa personne...* »

A cette violation manifeste des droits du malheur et de l'humanité, l'Empereur, indigné, répondit par cette protestation éloquente adressée à lord Keith :

« Je proteste solennellement ici, à la face du ciel et des hommes, contre la violence qui m'est faite, contre la violation de mes droits les plus sacrés, en disposant, par la force, de ma personne et de ma liberté. Je suis venu librement à bord du *Bellérophon*. Je ne suis pas le prisonnier, je suis l'hôte de l'Angleterre. J'y suis venu à l'instigation même du capitaine, qui a dit avoir des ordres du gouvernement de me recevoir et de me conduire en Angleterre avec ma suite, si cela m'était agréable. Je me suis présenté de bonne foi, pour venir me mettre sous la protection des lois de l'Angleterre. Aussitôt assis à bord du *Bellérophon*, je fus sur le foyer du peuple britannique. Si le gouvernement, en donnant des ordres au capitaine du *Bellérophon*, n'a voulu que me tendre une embûche, il a forfait à l'honneur et flétri son pavillon. Si cet acte se consommait, ce serait en vain que les Anglais voudraient parler de leur loyauté, de leurs lois, de leur liberté. La foi britanique se trouvera perdue dans l'hospitalité du *Bellérophon*.

» J'en appelle à l'histoire : elle dira qu'un ennemi, qui fit vingt ans la guerre au peuple anglais, vint *librement*, dans son infortune, chercher un asile sous ses lois : quelle preuve plus éclatante pouvait-il lui donner de son estime et de sa confiance ? mais comment répondit-on, en Angleterre, à une telle magnanimité ? On feignit de tendre une main hospitalière à cet ennemi, et, quand il se fut livré de bonne foi, on l'immola.

» NAPOLÉON. »

On n'eut aucun égard aux cris de la victime... On avait décidé que ce qui était expédient était juste, que ce n'était plus le temps de consulter la raison et l'équité et que la loi du plus fort était applicable.

Les protestations les plus énergiques, les lois les plus protectrices ne servirent qu'à prouver l'abus de la force brutale et la perfidie du cabinet de Londres. Les ministres anglais consentaient à devenir les geôliers de l'Europe.

« L'idée seule de Sainte-Hélène, disait Napoléon, me fait horreur. Etre relégué pour la vie dans une île entre les tropiques, à une distance immense de tout continent, privé de toute communication avec le monde, et de tout ce qu'il renferme de cher à mon cœur! c'est pis que la cage de fer de Tamerlan !

» ... Autant aurait valu signer tout de suite mon arrêt de mort. Il est impossible qu'un homme de mon tempérammment et de mes habitudes puisse vivre longtemps dans un pareil climat. » Mais la mesure était irrévocablement prise : Si Napoléon résistait, il fallait employer la violence. Les satellites du ministère anglais avaient reçu l'ordre de porter leurs mains sur le captif : tout était prévu.

L'amirauté pressa l'armement du vaisseau le *Northumberland*, qu'elle avait choisi pour transporter l'Empereur à Sainte-Hélène, ce bâtiment étant prêt à partir le 7 août, il y fut embarqué immédiatement avec la suite qu'on lui permit d'emmener, et dont on avait éliminé trois généraux. Les déportés se virent saisir 4,000 napoléons en or, et furent soumis aux minutieuses exigences qu'éprouvent les prisonniers d'état ordinaires. Mais on ne s'écarta jamais pendant la route du respect dû au prince qui avait perdu la domination du continent de l'Europe. La traversée dura trois mois avant d'arriver à Sainte-Hélène, et Napoléon vit pour la première fois un bateau à vapeur naviguant et manœuvrant à volonté sur le vaste Océan; il admira la puissance magique de cette découverte et dut regretter amèrement d'avoir refusé, en 1802, d'accueillir la proposition de *Fulton* (1).

Le 15 octobre 1815, le *Northumberland* arriva en vue de Sainte-Hélène. Napoléon monta alors sur le pont, et se servit de sa lunette marine pour observer. Le petit village de Saint-James était devant lui, occupant une vallée étroite, et comme enchâssé au milieu de rochers escarpés et d'une hauteur prodigieuse ; chaque plate forme, chaque issue, chaque gorge était hérissé de canons. Las-Cases qui était près de Napoléon, n'aperçut pas la plus légère altération sur son visage. Les ordres du gouvernement anglais étaient que Napoléon restât à à bord jusqu'à ce qu'on lui eût préparé une résidence appropriée au genre de vie qu'il allait mener désormais : mais comme ceci demandait nécessairement beaucoup de temps, sir Georges Cockburn prit

(1) Ce fut en effet au camp de Boulogne que Fulton présenta à Napoléon un mémoire exposant la théorie des bâtiments à vapeur. Napoléon, au milieu des préparatifs de la descente en Angleterre, ne put y jeter qu'un rapide regard, et ordonna qu'une commission de l'Institut lui adressât un rapport à cet égard. La commission trouva que le projet était ingénieux, mais ne pouvait promettre aucun résultat bien important. Fiez-vous, après cela, aux discutions des académies. Il n'en fut donc plus question ; quelles ressources cependant le génie de Napoléon n'eût-il pas trouvées dans un pareil moyen de force et de célérité ?

immédiatement sur sa responsabilité de faire mettre à terre ses passagers. Napoléon débarqua le 16 octobre, 70 jours après avoir quitté l'Angleterre, et 110 jours après son départ de Paris.

Pendant soixante-sept mois et demi, Napoléon fut captif à Sainte-Hélène, où chacun de ses mouvements ébranlait encore le continent qui avait si longtemps tremblé au bruit des pas du nouveau Charlemagne. Au moment de son divorce, il avait dit à Joséphine, pour calmer l'amertume des regrets de cette épouse chérie : « Je te mets à l'abri; on ne sais pas ce qui peut arriver : le cinquième acte n'est pas joué. » Si ces paroles révélaient un homme qui s'était toujours défié du dénoûment de son drame, à coup sûr Napoléon ne prévoyait pas que ce dénoûment aurait lieu sur le rocher de Sainte-Hélène. Du moins le grand acteur y fut sublime, et sa longue mort peut passer pour l'une des plus belles scènes d'une vie semée de merveilles.

Cet homme extraordinaire, qui attacha si profondément son nom à son siècle, et qui fit, pendant vingt ans, de la nation française la plus grande, la plus héroïque des nations, s'éteignit le 5 mai 1821, à l'âge de cinquante et un ans, huit mois, vingt jours.

Jamais le chef généreux d'une nation magnanime n'avait rencontré des ennemis plus dépourvus de loyauté. Sa mort fut un événement immense pour toutes les têtes couronnées de l'Europe, mais plus encore pour la dynastie des Bourbons. En l'apprenant, ils ne purent contenir ni dissimuler leur joie. Il en fut de même pour le plus grand nombre des anciens dignitaires de l'Empire. Il sembla que les transfuges de Waterloo et les ingrats fussent délivrés de leurs remords. Dès lors la sainte-alliance respira à l'aise; car, du haut du rocher sur lequel elle tenait Napoléon enchaîné, cette image si populaire, si menaçante, la remplissait encore d'effroi. Mais, parmi les habitants de la France, à la lecture des détails de ses funérailles accomplies au bout du monde, dans un isolement qui serrait le cœur, il se manifesta un sentiment de tristesse : l'affliction de chacun révélait assez que l'homme dont on déplorait le funeste sort avait été l'ami le plus intime de la patrie. Cette impression de deuil parcourut toute la France, et, quoiqu'on ne découvrît pas alors tout ce qu'il y avait eu d'incomparable dans cette existence, de mérite dans cette incommensurable renommée, un certain reflet de cette gloire, qui, de plus en plus appréciée, resplendirait immortelle dans la postérité, se faisait déjà apercevoir. Mille brochures furent consacrées aux louanges du général sans pareil, de l'empereur que l'armée et le peuple avaient hissé sur le pavois. Les insultes vénales de quelques pamphlétaires furent flétries par le mépris infligé à leurs auteurs, et la haine qui avait, dit-on, précipité la chute du colosse fut accueillie par le sentiment mélancolique du peuple, qui répétait les chants de Béranger; par cette apothéose universelle, par ce culte qui multipliait l'effigie du grand homme et lui érigeait un sanctuaire dans chaque demeure; par les malédictions qui s'attachaient à l'Angleterre, à ses hommes d'État et à Hudson Lowe, cet ignoble bourreau qui s'était fait l'instrument d'une vengeance si basse et si implacable; par l'anathème qui poursuivait, jusque dans les antichambres royales, les traîtres de Waterloo; par l'indifférence profonde qu'inspirait Marie-Louise, qui n'avait pas eu le courage de demander à partager la captivité du grand homme qui lui avait donné son nom immortel. Aussi, dès que la révolution de 1830 eut rendu au peuple la liberté d'exprimer librement ses sympathies, sa voix puissante réclama du trône de juillet le cercueil du héros qui avait placé la France au premier rang des peuples de la terre. En vain la politique opposa-t-elle des obstacles réitérés à la satisfaction publique : après dix-neuf ans écoulés, la France put enfin obtenir une réparation nécessaire à l'orgueil national. La dépouille mortelle du glorieux capitaine fut rapportée de l'exil où son tombeau, au milieu de l'Océan, était pour l'Angleterre un opprobre plutôt qu'un trophée. Les témoins des dernières angoisses du prisonnier purent eux-mêmes obtenir l'honneur d'aller chercher ses cendres glacées : ceux qui assistèrent à son agonie ne devaient-ils pas être les compagnons de son retour?

Le 8 juillet 1840, la frégate *la Belle-Poule*, commandée par un fils de Louis-Philippe, et la corvette *la Favorite*, placée sous ses ordres, partirent de Toulon pour remplir la sainte mission. L'expédition, arrivée à Sainte-Hélène le 8 octobre, rentrait à Cherbourg le 30 novembre.

Avec quelle impatience n'était-elle pas attendue, cette précieuse dépouille mortelle de l'empereur Napoléon! Comme nos souvenirs allaient au-devant d'elle, et puisque ses bourreaux avaient enfin consenti à nous rendre ce corps dont leur traître et basse vengeance avait si cruellement torturé l'âme, combien il nous tardait de protester, par notre recueillement, par des manifestations profondément respectueuses, et par nos sympathiques regrets, contre les mauvais traitements qui lui furent prodigués! Les yeux de nos belliqueux vétérans se sont remplis de larmes en voyant blanchir à l'horizon les voiles de la *Belle-Poule*, où étaient déposés les restes du grand capitaine qui les conduisit si souvent à la victoire. De tous les points du rivage on était accouru en foule pour contempler le navire, fragile sanctuaire dont les flancs contenaient les débris inanimés de cette organisation de fer qu'agitaient autrefois de si puissantes idées...

Un cercueil fut élevé sur le catafalque dressé sous le dôme de l'église des Invalides, et l'épée d'Austerlitz déposée religieusement sur la tombe.

Les arts, la guerre, la religion répondirent à l'attente publique. Jamais on ne vit autant de pompe et de magnificence, jamais un cortége plus nombreux, jamais des spectateurs plus pénétrés de vénération ne furent réunis en nombre plus considérable, malgré la rigueur excessive de la saison. Cette fête funèbre expiatoire fut digne de Napoléon et de la France. Elle a rempli le vœu de l'Empereur. Ses cendres reposent sur le sol de la patrie, où sa grande ombre a retrouvé les transports et les acclamations de son vivant, et le millésime de 1840 est devenu la date d'un jugement irrévocable, d'un arrêt rendu avec la sanction de la postérité.

FIN.

Paris Imprimerie Gerdès rue Bonaparte 42.

TABLE DES MATIÈRES

CHAPITRE VII.

CHAPITRE VIII.

CHAPITRE IX.

CHAPITRE X.

CHAPITRE XI.

CHAPITRE XII.

CHAPITRE XIII.

CHAPITRE XIV.

CHAPITRE XV.

CHAPITRE XVI.

CHAPITRE XVII.

FIN DE LA TABLE.

BIBLIOTHEQUE NATIONALE DE FRANCE
3 7531 04147554 3

www.ingramcontent.com/pod-product-compliance
Ingram Content Group UK Ltd.
Pitfield, Milton Keynes, MK11 3LW, UK
UKHW020317200726
13857UKWH00001B/197